KB160435

# 춤추는 도덕

초판인쇄 2017년 4월 7일
초판발행 2017년 4월 7일

지은이 이동용
펴낸이 채종준
기 획 양동훈
편 집 백혜림
디자인 김정연
마케팅 송대호

펴낸곳 한국학술정보(주)
주소 경기도 파주시 회동길 230(문발동)
전화 031-908-3181(대표)
팩스 031-908-3189
홈페이지 http://ebook.kstudy.com
E-mail 출판사업부 publish@kstudy.com
등록 제일산-115호 2000.6.19
ISBN 978-89-268-7836-1 03160

이 책은 한국출판문화산업진흥원의 출판콘텐츠 창작자금을 지원받아 제작되었습니다.

사랑의 길을 가르쳐주는 니체의 《도덕의 계보》

이동용 지음

이담 Books

# 도덕 위에서 춤을 추어라

인생은 불법이 아니다. 인생은 정당하다. 하지만 사는 게 만만치 않다. 게다가 원하는 대로 사는 삶은 늘 이상처럼 저만치 멀기만 하다. 살고 싶으면 지옥훈련도 마다하지 말아야 한다. 니체Friedrich Nietzsche(1844~1900)는 인간적인 삶을 변호하는 철학자다. 그의 사상은 삶에의 의지 혹은 그 의지를 가능케 하는 힘에의 의지를 긍정하고자 하는 생철학이다. 인생에서 중요한 것은 진리가 아니다. 인생에 정답은 없다. 모든 정답은 인생을 틀에 박히게 할 뿐이다. "진리란 없다. 모든 것은 허용된다." 삶은 자유정신과 그것을 실천에 옮길 힘을 요구한다.

처녀작《비극의 탄생》에서부터 니체는 최초의 것에 관심을 가졌다. 처음에는 과연 어떠했는가? 처음에는 어떤 일들이 벌어졌던가? 이런 질문과 함께 니체는 철학의 길을 걸었다. 그의 문제의식은 사실과 연결되었다. 비극은 분명 존재했었다. 그런데 그것이 어떻게 가능했던 것일까? 이것이 그의 질문이었던 것이다. 그리고《도덕의 계보》에 이르러 니체는 '도덕의 기원'에 의문을 제기한다. 어떻게 도덕이 생겨났을까? 도덕을 실현하게 하는 것은 무엇일까? 삶과 도덕의 관계는 어떤 것일까? 삶의 현장에 끼치는 도덕의 영향력은 어떻게 설명될 수 있을까? 이런 것들이 니체의 생각을 이끄는 문제다.

인간은 이성적 존재다. 인간 이외에 그 어떤 존재도 이성을 갖고 있지 않다. 이성을 가지고 자신의 삶을 살아가야 하는 게 인간이다. 그런데 그런 이성적 존재는 도덕이라는 것을 만들어냈다. 이성과 도덕은 마치 하나의 사물에 대한 두 개의 측면과 같다. 인간은 도덕적인 존재다. 이성 없이 인간이 존재할 수 없듯이 도덕 없이 인간은 존재할 수가 없다. 인간의 조건이 이성이요, 또한 도덕인 셈이다. 니체는 도덕을 비판하면서도 도덕을 바로잡으려는 의도로 충만해 있다. 새로운 도덕적 인간의 탄생을 위해 그는 구태의연한 도덕을 버리고자 한다. 도덕으로부터 자유로워질 때 새로운 도덕이 태양처럼 떠오를 것이다.

비워진 잔이 새로이 채워질 수 있다. 떠난 자가 돌아올 수 있다. 끝까지 간 자가 새로운 첫발을 내디딜 수 있다. 새로운 도덕을 추구하는 자는 필연적으로 도덕에 대한 회의를 전제할 수밖에 없다. 비상을 꿈꾼다면 추락을 경험해야 한다. 희망을 가지고 싶다면 절망을 품어야 한다. 춤추는 별을 잉태하고 싶다면 혼돈을 품을 줄 알아야 하듯이. 허무주의 철학은 허무를 가르쳐주고, 또 그 허무를 통해 극복의 길을 나아가도록 유도한다. 미궁 안으로 들어설 때는 공포를, 나갈 때는 쾌감을 느끼게 해준다. 웃음을 선사하기 위해 울음을 가르쳐주는 것과 같다.

일어서는 즐거움은 쓰러지는 고통을 전제한다. 오르고 싶은 자 계곡을 견뎌내야 한다. 날고 싶은 자 바람을 이겨내야 한다. 길이 되고 싶은 자 밟히는 아픔을 참아내야 한다. 살고자 하는 자 죽음을 극복해내야 한다. 사랑하고 싶은 자 증오를 통제할 수 있어야 한다. 균형이 잡힐 때 멋진 인생이 구현된다. 온갖 조화로운 삶은 균형에 의해 실현되는 것이다. 선은 악을 필요로 하고, 악은 선을 추구해야 한다. 넘어지고 일어서며 전진한다.

니체는 인간의 내면을 들여다본다. 그의 철학은 우리 자신의 내면을 들여다보게 한다. 그동안 바깥세상을 지향하며 살아왔다면 이제는 눈을 감고 눈을 뜨게 해준다. 귀를 막고 귀를 열게 해준다. 교양이라 여겨왔던 온갖 것에 혐오감을 갖게 하고, 이성이라 믿어왔던 것에 광기의 면모를 확인하게 한다. 유행이라 추종했던 것에 낯섦을 갖게 하고, 도덕이라 간주해왔던 것에 부도덕 내지 비도덕의 얼굴을 확인하게 한다. 이런 모든 부정의 상황은 그다음을 위한 준비일 뿐이다.

자신이 쓰러져 있다는 사실을 알게 해주는 것이 허무주의 철학이다. 스스로 인간답게 살지 못했다는 사실을 깨닫게 해주는 것이 니체의 생철학이다. 모든 인식은 괴롭다. 깊은 상처를 확인하게 해준다. 하지만 그 아픔이 건강을 지향하게 한다. 아파야 낫는다. 고통이 힘을 추구하게 한다. 싸움을 싫어하는 자 승리감도 포기해야 한다. 승리를 쟁취하고자 하는 자 전쟁을 선포해야 한다. 니체는 《아침놀》과 함께 '도덕에 대한 나의 전투'를 선언했다. 허무주의의 독자는 이 '나의 전투'에 동참해야 한다.

1887년, 마흔세 살이 된 니체는 《도덕의 계보》를 세상에 내놓는다. 1889년 1월에 광기의 세계로 접어들게 되니, 정신의 힘은 많이 남아 있지 않은 상태다. 끝이 보이는 시점에서 철학자는 자신의 사상을 정리하고 싶었나 보다. 오해되거나 오독되는 것을 방지하기 위해 여기저기 방지책을 세워놓는다. 그래서 문체도 이전의 것과 다른 느낌이다. 설명하려는 의도가 기조를 이룬다.

《도덕의 계보》는 세 편의 논문으로 구성되어 있다. 먹구름이 가득하다. 여기저기서 으르렁거림을 감지할 것이다. 때로는 산발적으로 번개도 칠 것이다. 이것이 독서하는 자의 감정 상태다. 놀라지 않으려면 강해야 한다. 어린아이 같은 자가 공허한 소리에 화들짝 놀라는 법이다. 허공을 채운 소리 때문에 눈을 감는 어리석은 짓은 하지 않도록 하자. 눈을 뜨고 바라보자. 오이디푸스<sup>Oedipus</sup>처럼 눈알을 뽑으며 운명에 저항하겠다는 쓸데없는 짓일랑 하지 말자. 생철학의 입장에서 보면 그것은 부질없는 짓이다. 운명이 보이면 사랑만이 약이다. 더 이상 극복할 수 없으면 끌어안아주어야 한다. 운명 앞에서 필요한 것은 사랑뿐이다. 진정으로 사랑하고 싶다면 운명을 외면하는 일은 없어야 한다.

2017년 2월 수유리에서
이동용

# 차례

**일러두기**

1. 이 책은 《선악의 저편 · 도덕의 계보》(니체전집 14, 책세상, 2005)를 주 텍스트로 집필했다. 따라서 본문 속 인용문에 제목 없이 기술된 쪽수는 위 책의 쪽수를 가리킨다.

2. 본문에 나오는 다음 약어는 책세상에서 펴낸 다음 책들을 가리킴을 밝혀둔다.

   권력 → 《권력에의 의지》

   니체 → 《니체 대 바그너》

   디오 → 《디오니소스 송가》

   바그너 → 《바그너의 경우》

   반시대 I, II, III, IV → 《반시대적 고찰》 I 권, II권, III권, IV권

   비극 → 《비극의 탄생》

   선악 → 《선악의 저편》

   아침 → 《아침놀》

   안티 → 《안티크리스트》

   우상 → 《우상의 황혼》

   이 사람 → 《이 사람을 보라》

   인간적 I, II → 《인간적인 너무나 인간적인》 I 권, II권

   즐거운 → 《즐거운 학문》

   차라 → 《차라투스트라는 이렇게 말했다》

# 1장

---

## 자기 자신을 돌아보는 용기

## 자기 자신을
## 찾는 일

인간은 자기 자신을 알고 있을까? 왜 아폴론 신전에는 '너 자신을 알라'
라는 말이 새겨져 있었을까? 또 왜 소크라테스<sup>Socrates</sup>(B.C.469~B.C.399)
는 이 말을 자신의 철학을 위한 정언명법<sup>定言命法</sup>으로 삼았을까? 공자<sup>孔子</sup>
(B.C.551~B.C.479)도 인생 50을 지천명<sup>知天命</sup>으로 명명했다. 그것도 깨달은
인생일 경우다. 자기 자신을 아는 것 혹은 하늘이 정해준 운명을 아는 것
을 미덕으로 삼은 이유는 대부분 그런 삶과는 상관없이 살아가고 있기
때문이 아닐까? 어느 누구도 자기 자신이 누군지 알지 못하고 살아가고
있기 때문이 아닐까?

《도덕의 계보》가 출판되던 1887년은 니체가 정신분열을 일으키기까
지 2년도 채 남지 않은 시점이다. 이성의 힘은 서서히 마지막을 향해 나
아가고 있다. 니체의 인생을 알고 독서에 임하는 우리의 심정으로는 그가
남겨놓은 문장 하나하나를 시간과의 싸움으로 읽을 수밖에 없다. 혼신의

힘을 다해 써놓은 그 흔적 속에서 철학자가 말하고자 했던 소중한 메시지를 찾아내야 한다. 다음은 《도덕의 계보》에 실려 있는 첫 번째 글이다.

우리는 자기 자신을 잘 알지 못한다. 우리 인식자들조차 우리 자신을 잘 알지 못한다: 여기에는 그럴 만한 충분한 이유가 있다. 우리는 한 번도 자신을 탐구해본 적이 없다.―우리가 어느 날 우리 자신을 찾는 일이 어떻게 일어날 수 있다는 말인가? "너희의 보물이 있는 그곳에 너희의 마음도 있느니라"라고 말하는 것은 옳다. 우리의 보물은 우리 인식의 벌통이 있는 곳에 있다. 우리는 태어나면서 날개 달린 동물이자 정신의 벌꿀을 모으는 자로 항상 그 벌통을 찾아가는 중에 있다. 우리가 진정으로 마음을 쓰는 것은 본래 한 가지―즉 무엇인가 '집으로 가지고 돌아가는' 것뿐이다. 그 외의 생활, 이른바 '체험'에 관해서라면,―또한 우리 가운데 누가 그런 것을 살필 만큼 충분히 진지하겠는가? 아니면 그럴 시간이 충분한가? 내가 두려워하는 것은 그러한 일에 우리가 한 번도 제대로 '몰두한' 적이 없었다는 것이다: 우리의 마음은 거기에 없었다―거기에는 우리의 귀마저 단 한 번도 있지 않았다! 오히려 신적인 경지로 마음을 풀어놓고 자기 자신에 깊이 몰두해 있는 사람의 귀에 마침 온 힘을 다해 정오를 알리는 열두 번의 종소리가 울려 퍼졌을 때, 그 사람이 갑자기 깨어나 "지금 친 것이 도대체 몇 시인가?"라고 묻는 것처럼, 우리도 때때로 훨씬 후에야 귀를 비비면서 아주 놀라고 당황해서 "도대체 우리는 지금 무엇을 체험한 것인가?"라고 물으면서, 더 나아가 "우리는 도대체 누구인가?" 하고 물으면서, 앞에서 말한 것처럼 나중에 이르러서야 우리의 체험, 우리의 생활, 우리 존재의 열두 번의 종소리의 진동을 모두 세어보게 된다―아! 우리는 그것을 잘못 세는 것이다… 우리는 필연적으로 우리 자신에게 이방인이다. 우리는 우리 자신을 이해하지 못한다. 우리는 우리 자신을 혼동하지 않을 수 없다. "모든 사람은 자기 자신에 대해 가장 먼 존재다"라는 명제는 우리에게 영원히 의미를 가진다.―우리 자신에게 우리는 '인식하는 자'가 아닌 것이다…(337쪽 이후)

우리는 우리 자신을 알지 못한다. 그것을 알아낼 생각조차 못했다. 우리 자신에게 우리는 인식하는 자가 아니다. 우리는 우리 자신을 깨닫지 못하는 자다. 첫 문장과 마지막 문장은 서로 맞물려 있다. 우리가 우리 자신을 잘 알지 못한다, 이것이 바로 인간의 문제다. 인간 존재의 한계 상황이다. 바꾸어 물어보자. 우리가 우리 자신을 알게 되면 무엇을 알게 되는 것일까? 우리가 우리 자신을 모르고 있는 부분은 과연 무엇일까? 무엇을 놓치고 사는 것일까? 무엇을 모르고 있을 때 우리는 자기 자신을 모른다고 단정하게 되는 것일까?

왜 도덕을 논하겠다는 자리에 자기 자신이 문제되는 것일까? 니체는 《도덕의 계보》에 〈하나의 논박서〉라는 말을 부제목으로 붙여놓았다. 어떤 무엇과 싸우겠다는 의지의 글이라는 뜻이다. 도덕과 싸우겠다는 뜻으로 읽으면 된다. 그런데 첫 대목은 자기 자신에 대한 인식이 문제시되고 있다. 이것을 이해하겠는가? 도덕과 자기 자신, 이것이 전하는 메시지는 무엇일까? 이들 두 가지 사이의 관계에 대한 규명, 이것은 독서가 끝날 때까지 놓쳐서는 안 되는 질문이다.

다시 텍스트에 집중해보자. "우리 인식자들조차 우리 자신을 잘 알지 못한다: 여기에는 그럴 만한 충분한 이유가 있다. 우리는 한 번도 자신을 탐구해본 적이 없다." 우리는 지금까지 단 한 번도 자기 자신을 탐구해본 적이 없다. 정말일까? 도대체 이 단정을 어떻게 받아들여야 할까? 그렇다면 지금까지 탐구의 대상이 되었던 것은 무엇이란 말인가? 무엇을 우리는 탐구해왔단 말인가? 학교에서 배우는 것은 과연 무엇이었을까? 니체의 대답은 분명하다. 늘 교육의 대상이 되었던 것은 자기 자신이 아니었다는 말이다. 교육의 대상이 되었던 것은 자기 자신이 아니라 그 이외의 것이었다. 교과서에 집중해야 했고 정답을 추구해야 했다. 선생님의 말씀에 귀를 기울여야 했다. 학교에 다녀올 때는 그것들을 가지고 와야 했다. 부모님이 '학교에서 무얼 배웠는가?' 하고 물어보면 그날 배운 것을 대답할 줄 알아야 했다.

평생을 배움에 바친 인생조차 배움의 끝에 이르러 좌절하게 되는 것은 끔찍한 사건이 아닐 수 없다. 꿈과 희망을 안고 올라보았는데 꼭대기는 허공 속에 있다면 절망적이지 않을 수 없다. 평생 학문의 길을 걸어온 정신이 회의懷疑에 빠진 장면이 떠오른다. "이제는 아! 철학 / 법학 그리고 의학 / 그리고 유감스럽게도 신학까지도 / 두루 공부했다. 그것도 뜨거운 열정으로 말이다. / 여기 지금 내가 서 있노라, 이 가련한 멍청이가! / 그리고 나의 현명함이란 예전과 똑같구나!"[1] 괴테Johann Wolfgang von Goethe(1749~1832)의 파우스트Faust가 쏟아놓은 한탄 소리다. 공부하는 인생이 가장 두려워할 만한 소리가 이런 게 아닐까. 평생을 바쳐 최선을 다해 공부했건만 얻은 것이라고는 하나도 없다는 이런 인식이야말로 죽고 싶은 심정을 부채질하는 최악의 순간이 아닐까.

공부하기 전이나 공부를 다 했다는 느낌이 드는 순간이나 자기 자신에 대한 인식은 변한 게 하나도 없다는 절망감, 이것 때문에 파우스트는 독이 든 잔을 입에 대려 했던 것이다. 파우스트의 절망감을 생각하면 할수록 니체의 단정적 발언이 더욱 선명하게 들려온다. 그의 발언은 날카

무르나우(F.W. Murnau)가 감독한 영화 〈파우스트〉(1926)의 한 장면.

로운 칼날이 되어 상처를 찔러대는 듯하다. "우리는 한 번도 자신을 탐구해본 적이 없다." 과연 누가 이에 대해 당당하게 반대의 입장을 취할 수 있을까? 단 '한 번도'! 이 말이 세 번이나 반복해서 등장한다. 아픈 곳을 지속적으로 후벼 파는 듯하다.

니체는 성경구절을 인용한다. "'너희의 보물이 있는 그곳에 너희의 마음도 있느니라'라고 말하는 것은 옳다." 성경에도 옳은 말이 있다. 아니 너무도 많다. 인정할 것은 인정하자. 도대체 그동안 우리는 무엇을 우리의 보물로 여겨왔던가? 그 보물이 있는 곳에 우리의 마음도 있기 때문에 묻는 것이다. 잃어버린 마음을 되찾고 싶으면 그 보물이 있던 곳을 찾아가야 한다. 그곳에서 마음을 되찾아와야 한다. 그것이 철학이 해야 할 일이다.

니체는 꿀벌을 보며 자주 자신의 운명을 확인하곤 한다. 대표적으로 《차라투스트라는 이렇게 말했다》에서 그는 이렇게 말했다. "보라! 나는 너무 많은 꿀을 모은 꿀벌이 그러하듯 나의 지혜에 싫증이 나 있다. 이제는 그 지혜를 갈구하여 내민 손들이 있어야겠다. 나는 베풀어주고 싶고 나누어주고 싶다."(차라, 12쪽) 이런 욕망 때문에 그는 빛 없는 곳에 빛을 주려 몰락하는 태양처럼 몰락하고 싶다고 말했던 것이다. 그러면서 사람들이 모인 곳을 향해 하산을 선택했던 것이다. 그동안 모은 '정신의 벌꿀'을 나누어주기 위해, 즉 삶의 지혜를 나누어주기 위해.

하지만 단 한 번도 진지한 적이 없었다. 자기 자신을 알고자 하지 않았다. 자기 자신을 위한 시간은 충분하지 않았다. 자기 '자신을 찾는 일', "그러한 일에 우리가 한 번도 제대로 몰두한 적이 없었다"는 것을 이제 진지하게 반성해볼 만하다. 우리는 지금 자기 자신을 찾기 위해 도대체 무슨 일을 해야 할 것인가? 이 질문에 솔직하게 다가서야 할 일이다. 그리고 너무 성급하게 답을 얻으려 하지 말아야 한다. "우리는 때때로 훨씬 후에야 귀를 비비면서 아주 놀라고 당황해서 '도대체 우리는 지금 무엇을 체험한 것인가?'"라고 묻게 될 것이기 때문이다.

늘 인식은 나중에 온다. 늘 깨달음은 뒤늦게 찾아온다. 진정으로 자기 자신을 찾는 일, 즉 정신의 벌꿀은 조금씩 모이는 법이다. 지금 당장 득이 되는 정답을 구하게 될 때, 그때 듣는 종소리는 오해를 불러일으키기에 충분하다. "아! 우리는 그것을 잘못 세는 것이다… 우리는 필연적으로 우리 자신에게 이방인이다. 우리는 우리 자신을 이해하지 못한다. 우리는 우리 자신을 혼동하지 않을 수 없다. '모든 사람은 자기 자신에 대해 가장 먼 존재다'라는 명제는 우리에게 영원히 의미를 가진다.—우리 자신에게 우리는 '인식하는 자'가 아닌 것이다…" 니체는 마지막 문장에 말줄임표를 붙여놓았다. 아직도 할 말이 많이 남아 있다는 뜻이기도 하다. 말로 다 형용할 수 없는 안타까움이 읽히는 부분이기도 하다.

## 선과 악이라는 가치 판단과
## 도덕적 편견의 기원

자기 자신을 찾는 일에는 우리 모두가 '인식자가 아니었다'라는 주장이 있고 나서 뒤따르는 텍스트에는 도덕이 전면에 나선다. 자기 자신과 도덕은 정반대의 원리처럼 멀기만 하다. 도덕은 사회를 구성하는 원리로 작동할 뿐이고 자기 자신은 개인의 원리로 움직이고 있을 뿐이기 때문이다. 구속이냐 자유냐, 이것이 문제인 것이다. 물론 니체는 《인간적인 너무나 인간적인》에서부터 '자유정신'을 위해 철학의 길을 걷는다고 고백했었다. 바로 이 지점이 논쟁 부분이다. 혹자는 이렇게 묻는다. '그렇다면 니체는 사회를 원하지 않는 것인가?' 하고 말이다. 무정부주의니 탈사회 이론이니 무신론자니 비도덕주의자니 하는 수많은 오해가 여기서 발생하고 있는 것이다.

니체의 텍스트는 정말 오해하기 쉽다. 짧은 잠언 형식의 글 속에서 던져지는 단정과 주장들을 가지고 제대로 된 판단을 내리기란 쉬운 일이 아니다. '조금 전에는 이렇게 말하지 않았느냐!'고 반문을 해오면 사실 니체의 입장에서 답변하기가 애매모호해질 때도 있다. 그것을 설명하기 위해 수많은 것을 함께 거론해야 하기 때문이다. 인식의 거미줄은 마치 하나가 흔들리면 전체가 흔들리는 그런 꼴이다. 이런 문제의식을 가지고 다시 한번 니체의 글을 읽어보도록 하자. 서두르지 말고 자신의 속도를 지키며 읽어보자.

　　—우리 도덕적 편견의 기원에 관한 나의 사상은—바로 이것이야말로 이 논박

서에서 문제가 되는 것인데—《인간적인, 너무나 인간적인. 자유정신을 위한 책 Menschliches, Allzumenschliches. Ein Buch für freie Geister》이라는 제목의 저 잠언집에서 최초로 불충분하게 잠정적으로 표현되어 있다. 이 책은 소렌토에서 집필하기 시작했는데, 그것은 방랑자가 걸음을 멈추듯이 나로 하여금 걸음을 멈추고, 그때까지 내 정신이 편력해왔던 드넓고 위험한 땅을 바라볼 수 있도록 해준 어느 겨울 동안이었다. 이 일이 일어난 것은 1876년에서 1877년 사이의 겨울이었다. 사상 자체는 그 전부터 있었던 것이다. 이것의 주요 논제는 이미 내가 다음 여러 논문에서 다시 취급하게 되는 사상과 같은 것이다:—부디 이 오랜 중간 시기가 이 사상들에 좋은 역할을 하고, 또 그 사상들이 좀 더 원숙해지고 명확해지고 강력해지고 완전한 것이 되어 있기를 바란다! 그러나 내가 오늘날에도 그 사상들을 고집하고 있다는 사실, 또한 그사이에 그 사상들이 스스로 더욱 긴밀하게 서로 결합되어 서로 성장하고 자라 하나가 되었다는 것은 내 안에서 즐거운 확신을 강하게 준다. 처음부터 이 사상들은 내 안에서 개별적으로 제멋대로 산발적으로 나타난 것이 아니라 오히려 공통된 하나의 뿌리에서, 즉 정신의 심층에서 명령하고 더욱 명확하게 이야기하며 더욱 확고한 것을 갈망하는 인식의 근본 의지에서 나타난 것이었으리라. 다시 말해 오직 그렇게 하는 것만이 어떤 철학자에게는 어울린다. 우리는 어떤 일에서도 개별적으로 있을 권리가 없다: 우리는 개별적으로 잘못을 저질러도, 개별적으로 진리를 파악해서도 안 될 것이다. 오히려 한 그루의 나무가 열매를 맺는 필연성으로, 우리의 사상과 가치, 우리의 긍정과 부정, 가정<sup>假定</sup>과 의문이 우리 안에서 자라나는 것이다—모두 서로 친밀하고 밀접한 관계를 맺고 있으며, 하나의 의지, 하나의 건강, 하나의 토양, 하나의 태양을 증언하고 있다.—이러한 우리의 열매들이 그대들의 입맛에 맞을는지?—그러나 이것이 나무와 무슨 상관이 있단 말인가! 이것이 우리와, 우

리 철학자들과 무슨 상관이 있단 말인가!… (338쪽 이후)

'도덕적 편견의 기원'은 니체 철학의 대전제를 알려주는 말이다. 그것은 《인간적인 너무나 인간적인》에서 처음 언급되었지만 그 사상은 '그 전부터 있었던 것'이다. 그리고 집필 인생 15년 차에 도달한 니체는 그 사상이 스스로 성장하여 지금 자기 안에서 '즐거운 확신'으로 자리 잡게 되었음을 느낀다. 니체는 이것을 특히 "그 사상들을 고집하고 있다는 사실"로 인식하고 있다. 정말 고집스럽다. 10년이 넘도록 무언가를 고집하는 인간은 존경할 만하다. 그 고집이 위대한 업적을 내놓을 것이기 때문이다. 대부분 평범한 사람들은 작심삼일作心三日의 한계를 넘지 못할 때가 많다. 때로는 남의 시선 때문에 마지못해 하기도 하고, 때로는 남이 하니까 덩달아 할 때도 있다. 줏대도 없고 주인의식도 없는 인생에서 '즐거운 확신'을 기대하기란 어렵다. 어쨌든 니체의 허무주의 철학은 오랫동안 참고 견뎌낸 고집의 성과임에는 틀림이 없다. 니체 스스로도 그렇게 고백했으니 이 말만큼은 의구심을 품지 말고 받아들여보자.

다시 텍스트에 집중하자. 니체는 '도덕적 편견의 기원'에 대한 그의 사상을 처음부터 "공통된 하나의 뿌리에서", "정신의 심층에서", "인식의 근본 의지에서" 형성된 것이었다고 확신하고 있다. 처음부터 실수는 없었다, 처음부터 제대로 생각하고 있었다, 처음부터 자신이 옳았다 등과 같은 확신이야말로 니체의 철학에 특성을 형성하고 있고 또 그의 음성에 독특한 음색을 부여하고 있다. 니체의 글에는 확신으로 가득하다. 그래서 힘이 넘친다. '이럴까 저럴까' 하며 흔들리거나 고민하는 흔적은 거의 찾아볼 수가 없다. 생각이 글로 옮겨져야 할 시점에는 이미 거의 모든 게 확실해진 상태인 것이다. "우리는 침묵해서는 안 될 경우에만 말해야 한다; 그리고 극복해낸 것에 대해서만 말해야 한다."(인간적Ⅱ, 9쪽) 이것이 글쓰기에 임하는 니체의 신조였다. 그의 글은 그러니까 극복의 기록일 뿐이었다.

문제는 처음부터 하나였다. 개별적으로 독립적으로 움직였던 것은 하나도 없다. 이것이 니체 철학이다. 모두가 전체를 위한 퍼즐 조각일 뿐이다. 모두가 서로 얽혀 있다. 모두가 서로에 대해 의미를 지닌다. 모두가 모여 전체를 이루고 있다. 니체가 지금까지 남겨놓은 모든 글은 '도덕적 편견의 기원'에 관한 사상과 연결되어 있다는 주장이다. 모든 도덕은 편견에 기인한다. 편견은 극복되어야 한다. 도덕으로 형성된 것은 이미 편견에 불과하다. 그래서 매 순간 극복을 요구한다. 극복하고 또 극복하라는 것이다. 하루에도 열 번씩 극복하라는 것이다. "낮 동안 너는 열 번 네 자신을 극복해야 한다."(차라, 42쪽) 인간에 대한 정의도 그래서 "극복되어야 할 그 무엇"(같은 책, 57쪽)이라고 했다.

도덕은 극복의 대상이다. 이 말을 제대로 이해해야 한다. 스스로 자기 자신을 극복한다고 해서 자기 자신이 아닌 것은 아니다. 마찬가지로 하나의 도덕을 극복한다고 해서 도덕적 존재가 안 되는 것은 아니다. 왜냐하면 이성을 가지고 살아야 하는 인간은 도덕으로부터 자유로울 수 없기 때문이다. 도덕은 있어야 한다. 아니 있을 수밖에 없다. 도덕이 있기에 인간적인 것이다. 인간이 "머리를 잘라버릴 수는"(인간적Ⅰ, 30쪽) 없는 것과 같은 원리다. 하지만 도덕의 노예가 되어 도덕에 굴복하는 것이 아니라, "도덕 위에도 서 있을 줄 알아야" 할 뿐만 아니라 "그 위에서 뛰놀 줄 알아야"(즐거운, 180쪽) 한다는 것을 주장하고 있을 뿐이다. 도덕은 우리 모두가 춤을 추어야 할 무대일 뿐이라는 것이다.

이런 허무주의적 사상이 "그대들의 입맛에 맞을는지?" 묻고는 있지만 그 질문에 연연하지는 않는다. 니체는 '그대들의 입맛'에 흔들리지 않는다. 다른 사람의 입맛을 고려해보지도 않는다. 오로지 자기 자신의 사상에 "고집하고 있다는 사실"을 확인하고 있을 뿐이다. 니체의 사상은 자기 안에서 자라난 것이며 그는 그것을 하나의 나무에서 성장하고 완숙된 열매라고 확신한다. 그것은 "하나의 의지, 하나의 건강, 하나의 토양, 하나의 태양을 증언하고 있다." 총체성으로 인식될 수 있는 이 하나에 모든 것이 관계를 맺고 있다. 그런데도 이런 사상이 남의 입맛에 좌지우지될 수 있을까? "그러나 이것이 나무와 무슨 상관이 있단 말인가! 이것이 우리와, 우리 철학자들과 무슨 상관이 있단 말인가!…" 상관없다. 상관이 있다면 오로지 자기 안의 문제와 관계하고 있을 뿐이다.

'도덕적 편견의 기원'에 대한 고민은 '선악의 기원'으로 범위를 넓혀간다. 도덕과 선악은 같은 종류의 문제라는 뜻이다. 니체는 선과 악이라는 가치 판단 또한 일종의 도덕적 편견과 무관하지 않음을 보여주고자 한다. 선악의 문제도 그러니까 니체가 처음부터 주목하고 있었던 문제였던 것이다. 도덕에 대한 관심은 다름 아닌 선악에 대한 관심이기도 한 것이다. 도덕의 기원은 선악의 기원과 맞물린다는 뜻이다. 이런 생각을 니체는 처음부터 했다는 것이다. 그래서 니체는 이를 두고 자신의 '선천성'이라고 판단하기에 이른다. 그의 선천성은 그러니까 '이건 이거다 저건 저거다' 하고 말하는 순간 이미 선천적으로 거기에 대한 의심을 품게 된다는 것이다. 허무주의 철학은 이런 식으로 언제나 모든 가치 판단의 기원으로 소급해간다. 모든 것에 허무함을 느낄 준비를 하고서 다가선다. 허무함은 오고 가는 파도와 같다. "한없는 웃음의 파도"(즐거운, 68쪽)처럼 오고 간다. 허무주의는 도래해야 하고 또 극복되어야 한다. 이것이 허무주의 철학의 '선천성'이다.

내가 인정하고 싶지 않은 나 자신의 특유한 의심 때문에—이것은 다시 말해 도덕에, 지금까지 지상에서 도덕으로 찬양되어온 모든 것에 관계한다.—내 생애에서 일찍이 부추기지 않았는데도 억누를 수 없이 나타났고, 환경과 나이, 선례, 출신에 반하여 나타났기 때문에, 내가 그것을 나의 '선천성'이라고 부를 만한 권리가 있다고 생각하기까지 한 의심 때문에—나의 호기심과 의혹은 때로 우리의 선과 악이 본래 어떤 기원을 갖는가 하는 물음 앞에 멈추어서야만 했다. 사실 악의 기원에 관한 물음은 이미 열세 살 소년 시절 나를 따라다녔다: '가슴속에 반은 어린아이 장난을, 반은 신을' 품고 있던 나이에 나는 최초의 문학적인 어린아이 장난과 최초의 철학적 습작을 하며 이 문제에 몰두했다—그리고 당시 문제 '해결'에 대해서 말하자면, 당연한 일이지만 나는 신에게 영예를 돌려 신을 악의 아버지로 만들었다. 바로 내 '선천성'이 나에게서 그렇게 하도록 했을까? 저 새롭고, 부도덕한, 적어도 비도덕적인 '선천성'이, 그 선천성에서 논의되는 아! 반칸트적이고 수수께끼 같은 '정언명법'이—나는 그사이 점점 더 이 정언명법에 귀를 기울였다. 아니, 귀 기울이는 것 이상이었다—그렇게 하도록 했을까? 다행스럽게도 나는 때로 신학적인 편견을 도덕적인 편견에서 떼어놓을 수 있었고, 악의 기원을 더 이상 세계의 배후에서 찾지 않았다. 심리학적 문제 일반에 관한 타고난 감식력을 갖춘 데다가 역사적, 문헌학적으로 수련하자 곧장 내 문제는 다른 문제로 옮겨갔다: 인간은 어떤 조건 아래 선과 악이라는 가치 판단을 생각해낸 것일까? 그리고 그 가치 판단들 자체는 어떤 가치를 가지고 있는 것일까? 그것은 이제까지 인간의 성장을 저지했던 것일까, 아니면 촉진했던 것일까? 그것은 삶의 위기와 빈곤, 퇴화의 징조인가? 아니면 반대로 거기에는 삶의 충만함, 힘, 의지가, 그 용기와 확신이, 그 미래가 나타나 있는가?—이 문제에 관해 나는 나 자신에게서 많은 해답을 찾아보았고, 그 해답을 찾고자 감히 시도해보기도 했다. 나는 여러 시대와 민족, 개인의 등급을 구별했고, 내 문제를 세분화해서 다루었으며, 그 해답에서 새로운 물음과 탐구, 추측, 개연성이 나왔다: 마침내 나는 나 자신의 영토를, 나 자신의 기반을 갖게 되었고, 완전히 말없이 성장해가는 개화되는 세계를, 아무도 눈치채지 못하는 비밀스러운 정원을 갖게 되었다… 우리가 단지 오래도록 침묵을 지킬 줄만 안다면, 오 우리 인식하는 자, 우리는 얼마나 행복한가!… (339쪽 이후)

침묵! 얼마나 침묵을 지킬 수 있는가? 그것이 인식의 깊이를 결정한다. 물론 모든 인식은 그 나름대로 가치가 있는 것이다. 인식의 영역에서는 어떤 절대적인 기준이 있는 것이 아니다. 공자도 삼인행三人行이면 필유아사必有我師라 했다. 누구나 누군가에게는 배울 점이 있는 법이다. 다만 그 인식이 어떤 것이 되었든 간에 일정 기간 침묵이 요구된다는 게 관건이다. 의식적이든 의식적이지 않든 시간은 흘러가주어야 한다. 그리고 침묵이 키워낸 말이 인식의 그물을 형성한다.

이성을 갖고 살아가야 하는 인간은 누구나 나름대로 인식의 경지에 도달한다. 하지만 그 경지는 개인적일 뿐이다. 모두가 서로 다른 경지에서 삶을 멈추게 되기 때문이다. 바다 깊이를 재기 위해 바닷속으로 던지는 측연추는 늘 다른 깊이를 알려줄 뿐이다. 언제 어디서 던지느냐에 따라 결과는 달라질 것이기 때문이다. 하지만 모든 인식은 "결국은 바다 밑바닥 어딘가에 닿는 것과 같다."**²** 누구나 인식은 하지만 모든 인식은 다를 수밖에 없다. 이것이 니체가 말하는 '관점주의'의 근간을 이룬다. 그는 "모든 가치 평가에서 관점주의적인 것을 터득해야만 했다."(인간적 Ⅰ, 18쪽) 가치가 운운되는 곳에서는 예외 없이 어떤 관점이 존재할 수밖에 없다는 얘기다. 판단이 선 곳에는 어김없이 하나의 관점이 있다는 것이다. 그것이 보일 때까지 니체는 고집스럽게 침묵을 견뎌냈던 것이다. 그리고 극복하고 말을 했던 것이다. 더 이상 침묵해서는 안 될 경우를 맞닥뜨렸기 때문이다.

《아침놀》에서 니체는 '거대한 침묵 속에서'라는 잠언을 쓴 적이 있다. 침묵에 대한 니체의 고집을 잘 보여준 글이다. 그 거대한 침묵은 "자기 자신 위에서 쉬어야" 하고 "자기 자신을 넘어서 숭고해져야"(아침, 332쪽) 하는 것을 가르쳐주었다. 도덕 위에서는 "서 있을 줄"도 또 "뛰놀 줄"(즐거운, 180쪽)도 알아야 한다고 가르쳤던 대목과 비교하면 재미난 차이점이 발견될 것이다. 늘 서 있고 뛰놀 수는 없는 법이다. 아무리 즐거워도 앉아 쉴 때도 있어야 하는 법이다. 진정한 휴식은 자기 자신 위에 있을 뿐이다. 니체는 도덕적 편견의 기원 내지 선과 악이라는 가치 판단의 기원을 추궁하면서 자기 안으로 침잠해 들어갔다. 문제만 자기 안에 있었던 것이 아니라 해답도 자기 안에 있었던 것이다.

니체는 특히 "악의 기원을 더 이상 세계의 배후에서 찾지 않았다." 대부분의 사람은 눈에 보이는 현상을 신의 창조물로 간주하며 긍지를 가질 때가 많았다. 반대로 악에 대해서는 본능적으로 거부감을 느끼며 지하세계니 지옥이니 하는 곳을 상상해내며 지금과 여기와는 동떨어진 어떤 원리로 간주하곤 했다. 악은 신의 뜻이 아니었다는 것이다. 악은 어떤 별종

別種의 것으로 치부하려고만 했다. 하지만 자기 자신과 직면한 니체는 선과 악이 그렇게 형성되는 게 아니라는 사실을 알게 된 것이다.

대부분의 사람은 신의 뜻이니 하나님의 뜻, 즉 선한 뜻 내지 선의 의지를 알고자 노력했다. 플라톤 철학도 아름다움이니 정의니 하는 선善에 집중해 있었다. 오랜 세월 동안 악은 관심 밖이었다. 자기 자신의 내면을 들여다본 니체에게는 오히려 악의 기원에 대한 질문이 커져만 갔다. 그러면서 선과 악이라는 문제가 균형을 잡아간 것이다. 그는 선악의 기원에 대한 질문이 "이미 열세 살 소년 시절 나를 따라다녔다"고 고백한다. "나는 나 자신에게서 많은 해답을 찾아보았고, 그 해답을 찾고자 감히 시도해보기도 했다." 도덕의 문제, 선악의 문제는 인간의 자기 자신의 내면과 관련한 문제라는 주장이다. "심리학적 문제 일반에 관한 타고난 감식력을 갖춘 데다가 역사적, 문헌학적으로 수련하자 곧장 내 문제는 다른 문제로 옮겨갔다." 내면을 관찰하자 개인의 문제가 더 이상 개인의 영역에 머물지 않음을 알게 된 것이다.

니체가 제기한 문제들은 다음과 같다. "인간은 어떤 조건 아래 선과 악이라는 가치 판단을 생각해낸 것일까? 그리고 그 가치 판단들 자체는 어떤 가치를 가지고 있는 것일까? 그것은 이제까지 인간의 성장을 저지했던 것일까, 아니면 촉진했던 것일까? 그것은 삶의 위기와 빈곤, 퇴화의 징조인가? 아니면 반대로 거기에는 삶의 충만함, 힘, 의지가, 그 용기와 확신이, 그 미래가 나타나 있는가?" 복잡한 듯하지만 니체의 질문은 분명하다. 한 문장으로 요약하면, 선악의 가치 판단이 인간의 성장에 해가 되었는가 아니면 도움이 되었는가? 이것이다. 도덕과 선악의 가치 판단, 이것이 해로웠던가 아니면 이로웠던가? 이 질문 앞에 니체의 정신은 멈추어섰던 것이다.

내면에서 발견된 문제는 내면에서 해답을 찾아내야 한다. 도덕이니 선악이니 하는 개념은 인간 내면의 문제다. 이 세상 그 어디에서도 찾을 수 없다. 인간 내면 외에는. 도대체 무엇이 도덕이라 불리고 있는지 또 무엇이 선이며 악이라 불리고 있는지, 그것을 자기 안에서 관찰해야만 한다는 얘기다. '열세 살 소년 시절'부터 니체를 따라다니는 문제의식이다. 이 문제가 그의 철학의 기반을 형성한다. 질문이 분명하면 해답도 분명할 수밖에 없다. 큰 그림은 이미 완성된 셈이다. 이제 그 그림을 맞추어나갈 퍼즐 조각을 마련하는 일밖에 남지 않았다. 바로 이런 식으로 형성된 철학이기 때문에 니체의 글을 읽다 보면 했던 말을 또 하는 반복을 자주 접하게 된다. 아니 니체 철학은 반복의 미학이라고 단언해도 무방하리라.

어쨌든 니체는 자기 안에서 문제를 인식했고, 자기 안에서 해답을 찾았다. 그리고 그 답은 "즐거운 확신"(339쪽)이 되어 탄탄한 기반이 되어주었다. "마침내 나는 나 자신의 영토를, 나 자신의 기반을 갖게 되었고, 완전히 말없이 성장해가는 개화되는 세계를, 아무도 눈치채지 못하는 비밀스러운 정원을 갖게 되었다…" 니체는 자기 안의 정원을 키워나갔다. 그는 한마디로 "정원 같은 사람"(선악, 51쪽)인 것이다. 그리고 아무도 그것을 눈치채지 못하도록 지혜를 발휘했다. 그에게 정원은 '완전히 말없이 성장'하는 침묵의 시간이며 침묵의 공간이다. 그 침묵 속에서 개화되는 세계가 내면의 비밀스러운 정원을 형성해주고 있는 것이다. 니체는 마침내 그 안에서 진정한 휴식을 취하고 있는 것이다. "정원의 신 에피쿠로스" (같은 책, 23쪽)처럼.

'비밀스러운 정원'은 다시 니체의 '선천성'으로 연결된다. 그가 말하는 선천성은 "반칸트적이고 수수께끼 같은 '정언명법'"이었다. 니체는 그 선천적인 것에 귀를 기울였다. 자기 내면에 귀를 기울였다는 것이다. 무언가를 듣기 위해 그는 멈추어섰다. "물음 앞에 멈추어서야만 했다." 질문을 품고 오랜 침묵을 견뎌냈던 순간이다. 이 멈추어섬에 대해서는 앞에서도 언급되었다. "방랑자가 걸음을 멈추듯이 나로 하여금 걸음을 멈추고"(338쪽)라는 대목이 그것이다. 전진만이 능사가 아니다. 멈추어설 때 비로소 무언가가 보일 때도 있다. 자신에게 시간을 허락하는 순간 여유가 찾아온다. 그때 눈은 새롭게 떠지는 것이다.

멈추어섰을 때 인식된 것은 자기 내면의 "반칸트적이고 수수께끼 같은 '정언명법'"이었다. 이것을 두고 니체는 자신의 '선천성'이라고 말했던 것이다. 공자식으로 표현하자면 운명적으로 주어진 삶의 공식이라고 할까. 그것을 아는 것이 지천명이라고. 니체의 '정언명법'은 칸트Immanuel Kant(1724~1804)의 그것과 전혀 다른 것이었다. 그래서 반反칸트적이라고 단언했던 것이다. 칸트가 입법의 원리로서 순수이성reine Vernunft을 추구했다면, 니체는 더러움도 기꺼이 포함하는 바다와 같은 이성을 추구했다. "실로, 사람은 더러운 강물이렷다. 몸을 더럽히지 않고 더러운 강물을 모두 받아들이려면 사람은 먼저 바다가 되어야 하리라. / 보라, 나 너희에게 위버멘쉬를 가르치노라. 위버멘쉬야말로 너희의 크나큰 경멸이 가라앉아 사라질 수 있는 그런 바다다."(차라, 18쪽) 사람은 누구나 다 더럽다. 이런 더러운 존재를 인정하고 받아들이는 포용력은 스스로 더러움 자체가 될 때에만 실현될 수 있다. 우리가 더럽다고 말하는 그 모든 것을 품을 수 있는 철학, 그것이 니체의 허무주의 철학이다.

아직도 니체의 사상, 즉 그의 열매, 그의 벌꿀이 달게 느껴지지 않는다면 누구 책임일까? "어느 누군가가 책을 이해하지 못한다는 것이 그 책에 문제가 있다는 것을 의미하지는 않는다."(즐거운, 389쪽) 사람이 싫다면 인연을 맺을 수가 없다. 책이 싫다면 그것 또한 아직 인연이 될 시점이 안 되었다는 것을 의미할 뿐이다. 새로운 사상을 받아들일 준비가 덜 되었음을 시사하는 것이기도 하다.

니체는 남의 입맛을 고려하며 벌꿀을 모은 것이 아니다. '도덕적 편견'이라는 말에 거부감을 느끼지 않는다면 충분히 달게 느껴질 수 있는 사상이다. 니체의 목소리를 듣고 싶으면 "너 스스로가 되어라! 네가 지금 행하고 생각하고 원하는 것은 모두 네가 아니다"(반시대 III, 392쪽)라는 말에 거부감을 느끼지 않아야 한다. 니체가 쇼펜하우어 Arthur Schopenhauer(1788~1860)를 스승으로 간주했던 이유도 바로 이런 데 있었다. "쇼펜하우어는 결코 꾸미려 하지 않는다. 그는 그 자신을 위해 글을 쓴다."(반시대 III, 402쪽) 그는 남의 눈치 따위는 보지 않는 철학자였던 것이다. 같은 이유에서 니체는 다음과 같은 시詩도 집필했다. "그가 가르친 것은 사라졌어도, / 그가 살았던 사실은 없어지지 않네. / 그를 보라! / 그는 아무에게도 굴복하지 않았네."3 그 어떤 것에도 굴복하지 않는 정신, 그것이 니체에게 전해져 자유정신으로 승화되었던 것이다.


## 대결 의지에서 얻은
## 도덕의 가치

생각하는 존재인 우리 인간은 언제나 인식을 지향할 수밖에 없다. 인식이 없는 생각이란 있을 수 없기 때문이다. 알고 싶은 것이다. 질문을 하고 답을 추구하는 것은 인간에게 가장 근본적인 것이다. 대상이 무엇이 되었든 간에 인간은 그저 알고 싶은 것이다. 자기 자신까지도 질문의 범주에 넣을 수 있는 것이 인간이다. 그리고 자기 내면을 들여다보면서 도덕의 기원에 관한 문제를 인식한 니체는 여기까지 온 경로를 설명하고자 한다.

> 도덕의 기원에 관한 내 가설을 일부 발표할 동기를 나에게 최초로 준 것은 한 권의 명료하고 깨끗하고 사려 깊으며 또한 조숙한 작은 책이었다. 나는 이 책에서 반대로 뒤집히고 전도된 방식의 계보학적 가설들을, 진정한 영국적인 유형의 가설을 처음으로 분명하게 만났는데, 이것은 모든 반대의 것, 모든 적대적인 것을 지니고 있는 매력적인 힘으로 내 마음을 끌었다. 그 책의 제목은《도덕 감정의 기원Der Ursprung der moralischen Empfindungen》이었다. 책의 저자는 파울 레Paul Rée 박사였으며, 출판된 해는 1877년이었다. 내가 이 책만큼 문장 하나하나, 결론 하나하나를 마음속으로 부정할 정도로 그렇게 읽은 책은 아마 없을 것이다: 그럼에도 불구하고 불쾌함이나 초조함은 전혀 없었다. (341쪽)

한 권의 작은 책! 하지만 그 책은 명료하고 깨끗하고 사려 깊으며 조숙했다. 그리고 그 책이 도덕의 기원에 관한 가설을 일부 발표할 동기를 주었다. 니체의 고백 내용이다. 자기 생각이 어떻게 단초를 얻고 전개되었는지를 관찰하고 있는 것이다. 자신이 어떤 생각을 하고 있는지, 그리고 그 생각이 어디서부터 시작되었는지를 고민해보는 것은 철학적 자기 성찰의 첫 관문이다. 대부분의 사람은 이런 고민 없이 그저 되는 대로 살아가다 죽음 앞에서 당황하기 일쑤고, 또 자기 인생을 돌아보며 짧게 느껴지는 그 허망함에 무릎을 꿇고 만다. 이런 실수를 하지 않기 위해 시시때때로 자기 생각을 검증해보아야 할 것이다.

작은 한 권의 책이 니체에게 동기를 주었고, 그것이 평생의 학문으로 형성되었다. 평생을 바쳐 공부한 성과를 내게 된 것이다. 하나가 전체를 위한 전제가 된 것이다. 그것이 일생의 업적이 된 것이다. 이런 한 권의 책을 만나는 것도 복이다. 하지만 그 복은 결코 우연히 주어지지 않는다. 받을 준비가 된 자에게 주어지는 법이다. 아무리 좋은 학자도 준비되지 않은 자는 그저 장삼이사張三李四 중 한 명에 불과할 뿐이다. 아무리 좋은 책도 읽히지 않으면 책방에 가득 쌓여 있는 책 중 한 권에 불과할 뿐이다. 하지만 읽히는 책은 다르다. 만남이 이루어지고 대화가 되는 사람은 드물다.

《도덕 감정의 기원》이 책의 제목이었다고 니체는 고백한다. 그리고 그 책의 저자는 다름 아닌 파울 레 박사라고 밝힌다. 그가 누구인가? 바로 친구가 아니었던가! 파울 레, 니체는 그와 함께 루 살로메Lou Salomé를 사이에 두고 삼각관계를 형성하기도 했다. 이런 관계를 상징하는 사진 한 장은 역사가 되었다. "여인들에게 가려는가? 그러면 채찍을 잊지 말라!"(차라, 111쪽)라는 말을 남겼던 니체는 채찍을 든 여인을 만났다. 이념을 말과 행동으로 옮길 줄 알았던 여자를 만난 것이다. 소크라테스가 디오티마Diotima를 만나 그녀의 가르침을 받고 또 그녀를 스승으로 간주[4]하기도 했던 것처럼, 니체의 정신에 채찍을 댈 수 있었던 유일한 여자 루 살로메, 그는 그녀를 만나면서 멈출 수 없는 열정을 느꼈다. "그 영리한 러시아 여자"[5]와 결혼을 생각하기도 했다. 하지만 이들 사이에 파울 레가

1882년, 파울 레를 통해 만나게 된 니체와 살로메.

끼여 있었다. 그녀를 향한 열정이 방해를 받게 되자 니체는 자살을 생각하기도 했었다.

청혼과 거절을 반복하던 니체와 살로메의 관계는 비밀로 가득하다. "니체는 말이 없고 루는 말을 아낀다. 훗날 그녀는 한 친구에게 다음과 같이 말했다. '내가 사르코 산에서 키스를 했는지는 더 이상 알지 못한다.'"[6] 키스를 했다는 말인가 안 했다는 말인가? 많은 이들은 이런 것이 궁금할 뿐이다. 하지만 니체와 살로메의 만남과 사랑은 다른 연인들과 마찬가지로 당사자들만 알고 있을 뿐이다. 모든 것은 그저 추측으로 가득하다. 위 사진을 들여다보고 있노라면 검증될 수 없는 수많은 상상이 생겨날 뿐이다.

파울 레를 향한 마음도 복잡했을 것이 분명하다. 하지만 니체는 공과 사를 철두철미 나누었다. 인용된 텍스트 속에 등장하는 파울 레는 그저 한 권의 책을 집필한 박사로 소개되고 있을 뿐이다. 그의 책《도덕 감정의 기원》이 세상에 나온 것은 1877년이고《도덕의 계보》가 출간된 시점은 1887년이므로 정확히 10년이란 세월이 흐른 뒤다. 또 파울 레와의 만남은 1873년 바젤 시절 때의 일로 책을 접했을 때는 이미 친구 사이였음을 감안하면 글쓰기에 임하는 니체의 심경을 읽을 수 있지 않을까. 그럼에도 불구하고 글은 객관적으로만 서술되고 있다. 감정을 철저히 배제한 상태에서, 즉 니체의 말대로 극복을 해낸 뒤에 쓰인 글처럼 읽히고 있을 뿐이다.

"내가 이 책만큼 문장 하나하나, 결론 하나하나를 마음속으로 부정할 정도로 그렇게 읽은 책은 아마 없을 것이다: 그럼에도 불구하고 불쾌함이나 초조함은 전혀 없었다." 이것이 니체의 글이다. 감정을 소금에 절여 놓은 듯하다. 니체는 그러니까 말이 없다. 침묵으로 말을 한다고 할까. 말을 하고 있으면서도 말을 하지 않고 있는 것이다. 파울 레에 대한 개인적인 감정은 전혀 드러나 있지 않다. 그저 여러 학자 중 한 사람으로만 간주하고 있다. 그의 내면은 "불쾌함이나 초조함은 전혀 없었다"는 말로 표현되고 있을 뿐이다.

도덕을 주제로 다룬 친구의 글을 읽으며 니체는 반박을 준비했다. 도덕과 사랑에 대한 학문적 논쟁이 글쓰기라는 영역에서 이루어지고 있는 것이다. 글로 형용되지 않은 감정의 길들은 복잡하기만 하다. 마치 미궁과 같다. 광기를 며칠 앞두고 완성하는 텍스트 《디오니소스 송가Dionysos-Dithyramben》(1889) 속에 니체는 〈아리아드네의 탄식〉이란 시를 남겨놓았다. 거기서 니체는 이런 탄식을 쏟아낸다. "그대에게 쫓겼네, 사유여!" 하고. 생각에 쫓겼다는 얘기다. 생각은 미지, 포로, 불행, 눈물의 원인이었다. 생각하는 존재가 생각에 쫓긴다. 쫓김은 운명이다. 벗어날 수 없는 고통 속에 갇혀 있다. 이때 디오니소스Dionysos가 번갯불의 형상으로 나타나 조언을 해준다. "자기에게서 사랑해야 하는 것을 먼저 미워해서는 안 되지 않겠는가?… / 나는 너의 미로다…"(디오, 502쪽) 수수께끼 같은 시다.

디오니소스는 스스로 자신의 모습을 드러내지 않는다. 그저 아리아드네 Ariadne가 갇혀 있는 미로임을 밝히고 있을 뿐이다. 디오니소스에게서 답을 찾아야 한다. 미로 속에서 길을 찾아야 한다. 그런데 아리아드네는 생각에 쫓기고 있다. 생각 속에 갇혀 있다. 서로가 물고 문다. 누가 누구에게 갇힌 것일까? 이것이 수수께끼의 핵심이다. 도덕이라는 문제로 걸어온 철학의 종점에는 이런 시가 기다리고 있는 것이다. 그리고 거의 같은 시기에 쓰인 《이 사람을 보라》의 마지막 구절도 같은 맥락에서 읽힌다. "―나를 이해했는가?―디오니소스 대 십자가에 못 박힌 자…"(이 사람, 468쪽) 디오니소스 대 예수라 불린 신이 대결을 한 것이다.

니체의 허무주의 철학은 본능적으로 기독교 교리에 맞선다. 이런 교리의 이념을 니체는 파울 레의 책 속에서 발견한 것이다. 하지만 그는 그것을 불쾌하게 읽지 않았다. 오히려 그 적대적인 것에 매력을 느꼈다. "나는 이 책에서 반대로 뒤집히고 전도된 방식의 계보학적 가설들을, 진정한 영국적인 유형의 가설을 처음으로 분명하게 만났는데, 이것은 모든 반대의 것, 모든 적대적인 것을 지니고 있는 매력적인 힘으로 내 마음을 끌었다." 니체의 마음은 끌렸다. 마치 빛을 알기 위해 어둠을 찾아가듯이 그렇게 독서에 임했던 것이다. 자기 자신을 가장 잘 알 수 있는 방법은 타인을 사랑해보는 것과 같은 원리다.

같은 방식으로 니체는 쇼펜하우어의 염세주의를 접했다. 염세주의의 핵심은 이 세상의 모든 것에 거부감을 느끼지만 어떤 해탈의 경지를 동경한다는 것이다. 니체의 입장에서 보면 어떤 신적神的인 경지를 인정한다는 얘기다. 바로 이 점에서 니체는 본능적으로 거리를 둘 수밖에 없었다. 허무주의 철학의 정신은 자유정신이다. 이 정신은 모든 것을 의심한다. "절대적 진리가 없는 것과 마찬가지로 영원한 사실도 없다."(인간적Ⅰ, 25쪽) 허무주의 앞에서는 절대적인 것도 없고 영원한 것도 없다.

그렇다고 해서 니체가 '진리'와 '사실' 자체를 거부하는 것은 아니다. 진리와 사실은 있지만, 그것이 절대적이거나 영원하지는 않다는 말을 하고 있을 뿐이다. 이성은 어쩔 수 없이 진리를 추구한다. 그리고 사실이 어떤 것인지 끊임없이 해석하려고 한다. 그래서 이성을 가진 자는 끊임없이 설명과 해석을 원하는 것이다. 그것은 이성을 가진 자의 본성이라고 보아도 된다. 하지만 절대적 진리나 영원한 사실은 없다. 늘 진리가 아닌 진리를, 사실이 아닌 사실을 접할 준비를 하고 있어야 한다. 그것이 허무주의적인 삶의 방식이다. 그런데 도덕을 운운하는 도덕주의자들은 어떤 불변의 법칙이 있는 양 주장할 때가 많다. 니체는 이런 소리에 허무함을 느끼고 있는 것이다.

바로 그 무렵 도덕의 기원에 관한 나 자신의 가설이나 타인의 가설보다도 더 중요한 것이 근본적으로 내 마음에 자리 잡고 있었다(아니 더 정확히 말하자면, 나는 그러한 가설을 단지 어떤 목적을 위한 것으로 생각했는데, 그것은 그 목적에 이르는 많은 수단 가운데 하나일 뿐이었다). 나에게 중요한 것은 도덕의 가치였다.―그것에 대해 나는 거의 홀로 나의 위대한 스승인 쇼펜하우어와 대결해야만 했는데, 그 책에 담긴 정열과 내밀한 항의는 마치 그 책 앞에 있는 사람을 향하는 듯했다(―왜냐하면 그 책 또한 하나의 '논박서'였기 때문이다). 특히 문제가 되는 것은 '비이기적인 것'의 가치, 즉 동정 본능, 자기부정 본능, 자기희생 본능의 가치였는데, 이것이야말로 바로 쇼펜하우어가 오랫동안 미화하고 신성시하고 저편 세계의 것으로 만들었던 것이며, 이러한 것들이 결과적으로 그에게 '가치 자체'로 남게 되었고, 그는 이러한 것들을 기반으로 삶에 대해 그리고 자기 자신에 대해서까지 부정을 말했다. 그러나 바로 이러한 본능에 대하여 내 안에서 더욱 근본적인 의구심이, 더욱 깊이 파고드는 회의가 항의했던 것이다! 바로 여기에서 나는 인류의 커다란 위험을, 그 숭고한 유혹과 매혹을 보았다.―그러나 무엇으로의 유혹과 매혹인가? 허무로인가?―바로 여기에서 나는 종말이 시작되는 것을, 정체(停滯)되어 있음을, 회고하는 피로를, 삶에 반항하는 의지를, 연약하고 우울한 것을 예고하는 마지막 병을 보았다: 나는 더욱 퍼져나가 철학자들마저 휩쓸어 병들게 하는 동정의 도덕을 섬뜩하게 된 우리 유럽 문화의 가장 무서운 징후로, 새로운 불교와 유럽인의 불교, 허무주의에 이르는 우회로로 파악했다… 이 현대 철학자들이 동정을 선호하고 과대평가하는 것은 말하자면 새로운 현상이다: 지금까지 철학자들은 바로 동정이 가치가 없다는 데는 의견이 일치해 있었다. 나는 플라톤, 스피노자, 라 로슈푸코와 칸트의 이름만을 들겠다. 이들 네 사람의 정신은 서로 다른 점이 많지만, 동정을 경시한다는 한 가지 점에서는 의견이 같다.― (343쪽 이후)

니체는 거의 홀로 스승 쇼펜하우어와 대결을 펼쳤다. 아무도 가르쳐주지 않았다는 얘기다. 일대일로 맞짱을 뜬 것이다. 내가 이기나 네가 이기나 한번 해보자! 이런 식으로 독서에 임했던 것이다. 쇼펜하우어의 염세주의는 니체의 허무주의가 탄생한 곳이다. 그 땅이 없었다면 씨앗이 싹을 틔우지 못했을 것이다. 파울 레의 책, 그리고 쇼펜하우어의 책을 읽으며 니체는 자신의 마음속에 자리 잡고 있는 '도덕의 가치'에 집중했다.

도덕의 가치! 이 말은 도덕 그 자체가 지니고 있는 가치를 전제하는 말이다. 도덕에는 분명 가치가 있다. 문제는 그것이 어떤 가치인가 하느냐다. 니체의 철학을 이해하는 데 있어 가장 중요한 부분이다. 니체는 도덕의 가치를 인정했다! 이것을 제대로 이해해야 한다는 얘기다. 니체가 도덕을 부정할 때는 그 가치를 부정하는 것일 뿐이다. 어떤 특정 도덕을 부정한다는 얘기다. 니체가 인정할 수 없었던 도덕적 가치는 "삶에 대해 그리고 자기 자신에 대해서까지 부정을 말"하는 것이다.

'삶이 싫다.' '자기 자신이 싫다.' 이런 부정은 인정할 수가 없었다. 니체는 본능적으로 이런 소리에 거부반응을 보이고 있었던 것이다. 그냥 싫었던 것이다. 사는 데 이유가 꼭 필요할까? 이유를 찾는 순간 이미 삶은 위기에 봉착할 수 있다. 그런 이유는 객관적으로 존재하지 않기 때문이다. '나는 누구인가?' '왜 살아야 하는가?' 이런 질문 자체가 이미 위기의 순간에 처해 있음을 반증하는 것이다. 니체라면 이런 질문 앞에서 이렇게 대답해줄 것이다. 그런 질문으로부터 자유로울 수는 없지만 언제나 당당하라고. 네 삶의 주인이 되라고. 겁내지 말고 예술가처럼 살라고. 이것이 허무주의 철학이 들려준 삶의 지혜였다.

하지만 빛을 이해하기 위해서는 어둠을 가까이해야 한다. 니체가 다가선 염세주의적 발상에 귀를 기울여보자. "특히 문제가 되는 것은 '비이기적인 것'의 가치, 즉 동정 본능, 자기부정 본능, 자기희생 본능의 가치였는데, 이것이야말로 바로 쇼펜하우어가 오랫동안 미화하고 신성시하고 저편 세계의 것으로 만들었던 것이며, 이러한 것들이 결과적으로 그에게 '가치 자체'로 남게 되었고, 그는 이러한 것들을 기반으로 삶에 대해 그리고 자기 자신에 대해서까지 부정을 말했다." 정말 염세주의의 특성을 잘 요약해놓은 하나의 긴 문장이다. 이 문장을 읽는 순간 이미 지루한 염세주의의 본성이 느껴졌을지도 모를 일이다. '읽기 싫다' 내지 '살기 싫다'

는 소리를 내면으로부터 들었는지도 모를 일이다.

염세주의 철학은 내세來世를 미화하고 신성시하는 낭만주의의 전통 속에 있다. 그런 전통 속에서 폄하되는 것은 현세現世에 대한 평가다. 과거나 미래는 중요하다면서 지금 여기는 싫다는 것이다. 이것이 염세주의의 본성이다. 지금 이 순간이 싫다는 것이다. 자신이 살고 있는 이 땅이 지긋지긋하다는 것이다. 이런 생각 자체가 먼 곳을 향하게 한다. 밤하늘의 별을 바라보게 한다. 다가올 새벽과 대낮을 위한 휴식은 꿈도 꾸지 못한다. 쉴 수 없는 영혼은 제대로 깨어 있을 수도 없다. 흐리멍덩한 정신으로 일상을 감당이나 할 수 있을까? 아마 죽고 싶다는 말을 입에 담고야 말 것이다.

이런 염세주의적 본능에 대하여 니체는 대결을 벌인다. "내 안에서 더욱 근본적인 의구심이, 더욱 깊이 파고드는 회의가 항의했던 것이다!" 이러한 대결과 항의 속에서 허무주의 철학이 탄생하는 것이다. 니체는 염세주의 철학에서 "인류의 커다란 위험을, 그 숭고한 유혹과 매혹을 보았다"고 고백한다. 낭만주의적 환상이라고 할까. 우주적이고 무한하고 본질적이고 근원적이고 영원하다는 식의 말보다 더 환상적인 것이 또 있을까. 이런 말들은 너무도 아름답지만 스스로를 절벽으로 몰고 가는 위험천만한 발상에 지나지 않을 때가 많다. 환상에 환장하면 현실은 쓰레기로 변하고 만다. '낭만주의는 병들었다'[7]고 말한 괴테의 주장은 옳다. 현실을 있는 그대로 보지 못한다는 한계, 즉 특정한 해석의 틀 속에서 주관적으로 세계를 바라본다는 한계를 지니고 있기 때문이다.

낭만주의적 낙천주의에 대해서 니체는 항의한다. 여기에서 그는 "종말이 시작되는 것을, 정체되어 있음을, 회고하는 피로를, 삶에 반항하는 의지를, 연약하고 우울한 것을 예고하는 마지막 병을 보았다"고 고백한다. 근대의 마지막 병을 염세주의에서 발견한 것이다. 그리고 그 병의 근원을 '동정의 도덕'에서 찾았다. "나는 더욱 퍼져나가 철학자들마저 휩쓸어 병들게 하는 동정의 도덕을 섬뜩하게 된 우리 유럽 문화의 가장 무서운 징후로, 새로운 불교와 유럽인의 불교, 허무주의에 이르는 우회로로 파악했다…" 니체는 이 문장에 말줄임표를 남겨놓았다. '허무주의'라는 커다란 개념이 들어 있기 때문이다. 그는 이 말을 해놓고도 아직 부족한 것이 많음을 느끼고 있는 것이다.

《비극의 탄생》에서 염세주의를 언급할 때도 니체는 다른 의미의 염세주의를 생각하고 있었다. 즉 "강함의 염세주의"(비극, 10쪽)를. 그리고 지금 니체는 '허무주의'를 언급하고 있다. '동정의 철학'[8]으로 불리는 쇼펜하우어의 철학에서 그는 "섬뜩하게 된 우리 유럽 문화의 가장 무서운 징후"를 보았고 또 "새로운 불교와 유럽인의 불교, 허무주의에 이르는 우회로"를 인식해냈던 것이다. 무서운 징후가 허무주의에 이르는 우회로로 연결되고 있는 것이다. 무서운 징후로서 허무주의가 인식된 것이다. 전체적인 느낌은 '섬뜩'할 뿐이다. 오싹하다. 간담이 서늘하다. 큰일 날 뻔했다. 잘못하면 유럽 전체가 허무주의라는 새로운 불교에 빠질 뻔했다는 것이다.

무無를 지향했던 염세주의 철학, 거기서 니체는 새로운 무를 인식해낸다. 염세주의에서 전혀 다른 새로운 염세주의를 생각해냈던 것처럼 그는 허무주의에서 전혀 다른 느낌의 허무주의를 생각해낸다. 니체는 무를 기다리다가 차라투스트라$^{Zarathustra}$가 탄생하는 것을 경험한 철학자다. "여기 앉아 나는 기다리고 또 기다렸다—무를, / […] / 그때 갑자기, 나의 여인이여, 하나가 둘이 되었다ー/ー그리고 차라투스트라가 내 곁을 지나갔다…"(즐거운, 414쪽 이후) 플라톤 철학에서 주인공은 소크라테스인 것처럼, 니체 철학의 주인공은 차라투스트라다. 차라투스트라가 한 말은 모두 니체의 음성으로 들어도 무방하다. 하나가 둘이 되었기 때문이다. 둘은 하나에 기인할 뿐이기 때문이다.

쇼펜하우어와 그 부류의 '현대 철학자들'은 "동정을 선호하고 과대평가하는 것"을 특징으로 한다. 니체는 근대의 마지막 순간에 무서운 징후로 나타난 이러한 '새로운 현상'을 인식하고 있다. '현대 철학자들'이 보여주는 새로운 현상, 즉 동정과 무를 동경하는 현상은 고대부터 지금까지 없었던 것이다. 이에 대한 증거로 니체는 네 명의 철학자를 언급한다. '플라톤Platon(B.C.427~B.C.347), 스피노자Baruch Spinoza(1632~1677), 라 로슈푸코François de la Rochefoucauld(1613~1680)와 칸트'가 그들이다. 그런데 갑자기 새로운 현상이 나타난 것이다. 동정을 높이 평가하고 무를 지향하는 새로운 허무주의가 나타난 것이다. 하지만 이런 현상 자체를 니체는 병든 것으로 간주한다. 염세주의를 관통하면서 니체는 건강회복을 지향하는 또 다른 새로운 철학자로 거듭나게 된 것이다.


## 문제로서
## 동정 도덕의 가치

동정. 니체 철학은 늘 이 개념과 힘겨루기를 한다. 동정을 거부하고 떠나면서도 언제나 동정을 인정하며 되돌아오는 느낌이다. 동정은 극복되어야 할 적敵이면서도 동시에 필요한 친구와 같은 존재처럼 보인다. 동정이 없다면 허무주의 철학도 없는 셈이다. 동정이 있기에 니체는 비로소 철학을 하게 되는 것이다. 이는 마치 "머리를 잘라버릴 수는 없다"(인간적 I, 30쪽)는 딜레마와 같다. 형이상학은 싫지만 그래도 하지 않을 수 없는 공부 같다. 생각하는 존재로서 아리아드네가 생각에 쫓기는 것과 같은 논리다. 이성을 가진 자는 생각으로부터 자유로울 수가 없다. 도덕적 존재로 살아가야 하는 인간은 동정으로부터도 자유로울 수가 없다. 문제는 '어떤 동정이냐' 하는 것이다.

동정과 동정 도덕의 가치에 관한 이러한 문제는 (—나는 현대의 수치스러운 감정의 허약화에 반대하는 자다—) 처음에는 단지 개별적인 문제, 의문부호 자체로 보일 뿐이다. 그러나 한번 이 문제에 매달려 의문을 던지는 것을 배운 사람은, 내게 일어났던 것과 같은 일이 그에게도 일어나게 될 것이다:—어마어마하게 새로운 전망이 그에게 열리고 하나의 가능성이 현기증처럼 그를 사로잡으며, 온갖 불신, 의혹, 공포가 솟아올라 도덕에 대한, 모든 도덕에 대한 믿음이 흔들리고,—마침내 새로운 요구가 들리게 된다. 이 새로운 요구, 그것을 우리는 다음과 같이 말해보자: 우리에게는 도덕적 가치들을 비판하는 것이 필요한데, 이러한 가치들의 가치는 우선 그 자체로 문제시되어야만 한다—이를 위해서는 이러한 가치들이 성장하고 발전하고 변화해온 조건과 상황에 대한 지식이 필요하다(결과와 증후로서의, 가면과 위선으로서의, 질병과 오해로서의 도덕. 그러나 또한 원인과 치료제로서의, 자극제와 억제제로서의, 독으로서의 도덕). 그와 같은 지식은 지금까지 존재한 적도 요구된 적도 없었다. 사람들은 이러한 '가치들'의 가치를 주어진 것으로, 사실로, 모든 문제 제기를 넘어서 있는 것으로 받아들였다. 사람들은 지금까지도 '선한 사람'을 '악한 사람'보다 훨씬 더 가치가 있다고 평가하는 일이나, 대체로 인간이라는 것을 (인간의 미래를 포함하여) 촉진하고, 인간에게 공리, 번영을 가져온다는 의미에서 훨씬 더 가치가 있다고 평가하는 일에 조금도 의심하거나 동요하지 않았다. 만일 그 반대가 진리라고 한다면, 사정은 어떤가? 만일 '선한 사람'에게도 퇴행의 징후가 있다면, 그리고 이와 마찬가지로 현재를 살리기 위해 미래를 희생한 어떤 위험, 유혹, 독, 마취제가 있다면, 사정은 어떤가? 아마 현재의 삶이 좀 더 안락하고 위험이 적지만 또한 좀 더 하찮은 양식으로, 좀 더 저열해지는 것이 아닐까?… 그리하여 인간 유형이 스스로 이를 수 있는 최고의 강력함과 화려함에 이르지 못하게 될 때, 바로 도덕에 그 책임을 지운다면? 그리하여 그 도덕이야말로 위험 가운데 위험이라고 한다면?… (344쪽 이후)

현대는 동정이 미덕으로 자리 잡았다. 그러면서 "현대의 수치스러운 감정의 허약화"가 진행되고 말았다. 이것이 니체의 판단이다. 그리고 그는 이제 그것에 "반대하는 자"가 되기를 서슴지 않는다. 그는 동정의 도덕에 의문을 제기하고 연구하면서 내적으로 어떤 변화를 경험했다고 한다. 한마디로 '새로운 전망'이 보였고 '새로운 요구'가 들렸다는 것이다. 새로운 요구, 그것은 "도덕적 가치들을 비판하는 것이 필요"하다는 것이다. 도덕적 가치를 비판할 준비가 되어 있는가? 스스로에게 솔직하게 질문해보자. 지금까지 좋다고 옳다고 문제가 없다고 그래서 미덕이라고 여겨왔던 것을 비판해볼 수 있겠는가? 지금까지 좋아하고 심지어 사랑까지 했던 것에 부정적 이미지를 의도적으로 가질 수 있겠는가? 긍정적으로 평가받아오던 것을 문제시하고, 그 "가치들이 성장하고 발전하고 변화해온 조건과 상황"을 비판적으로 고찰할 준비가 되어 있는가?

대부분의 사람은 익숙한 것을 좋아한다. '집보다 편한 곳이 없다'고 감히 말한다. '습관의 힘'을 양심의 거리낌 없이 역설한다. 하지만 허무주의 철학은 익숙하고 습관이 되어버린 것에 거부감을 느낀다. 가치의 문제와 관련하여 "의문을 던지는 것을 배운 사람"은 내면에서 일어나는 변화를 의식할 수 있을 것이다. 그리고 니체가 어떤 문제로 고민했었는지 또 그 문제를 어떻게 극복하게 되었는지를 간접적으로 경험해볼 수도 있을 것이다.

가치는 변한다. 가치는 형성되고 몰락한다. 이것이 허무주의 철학의 근본이념이다. 이 대지는 변화의 토대가 되고 있을 뿐이다. 이 세상은 변화를 영원히 고수한다. 끊임없는 변화에 적응하는 것만을 이상적으로 여기는 것이 허무주의 철학이다. 그 정반대의 이념을, 즉 도덕주의자들의 목소리를 들으면 역으로 허무주의 철학이 보일 수도 있다. 도덕적인 "사람들은 이러한 '가치들'의 가치를 주어진 것으로, 사실로, 모든 문제 제기를 넘어서 있는 것으로 받아들였다." 가치와 관련한 니체의 목소리가 들리는가? 가치는, 첫째 주어진 것이 아니다. 둘째 사실이 아니다. 셋째 모든 문제 제기를 넘어서 있는 것이 아니다. 가치는 그러니까, 첫째 만든 것이며, 둘째 해석이며, 셋째 문제를 제기해야 할 대상이 되는 것이다.

선과 악에 대한 가치는 또 어떤가? "사람들은 지금까지도 '선한 사람'을 '악한 사람'보다 훨씬 더 가치가 있다고 평가하는 일이나, 대체로 인간이라는 것을 (인간의 미래를 포함하여) 촉진하고, 인간에게 공리, 번영을 가져온다는 의미에서 훨씬 더 가치가 있다고 평가하는 일에 조금도 의심하거나 동요하지 않았다." 문장의 핵심구조만을 읽으면 이렇다. 사람들은 ~하는 일이나 ~하는 일에 전혀 의심도 동요도 하지 않는다는 것이다. 그런 일에 무한 신뢰를 한다는 얘기다.

사람들이 전혀 의심하지 않고 동요하지도 않는 일들은 과연 무엇일까? 그것이 어떤 일들일까? 첫째 선한 사람이 악한 사람보다 낫다는 것이다. 정말 그럴까? 의문을 제기해보자. 말 잘 듣는 사람이 정말 말 잘 안 듣는 사람보다 나을까? 복종만 하는 인간이 복종을 거부하는 인간보다 더 나은 존재일까? 천편일률적으로 그렇게 설명하면 안 된다. 상황이 달라지면 다른 가치가 인정받을 수도 있다. "이별은 미美의 창조"[9]를 역설하는 한용운의 시를 이해하고 싶다면 복종할 조국이 없다는 특별한 상황을 이해할 수 있어야 한다. 복종을 업으로 삼고 살고자 하는 수도자가 "다른 사람을 복종하라면 그것만은 복종할 수가 없습니다"라고 답할 수밖에 없는 상황을 이해할 수 있어야 한다. '모든 것은 자기 뜻대로 되지 않는다'는 말이 있다. 인생이 뜻대로만 진행된다면 얼마나 좋을까. 상상만 해도 멋지다. 가끔 이런 상상을 할 때면 눈을 감게 된다. 현실성이 배제된 생각이기 때문일까.

가치가 있는 것으로 전혀 의심하거나 동요하지 않는 일로 둘째는 "대체로 인간이라는 것을 (인간의 미래를 포함하여) 촉진하고, 인간에게 공리, 번영을 가져온다는 의미에서 훨씬 더 가치가 있다고 평가하는 일"이다. 이런 가치가 공공연하게 인정받게 될 때 희생은 당연하게 여겨지고만다. 〈상어가 사람이라면〉이라는 브레히트Bertolt Brecht(1898~1956)의 글이 생각난다. 상어가 사람이라면 작은 물고기들에게 이런 말을 할 것이다. 상어를 위해 "기꺼이 희생하는 것이 가장 위대하고 가장 아름다운 것"[10]이라고. "상어의 배 속에서 진정한 삶이 시작된다"[11]고. 이런 논리를 이해하려면 전쟁을 일삼는 조국이 싫어 망명생활을 하고 있는 작가의 삶에 대해 납득이 가야 한다. 모두가 미친 것처럼 보이는, 또 특정 이념의 틀에 갇힌 조국과 민족을 버리고 떠나야 했던 작가의 양심은 어떠했을까? 그렇게라도 해서 살아남은 자의 양심은 이렇게 노래한다. "나는 똥이다. 나에게서 / 나약함, 배신 그리고 부패 외에는 / 아무것도 요구할 수가 없다."[12] 또 "나는 내가 온 곳도 좋아하지 않고 / 내가 갈 곳도 좋아하지 않는다"[13]고. 브레히트의 글 속에는 인간에 대한 환멸만이 남아 있을 뿐이다. 그는 인간이라는 것이 삶을 촉진한다느니 공리니 번영이니 하는 말과 연결되는 것을 인정하려 들지 않을 것이다.

허무주의 철학은 진리니 사실 같은 것조차 허무하게 바라본다. 가치는 주어진 것이 아니라 상황에 따라 다르게 형성된 해석에 불과하다. 다만 그 시대를 살아가고 있는 자로서 자신의 삶을 지배하는 원리를 제대로 인식한다는 것이 어려울 뿐이다. 교양을 따르고 유행을 좇아가다 보면 자신이 어디로 향하고 있는지 무엇 때문에 살고 있는지조차 모를 때가 많기 때문이다. 자신의 삶을 내려다볼 수 있는 시야만 확보된다면 니체의 음성은 자기 목소리처럼 들릴 것이 분명하다. 그때는 "연극에서처럼 세상을 내려다보는 눈을 열어라. 다른 두 개의 눈을 통해 세계를 들여다보는 커다란 제3의 눈을 열어라!"(아침, 380쪽)라는 소리를 생생하게 들을 수 있을 것이다. 그때는 "그 도덕이야말로 위험 가운데 위험"이라는 주장이 천둥처럼 들려올 것이다.

이러한 인식의 변화를 실현하기 위해 니체는 "가치들이 성장하고 발전하고 변화해온 조건과 상황에 대한 지식이 필요"함을 역설했던 것이다. 그리고 그는 확신한다. "그와 같은 지식은 지금까지 존재한 적도 요구된 적도 없었다"고. 그런 지식 자체가 차라투스트라가 전하는 초인에 대한 인식과 같다. 왜냐하면 그 초인은 지금까지 단 한 번도 "존재한 적"(차라, 153쪽)이 없기 때문이다. 이런 의미에서 허무주의 철학은 미래의 새로운 도덕을 위해 준비하는 철학이라고도 감히 말할 수 있을 것이다.


## 되새김질이라는 독서의 기술과
## 새로운 인식이 허락하는 평온한 경지

세상을 부정하는 염세주의를 극복하고자 하는 움직임이 허무주의 철학이다. 자기를 부정함으로써 해탈의 경지에 도달하려는 것을 위험천만한 것으로 인식한 게 니체의 사상이다. 물론 니체는 쇼펜하우어에게서 세상을 보는 법을 배웠다. 부정의 가치를 인식했다. 하지만 부정은 긍정을 위한 것일 때 의미가 있는 것이다. 여행의 의미는 돌아올 때 얻어지는 것이다. 영원히 떠나는 것은 진정한 여행이 아니다. 떠날 때는 끝인 것처럼 떠나도 결국에는 돌아올 수밖에 없는 것이 인생이다. 이런 생각은 훗날 "영원회귀 사유"(이 사람, 419쪽)라는 개념으로 규정된다.

돌고 돈다. 그것이 산다는 것의 의미다. 넘어지고 일어선다. 버리고 취한다. 배설하고 먹는다. 떠나보내고 받아들인다. 헤어지고 만난다. 잊고 기억한다. 잠을 자고 깨어난다. 쉬었다가 일한다. 병들었다가 건강을 회복한다. 끝에서 자기 자신을 만난다. 존재하는 모든 것은 생성과 소멸의 연속 속에 있다. 끊임없이 반복되는 것 속에 삶의 의미가 있는 것이다. 삶의 의미는 사는 것에서 찾아져야 한다. 그 외의 어떤 것으로도 삶을 형용

영원회귀 사상을 상징하는 동물 오우로보로스.

할 수는 없다. 그래서 니체는 이집트의 상징화에 등장하는 동물, 특히 자기 꼬리를 무는 오우로보로스 Ouroboros라는 뱀을 영원회귀의 상징물로 삼았던 것이다. 이와 관련하여 니체는 "모든 과거는 미래의 꼬리를 문다"[14]는 말을 남겼다. 머리가 꼬리를 무는 그 과정 속에 현재가 있다.

니체의 허무주의 사상의 다른 이름은 영원회귀 사상이다. 영원히 돌고 돈다는 생각이 핵심이다. 생성과 소멸의 굴레에서 벗어날 수 없는 것이 존재의 의미다. 생명은 죽음을 맞이할 수밖에 없다. 시작과 끝으로 설명되는 모든 것은 낭만적인 낙천주의일 뿐이다. 영생, 구원, 천국 따위는 낙천적인 생각일 뿐이다. 하지만 허무주의는 현실을 보여주고자 한다. 이성을 가지고 살아야 하는 존재는 배부른 것만으로 만족할 수가 없다. 때로는 형이상학적인 위로가 필요하기도 하다. 성경에서 "사람이 떡으로만 사는 것이 아니요"(신명기 8:3)라고 한 말은 옳다. 가장 친한 친구를 생각할 줄 아는 인간은 이상형을 찾을 수밖에 없고, 그런 이상형의 정점에는 신이 존재할 수밖에 없다. 결국 인간은 종교를 필요로 하는 존재일 뿐이다. 이성적 인간에게 모든 현상 너머에 있는 신은 당연한 존재다.

하지만 허무주의 사상은 여기서 머물지 않는다. 모든 가치는 주어진 것이 아니라는 인식으로 넘어가고자 한다. 한계에 직면하고 그 한계를 넘어서고자 할 때 필요한 것은 새로운 것에 대한 인식이다. "오직 새로운 물음만을 가지고, 말하자면 새로운 눈을 가지고 도덕의—실제로 존재했고 실제로 생명을 지녔던 도덕의—광막하고 아득하며 숨겨진 땅을 여행해볼 필요가 있다."(345쪽 이후) 여행에 대한 필요성, 그것은 지극히 르네상스적이다. 발견이라는 좌우명으로 모험 여행을 단행했던 르네상스인들의 의지가 여기서도 이어지고 있다는 얘기다. 하지만 니체가 원하는 여행은 내면으로의 여행이다. 도덕이라는 땅은 모험정신으로 도전해야 할 영역인 것이다. 온갖 가치로 가득한 도덕의 땅을 여행하는 철학이 허무주의 철학이다.

> 어쨌든 나의 소망은 예리하고 공정한 눈을 가진 사람에게 좀 더 나은 방향을, 실제적인 도덕의 역사에 이르는 방향을 제시하는 것이었으며, 푸른 하늘을 헤매는 것 같은 영국적인 가설에 빠지지 않도록 적당한 시기에 그에게 경고해주는 것이었다. 도덕 계보학자에게 어떤 색은 바로 푸른색보다도 백 배나 더 중요할 수 있다는 것은 명백하다. 즉 그것은 말하자면 회색인데, 문서로 기록된 것, 실제로 확증할 수 있는 사실, 실제로 있었던 것이다. 간단히 말하면, 오랫동안 판독하기 어려웠던 인간의 도덕적 과거사의 상형문자 전체다! (346쪽)

'나의 소망', 참으로 솔직한 말이다. 자신의 의도를 낱낱이 밝힐 수 있는 자는 용기가 있는 자임에 틀림없다. 범인凡人은 자기 생각이 무엇인지도 모르고 살아간다. 안다고 해도 긍지가 부족하여 드러내려고 하지 않는다. '꿈이 무엇인가'라는 질문 앞에서 할 말을 찾지 못하는 것이 바로 이런 자들이다. 하지만 니체는 다르다. 그는 자신이 무엇을 원하는지 분명하게 알고 있다. "내가 아무것도 희망할 수 없는 곳, 모든 것이 너무나 명백하게 종말을 가리키는 곳에서 희망을 걸었다."(비극, 20쪽) 허무주의는 희망과 함께 거듭난다. "언젠가 너희는 나의 벗이 되어야 하며 하나의 희망의 자녀가 되어야 한다."(차라, 131쪽) 허무주의 철학은 지극히 희망적이다. 하지만 그 희망은 내세에나 존재할 천국을 향한 것이 아니라 "실제적인 도덕의 역사에 이르는 방향"으로 나아간다. 그것은 낭만주의를 상징하는 '파란색'이 아니라 염세적인 색깔, 특히 '회색'에서 의미를 찾아야 하는 방향이다. 허무주의 철학은 그 회색에서 명랑함과 즐거움을 찾고자 한다.

> 아마 언젠가는 그 문제를 명랑하게 다룰 수 있을지 모른다는 것이다. 즉 이 명랑함은, 나의 말로 하면, 즐거운 학문이며—보람된 일이다: 물론 이것이 모든 사람의 관심사는 아니지만, 오랫동안 용감하고 근면하며 남모르는 진지함을 가진 사람에게는 보람인 것이다. 그러나 언젠가 우리가 마음속 가득히 "앞으로 나아가라! 우리의 낡은 도덕도 희극에 속한다!"고 말하게 될 때, 우리는 '영혼의 운명'이라는 디오니소스적 드라마를 쓰기 위한 새로운 갈등과 가능성을 발견하게 될 것이다— (347쪽)

허무주의 철학은 '즐거운 학문'이다. 이것은 《차라투스트라는 이렇게 말했다》 이전에 집필된 책의 제목이기도 했다. '허무주의'라는 단어가 주는 느낌은 지극히 우울한 회색이지만, 그 회색 속에서 희망을 보는 지혜가 허무주의적인 것이다. "앞으로 나아가라! 우리의 낡은 도덕도 희극에 속한다!" 웃고 넘기라! 비극적인 것을 슬프게만 받아들이면 그것은 인생에 대한 예의가 아니다. 울음은 그쳐야 한다. 뚝! 이제 그만 울어야 한다. 그리고 웃음으로 삶과 직면해야 한다. 그것이 《비극의 탄생》부터 지속적으로 언급되었던 웃음에 대한 필요성이다. "웃는 자의 이 왕관, 이 장미 화환의 관, 내 형제들이여, 나는 이 왕관을 그대들에게 던진다! 나는 웃음이 신성하다고 말했다. 그대들 보다 높은 인간들이여, 내게 배워라―웃음을!" (비극, 23쪽) 허무주의 철학에서 진정으로 배워야 할 것은 웃음의 지혜다.

도덕으로 인정받고 있는 도덕은 이미 희극이다. 더 이상 진지하게 간주할 이유가 없다. 지나간 것은 낡은 것이다. 낡은 것은 희극에 속한다. "낡은 도덕도 희극에 속한다!" 그것이 웃어야 할 일이다. 그것이 웃어야 하는 이유다. 이제 새로운 질문과 새로운 눈으로 "'영혼의 운명'이라는 디오니소스적 드라마를 쓰기 위한 새로운 갈등과 가능성을 발견"해야 한다. 웃는 자는 이제 울 준비를 해야 한다. 새로운 운명을 인식해낼 준비를 갖추어야 한다. 새로운 한계에 직면할 준비를 해야 한다. 좌절과 실망과 절망을 맞볼 준비를 해야 한다. 스스로를 벼랑 끝으로 몰고 갈 준비를 해야 한다. 스스로를 절벽 위에 세울 준비를 해야 한다. 그것이 웃음에 대한 대가임을 깨달아야 한다.

만일 이 저서가 어떤 사람에게 이해하기 어렵고 귀에 거슬린다 해도, 그 책임이 반드시 내게 있는 것은 아니라고 생각한다. 사람들이 먼저 이전의 내 저서들을 읽었고 이때 약간의 노고를 아끼지 않았다는 내 전제를 함께 전제한다면, 이 저서는 아주 분명하다: 사실 이전의 나의 저서들은 그리 쉽게 접근할 수 있는 것이 아니다. 예를 들어 나의 '차라투스트라'에 관해 말하자면, 그의 말 한마디 한마디에 때로는 깊이 상처받고 또 때로는 깊이 황홀해본 적이 없는 사람은 누구도 그 책에 통달한 자라고 나는 인정할 수 없다: 이러한 경험을 한 후에야 그는 이 작품이 태어난 평온한 경지에, 그 태양빛 같은 밝음, 아득함, 드넓음, 확실함에 존경심을 지니고 참여하는 특권을 누릴 수 있을 것이다. 그리고 또 하나의 경우 잠언 형식 때문에 이해하기 어렵게 된다: 그것은 사람들이 이 형식을 충분히 진중하게 다루고 있지 않기 때문이다. 올바르게 새겨 넣으며 쏟아낸 잠언은 읽는다고 해도 '해독<sup>解讀</sup>'되는 것은 아니다. 오히려 이제 비로소 그 해석이 시작되어야만 하며, 거기에는 해석의 기술이 필요하다. 이 경우 내가 '해석'이라 부르는 하나의 모범을 이 책 세 번째 논문에서 보였다:—이 논문의 맨 앞에는 하나의 잠언이 놓여 있으며, 논문 자체는 이에 대한 주석이다. 물론 이와 같이 읽는 기술을 연습하기 위해서는, 무엇보다도 오늘날에는 가장 잘 잊힌 한 가지 일이 필요하다—이렇게 잊혔기 때문에 내 저서들을 '읽을 수 있게 되기'까지는 아직 시간이 필요하다—. 이 한 가지 일을 위해서 사람들은 거의 소가 되다시피 해야 하며 어느 경우에도 '현대인'이 되어서는 안 된다: 이는 되새김하는 것을 말한다… (347쪽 이후)

니체는 책을 남겨놓았다. 사람은 갔어도 그가 한 말은 이 책 속에 남아 있다. 이제 우리는 이 책을 읽어내야 하는 과제를 안고 있다. "어느 누군가가 책을 이해하지 못한다는 것이 그 책에 문제가 있다는 것을 의미하지는 않는다."(즐거운, 389쪽) 이 말을 위의 인용문에서 다시 반복한다. 이 책이 "어렵고 귀에 거슬린다"는 것은 "그 책임이 반드시 내게 있는 것은 아니라"고. 책은 인연이 되어야 한다. 그래야 읽힌다. 아무리 좋은 사람이라도 인연이 안 되면 남남으로 돌아서듯이 아무리 좋은 책도 인연이 맺어지지 않으면 손에 들려지지 않는다.

저자를 탓하기보다 자기 자신을 한번 들여다보는 것이 어떨까. 자기 자신이 지금 어떤 생각으로 살아가고 있는지 또 어떤 도덕적 가치를 가지고 살아가고 있는지 관찰하자는 것이다. 대화가 안 되는 사람을 만나면 그 사람을 탓할 것이 아니라 그 생각을 받아들일 수 없는 자신을 탓해보자는 것이다. 충분히 더럽지 못한 물은 시냇물은 될 수 있어도 바다는 되지 못한다. "실로, 사람은 더러운 강물이렷다. 몸을 더럽히지 않고 더러운 강물을 모두 받아들이려면 사람은 먼저 바다가 되어야 하리라."(차라, 18쪽) 아니 "네 곁에는 대양이 있다"(즐거운, 199쪽)는 것을 니체는 가르쳐주고자 한다. 더러움은 피할 것이 아니라 인정하고 받아들여야 할 대상이다. "그리고 필요한 경우에는 더러운 물로도 몸을 씻어야 한다."(인간적Ⅱ, 59쪽) 그것이 몸을 깨끗이 하는 지혜다.

스스로 감당할 수 없는 자가 '넌 왜 그러냐!'고 남을 탓한다. '넌 그래서는 안 된다'는 생각이 이미 형성되어 있는 것이다. 슬픔을 슬픔으로 말하지 않는다고 불만을 토로한다. 슬픈 일은 슬프게 말하라고 강요한다. '이것은 이래야 한다 저것은 저래야 한다'는 잣대가 고집을 피우게 만든다. 하지만 그것은 낡은 도덕은 희극에 속한다는 사실을 모르는 생각일 뿐이다. 자기 생각 자체를 질문의 대상으로 삼을 준비가 되어 있지 않은 정신이다. 하지만 이런 준비 자세는 말처럼 쉬운 게 아니다.

니체도 잘 알고 있다. 자신의 책이 쉽게 읽히지 않을 것이라는 사실을. 그는 자신의 책을 읽었다고 감히 말할 수 있는 상황을 그의 말에서 상처받고 황홀해본 적이 있어야 한다고 주장한다. "예를 들어 나의 '차라투스트라'에 관해 말하자면, 그의 말 한마디 한마디에 때로는 깊이 상처받고 또 때로는 깊이 황홀해본 적이 없는 사람은 누구도 그 책에 통달한 자라고 나는 인정할 수 없다." 절망도 해보고 희망도 가져보았던가? 니체는 우리에게 이런 반성의 기회를 요구하고 있다.

글을 읽으며 함께 슬퍼하고 함께 기뻐해보았는가? "이러한 경험을 한 후에야 그는 이 작품이 태어난 평온한 경지에, 그 태양빛 같은 밝음, 아득함, 드넓음, 확실함에 존경심을 지니고 참여하는 특권을 누릴 수 있을 것이다." 평온한 경지! 의역이 되었다. 원어는 '할퀴오니쉬 halkyonisch (평온한)' 라는 형용사와 관련한다. 그리스어로 할퀴온 halkyon 혹은 알퀴온 alkyon 이라고 불리는 물총새는 바람조차 잔잔한 '정적의 날들'[15] 속에 산란을 한다. 니체는 《차라투스트라는 이렇게 말했다》가 탄생한 순간에 정적의 날들을 경험했던 것이다. 그 어떤 두려움도 없는 마음의 평온함, 그 속에서 그의 대표작, 인류에게 남긴 "가장 큰 선물", "고갈되지 않는 샘"과 같은 책, "최고의 책"(이 사람, 326쪽)을 탄생시킨 것이다.

이런 책을 읽기 위해서는 많은 훈련을 해야 한다. 특히 잠언 형식으로 쓰인 문체를 읽어내는 '해석의 기술'이 요구된다. 니체의 글을 '읽는 기술'은 다른 게 아니다. "거의 소가 되다시피 해야 하며 어느 경우에도 '현대인'이 되어서는 안 된다: 이는 되새김하는 것을 말한다." 소가 되새김하듯이 읽으라는 얘기다. 읽은 것을 또 꺼내 읽으라는 것이다. 읽은 것을 제대로 해석해내기 위해서는 되새김해야 하는 '시간이 필요'하다.

니체를 이해하는 데는 시간이 필요하다. 시간이 흘러가주어야 한다. 그냥 시간만 흘러가준다고 되는 것도 아니다. 되새김하는 행위가 필요하다. 되새김하는 시간이 필요하다는 얘기다. 그가 남겨놓은 문장들을 기억 속에 담아두고 시간이 날 때마다 꺼내 다시 읽어내야 한다. 그런 과정을 통해서만 니체가 마련해놓은 음식을 맛나게 먹을 수 있으리라. "튼튼한 이와 튼튼한 위장─/ 이것을 그대에게 바라노라! / 내 책을 견뎌낸다면 / 나와도 친해질 수 있을 것이다."(즐거운, 56쪽 이후) 친한 친구가 되는 방법이다. 끊임없이 되새김질하기 위해 필요한 것은 '튼튼한 이빨'과 '튼튼한 위장'이다. 씹고 씹고 또 씹어야 하기 때문이다. 쉽게 소화되지 않는 것을 소화해야 하기 때문이다.

　허무주의 철학과 친해질 수만 있다면 그 어떤 상황에서도 평온한 경지를 유지할 수 있을 것이다. 아무리 더러운 것이 들어와도 스스로는 더러워지지 않는 바다와 같은 존재가 되어 있을 것이기 때문이다. 아무리 거센 바람이 불어와도 이리저리 휩몰리기보다는 그것을 높이 비상할 수 있는 원동력으로 바꿀 지혜를 갖고 있기 때문이다. "짧은 비극은 결국 언제나 영원한 현존재의 희극에 자리를 물려주거나 뒤로 물러난다. 아이스킬로스<sup>Aischylos</sup>(B.C.525~B.C.456)의 표현을 빌리면 '한없는 웃음의 파도'가 이 비극들의 가장 위대한 주인공들조차 압도해버린다."(즐거운, 68쪽) 인생은 고해<sup>苦海</sup>지만 울면서 살 수만은 없다. 인생은 한없는 웃음의 파도를 직면할 때에만 살 만한 것이 되는 것이다.

2장

———

# 좋음과 나쁨이라는 대립의 기원

# 진리는
# 존재한다

'니체가 진리를 싫어한다'는 것은 잘 알려진 사실이다. 그는 '진리'를 본능적으로 싫어한다. 게다가 그는 진리 중의 진리로 간주될 수 있는 '신神'을 거부한다. 그래서 '신은 죽었다'[1]고 선언하는 철학자다. 하지만 그의 이런 주장은 일면만 보여주고 있을 뿐이다. 다른 한 편으로 그는 신을 추구하기도 한다. "나는 춤을 출 줄 아는 신만을 믿으리라."(차라, 65쪽) 이것이 니체의 신앙이자 종교다. 또 진리를 추구하기도 한다. "진리가 필요한가라는 물음에 우선 긍정적으로 답해야 할 뿐만 아니라 다음과 같은 명제, 믿음, 확신이 그 대답 속에 표명되어야 한다. '진리보다 더 필요한 것은 없다. 진리와 비교하면 그밖에 다른 모든 것은 이차적인 가치밖에 지니지 못한다.'"(즐거운, 321쪽) 이성을 가지고 살아가야 하고 또 그 이성을 가지고 생각을 해야 하는 존재인 인간에게 진리만큼 절대적이고 매혹적인 것이 또 있을까. 진리에 대한 문제는 이성이 존재하는 한 끊임없이 따라다닐 것이다.

진리와 같은 속성의 문제가 도덕이다. 도덕의 문제는 선악, '착하다'와 '착하지 않다', 미덕과 악덕, 즉 가치의 문제다. 그런데 문제로서의 도덕은 일방적이라는 데 있다. 도덕주의자는 늘 착한 편에 서 있다. 도덕을 생각할 때는 예외 없이 옳은 것만을 생각한다. 사회가 요구하는 것을 생각하기 때문이다. 사회가 옳다고 규정한 그것을 생각한다는 얘기다. 도덕주의자들은 자신이 생각하는 도덕의 가치가 "주어진 것으로, 사실로, 모든 문제 제기를 넘어서 있는 것으로"(345쪽) 받아들인다. 즉 당연시한다는 얘기다. 그 가치에 대해서는 이의를 제기할 수 없다는 입장이라는 얘기다. 도덕에 대한 이런 가설이 "영국적인 유형의 가설"(341쪽)에서 두드러지게 나타난다고 니체는 보았다. 여기서 말하는 영국적인 유형이 무엇인지 그것을 대표하는 학자는 누군지에 대해서는 묻지 않기로 하자. 문제의 핵심은 그것이 아니기 때문이다. 어쨌든 이런 영국의 심리학자들에게서는 그저 "개구리의 관점"(선악, 17쪽) 내지 개구리의 습성만이 관찰될 뿐이다. 이들에 대해 니체는 다음과 같은 변화를 바란다.

그러나 사람들이 내게 하는 말은 개구리들이 자신의 영역, 즉 늪 속에 적당히 있듯이, 사람들 주변과 사람들 속으로 기어들어 뛰어다니는 것은 단지 늙고 차디찬 권태로워하는 개구리들뿐이라는 것이다. 나는 그런 의견에 반대하며 더욱이 그런 것을 믿지 않는다. 사정을 잘 알 수 없는 처지에서도 바랄 수 있다면, 나는 진정 영국의 심리학자들의 경우에 사정이 반대이기를 바란다.—즉 이 영혼의 탐구자들이자 현미경 관찰자들이 근본적으로 용감하고 도량이 넓고 긍지를 지닌 동물이며 자신의 심정과 고통을 자제할 줄 알고 진리를 위해, 심지어 단순

60

하고 쓰디쓰고 추하고 불쾌하며 반그리스도교적이며 반도덕적인 진리를 위해, 그 모든 진리를 위해, 모든 소망을 희생하도록 훈련되었으면 하고 바란다… 왜 냐하면 그러한 진리는 존재하기 때문이다.— (352쪽)

우물 안 개구리들. 자기 세계에 갇혀 사는 자들. 다른 세계에 대해서는 감도 잡지 못하는 속 좁은 인간들. 그들은 자신이 믿는 진리만을 인정한다. 그 외의 것들은 진리가 아닌 것이다. 자신이 아는 것이 전부라고 생각한다. 자기가 아는 것이 아니면 '틀리다' '아니다' 등의 발언을 서슴없이 해댄다. 이런 자들과 대화를 하면 참 답답하다. 마음을 닫아놓고 대화에 인하기 때문이다.

'늙고 차디찬 권태로운 개구리들'은 어떤 모습을 하고 있는 것일까? 그 모습을 그림으로 표현하면 어떻게 될까? 어린 사람이 늙어 보인다. 애 늙은이가 따로 없다. 도덕을 운운하는 자들은 다 이런 모습이다. 자기가 옳다고 주장하는 자들은 다 이런 모습이다. 차갑다. 냉정하다. '이건 이거고 저건 저거다'를 너무 쉽게 말한다. 자기 생각만 한다. 일방적이다. 대화가 안 된다. 니체는 이런 자들에게 조언을 하고 있는 것이다. 다른 진리가 존재한다는 것을 알려주고자 한다. "왜냐하면 그러한 진리는 존재하기 때문이다." 진리는 존재한다. 니체도 진리의 존재에 대해 확신을 가지고 있다는 얘기다. 하지만 그가 믿고 확신하는 진리는 영국의 심리학자들이 믿는 진리와는 성격이 다르다.

다른 진리, 그것을 보여주기 위해 니체는 정반대의 모습을 관찰하도록 유도한다. 개구리의 영역을 주목하게 한다. "즉 늪 속에 적당히 있듯이, 사람들 주변과 사람들 속으로 기어들어 뛰어다니는 것"을 보여준다. 사람들 속에서 무리를 지어 뛰어다닌다. 늘 남의 시선을 의식하는 모습이다. 그런 인생이 사는 곳은 축축한 늪 속일 뿐이다. 불쾌한 곳임에도 불구하고 개구리 자체는 그것을 인식조차 하지 못한다. 그가 살 수 있는 곳이 그곳뿐이기 때문이다. 이슈를 좇고 유행을 따른다. 무리 속에서 행복감을 느낄 뿐이다. 하지만 그런 조건 속에서 창조적인 삶을 살 수는 없다. 그것이 문제다. 그래서 니체는 영국의 심리학자들의 경우와는 정반대의 것을 바랄 수 있기를 바라는 것이다. '바랄 수 있다면, 반대이기를 바란다.'

니체가 모범으로 제시한 바람의 형태는 이렇다. "근본적으로 용감하고 도량이 넓고 긍지를 지닌 동물이며 자신의 심정과 고통을 자제할 줄 알고 진리를 위해, 심지어 단순하고 쓰디쓰고 추하고 불쾌하며 반그리스도교적이며 반도덕적인 진리를 위해, 그 모든 진리를 위해, 모든 소망을 희생하도록 훈련되었으면 하고 바란다"고. 모든 소망을 희생할 준비가 되어 있는가? 허무주의 철학자는 우리에게 이것을 묻고 있다. 훈련이 충분히 되어 있느냐고. 모든 희망을 희생할 준비가 되어 있느냐고. 허무함을 감당할 준비가 되어 있느냐고. 왜냐하면 다른 진리가 존재하기 때문이다. 이는 마치 예수의 간절했던 질문을 떠올리게 한다. "이것을 네가 믿느냐."(요한복음 11:26) 믿을 수 없겠지만 믿어야 한다. 이것이 니체의 바람이다. 진리는 존재한다. 희망이 끝난 곳에서 희망의 힘은 발휘된다. 모든 진리를 포기할 때 비로소 진리는 자신의 모습을 어렴풋이 보여준다.

## 좋음의
## 기원

무엇이 좋은 것일까? 좋은 것을 인식하는 것은 인간뿐이다. 동물은 본능적으로 어떤 것을 원하지만 인간은 생각이 만들어낸 좋음이 있다. 좋다, 좋다, 계속 말을 들으면 정말 좋아지는 게 인간이다. 물론 좋음이 생기는 것과 같은 방식으로 싫음도 생겨난다. 이유 없이 싫어진다. 생각이 바뀌면 싫어하던 것이 좋아 보이기도 한다. 한없이 싫던 것이 눈물이 날 정도로 좋아지는 것이다. 정반대의 경우도 마찬가지다. 한없이 좋던 것이 역겹게 느껴지기도 한다. 분명 동물과 인간 사이에는 다른 점이 있다.

니체는 인간이 좋음을 느끼는 그 내면을 들여다본다. 도대체 우리 안에는 어떤 일들이 벌어지고 있는 것일까? 도덕적 판단과 도덕적 가치의 형성은 어떤 경로를 통해 이루어지는 것일까? 그것을 알게 되면 한계를 인식할 수도 있을 것이다. 한계가 인식되면 자기 극복은 실현될 수 있다. 한계 지점에서 내딛는 단 한 걸음의 전진이 인생을 바꾸어놓게 된다. 예상치도 못한 전혀 다른 인생이 펼쳐지게 되는 것이다. 얘기가 너무 멀리 갔다. 일단 니체의 말부터 들어보자.

이 도덕의 역사학자들 가운데 위세를 부리고 싶어 하는 선한 정령에게 경의를 표하자! 그러나 유감스럽게도 이들에게는 역사적 정신 자체가 결여되어 있으며, 그들이 바로 역사의 모든 선한 정령 자체에게서 방치되어버렸다는 것은 확실하다! 그들 모두는 낡은 철학자들의 관습이 그러하듯이, 본질적으로 비역사적으로 생각한다. 이 점에 관해서는 의심할 여지가 없다. 그들이 다루는 도덕 계보학의 미숙함은 '좋음'이라는 개념과 판단의 유래를 탐구하는 것이 문제될 때, 처음부터 바로 드러난다. 그들은 다음과 같이 선언한다 — "원래 비이기적 행위란 그 행위가 표시되어, 즉 그 행위로 인해 이익을 얻는 사람의 입장에서 칭송되고 좋다고 불렸다. 그 후 사람들은 이 칭송의 기원을 망각하게 되었고 비이기적 행위가 습관적으로 항상 좋다고 칭송되었기에, 이 행위를 그대로 좋다고 느꼈던 것이다. 마치 그 행위가 그 자체로 선한 것인 듯." 이 최초의 추론 과정에 이미 영국의 심리학자들의 특이체질의 전형적인 특징이 함축되어 있다는 것은 바로 알 수 있다. — (352쪽 이후)

니체는 영국의 심리학자들에게 경의를 표하고자 한다. 그들 "가운데 위세를 부리고 싶어 하는 선한 정령"이 있다는 얘기다. 그들 때문에 도덕을 주목할 수 있게 된 것을 인정한다. 물론 그들이 구체적으로 누군지는 이름을 밝히지 않고 있다. 그저 도덕의 기원에 대한 연구 동기를 부여해 준 책, 친구가 쓴 《도덕 감정의 기원》이라는 책에서 "계보학적 가설들", 특히 "영국적인 유형의 가설을 처음으로 분명하게 만났"(341쪽)다고만 언급하고 있을 뿐이다. 영국적인 유형의 가설은 그러니까 니체의 가설과 정반대의 논리임에는 틀림이 없다. 정반대의 주장이라는 얘기다.

영국의 심리학자들에게는 "역사적 정신 자체가 결여되어 있으며, 그들이 바로 역사의 모든 선한 정령 자체에게서 방치되어버렸다는 것은 확실하다! 그들 모두는 낡은 철학자들의 관습이 그러하듯이, 본질적으로 비역사적으로 생각한다." 심리학에 역사성이 가미되어야 한다는 것이 니체의 입장이다. 변화를 일으키는 부분이다. 새로운 생각이다. 마음 상태를 분석하는 데도 역사가 고려되어야 한다는 얘기다. 시대마다 심리 상태가 다르다는 것이 니체 철학의 대전제다. 시대마다 좋음과 싫음의 기준이 다르다는 것이다. 영국의 심리학자들이 보여준 연구에는 이 역사적인 고찰이 빠져 있다는 것이다.

문제가 보이면 답을 찾아야 한다. 문제를 외면하는 것은 학자의 도리가 아니다. 이제 니체는 "본질적으로 비역사적으로 생각"한 것에 대항하여 정반대의 생각을 해내야 한다. 심리에도 역사가 있다는 사실을 증명해내야 한다. 마음에도 역사성이 발견될 수 있다는 사실을 밝혀내야 한다. 그것을 보여주고자 하는 것이 허무주의 철학의 본심이다. 마음은 변할 수 있다. 이 세상에는 변할 수 없는 게 없다. 모든 게 변한다. 변함보다 더 확실한 것이 또 있을까. 죽음보다 확실한 게 또 있을까.

좋음은 주어진 것이 아니다. 좋음은 형성된 감정이다. 좋다고 하니까 좋아 보이는 것이다. 학교에서 '이게 좋은 거니까 이걸 생각하고 행하라'고 가르치면 학생들은 아무런 거부감 없이 이를 받아들인다. 학교는 좋음을 형성해주는 공인된 기관이 되는 셈이다. 이런 학교의 역할에 대해 니체는 지극히 불편한 감정을 가지고 있었고, 그것을 여과 없이 토해냈던 책이 《반시대적 고찰》이었다. 여기서 니체는 "학문이 하나의 공장"(반시대 I, 236쪽)이라는 가혹한 평가를 내렸었다. 교육의 현장이 공장과 같다는 얘기다. 어린 학생들이 하나같이 똑같은 상품으로 만들어져 사회로 쏟아져 나오는 것 같다는 것이다. 사람이 물건 같다는 것이다. 삶의 이념이 빠져버린 교육에서 니체는 현대의 한계를 인식했던 것이다.

좋음이 형성되는 시발점은 분명하다. 그것은 그 좋음의 평가로 인해 "이익을 얻는 사람"이 있다는 얘기고, 그 사람의 입장에서 어떤 사물이나 생각의 형태가 "칭송되고 좋다고 불렸다"는 것이다. 이때 좋음은 그 이익을 보는 사람의 입장에서 형성된 것일 뿐이기 때문에 지극히 이기적인 생각과 행동이 아닐 수 없다. 한두 사람만 건너뛰면 그 기원에 대해서는 더 이상 묻지 않게 되고, 즉 "기원을 망각하게" 되고, 결국에는 "비이기적인 행위가 습관적으로 항상 좋다고 칭송"된다. 그 습관이 관습으로 범위를 넓혀 간다. 결국에는 이기적인 습관이 도덕적 격률<sup>格率</sup>을 형성하게 되는 것이다. 왜 그렇게 생각하고 행동해야 하는지에 대해서는 아무런 이의 제기조차 하지 못하는 상황이 벌어지고 만다. 이제 말 잘 듣는 인간만이 존재할 뿐이다. 그에게 더 이상 문제의식은 없다. "이제 그는 제4신분, 즉 노예 신분이 일하듯이 가혹하게 일한다."(반시대 I , 236쪽) 생각하지 말고 일만 하라는 것이다. 노예처럼 복종만 하라는 것이다. 그것이 사회의 이념이라고. 그것이 좋고 그것이 선하다고.

> '좋음'이라는 판단은 '좋은 것'을 받았다고 표명하는 사람들의 입장에서 나오는 것은 아니다. 오히려 그것은 '좋은 인간들' 자신에게 있었던 것이다. 즉 저급한 모든 사람, 저급한 뜻을 지니고 있는 사람, 비속한 사람, 천민적인 사람들에 대비해서, 자기 자신과 자신의 행위를 좋다고, 즉 제일급으로 느끼고 평가하는 고귀한 사람, 강한 사람, 드높은 사람들, 높은 뜻을 지닌 사람들에 있었던 것이다. 그들은 이러한 거리의 파토스<sup>Pathos der Distanz</sup>에서 가치를 창조하고 가치의 이름을 새기는 권리를 비로소 가지게 되었던 것이다: 그들에게 공리가 무슨 상관이 있었단 말인가! (353쪽 이후)

가치는 가치를 만드는 사람들에 의해 만들어지는 것이다. 하나의 가치는 분명 그것을 가치 있다고 말한 그 사람에 의해 만들어지는 것이다. 하늘에서 뚝 떨어진 듯한 절대적인 가치는 존재하지 않는다. 무조건 복종해야 할 도덕적 행위란 존재하지 않는다. 역사적인 고찰이 배제된 도덕의 계보학은 신적인 영역을 상상해낼 수밖에 없다. 어떤 가치를 이 세상에 창조하는 원리로서 말이다. 니체는 이러한 발상 자체에 저항한다. 그런 신은 존재하지 않는다고 감히 말하는 것이다. "신은 죽었다! 신은 죽어버렸다! 우리가 신을 죽인 것이다!"(즐거운, 200쪽) 신을 죽일 수 있었던 것은 역사적 고찰 때문이다. '내 안에 너 있다'에서 '내 안에 너 없다'를 말할 수 있는 양심이 생겨난 것이다.

천국에 대한 믿음도 결국에는 자기 안에서 결정되는 것이다. "하나님의 나라는 볼 수 있게 임하는 것이 아니요 또 여기 있다 저기 있다고도 못하리니 하나님의 나라는 너희 안에 있느니라."(누가복음 17:20-21) 마음이 결정한다. 마음은 변할 수 있다. 마음이 변하면 천국도 바꿀 수 있다. 가치관이 바뀌면 모든 것이 바뀔 수밖에 없다. 모든 가치의 기원이 되었던 신도 그때는 양심의 거리낌 없이 제거될 수 있다. 신은 죽었다고. 우리가 그 신을 죽인 것이라고. 그때 우리는 가치를 창조하는 자가 되는 것이다.

창조까지는 좋지만 그것이 또다시 습관이 되면 니체는 부정적이 된다. 오늘만 사는 게 아니다. 내일은 새로운 삶을 살아야 한다. 하나의 가치에 대해 허무함을 받아들이는 고통을 견뎌내야 한다. 무심코 버린 것들이 쓰나미가 되어 돌아온다. 한평생을 살고도 태어난 게 엊그제 같다는 느낌은 미연에 방지해야 한다. "한없는 웃음의 파도"(즐거운, 68쪽)로 인생의 비극적 장면들을 극복해내야 한다. 그것이 철학이 해야 할 일이다. 웃는 날들이 모이고 모여 궁극적인 마음의 평정이 이루어진다. 이러한 "평온한 경지"(347쪽)에서만 차라투스트라를 인식할 수 있게 되는 것이다. 니체가 말하는 구원의 순간이다.

창조는 긍정적이지만 정체는 부정적이다. 뚫림은 좋지만 막힘은 싫다. 도道는 통해야 의미가 있다. 끊긴 것이나 막힌 것은 진정한 길이 아니다. 창조적인 삶은 일회적으로 결정되는 것이 아니다. 단 한 번의 믿음이나 신앙으로 결정되는 것이 아니다. 삶이란 그런 것이 아니다. 삶은 자체가 과정일 뿐이다. 정체되는 모든 곳에서 니체는 "종말이 시작되는 것"(343 쪽)을 확인할 뿐이다. 정체는 끊임없는 회고를 강요하고 급기야 삶에 대한 피로감만 높일 뿐이다.

"'좋음'이라는 판단은 '좋은 것'을 받았다고 표명하는 사람들의 입장에서 나오는 것은 아니다." 매우 중요한 선언이다. 이 한 문장만 제대로 이해해도 니체 철학 전반에 대한 이해의 단초를 얻는 셈이다. 예를 들어 상장을 받은 자에 의해 좋은 행위 혹은 선한 행위가 결정되는 것이 아니다. 그런 행위는 상장을 주는 자들에 의해 결정되는 것이다. 독재자의 부하들은 수많은 훈장을 달고 있다. 그 훈장들이 독재 권력을 만들고 있을 뿐이다. 살고 싶으면 훈장을 받으려고 노력하라! 이것이 '닫힌사회'[2]의 전형적인 이념이다.

'좋음이라는 판단'은 스스로를 '좋은 인간들'이라 지칭하는 그들에 의해 형성된다. 나쁨에 대한 의미를 형성하고 그것에서 '거리의 파토스'를 느끼는 자들이다. 난 너희들과 다르다는 의식이다. 좋음에는 공리가 문제되지 않고 있다는 사실이다. "그들에게 공리가 무슨 상관이 있었단 말인가!" 의문문이 아니다. 몰라서 묻는 게 아니다. 좋음을 말하는 자들은 공리를 염두에 두지 않는다는 사실을 역설하고 있을 뿐이다. 결국 니체의 시각으로 바라본 도덕의 기원은 이기적일 뿐이다.

앞에서 말했듯이, 고귀함과 거리의 파토스, 좀 더 높은 지배 종족이 좀 더 하위의 종족, 즉 '하층민'에게 가지고 있는 지속적이고 지배적인 전체 감정과 근본 감정—이것이야말로 '좋음'과 '나쁨'이라는 대립의 기원이다. (이름을 부여하는 지배권은 멀리까지 미쳐서, 언어 자체의 기원을 지배자의 권력을 표현하는 것으로 간주하도록 허용해야만 하는 정도까지 이른다: 그들은 '이것은 이러이러하다'고 말한다. 그들은 모든 사물과 사건을 한마디 소리로 봉인하고, 말하자면 이러한 행위를 통해 그것을 점유해버린다.) 이러한 기원에서 드러나는 사실은, '좋음'이라는 용어가 저 도덕 계보학자들의 미신이 억측하는 것처럼, 처음부터 필연적으로 비이기적 행위와 결부된 것이 결코 아니라는 것이다. (354쪽)

말은 이념으로 남아 있는 게 아니다. 말은 쓰임을 통해 의미를 획득한다. 말이 쓰임에 적용될 때는 이미 가치를 부여받은 상태여야 한다. 어떤 말에는 어떤 가치가 부여되어 있어야 한다는 것이다. "이것은 이러이러하다"고 말할 수 있기 위해서는 '이러이러하다'에 대한 판단이 미리 서 있어야 한다는 것이다. 즉 니체의 말로 표현하자면 '좋음'은 그것을 말하는 자에 의해 이미 "소리로 봉인"된 상태가 된다. 더 이상 이의를 제기하지 말라는 것이다. 이것은 이러이러하니까.

도덕의 가치는 억측에 불과하다. 도덕의 가치는 한 시대에 국한된 가치관일 뿐이다. 도덕의 계보를 운운하면서 주어진 절대적 가치로 인식하는 것 자체는 미신일 뿐이다. 그런 억측과 미신이 신적인 것을 상상해낸다. 역사성이 결여된 생각 속에 인간적인 것은 발붙일 곳을 찾지 못한다. 영원불변은 얼마나 매혹적인 말인가. 임마누엘Immanuel의 신은 얼마나 유혹적인 말인가. 소리가 봉인한 가치의 힘은 상상을 초월한다. 신이라는 소리를 들으면서 이미 봉인된 가치의 형성을 경험하는 이는 거부할 수 없는 어마어마한 힘을 감지할 수밖에 없다. 상상할 수 있는 최고의 경지에 있는 게 신이기 때문이다. 감히 넘볼 수 없는 경지가 아닐 수 없다.

좋음은 좋음이 아닐 수 있다. 좋은 게 좋은 게 아닐 수 있다. 이런 가능성조차 허용하지 않는 것이 억측이고 미신이다. 도덕은 공리와 상관없다. 도덕은 "비이기적 행위와 결부된 것이 결코 아니라는 것이다." 도덕의 기원은 지극히 이기적인 것으로 연결되고 있을 뿐이다. 니체가 도덕에 허무함을 느낄 수밖에 없는 이유가 여기에 있다. 도덕의 다른 이름들이라면 정의, 진리, 좋음, 선, 신 등이 있을 것이다. 허무주의 철학은 이 모든 가치에 대해 허무함을 허용하고자 한다.

## 어떻게
## 잊을 수 있을까?

사람은 생각하는 존재다. 생각 속에 형성된 것은 기억이라는 틀을 만들어낸다. 사람은 늙으면 추억으로 산다고 했다. 기억의 동물이기에 그런 것이다. 문제는 어떻게 새로운 가치를 만들 수 있는지다. 구태의연한 자세를 버리고 어떻게 새로운 삶의 현장으로 뛰어들 수 있는지다. 좋다고 생각했던 것에 대해 어떻게 전혀 다른 생각을 할 수 있는가? 이것이 니체 철학의 고민이다. 어떻게 허무함을 받아들일 수 있는가? 이것이 문제라는 얘기다. "우리가 제때에 기억하는 것처럼 제때에 잊을 줄 아느냐"(반시대Ⅱ, 294쪽), 그것이 문제라는 것이다.

적당한 때에 기억해내고 적당한 때에 잊을 수만 있다면 삶은 문제가 없다. 대부분 잊지 못해 문제가 생기고 기억을 해내지 못해 문제가 얽히고 만다. 생각으로 살아야 하는 생각하는 존재의 문제다. 이성을 중요시했던 철학은 기억의 가치를 암암리에 칭송했다. 의무감을 요구할 수 있었던 이유는 기억이라는 장치를 전제했기 때문이다. 이제 니체는 정반대의 힘을 요구한다. 어떻게 잊을 거냐고. 잊을 수 있어야 새로운 도덕도 창출해낼 수 있기 때문이다. 지난 사랑을 잊을 수 있어야 새로운 사람을 만나 사랑을 나눌 수 있는 것과 같은 논리다.

> 그러나 두 번째로 '좋음'이라는 가치 판단의 유래에 관한 저 가설이 역사적인 근거가 없다는 것은 완전히 차치하고, 그 가설은 자기 안에서조차 심리학적 모순이라는 병에 걸려 있다. 비이기적 행위의 공리성이 그러한 행위를 칭송하는 기원임이 틀림없으며, 그리고 이러한 기원은 망각되어야 하지만—또한 이렇게 망각하는 것이 어떻게 가능하단 말인가? 그러한 행위의 공리성이 언젠가 중단되었단 말인가? 사실은 정반대다: 이러한 공리성은 오히려 어느 시대나 경험하는 일상적인 것이었으며 부단히 언제나 새롭게 강조되어온 것이다. (355쪽)

도덕적 사회는 도덕적 가치를 요구해왔다. 학교에서도 도덕을 가르치는 이유다. 도덕관념이 제대로 서야 사회가 유지될 수 있다고 믿기 때문이다. 망각보다는 기억에 치중할 수밖에 없는 상황이다. 모든 시험은 기억한 것을 검증하고자 한다. '시험' 하면 떠오르는 생각은 '시험공부를 제대로 했는가' '시험 준비가 제대로 되어 있는가'이다. 즉 '잘 기억하고 있는가'가 시험을 쳐야 하는 사회에서 살아남는 반성적 질문인 것이다. 하지만 이러한 문제의식으로 삶이 원만해질까? 시험 성적이 우수하다고 삶에서도 그 우수한 지혜가 발휘될까? 누구는 말한다. "행복은 성적순이 아니잖아요"[3]라고.

"망각하는 것이 어떻게 가능하단 말인가?" 지극히 니체적인 질문이다. 어떻게 잊을 수 있을까? 어떻게 맑은 소리를 내는 텅 빈 종과 같은 존재가 될 수 있는가? "종소리는 텅 빈 종에 의해 생겨"[4]나기에 묻는 것이다. 어떻게 종소리와 같은 소리를 내는 존재로 살아갈 수 있을까? 어떻게 위로가 되는 소리의 존재로 살아갈 수 있을까? "이것은 이러이러하다"(354쪽)고 말하는 대신 어디에도 막힘이 없는 뚫린 소리로 말할 수 있을까? 이런 소리로 말할 수만 있다면 그는 꽃으로 충만한 정원과 같은 존재일 것이 분명하다. 아니 범위를 더 넓혀 산과 강물 같은 존재가 될 수도 있을 것이다. 온갖 더러움을 받아들이면서도 스스로는 절대로 썩지 않는 바다와 같은 존재가 될 수 있을 것이다. 모두가 찾아와 마음의 안식을 찾는 자연적인 존재가 될 수 있을 것이다. 상처를 주기보다 건강회복의 원인이 되는 존재가 될 수 있다는 것이다. 초인은 이런 존재의 상징적 표현일 뿐이다.

그런데 영국의 심리학자들은 "이것은 이러이러하다"는 말을 할 수밖에 없는 상황을 설명하고자 한다. 도덕은 도덕적이라고 감히 말하고자 한다. 도덕적인 것은 선한 것이라고 양심의 거리낌도 없이 말하고자 한다. 그 대표적인 예로 니체는 마침내 영국 학자의 이름을 언급한다. 허버트 스펜서 Herbert Spencer(1820~1903)가 바로 그다. 그의 사상을 니체는 다음과 같이 요약하고 있다.

(스펜서에 의하면) '좋음'이라는 개념은 '공리적', '합목적적'이라는 개념과 본질적으로 동일한 것으로 평가되며, 따라서 '좋음'과 '나쁨'을 판단할 때 인류는 '공리적이고 목적에 맞는', 그리고 '해롭고 목적에 맞지 않는'에 관한 잊지 못하고, 잊을 수 없는 바로 그들 자신의 경험을 요약하고 승인한 것이다. 이 이론에 따르면 좋음이란 이전에 공리성이 증명된 것이다: 따라서 그것은 '최고로 가치 있는', '그 자체로 가치 있는' 것이라고 인정할 수 있다. 이러한 설명 방법도 앞에서 말했듯이 잘못된 것이다. 그러나 최소한 설명 자체는 합리적이며 심리학적으로 근거가 있다. (355쪽 이후)

합리적이며 근거가 있는 설명이기는 하지만 잘못된 것이다. 그것은 바로 스펜서의 주장이다. 그는 '좋음'을 '공리적'이고 '합목적적'이라는 개념과 같은 말로 간주한다. 앞에서 살펴보았듯이 니체는 '좋음'이라는 말에서 그저 이기적인 발언만을 확인할 뿐이었다. 좋음은 합목적적이라기보다는 오히려 이기적인 목적에 부합할 뿐이라는 것이다. 좋음은 그 좋은 판단으로 인해 이득을 보는 사람의 입장에서 형성된 발언일 뿐이다. 하지만 그 설명이 너무도 학문적이어서 모순을 발견할 수 없을 정도다.

'좋은 게 좋은 거다'라고 말하는 순간 우리는 이미 어느 하나의 선입견과 편견에 서게 될 뿐이다. 하나의 입장을 대변하거나 변호하는 꼴이 되는 셈이다. 타인의 생각을 자신의 생각으로 착각할 때 삶은 위기에 봉착하게 된다. 자기 자신을 망각하는 것보다 더 위험한 망각은 없다. "가장 위험한 망각.─우리는 타인을 사랑하는 것을 잊는 데서 시작해 자기 자신에게서 사랑할 만한 가치가 있는 그 어떤 것도 발견하지 못하는 것으로 끝난다."(아침, 321쪽) 니체가 요구하는 망각은 타인에 의해 형성된 좋음이라는 가치일 뿐이다. 그것으로부터 어떻게 자유로울 수 있을까?

"잊지 못하고, 잊을 수 없는" 좋음에 대한 생각, 그것을 어떻게 잊을 수 있는가? 끊어지지 않는 헤파이스토스<sup>Hephaestos</sup>의 쇠사슬을 어떻게 끊을 것인가? 그것이 거인 프로메테우스<sup>Prometheus</sup>의 고민일 뿐이다. 하지만 쇠사슬은 끊어졌다. 프로메테우스는 하늘을 향해 도전적인 시선을 던진다. 제우스<sup>Zeus</sup>를 향한 저항을 시작한다. 그것이 《비극의 탄생》을 시작하는 표지에 실린 그림이었다. 자유는 끊임없이 고통을 주던 독수리를 죽이고 손발을 구속하던 쇠사슬을 끊을 때 주어지는 것이다. 자유는 언제나 구속을 전제하는 개념일 뿐이다. 답은 문제를 전제할 뿐이다. 허무주의는 낙천주의를 전제할 뿐이다. 신에 대한 죽음을 복음으로 선택할 수 있는 것은 신에 대한 확신과 신뢰를 전제할 뿐이다. 허무주의는 이런 식으로 끊임없는 '웃음의 파도'를 인식하는 것이다. 허무주의 앞에 "'최고로 가치 있는', '그 자체로 가치 있는' 것"은 존재하지 않는다.

《비극의 탄생》 표지에 그려진 거인 프로메테우스.

# 나쁨에 대한
# 어원학적 관점에서의 접근

도덕의 다른 문제는 말이다. 말을 할 때 이미 가치가 형성되어 있다는 것이 문제다. 우리가 어떤 말을 들을 때 '무슨 생각으로 이런 말을 할까?', 그것을 생각해보지 않을 수 없다. 기준이 무엇일까? 어떤 가치관에서 이런 말을 하고 있는 것일까? 모든 말은 현실에 적용될 때 이미 그에 버금가는 가치를 부여받은 상태라는 사실을 인정하지 않을 수 없다. 그래서 도덕의 기원을 추궁하는 니체는 말의 뿌리를 문제 삼기도 한다. 특히 나쁨에 대한 니체의 어원학적 관점에서의 접근방식은 남다르다.

여러 가지 언어로 표현된 '좋음'이라는 명칭이 어원학적인 관점에서 본래 무엇을 의미하는가 하는 물음이 나에게 올바른 길을 제시해주었다: 여기에서 나는 이 모든 것이 동일한 개념 변화에 기인함을 발견했다.—즉 어느 언어에서나 신분을 나타내는 의미에서의 '고귀한', '귀족적인'이 기본 개념이며, 여기에서 필연적으로 '정신적으로 고귀한', '귀족적인', '정신적으로 고귀한 기질의', '정신적으로 특권을 지닌'이라는 의미를 지닌 '좋음'이 발전해 나오는 것이다: 언제나 저 다른 발전과 평행해 진행되는 또 하나의 발전이 있는데, 이는 '비속한', '천민의', '저급한'이라는 개념을 결국 '나쁨'이라는 개념으로 이행하도록 만든다. 후자에 대한 가장 웅변적인 예는 '슐레히트 <sup>schlecht</sup>(나쁨)'라는 독일어 단어 자체다: 이는 '슐리히트 <sup>schlicht</sup>(단순한)'와 같은 말이다.—'슐레히트벡 <sup>schlechtweg</sup>(단지)', '슐레히터딩스 <sup>schlechterdings</sup>(오로지)'와 비교해보라—그것은 본래 오로지 귀족과 대립해 있을 뿐인 아무런 의심의 곁눈질도 하지 않는 단순한 사람, 평범한 사람을 나타내는 것이었다. 대략 30년 전쟁 무렵, 즉 훨씬 후에 이르러, 이 의미는 오늘날 사용하는 의미로 바뀌었다. (356쪽)

나쁨 혹은 나쁘다는 말은 어떻게 형성된 것일까? 니체는 독일어의 쓰임새를 살핀다. 독일어에서 나쁘다는 뜻을 나타내는 말은 '슐레히트'다. 그런데 이 단어는 '슐리히트'와 같은 말로 쓰이기도 한다. 즉 단순하다는 뜻과 같다. 단순한 것이 나쁘다는 말이다. 니체는 이 연관성에 분명 이유가 있으리라 판단하고 다가선다. 어느 한 시대의 말은 그 시대의 분위기를 반영하는 게 당연하기 때문이기도 하다. 나쁘다와 관련한 이런 단어의 형성은 30년 전쟁(1618~1648) 무렵이었다고 한다. 17세기로 바로크 문화가 정점에 있을 때다. 바로크 문화는 귀족문화를 대표한다. 16세기까지, 즉 르네상스 시대까지는 교회를 짓거나 교회와 관련한 문화에 주력했다. 인간미와 휴머니즘Humanismus 사상을 추구하면서도 교회의 범주를 벗어나지 못했던 것이다. 이는 르네상스의 한계로 지적되기도 했다.

17세기, 이때는 프랑스의 루이 14세Ludwig XIV(1638~1715)가 모범이 되면서 인간의 영역이 신의 영역을 침범하기 시작한 때이기도 하다. 인간에 대한 긍지가 하늘을 찔렀던 것이다. 그는 교회를 짓기보다는 행정 건물을 짓는 데 주력했다. 신의 집을 짓기보다는 자신이 살고 일할 집을 짓는데 그 어떤 양심의 가책도 느끼지 않았다. 대표적인 건축물이 베르사유 궁전이다. 그 안의 거울 방은 화려함의 극치를 자랑하기도 한다. 또한 그는 왕권신수설을 부르짖으려 '짐은 곧 국가다L'État, c'est moi!'[5]를 외치며 절대왕정을 형성하는 데 기여했다. 인간에 의해 만들어진 권력이 절대적이었다. 신에게 꿀릴 이유가 없었다. 신처럼 보인다고 해도 당연했다.

**17세기 바로크 시대를 대표하는 인물 루이 14세.**

자화상 속에 보이는 루이 14세의 위풍당당한 모습은 경이롭기까지 하다. 최대한 특이하게 보이려 애를 쓴 흔적이 보이는 듯도 하다. '단순하고 평범한 것'은 시대의 이름으로 혐오했던 군주의 모습답다.

그러니까 나쁘다는 말이 생겨난 배경은 귀족문화라는 데는 틀림이 없다. 귀족이 '단순한 사람, 평범한 사람'을 나타내는 말을 나쁘다는 뜻으로 받아들였던 것이다. 예를 들어 당시 귀족이 선호했던 개념은 '바로크Barock'였다. 이 말은 '불규칙적으로 형성된 진주unregelmäßig geformte Perlen',[6] 즉 '찌그러진 진주'라는 뜻으로 포르투갈어인 '바로코barroco'에서 유래했다. 모든 진주가 그렇듯이 진정한 진주는 똑같다. 모두가 획일적이고 단순한 모양을 취하고 있다.

그런데 바로크가 대세가 되었고 바로크의 정신이 시대의 개념으로 자리를 잡았다. 똑같기보다는 불규칙적으로 혹은 찌그러진 모양을 더 선호하던 시대였음을 반증하는 개념이다. 바로크는 그러니까 눈에 띄는 그 무엇을 지칭하는 말로 이해해도 무방하다. 무언가 독특하고 기발한 아이디어가 돋보이는 취향을 지칭한다고 보아도 된다. 그런 것이 귀족적이었던 것이다. 단순하고 평범한 것을 지양하고 무언가 불규칙적이고 독특한 것을 지향하는 것, 그것이 고귀하다고 보았던 시대다. 똑같은 것을 추구하는 다른 사람들과 무언가 달라야 고상하다는 것이다. 이런 시대에 '단순하다' 혹은 '평범하다'는 말보다 더 나쁜 말이 없다. 그것보다 역겨운 게 또 없다. 그런데 나쁨에 대한 이러한 통찰이 뒤늦게 이루어진 것을 니체는 현대 사회에 만연되어 가고 있는 민주주의 탓으로 보고 있다.

> 이것은 나에게 도덕 계보학에 관한 본질적인 통찰로 보인다. 이러한 통찰이 뒤늦게 발견되었다는 것은 현대 세계의 민주주의적 선입견이 유래에 관한 모든 물음에 끼친 해로운 영향 때문이다. 그리고 이 영향은 겉으로는 가장 객관적인 자연과학과 생리학의 영역에까지 미치고 있는 듯 보이는데, 여기에서는 단지 이를 시사하는 데 그칠 수밖에 없다. 그러나 이러한 선입견이 일단 고삐가 풀려 증오에까지 이르렀을 때, 특히 도덕과 역사에 어떤 폐해를 끼칠 수 있는지는 악명 높은 버클Buckle의 경우가 보여주고 있다. 영국에서 유래된 현대 정신의 평민주의가 다시 한번 그 본토에서 진흙으로 뒤덮인 화산처럼 격렬하게 지금까지 모든 화산이 해왔던 저 파괴적이고 시끄럽고 야비한 웅변으로 폭발했던 것이다.— (356쪽 이후)

버클의 경우가 어떤 것인지는 구체적으로 몰라도 된다. 그 경우가 "도덕과 역사에 어떤 폐해"를 끼친 '악명 높은' 사건이었던 것만 주목하면 된다. 그 사건은 그러니까 "현대 세계의 민주주의적 선입견"이 '증오'로까지 발전한 대표적인 예라는 것이다. 다른 말로 "영국에서 유래된 현대 정신의 평민주의"로 보면 된다. 평민이 대세가 되었다. 단순한 사람들이 사회의 이슈를 대변하게 된 것이다. 유행을 추종하고 남의 시선을 의식하는 범인<sup>凡人</sup>들이 사회적 규범을 정한다. 이들의 본성은 자신이 못하는 것은 질투의 대상으로 볼 뿐이다. 이들의 본성은 평민주의라는 가면을 쓴 증오일 뿐이다.

논리로 포장된 평민주의는 "겉으로는 가장 객관적인 자연과학과 생리학의 영역에까지 미치고 있는 듯 보이는데" 실상은 그렇지 못하다. "최소한 설명 자체는 합리적이며 심리학적으로 근거"(356쪽)가 있기는 하지만 내용은 자기 합리화에 그치고 있을 뿐이다. 사물의 본성에까지 이르는 이론은 아니라는 얘기다. 이러한 현대 세계의 민주주의적 선입견은 진흙으로 뒤덮인 화산처럼 저 파괴적이고 시끄럽고 야비한 웅변으로 폭발했던 것이다. 그 폭발과 함께 더러운 진흙이 사방으로 퍼져나갔다. 귀족적 고귀함은 뒷전으로 밀려나고 단순하고 평범한 게 좋은 것이라고 우기는, 즉 '평민주의'가 판을 치는 상황이 펼쳐지고 있는 것이다. 이런 민주주의적 선입견 때문에 나쁨이라는 단어에 대한 통찰이 뒤늦게 이루어진 것이다. 니체에 의해 이 통찰이 가시화되었다. 하지만 이런 통찰이 여전히 낯설기만 하다. 지금 니체의 글을 읽으면서도 그것이 참신하고 신선하게 읽히는 독자는 이제야 그가 원했던 통찰이 이루어지고 있는 셈이나 다름이 없다. 여전히 "뒤늦게 발견되었다"는 것이다. 그래도 늦는 게 안 하는 것보다 낫다는 말로 위로나 해볼까.

# 좋음으로 평가된 말들과
# 그 부작용으로 나타나는 복수심

인간은 생각하는 존재다. 누가 뭐라 해도 인간은 호모 사피엔스<sup>Homo</sup> sapiens다. 모든 생각은 이성에 의해 진행된다. 이성의 가장 큰 도구는 언어다. 결국 생각은 말에 의해 진행된다고 주장해도 틀린 것이 아니다. 말이 없는 생각은 사실 허무맹랑한 말장난에 불과할지도 모른다. 이제 니체는 좋음에 대한 말을 고민해본다. 몇몇 사람들만 알고 있을 법한 사실을 다루기도 한다. 좋음, 이 말은 분명 앞에서 언급했던 '거리의 파토스'에 의해 스스로를 고귀하다고 생각하는 사람들의 입장에서 긍정적으로 평가된 것에 대한 표현이다. '이것은 이러이러해야 한다'고 말할 수 있는 사람들의 입장에서 이득이 되는 것에 대한 평가라는 얘기다. 그것이 좋다는 말이다. 니체의 고민은 이런 말을 하는 사람들이 누군지를 관찰하는 쪽으로 나아간다.

타당한 근거가 있기 때문에 내밀한 문제라 부를 수 있고, 선택적으로 오직 몇몇 사람의 귀에만 향하게 되는 우리의 문제에 관해서 말하자면, 적지 않게 흥미로운 일은 '좋음'이라는 의미를 나타내는 저 단어들과 어근에는 고귀한 인간이 자기 자신이야말로 좀 더 고급의 인간이라고 느끼는 주된 뉘앙스가 아직도 다채롭게 비치고 있음을 확인하는 것이다. 사실 그들은 아마 대부분의 경우 간단히 힘의 우월성('힘이 강한 자', '주인', '명령하는 자'로서)에 따라, 또는 이러한 우월성을 가장 가시적으로 드러내는 특징에 따라, 예를 들어 '부자'나 '재산가'(이것은 아리아<sup>arya</sup>라는 말의 의미이며, 이에 상응하는 말은 이란어와 슬라브어에

도 있다)라고 부른다. (357쪽)

좋음과 고귀함은 어근이 같다. 뿌리가 같다는 얘기다. 좋은 사람이 고
귀하고, 고귀한 사람이 좋은 것이다. 스스로를 고귀하게 느끼는 사람은
"자기 자신이야말로 좀 더 고급의 인간"이라는 생각을 가지는 자임에 틀
림이 없다. 좀 더 낫다는 이런 의식이 좋음이라는 어감과 연결된다는 것
이다. 니체는 이런 우월의식을 인도게르만어에 등장하는 '아리아'와 연
결 짓는다. 이란어와 슬라브어에도 등장한다는 이 단어는 '헤렌라쎄
Herrenrasse', 즉 '주인종족'[7]을 의미한다. 지배하는 종족이라는 뜻이다. 스
스로 자기 민족을 지배자라고 말할 때 가지게 되는 감정은 어떤 것일까?
'난 너희들과 달라!'라는 의식이 그것을 대변하지 않을까. '거리의 파토
스'가 바로 이런 경우를 표현하는 개념이다. 어떤 특권의식이 내재되어
있는 말이라는 뜻이다. 하지만 이런 말을 할 수 있기 위해서는 힘이 전제
되어야만 한다. 힘이 없는데도 이런 말을 한다면 그것은 모순일 뿐이다.

힘이 있는 자는 본능적으로 우월성을 느낀다. 그는 스스로를 '힘이 강
한 자', '주인', '명령하는 자'로 느낄 것이다. 게다가 아리아는 '부자'나
'재산가'로 해석되기도 한다. 돈을 많이 벌고자 하는 것은 좋은 것이다.
부자가 되고자 하는 것은 모든 이의 꿈이기도 하다. 힘을 갖고자 하는 욕
망의 표현이기도 하다. 재산이 많은 자, 그자를 일컬어 아리아라고 말하
는 것이다. 힘이 있는 것은 좋은 것이다. 강한 것은 좋은 것이다. 다양한
어원학적 분석이 이루어진 후에 니체는 조심스럽게 독일어의 좋음을 나
타내는 '굿Gut'에 대한 의혹을 제기한다. 물론 그런 의혹이 지금 여기서
다루어야 할 문제는 아니라는 선을 그으면서.

우리 독일어 '좋은Gut'이라는 단어 자체도 '신과 같은 사람', '신적인 종족의 사람'을 의미하는 것이 아닐까? 그리고 이것은 고트인이라는 민족의 (본래는 귀족의) 이름과 같은 것이 아닐까? 이렇게 추측하는 근거를 밝히는 작업은 여기에서의 작업에 속하지 않는다.— (359쪽 이후)

'Gut(좋은)'이 'Gott(신)'과 연관된 것이 아닐까? 근거를 밝힐 수는 없지만 그렇다고 전혀 무관하다고 말하기도 어려운 상황이다. 《고도를 기다리며》에서 'Godot'를 'Gott'과 연결 짓는 것이 금기되어 있지 않은 것과 같다. 신은 오지 않는다. 하지만 신을 기다린다. 부조리한 상황이다. 니체는 좋음과 신의 연관성에 대한 의문만 제기할 뿐 더 이상의 토론은 하지 않는다. 말줄임표가 전하는 침묵의 소리는 긴 여운을 남긴다. 그의 허무주의 철학이 직면하게 되는 문제이기 때문이다. 좋음과 신이 만나는 곳, 즉 도덕과 종교가 만나는 곳, 그곳에 니체는 허무주의라는 인간적인 사상으로 다가서고 있는 것이다. 도덕적 가치와 인간적 가치, 이것은 이길 수 없는 싸움일까? 신과 인간의 한판 승부, 이것은 무모한 도전일까? 허무주의 철학은 무모한 철학일까? '아모르 파티Amor fati', 즉 운명애運命愛는 허무맹랑한 주장일까?

그다음 장에서 니체는 결국 도덕과 종교에 대한 심도 있는 토론을 이끌어낸다. 수백 년 동안, 아니 천 년이 넘도록 최고의 특권층으로 군림했던 '클레루스klerus', 즉 '성직자' 계급을 언급한다. 예수 그리스도, 즉 신의 일에 종사하는 자들을 일컫는 이 말은 사회의 최고 계층을 형성해왔다. 소위 제1계급이라 불리면서. 이들의 존재를 가능하게 했던 것은 제2계급을 자처했던 귀족계급이었다. 이 두 계급은 수백 년 동안 특권을 누려

왔던 것이다. 이로 인해 세금을 내야 했던 제3계급, 즉 시민계급의 불만이 혁명으로 표출되었던 사건이 프랑스 혁명(1789~1799)이다. 너무 멀리 간 듯하다. 니체가 말하는 클레루스에 집중해보자.

최고의 세습 계급이 동시에 성직자 계급이며, 따라서 그 계급을 전체적으로 나타내기 위해 그들의 성직자 기능을 상기시키는 술어를 선호하게 되는 경우, 정치적 우위를 나타내는 개념이 언제나 정신적 우위를 나타내는 개념으로 옮겨간다는 이러한 규칙에는 우선 지금까지는 어떤 예외도 없다(예외가 나타날 실마리는 있을지라도). 이 경우 예를 들어 처음에는 '순수'와 '불순'이 신분 표시로 대립된다. 그리고 여기에서도 이후에 '좋음'과 '나쁨'이 더 이상 신분을 나타내지 않는 의미에서 발전해간다. (360쪽)

성직자들이 선호했던 개념은 '순수'다. 그들의 삶이 순수하다고 보았던 것이다. 그들은 수도원 생활을 하면서 결혼도 금기시했다. 이런 삶의 방식을 '췰리바트Zölibat'[8]라 부르며 모범으로 제시했다. 오로지 하나님만 사랑하며 살겠다는 의지의 표현인 셈이다. 신을 위해 육체적 금욕생활을 지켜나가겠다는 뜻이다. 하지만 시간이 흐르면서 그것이 신분을 나타내는 개념으로 자리를 잡아간다. 순수는 특권을 획득해간다. 순수는 비순수를 만들어내며 '거리의 파토스'를 형성해간다. '난 너희들과 다르다'는 의식으로 특권계층을 만들어나간다. 그것이 좋다는 의식이 만연해질 때 비순수에 대한 "증오"(357쪽)는 당연해지고 만다. 니체는 이런 시각이야말로 세상을 병들게 하는 근본 원인이라고 판단한다.

그러한 성직자적 귀족주의와 그곳을 지배하며 행동을 기피하고 부분적으로는 침울하고, 부분적으로는 감정을 폭발하는 습관 속에는 처음부터 건강하지 못한 것이 있다. 그러한 습관의 결과로 어느 시대의 성직자에게도 거의 피할 수 없이 붙어 있는 내장질환과 신경쇠약증이 나타난다. 그러나 이러한 질병에 대해 그들 자신이 치료제로 고안해낸 것은—결국 치료해야만 하는 질병보다 그 부작용이 백 배나 더 위험한 것으로 입증되었다고 말할 수밖에 없지 않은가? 인류 자체는 이러한 성직자적 치료법의 단순함이 지닌 부작용에 여전히 병들어 있다! (361쪽)

모든 가치는 습관의 문제다. 낯익은 것이 좋다. 낯선 것이 싫다. 외눈박이를 그려놓으면 아이들은 무서워한다. 사람은 눈이 두 개여야 한다는 것이다. 눈이 하나면 그것은 괴물이 되고 만다. 하지만 눈이 하나인 인간도 있을 수 있다. 이 가능성마저 배제한다면 독단이 되고 만다. 모든 가치는 습관에 기인하고, 그 습관은 특정 가치를 만들어낼 수밖에 없다. 결국 모든 가치는 보편성을 띠지 못한다는 한계를 지닐 수밖에 없는 것이다.

좋음 속에는 본성상 '건강하지 못한 것'이 있다. 사람을 피곤하게 하는 그 무엇이 있다. 수많은 다른 것을 좋지 못한 것으로 평가하고 있기 때문이다. 순수한 것만이 좋다고 말할 때 순수는 이데올로기가 되고 만다. 하나의 이념이 형성되고 만 것이다. 그것만이 좋다고 말하면서도 양심의 가책은 느끼지 않는다. 하지만 이런 양심은 병든 것에 불과하다. 비순수를 감당할 수 없을 정도로 나약한 존재이기 때문이다. 더러운 것에는 손도 대지 않으려는 결벽증이라고나 할까. 어쨌든 그것은 치료되어야 할 대상이다.

몸을 가지고 있으면서도 몸에 반항을 한다. 자기 몸에 저항을 한다. 그것을 좋다고 판단한다. 그것이 금욕생활을 가능하게 한다. 다이어트를 하는 동물은 인간뿐이다. 생각하는 존재여서 생각 하나만으로도 몸을 통제할 수 있다. 스스로 목숨을 끊을 수도 있다. 육체적 고통을 극복할 수도 있다는 얘기다. 하지만 자기 몸이 원하는 것을 듣지 못하는 이성은 병든 것이다. 옥상에서 자기는 하늘을 나는 존재라고 생각하며 뛰어내리는 것은 미친 생각이다. 정상적인 생각이 아니라는 얘기다.

세상을 등지고 수도원으로 향해야 하는 성직자들은 어떤 사람들일까? 니체의 표현으로 말하자면 그들은 "내장질환과 신경쇠약증"을 앓고 있는 환자들일 뿐이다. 그들에게서는 "튼튼한 이와 튼튼한 위장"(즐거운, 56쪽) 따위는 찾아볼 수도 없는 것이다. 조금만 딱딱해도 소화는커녕 씹지도 못하는 것이다. 마치 이를 다 잃어버린 노인처럼 생활하면서도 금욕생활이 순수하다고 스스로를 위안하고 있다. 위험천만한 발상이 아닐 수 없다. 그들이 주장하는 처방법은 삶의 원리에 위배되고 있을 뿐이기 때문이다. "그러나 이러한 질병에 대해 그들 자신이 치료제로 고안해낸 것은—결국 치료해야만 하는 질병보다 그 부작용이 백 배나 더 위험한 것으로 입증되었다고 말할 수밖에 없지 않은가?" 한마디로 교회가 제시하는 처방은 위험하다는 것이다. 그것은 치료제이기보다는 오히려 증세를 인식하지 못하게 하는 "진통제"인 동시에 생명에 해악만을 끼치는 "독약"(인간적Ⅱ, 143쪽 이후)에 가깝다는 얘기다.

성직자들은 신을 모시는 자들, 신에 봉사하는 자들, 신을 선택한 자들이다. 자신이 하는 일을 성스러운 직분이라 여긴다. 신과 관련한 삶을 산다고 생각하면서 스스로 성스럽다 여긴다. 성직자들의 사고방식 속에는 그들만의 가치체계가 있다. 그들은 수도원을 필요로 한다. 그 안에서 삶을 보장받는다. 세상과 격리된 곳에서 삶을 유지하려 하는 것이다. 삶의 현장을 고찰하고자 하는 생철학적 입장에서 보면 지극히 부정적일 수밖에 없다. 그러면서 니체는 성직자의 가치 평가 방식이 어떻게 형성되었는지를 주목한다.

—성직자의 가치 평가 방식이 기사적, 귀족적 가치 평가 방식에서 분리되어 그 대립으로 발전해 나갈 수 있는 것이 얼마나 쉬운지 사람들은 이미 잘 알았을 것이다. 성직자 계급과 전사 계급이 서로 질투하면서 대립하고 보상에 관해 서로 의견을 일치하지 않으려고 할 때마다, 특히 대립하게 하는 자극이 주어졌다. 기사적, 귀족적 가치 판단이 전제하는 것은 강한 몸과 생기 넘치고 풍요롭고 스스로 억제할 길 없이 넘쳐나는 건강 그리고 그것을 보전하는 데 필요한 조건들, 즉 전쟁, 모험, 사냥, 춤, 결투놀이와 강하고 자유로우며 쾌활한 행동을 함축하고 있는 모든 것이다. 성직자의 고귀한 가치 평가 방식은—우리가 보듯이— 전제가 다르다: 전쟁이 문제시될 때, 그들에게는 사정이 좋지 않을 것이다! 성직자들은 잘 알려졌듯이 가장 사악한 적이다—도대체 왜 그럴까? 왜냐하면 그들은 가장 무력한 자들이기 때문이다. 그들의 무력감에서 태어난 증오는 기이하고 섬뜩한 것, 가장 정신적이고 독이 있는 것으로 성장한다. 세계사에서 모든 거대한 증오자들은 항상 성직자였으며, 또한 가장 정신이 풍부한 증오자들도 성직자였다:—성직자의 복수심에 비하면 대체로 다른 모든 정신은 거의 문제되지 않는다. (362쪽 이후)

세상이 감당 안 되는 자들이 다른 세상을 염원한다. 세상살이가 힘든 자들이 힘들이지 않고 살 수 있는 세상을 동경한다. 이런 관점에서 보면 성직자들은 노력하지 않고 행복을 획득하려는 '가장 무력한 자들'이 아닐 수 없다. 생철학자들이 가장 경계해야 할 '가장 사악한 적'인 것이다. 세상을 바라보는 그들의 눈에는 '증오'가 가득하다. 이길 수 없는 자가 가지는 시선이다. '무력감에서 태어난' 감정이다. 이런 증오는 "기이하고 섬뜩한 것, 가장 정신적이고 독이 있는 것으로 성장한다." 성직자는 가장 정신적이다. 하지만 그 정신은 무력감에 뿌리를 두고 있다는 게 문제다. 강한 염세주의라기보다는 나약한 염세주의에 속할 뿐이다. 그런 정신 속에는 긍정을 위한 부정이 아니라 파괴를 위한 부정이 있을 뿐이다.

성직자는 지긋지긋한 세상이 끝났으면 좋겠다고 생각한다. 세상 종말이라도 와서 자신을 힘들게 하는 모든 원인이 사라졌으면 좋겠다고 생각한다. 그렇게 해서 "나중 된 자로서 먼저 되고 먼저 된 자로서 나중 되리라"(마태복음 20:16)는 속 시원한 인생역전 현상을 목격하고 싶은 것이다. 성직자들의 구원에의 의지는 세상에 대한 '복수심'이 강렬할수록 더 크게 불타오른다. "성직자의 복수심에 비하면 대체로 다른 모든 정신은 거의 문제되지 않는다." 성직자의 복수심이 가장 큰 문제라는 얘기다. 그것에 비하면 다른 것들은 문제도 아니라는 것이다. 성직자의 정신은 "처음부터 건장하지 못한 것"이었고 또 처음부터 "질병"(361쪽)에 걸려 있는 것이었다.

## 도덕에서의
## 노예 반란

니체는 도덕에도 "주인 도덕"과 "노예 도덕"(선악, 275쪽)이 있음을 주장했다. 두 개의 도덕 원리는 다르다는 얘기다. 서로 다른 원리, 그것을 인식하는 것이 니체 철학의 근본 과제다. 자신이 어떤 생각을 가지고 있는지 스스로 검증해야 한다. 명령하는 자의 입장에서 도덕을 생각하고 있는지, 아니면 의무감으로 무장하고 또 복종을 해야 하는 입장에서 도덕을 생각하고 있는지를 스스로 반성해보라는 얘기다. 도덕은 없을 수 없다. 도덕 자체는 이성을 갖고 살아가야 하는 인간의 운명적인 문제다. 그렇다면 어떤 도덕으로 자기 삶을 살아가느냐가 문제인 것이다.

주인 도덕을 부각하기 위해 니체는 노예 도덕을 주목한다. 빛을 부각하기 위해 어둠을 주목하는 것이다. 하나의 원리를 통달하면 정반대의 원리로의 전환은 간단하다. 깨달음이 한순간에 이루어지는 것과 같다. 특히 니체는 노예 도덕의 대표적인 예로 기독교의 탄생에 원인을 제공하는 유대인의 전통을 관찰한다. 이들은 이집트에서 노예생활을 하다가 모세 Moses의 구출작전으로 겨우 광야로 나아갈 수 있었던 민족이다. 이들에게 필요했던 이야기는 무엇이었을까? 이들이 듣고 싶었던 신화는 어떤 것이었을까? 나라 없이 떠도는 유목민족이 가질 수 있는 희망사항은 무엇이었을까? 니체는 유대인에게서 독특한 사고방식을 발견하게 된다.

성직자 민족인 유대인, 이들은 자신의 적과 압제자에게 결국 오직 그들의 가치를 철저하게 전도시킴으로써, 즉 가장 정신적인 복수 행위로 명예회복을 할 줄 알았다. 오직 이렇게 하는 것만이 성직자적 민족에게, 가장 퇴보한 성직자적 복수욕을 지닌 민족에게 적합한 것이었다. 유대인이야말로 두려움을 일으키는 정연한 논리로 귀족적 가치 등식(좋은=고귀한=강력한=아름다운=행복한=신의 사랑을 받는)을 역전하고자 감행했으며, 가장 깊은 증오(무력감의 증오)의 이빨을 갈며 이를 고집했던 것이다. 즉 "비참한 자만이 오직 착한 자다. 가난한 자, 무력한 자, 비천한 자만이 오직 착한 자다. 고통받는 자, 궁핍한 자, 병든 자, 추한 자 또한 유일하게 경건한 자이며 신에 귀의한 자이고, 오직 그들에게만 축복이 있다.―이에 대해 그대, 그대 고귀하고 강력한 자들, 그대들은 영원히 사악한 자, 잔인한 자, 음란한 자, 탐욕스러운 자, 무신론자이며, 그대들이야말로 또한 영원히 축복받지 못할 자, 저주받을 자, 망할 자가 될 것이다!"라고 말하며… 이런 유대의 가치 전환의 유산을 누가 상속했는지 우리는 알고 있다… (363쪽)

유대인의 조상은 노예였다. 이들이 가진 신앙은 노예들의 신앙이었다. 복종이 의무였던 자들의 세계관이 이 신앙을 만들어낸 것이다. 이들은 가치체계를 전도시켰다. 가진 자의 가치체계를 가지지 못한 자의 그것으로 바꾸어놓은 것이다. "즉 가장 정신적인 복수 행위로 명예회복을 할 줄" 알았던 것이다. '지금은 네가 왕이지만, 내세에서는 내가 왕이 될 것이다'라는 믿음으로 현재의 삶에 임했던 것이다. 그런 정신적인 복수심만이 현실을 견디게 해주었던 것이다. 복수심만이 삶의 열쇠로 작동했던 것이다. 복수심에 가득 찬 눈빛, 그것은 증오의 눈빛이었다.

노예 도덕은 노예들이 미덕이라고 생각하는 가치체계를 일컫는다. '성직자 민족인 유대인'들은 자신을 위한 가치체계를 만들었다. "귀족적 가치 등식"을 역전하고 전도시킴으로써 자기들에게 적합한 가치체계를 만들어냈던 것이다. "가치를 철저하게 전도시킴으로써" 가장 정신적인 복수를 한 것이다. 가질 수 없는 것을 바라보면서 '난 그거 필요 없어' 하며 스스로 위로하는 것과 같은 논리다. 떠나가는 사람의 뒷모습을 바라보면서 '난 저 사람 없이 충분히 잘 살 수 있어' 하며 스스로 마음을 다잡는 것과 같다.

복종에 익숙한 사람들이 말하는 성스러움은 어떤 것일까? 복종을 미덕으로 바라보는 시각이 성스러운 것이다. 말 잘 들으면 상을 얻으리라! 이것이 이들의 희망이다. 한쪽 뺨을 맞으면 다른 쪽 뺨도 내주어라! "누구든지 네 오른편 뺨을 치거든 왼편도 돌려 대며"(마태복음 5:39) 맞지 않겠다는 마음을 철저하게 버려라! 그것이 성스럽다. 끊임없이 성스러운 행동을 완성함으로써 가장 정신적인 명예회복을 실현한다. 지금은 내가 맞고 있지만 나중에는 네가 맞을 거라고. 이것이 바로 정신적인 복수다. 그가 맞을 것을 상상하며 행복감을 느낀다. 그림을 그려도 수많은 사람이 불에 타 죽는 지옥을 그려대며 또 그곳에 있지 않을 자기 자신, 즉 천국에 있을 자기 자신을 떠올리며 무한히 행복해한다.

유대인의 도덕은 노예 도덕의 대표다. "두려움을 일으키는 정연한 논리"가 만들어낸 도덕이다. 논리로는 삶으로 향할 수 없다고 했다. "논리적 충동은 결코 자기 자신을 향하지 못했다."(비극, 107쪽) 논리로는 자기 자신을 찾을 수 없다. 하늘만 바라보고 걷는 사람은 길을 찾을 수 없다. 생각만 하고 있으면 이루어지는 것은 하나도 없다. 가장 정신적인 사람에게 결여된 것은 현실감각이다. 세상이 어떻게 돌아가고 있는지에 대해서는 관심도 보이지 않는 사람이 정신적인 것에 몰두해 있는 것이다. 그가 보여주는 시야는 좁기만 하다. "개구리의 관점"(선악, 17쪽)이라고 할까.

우물 안에서 바라보는 제한된 하늘이 '전체'가 되어버린다.

논리의 한계는 분명하다. 논리가 서면 하나의 논리만이 인정받게 된다. 그것이 논리의 한계다. 논리가 서지 않은 상태라면 이것도 맞고 저것도 맞을 수 있다. 하지만 논리가 선 상태라면 얘기가 달라진다. 오로지 하나만이 진리로 간주되기 때문이다. 그 논리가 인정하는 그 진리만이 진리라는 것이다. 그 외의 것에 대해서는 증오의 감정이 발동하고 만다. 그것은 틀렸다는 것이다. 노예 도덕이라는 가치체계가 형성되고 나면 다른 모든 것은 증오의 대상이 되고 만다.

모든 논리적 체계는 일방적이다. "비참한 자만이 오직 착한 자다. 가난한 자, 무력한 자, 비천한 자만이 오직 착한 자다. 고통받는 자, 궁핍한 자, 병든 자, 추한 자 또한 유일하게 경건한 자이며 신에 귀의한 자이고, 오직 그들에게만 축복이 있다." 이런 일방적인 주장이 나올 수 있는 논리적 근거를 제시하는 도덕이 노예 도덕이다. 매 맞는 자가 착한 자다. 가진 게 없는 가난한 자가 착한 자다. 병들고 추한 자가 경건한 자다. 신에 귀의한 자만이 축복을 받는다. 노예의 입장만을 고려한 도덕적 가치들이다.

토론을 할 때 실수를 범하는 것은 사람에 대한 증오다. 토론의 대상이 된 것은 결코 사람이 아니라 의견이었을 뿐임에도 불구하고 토론이 끝나고 나면 기분이 나빠짐을 느끼게 될 때가 있다. 이것은 의견을 자기 자신과 일치시켰기 때문에 발생하는 오류다. 니체도 마찬가지다. 그는 유대인이 아니라 그들의 가치체계를 혐오했던 것이다. 세상을 바라보는 그들의 시선이 싫었던 것이다. 그런 생각은 극복되어야 할 대상일 뿐이다. 아래서 위로 바라보는 시선으로는 결코 삶을 조망할 수 없다. 니체는 삶을 무대처럼 내려다보는 "제3의 눈"(아침, 380쪽)을 요구하는 철학일 뿐이다. 그

눈은 노예 도덕으로는 가질 수 없는 눈이다.

> 즉 유대인과 더불어 도덕에서의 노예 반란이 시작된다: 저 반란의 배후에는 2천
> 년의 역사가 있으며, 그것이 승리했기 때문에, 바로 그런 이유로 오늘날 우리의
> 눈에서 멀어지게 된 것이다… (364쪽)

노예들이 반란을 일으켰고, 그 반란이 성공을 거두었다. 약자가 이긴
것이다. 약자의 사고방식이 대세가 된 것이다. 패배자의 의식이 승자의
그것으로 탈바꿈한 것이다. 그것도 2천 년이란 세월을 그런 논리로 살아
왔던 것이다. 그래서 폐허가 되어버린 고대의 도시들을 여행할 때 드는
느낌은 낯설다. 낯선 느낌이 드는 것은 어쩔 수가 없다. 골목마다 서 있는
홀딱 벗은 동상들을 바라보면서, 그것이 일상이었을 그 시대의 사고방식
을 가져보기란 쉬운 일이 아니다. 신들이 살던 그 시대! 그 당시 거리에
서는 어떤 일들이 벌어지고 있었을까? 그 당시 사람들은 어떤 생각을 하
며 살았을까? 고대! 이 시대에 대한 궁금증은 이미 《비극의 탄생》에서부
터 시작되었다. 그것은 반란 이전의 시대에 대한 궁금증이다. 2천 년이라
는 세월을 거슬러 올라가고자 하는 궁금증이다. 니체는 그 시대를 바라
볼 수 있는 눈을 요구하고 있다.

> —그러나 그대들은 이것을 이해하지 못하는가? 승리하기 위해서 2천 년이 필요
> 했던 일을 볼 만한 눈이 그대들에게는 없단 말인가?… 이 점에 관해서 놀랄 것
> 은 없다: 오랜 세월에 걸친 모든 사건은 보기 어렵고 조망하기 어렵다. (364쪽)

니체는 어렵다고 생각하는 그 일에 도전장을 내민다. 보기 어렵다고 말하는 그것을 보고자 한다. 보여주기 어렵다고 판단되는 그것을 보여주고자 한다. 그리고 자신이 본 것을 독자들에게 보여주고자 한다. 이런 의도가 그를 철학하게 했던 것이다. 그의 용기는 2천 년에 걸쳐 진행되어온 가치체계에 의문을 제기한 데 있다. 그동안 눈 가리고 세상을 보게 한 그 원리에 대해 고민을 한다. 세상을 바라볼 눈을 잃은 자들에게 눈을 되찾아주고자 한다. 세상은 전혀 다른 모습을 하고 있다는 것을 증명해 보이고자 한다. 그의 도전은 2천 년 동안 승리를 구가하던 논리에 맞서는 것이다. 말 그대로 무모한 도전일까, 아니면 진정 용기 있는 행동일까. 이에 대한 평가는 현대가 극복될 시점에 내려지게 될 것이다.


## 모든 가치의 전도를 일으킨
## 사랑의 구세주

도덕의 근원을 찾아 들어갈수록 니체는 유대인들의 가치체계를 더욱 분명하게 인식할 뿐이었다. 우리의 눈과 의식을 점령한 가치들이 바로 그것과 연결되어 있다는 사실이었다. 2천 년 동안 우리 의식 속에서 벌어진 사건을 인식하기 시작한 것이다. 거기에는 신의 이름으로 불리는 어마어마한 '사랑'이 있었다. 그때까지의 의미와는 전혀 다른, 즉 '새로운 사랑'이었다. 고대를 가차 없이 무너뜨린 중세의 냉혹한 사상이 거기에 있었다. 근대를 넘어 현대에까지 위세를 떨치고 있는 가치체계가 있었던 것이다. 그 '사건'을 니체는 우리에게 보여주고자 한다.

그러나 이것은 다음과 같은 사건이다: 즉 복수와 증오, 유대적 증오의―그와 같은 것이 지상에 존재한 적이 없는, 즉 이상을 창조하고 가치를 재창조하는 가장 깊고, 숭고한 증오의―저 나무줄기에서 그와 비교할 수 없는 것, 새로운 사랑이, 가장 깊이 있고 숭고한 종류의 사랑이 자라났던 것이다:―이것 또한 다른 어떤 줄기에서 자라날 수 있었겠는가?… 그러나 그 사랑은 복수를 향한 저 갈증을 본래 부정하는 것으로, 유대적 증오의 대립물로 솟아오른 것이라고는 생각하지 말기 바란다! 아니다. 진실은 그 반대다! 이러한 사랑은 증오의 나무줄기의 수관<sup>樹冠</sup>으로, 가장 순수한 청명함과 넘치는 햇빛 속에 승리감에 도취된 채, 차츰 넓게 뻗어 나가는 수관으로서 발생했던 것이다. 이 수관은 저 증오의 뿌리가 온갖 깊이 있는 것과 사악한 것으로 더욱 깊고 탐욕스럽게 파고들었던 것과 똑같은 충동으로, 말하자면 빛과 고도<sup>高度</sup>의 나라에서 저 증오를 목적으로 승리와 약탈, 유혹을 추구하고 있었던 것이다. 사랑의 복음의 화신 이 나자렛의 예수, 가난한 자, 병든 자, 죄지은 자에게 축복과 승리를 가져다준 이 '구세주'―그야말로 바로 가장 섬뜩하고 저항하기 어려운 형태의 유혹이 아니었던가, 바로 유대적 가치와 이상 혁신의 유혹이며 우회로가 아니었던가? […] 정신이 아무리 섬세해도 도대체 이보다 더 위험한 미끼를 생각해낼 수 있단 말인가? 유혹하고 도취시키고 마비시키고 타락시키는 힘에서 '신성한 십자가'라는 저 상징에, '십자가에 매달린 신'이라는 저 전율할 만한 역설에, 인간을 구원하기 위해 신 스스로 십자가에 못 박히는 저 상상할 수 없는 마지막 극단적인 잔인함의 신비에 견줄 만한 것이 있을까?… 적어도 이 기호 아래 이스라엘이 자신의 복수와 모든 가치를 전도함으로써 지금까지 모든 다른 이상, 모든 고귀한 이상을 누르고 다시 승리했다는 것은 확실하다.― (364쪽 이후)

노예의 후손인 유대인들이 말하는 사랑의 이념은 "복수와 증오, 유대적 증오"라는 "저 나무줄기에서" 자라났던 것이다. 즉 사랑의 뿌리는 증오였던 것이다. 증오에서 사랑이 자라났던 것이다. 유대인의 가치체계는 그러니까 사랑이라는 가면을 쓴 증오였던 것이다. 자신들을 지배하는 기득권의 원리를 파괴하는 최고의 무기를 사랑에서 찾았던 것이다. '사랑하라! 왜냐하면 저들은 지옥에 떨어질 것이고 너희는 구원을 받을 것이기 때문이다.' 이런 사랑의 논리를 전한 이가 바로 구세주로 불렸던 '나자렛 예수'였던 것이다. 그는 "가난한 자, 병든 자, 죄지은 자에게 축복과 승리"를 가져다주었다. 축복과 승리, 그것을 오로지 노예의 전유물처럼 가르쳐주었다.

사랑의 논리 속에서 니체는 "그야말로 바로 가장 섬뜩하고 저항하기 어려운 형태의 유혹"을 발견하게 된다. "이보다 더 위험한 미끼"는 없다는 것이다. 사랑의 힘은 다름 아닌 "유혹하고 도취시키고 마비시키고 타락시키는 힘"으로 인식되었던 것이다. 자기 삶을 자기 의지대로 살 수 있는 의지마저 박탈해버렸다. '내 안에 너 있다!'를 자랑스럽게 말하는 양심을 만들어낸 것이다. 자기 자신을 잃고도 행복해하는 어처구니없는 상황을 만들어놓은 것이다. 자기 안을 신의 이름으로 현시顯示되는 사랑으로 채워놓았던 것이다.

모든 논리는 의미 있는 개념을 기반으로 세워진다. 유대인의 가치체계는 그러니까 "'신성한 십자가'라는 저 상징에, '십자가에 매달린 신'이라는 저 전율할 만한 역설에, 인간을 구원하기 위해 신 스스로 십자가에 못 박힌다는 저 상상할 수 없는 마지막 극단적인 잔인함의 신비에"의해, "적어도 이 기호 아래"에서 세워졌다. 십자가라는 상징, 죽으며 부활한다는 역설, 그 역설을 완성하기 위해 스스로 십자가에 못 박히는 잔인한 신비, 이 모든 것은 그저 기호일 뿐이다. 다양한 기호가 짜 맞추어놓은 논리 속에서 사랑이라는 이념이 완성되었다. 비약이 난무할 수밖에 없는 논리지만 유혹의 힘은 치명적이다. 오히려 비약이 드러나는 곳에서 희열을 느끼게 해주는 영리함이 보인다고 할까. 상징, 역설, 신비, 기호들이 없으면 설명 자체가 불가능한 구원론이 아닐 수 없다.

말의 힘은 인간의 힘이다. 이성을 가지고 살아가는 존재에게 말이 가져다주는 위로의 힘은 대단하다. '말 한마디로 천 냥 빚을 갚을 수 있다'고 하는 게 인간의 관계라는 것이다. 구원받을 수 있다는데 누가 마다할까. 죽어도 산다는데 누가 싫다고 말할까. 언제나 사랑이 곁에 있어 준다는데 누가 거부할까. 말 그대로 "가장 섬뜩하고 저항하기 어려운 형태의 유혹"이 아닐 수 없다. 이런 가치체계로 이스라엘은 승리를 거두었다. 신들의 세계를 무너뜨리고 신의 세상을 만들었던 것이다. "이스라엘이 자신의 복수와 모든 가치를 전도함으로써 지금까지 모든 다른 이상, 모든 고귀한 이상을 누르고 다시 승리했다는 것은 확실하다." 전율이 느껴진다. 인식의 천둥소리가 들리기도 한다. 니체는 자신의 이런 확신을 전하고자 철학의 길을 걸었던 것이다. 고대의 정신을 연구하면서 얻어낸 확신을 철학적으로 펼쳐 보이고자 했던 것이다. 니체는 도덕에서의 노예혁명을 인식했다. 이것은 눈에 보이는 혁명이 아니라 내면의 혁명이었다. 가치관의 혁명이었다. 그래서 쉽게 인식할 수 없었던 것이다.

민중이 승리했다—'노예'라든가, '천민'이라든가, '무리'라든가, 아니면 그것을 어떻게 불러도 좋다—그리고 이것이 유대인에 의해 일어난 것이라면, 그것도 좋다! 그들 이상으로 세계사적 사명을 지닌 민족은 없었다. '주인'은 처리되어 없어졌고, 평범한 사람의 도덕이 승리했다. (366쪽)

　주인이 없는 곳에서 노예가 주인 행세를 하고 있다. 그것도 2천 년 동 안이나. 이제는 왜 이렇게 살고 있는지조차 알지 못한다. 길을 잃은 지 너 무도 오래되었다. 방황하고 있다는 사실조차 잊고 산다. 노예 도덕이 현 대를 지배하고 있다. 일상은 그저 습관에 의해 돌아가고 있다. 그것이 정 상이라고 착각하며 살고 있다. 익숙한 게 좋은 거라며 아무런 불편함도 못 느끼고 살아가고 있다. 모두를 유행을 따르고 남의 시선을 의식하는 존재로 살아가게 만든 것이다. "민중이 승리했다." 패배를 인정하는 니체 의 음성이 들려오는 듯하다. 쓰라린 감정이 실려 있기 때문이다. "단순한 사람, 평범한 사람"(356쪽)이 승리를 했다. 이길 자격이 없는 자가 이겼다. 현대인들은 "집과 고향으로부터 소외되어 간악한 난쟁이들에게 사역당 해왔던"(비극, 177쪽) 것이다. 그것도 2천 년 동안이나. 현대인들의 역사는 2천 년을 웃도는 "저 긴 세월의 굴욕"(같은 곳)일 뿐이었던 것이다.

　위대해 보이는 것은 그림자일 뿐이다. 실재가 아니다. 현실이 아니다. 두 발을 디딜 수 있는 대지의 것이 아니다. 말이 만들어낸 논리일 뿐이다. 도덕이라는 영역에서 노예들이 반란을 일으켰다. 그 반란에 니체는 또 다른 반란을 준비하고 있다. 허무주의라는 사상으로 반란의 선봉에 서고 자 한다. 현대를 끝장내고 현대 이후를 이끌고자 한다. "우리들에게도 우 리의 시대가 있다!"(즐거운, 69쪽)고 믿으며. 난쟁이들이 지배하는 "지겨운 시대는 곧 지나갈 것이다!"(같은 책, 262쪽) 현대 이후! 이 뭐라고 이름 붙여 지지 않은 미래, 그 미래에 적합한 이름을 찾고자 하는 것이 허무주의 철

97

학이다. 니체는 미래를 제대로 준비하기 위해 지속적으로 과거를 응시한다. 현대의 원인이 되고 있는 과거 속에서 다양한 이름을 찾아내고 있다. 그리고 '증오'의 다른 이름 '원한'을 발견한다.

> 도덕에서의 노예 반란은 원한 자체가 창조적이 되고 가치를 낳게 될 때 시작된다: 이 원한은 실제적인 반응, 행위에 의한 반응을 포기하고, 오로지 상상의 복수를 통해서만 스스로 해가 없는 존재라고 여기는 사람들의 원한이다. 고귀한 모든 도덕이 자기 자신을 의기양양하게 긍정하는 것에서 생겨나는 것이라면, 노예 도덕은 처음부터 '밖에 있는 것', '다른 것', '자기가 아닌 것'을 부정한다: 그리고 이러한 부정이야말로 노예 도덕의 창조적인 행위인 것이다. 가치를 설정하는 시선을 이렇게 전도시키는 것—이렇게 시선을 자기 자신에게 되돌리는 대신 반드시 밖을 향하게 하는 것—은 실로 원한에 속한다: 노예 도덕이 발생하기 위해서는 언제나 먼저 대립하는 어떤 세계와 외부 세계가 필요하다. 생리적으로 말하자면, 그것이 일반적으로 활동하기 위해서는 외부의 자극이 필요하다.—노예 도덕의 활동은 근본적으로 반작용이다. (367쪽)

노예 도덕은 오로지 자기 것만을 고집한다. 자기가 아닌 것은 다 싫다. 이것이 노예들의 목소리다. '다른 것'과 어울릴 수가 없다. 다른 것을 감당할 수가 없기 때문이다. 가질 수 없는 것에 대한 부정은 노예들의 저항일 뿐이다. 약자가 보이는 비겁한 자기변명일 뿐이다. 그리고 "부정이야말로 노예 도덕의 창조적인 행위"였음을 인식한다. 노예들은 잘난 것을 '잘난 체한다'고 평가하고 증오와 원한의 감정을 증폭시켜나갈 뿐이다. 늘 외부 세계에 대한 증오와 원한이 전제되는 것, 그것이 바로 노예 도덕의 특징이다.

늘 '꼴사납다'고 생각한다. 늘 '아니꼽다'고 판단한다. 노예들의 시선은 늘 밖에서 안으로 향하게 한다. '저놈은 저걸 갖고 있는데 나는 그것을 가지고 있지 않다'는 인식이 증오와 원한 감정으로 자라난다. 늘 박탈감으로 현실을 대한다. 포기하고 체념하면서도 난 그것이 필요 없다고 말한다. 패배한 상황에서도 스스로 져주었다고 말한다. 한쪽 뺨을 맞은 자가 다른 쪽 뺨을 내놓으면서 스스로, 그러니까 자의적으로 내놓는 것이라고 말한다. 노예들이 하는 짓거리들이다.

노예 도덕은 외부의 자극을 필요로 한다. 자극이 없으면 활동 자체를 하지 않는다. 말 잘 듣는 개처럼 온갖 감각을 외부로 향하게 한다. 손가락 하나 까딱하는 신호에도 몸이 반응하고 움직인다. 누가 뭐라고 말하는지 귀를 기울인다. 말 한마디에서 그 의미를 찾고자 애를 쓴다. 남의 말이라면 그래야 한다고 생각하는 것이다. 남의 평가와 시선에 모든 신경을 집중시킨다. 노예들은 이런 자세를 좋다고 평가한다. 바람직한 삶의 자세라고 간주한다. 노예 도덕은 오로지 외부의 신호에 대한 '반작용'일 뿐이다.

반작용을 하면서도 주체적으로 하고 있다고 여기는 판단이 무섭다. 명령을 받고 행동하면서도 자기 의지로 행동하고 있다고 생각하는 그 의식이 무섭다. 거의 모든 행동대장은 이런 복종의 동물들이다. 다른 것은 보지도 못하는 자들이 이런 역할을 담당한다. 노예 도덕으로는 삶을 제대로 살 수가 없다. 명령을 받으려는 의지로는 자기 삶을 책임질 수가 없다. 노예들은 늘 '누구 때문에 이렇게 되었다'고 불평불만을 쏟아낸다. 뒤에서는 늘 누구를 탓한다. 보이지 않는 곳에서는 늘 누구를 손가락질한다. 그러다 누군가 손가락질하면 생리적으로 반응을 보인다. 외부의 자극이

오면 거의 자동반사적으로 활동을 개시한다.

니체의 허무주의 사상은 노예 도덕에 저항한다. 2천 년 동안 우리의 의식을 지배해온 것에 반기를 들고자 한다. 의무감과 책임감을 불러일으키는 온갖 소리에 혁명을 하고자 한다. 그가 준비하는 모든 저항과 반기 그리고 혁명은 오로지 주인 도덕으로 향하고 있을 뿐이다. 주인 도덕으로 무장해주기를 바랄 뿐이다. "나 자신의 주인이 되려 하자"(아침, 229쪽)는 데 필요한 양심을 만들고자 한다. 니체가 말하는 주인 도덕은 다음과 같다.

> 고귀한 가치 평가 방식에서 사정은 정반대다: 그것은 자발적으로 행동하고 성장한다. 그것은 자기 자신에게 더 감사하고 더 환호하는 긍정을 말하기 위해 자신의 대립물을 찾을 뿐이다. (367쪽 이후)

주인 도덕은 모든 것에서 자발적이다. 삶의 문제는 누가 시켜서 하는 일로 해결되지 않는다. 스스로 행동하고 그럼으로써 스스로 성장한다. 해답을 찾기 위해 문제를 만들거나 찾을 뿐이다. 문제는 좋은 것이다. 답을 찾게 해주기 때문이다. 문제의식은 긍정적이다. 그 의식이야말로 길을 찾게 해주기 때문이다. 자기 삶의 주인이고자 하는 자는 결코 주저앉으려 하지 않는다. 중력重力은 악령에 해당하지만 춤을 위한 조건이 된다. 도덕은 자유정신을 구속하는 원리지만 그 정신이 춤을 추어야 하는 무대를 제공하기도 한다.

감사하고 환호하고 긍정하기 위해 자유정신은 '자신의 대립물'을 찾아 나선다. 자유를 쟁취하기 위해 구속을 찾아 나선다. 끊임없는 도전만이 삶을 삶답게 해준다. '내가 물리쳐야 할 용龍은 어디 있는가?' 자유정신은 이겨야 할 용을 찾는다. 자기 자신에게 걸맞은 용을 찾는 것이 관건이다. 노예는 가질 수 없는 "적에 대한 사랑"(371쪽)이다. 그것은 증오와 원한에 뿌리를 둔 사랑이 아니다. 주인 도덕이 추구하는 사랑은 "자기 자신에게 더 감사하고 더 환호하는 긍정을 말하기 위해" 요구되는 미덕일 뿐이다. 주인 도덕으로 무장한 자유정신은 "자신을 두드러지게 하기 위해 스스로 자신의 적을 요구"(371쪽)할 뿐이다. 영웅은 적의 가치에 의해 만들어지는 것이다.

모든 가치의 전도는 가능할까? 2천 년 동안 지속되어온 노예 도덕을 극복할 수 있을까? 신이 아니라 자기 자신을 챙기려는 양심이 생겨날까? 아직도 '신은 죽었다'는 말에 마음이 불편한가? 물론 쉽지 않은 과제다. 새로운 양심이 생겨났다면 우리는 이미 현대인이 아닌 것이다. 현대 이후의 인간들일 것이기 때문이다. 니체의 허무주의 철학은 쉽게 씹히지 않는 음식임에는 틀림없다. 씹어낸다고 해도 또 다른 튼튼한 위장이 필요하다. 쉽게 소화되지 않는 음식이기 때문이다.

3장

—

# 삶의 긍정과 인간에 대한 믿음

## 고귀한 인간과
## 금발의 야수

고귀한 것에 대한 질문은 인간적이다. 인간만이 물을 수 있는 문제다. 무엇이 고귀한 것일까? 무엇이 성스러운 것일까? 무엇이 가치 있는 것일까? 이성을 가진 존재의 생각과 행동은 늘 가치의 문제와 직면해 있다. 모든 가치의 전도를 일구어냈던 유대인의 가치체계는 노예 도덕을 창출해냈다. 노예 도덕이 말하는 고귀함은 신의 이름을 대신하는 주인에 대한 굴복일 뿐이다. 이런 가치체계가 2천 년 동안 세상을 지배해왔다는 것이 니체의 입장이었다. 이제 그는 또 다른 혁명을 준비한다. 노예 반란에 버금가는 주인들의 반란을 준비하고 있는 것이다. 난쟁이들에게 구속당하며 살아왔던 지난 세월에서 벗어나고자 하는 것이다. 인간의 자존심을 회복하자는 것이다.

'신은 죽었다.' 나의 인생에 명령을 할 주인도 없다. 이제 자기 삶의 주변에는 바다가 있음을 인식해야 한다. 사막이 있을 뿐임을 깨달아야 한다. 이제는 항해만이 과제임을 인정해야 한다. 이제는 모험 여행만이 남아 있음을 받아들여야 한다. 인생은 자기 책임이다. 누구에게 책임을 물을 수도 없다. 주인 도덕에서 고귀한 것은 오로지 자기 자신에게서 찾아져야 한다. 신의 의지를 추궁하는 자세는 필요하지 않다. 그런 자세는 노예 도덕에서나 고귀함이라는 월계관을 얻을 뿐이다.

고귀한 인간의 경우는 정반대다. 고귀한 인간은 '좋음'이라는 근본 개념을 먼저 자발적으로, 즉 자기 자신에게서 생각해내고, 거기에서 비로소 '나쁨'이라는 관념을 만들게 된다! 이 고귀한 기원을 지닌 '나쁨'과 끝없는 증오의 도가니에서 나온 저 '악함<sup>böse</sup>'을 비교해보자.─전자가 후에 만들어진 것이며 병렬적으로 나타나는 것이자 일종의 보색<sup>補色</sup>이라면, 후자는 이에 반해 원형이며 시원이자 노예 도덕이라는 구상에서 나온 본래의 행위다.─겉으로 보기에 '좋음'이라는 개념에 대치된 '나쁨'과 '악함'이라는 두 개의 단어는 얼마나 다른가? 그러나 '좋음'이라는 개념은 같은 개념이 아니다: 오히려 원한 도덕이라는 의미에서 도대체 누가 '악한' 자인가 하고 질문을 던져야 한다. 이에 대해 가장 엄격하게 대답한다면 다음과 같다: 바로 이와는 다른 도덕에서의 '좋은 사람', 바로 고귀한 자, 강한 자, 지배자가 본래 악한 사람인데, 이는 단지 변색되고 해석이 뒤바뀌고 원한의 독기 어린 눈으로 관찰되었을 뿐이다. 여기에서 우리는 적어도 다음과 같은 한 가지 사실만은 부정하고 싶지 않다: '좋은 사람'을 단지 적대자로만 알았던 사람은 또한 악한 적대자 외에는 알지 못했다. 풍습, 존경, 관습, 감사에 의해, 더구나 서로 감사함으로써, 동등한 자들 사이의 질투로 엄격하게 구속된 사람들, 그리고 다른 한편으로는 서로의 태도에서 고려, 자제, 온정, 신뢰, 긍지, 우정이라는 점에서 매우 상상력이 풍부하다고 증명된 사람들,─이들이 외부로 향하게 되어 낯선 것, 이방의 것과 접하기 시작하는 곳에서는 고삐 풀린 맹수보다 더 나을 것이 없게 된다. 그들은 그곳에서 모든 사회적 구속에서 벗어나 자유를 즐긴다. 그들은 사회의 평화 속에 오랫동안 감금되고 폐쇄되었기 때문에 나타나는 긴장을 황야에서 보상한다. 그들은 아마도 소름 끼치는 일련의 살인, 방화, 능욕, 고문에서 의기양양하게 정신적 안정을 지닌 채 돌아오는 즐거움에 찬 괴물로서 맹수적 양심의 순진함으로 되돌아간다. 그것은 마치 학생들의 장난을 방불케 하는 것이며, 그들은 시인들의 오랜만에 노래를 부르고 기릴 수 있는 것을 가졌다고 확신한다. 이러한 모든 고귀한 종족의 근저에서 맹수, 즉 먹잇감과 승리를 갈구하며 방황하는 화려한 금발의 야수를 오해해서는 안 된다. 이러한 숨겨진 근저는 때때로 발산될 필요가 있다. 짐승은 다시 풀려나 황야로 돌아가야 한다: 로마, 아라비아, 독일, 일본의 귀족, 호메로스의 영웅들, 스칸디나비아의 해적들—이러한 욕망을 지니고 있는 점에서 그들은 모두 같다. 고귀한 종족이란 그들이 지나간 모든 자취에 '야만인'이라는 개념을 남겨놓은 자들이다. (371쪽 이후)

창조는 파괴를 전제한다. 문화인은 야만인을 전제한다. 영웅은 잔인한 '살인의 원리'를 깨친 자다. 삶의 원리가 이런 것이다. "삶, 결국 그것은 죽어가는 것, 고통받는 것, 노쇠한 것에 대한 경건함을 알지 못하는 것이 아닐까? 끊임없는 살인자가 아닐까?"(즐거운, 101쪽) 생철학은 삶을 위한 철학이다. 허무주의 철학은 신적인 것에 대해서 인간적인 것을 변호하는 철학이다. 신의 원리가 지배하는 천국으로부터 현상의 원리가 지배하며 삶을 가능하게 하는 대지를 변호하는 철학이다. 노예 도덕을 거부하고 주인 도덕을 옹호하려는 철학이다.

야만인! 2천 년 동안 우리는 이 '야만인'에 대해 부정적인 입장을 취해 왔다. 그것이 인정된 양심이었다. 하지만 니체는 모든 가치의 전도를 꾀한다. 노예 도덕이 지금까지 '좋다'고 말해왔던 모든 것에 감히 저항을 하고자 한다. 이제 용기가 요구되는 시점이다. 허무주의 철학은 용기가 있지 않으면 읽히지 않는다. 복종의 의지가 조금이라도 남아 있으면 낯선 소리로밖에 들리지 않는다. 모든 것을 떨쳐버릴 준비가 되어 있는가? 니체는 그것을 묻고 있다. 허무주의를 감당할 수 있는가?

허무주의 철학은 '정반대'의 길을 가고자 한다. 그 길이 고귀하다는 것을 증명하고자 한다. 그 길을 가는 인간이 '고귀한 인간'임을 밝히고자 한다. "고귀한 인간은 '좋음'이라는 근본 개념을 먼저 자발적으로, 즉 자기 자신에게서 생각해내고, 거기에서 비로소 '나쁨'이라는 관념을 만들게 된다!" 중요한 문장이다. 니체는 이 문장에 느낌표까지 붙여놓았다. 그만큼 강렬하게 읽어내야 한다는 뜻이기도 하다. 고귀한 인간은 좋고 나쁨을 오로지 '자발적으로, 즉 자기 자신에게서' 찾아낸다. 자기 자신에게서 기인한 것만이 고귀하다는 것이다. 주인 도덕의 핵심이다.

주인 도덕이 말하는 '나쁨'은 그러니까 자기 자신에서부터 나온 감정이다. 그것은 "끝없는 증오의 도가니에서 나온 저 '악함'"과는 전혀 다른 어감이다. 구속과 복종을 운명으로 인식하는 자들, 즉 노예들은 구속과 복종으로 이어지지 않는 모든 것을 스스럼없이 악하다고 말한다. 그것은 도덕적이지 않다고 양심의 가책 없이 말하는 것이다. 이러한 노예 도덕을 가능하게 만드는 양심을 니체는 비양심으로 고발한다. 결국 허무주의 철학은 "후에 만들어진 것이며 병렬적으로 나타나는 것이자 일종의 보색"을 형성한다. 니체는 온갖 신적인 것에 보색을 띠며 대항한다.

신을 입에 담는 자들은 모두가 노예 도덕을 따르는 자들이다. 니체는 《차라투스트라는 이렇게 말했다》에서 첫 만남을 성사시키는 자도 이런 도덕에 얽매인 자로 설정했다. 그의 이름은 '성자'였다. "성자가 대답했다. '노래를 짓고 노래를 부르지. 그리고 노래를 지으면서 웃고 울며 중얼거리지. 나 이렇게 신을 찬양하고 있다네. / 노래하고 울고 웃고 중얼거림으로써 나 나의 신인 그 신을 찬양하고 있다는 말일세."(차라, 15쪽) 차라투스트라가 산에서 내려오다가 만난 첫 번째 인물이다. 노인을 만난 것이다. 그 나이가 되도록 신을 찬양했던 인물이다. 평생을 바쳐 신을 위해서만 산 인물이다.

답답한 사람, 입만 열면 신을 운운한다. 노예 도덕에 얽매인 자들과 대화를 하면 자기 자신의 것은 전혀 내놓지 못한다. 신의 입장이 자기 입장이 되어 있다. 자기 입장을 신의 그것으로 올려놓기도 한다. 그래서 신의 이름으로 함부로 상대를 평가하기도 한다. 인간 대 인간으로 만남이 이루어지지 않는다. 이런 자를 향해 차라투스트라는 다음과 같은 '작별 인사'를 내뱉는다. "그대에게 줄 무엇이 내게 있겠는가! 나로 하여금 서둘러 가던 길을 가도록 하게나. 내 그대에게서 무언가를 빼앗기 전에!"(차라, 15쪽)라고. '내 갈 길을 가게 하라! 안 그러면 네게서 무언가를 빼앗고 말 것이다.' 차라투스트라가 그 노인에게서 빼앗을 수 있는 것은 과연 무엇이었을까? 신에 대한 희망이 아니었을까. 그것마저 빼앗고 나면 그 노인은 무엇으로 현실을 버틸까. 그 희망으로라도 사는 게 낫지 않을까. 이런 동정심이 발동했던 것이다. '널 살려주고 싶다'는 마음으로 떠나려 하는 것이다.

좋음이라는 개념도 입장에 따라 다르다. "그러나 '좋음'이라는 개념은 같은 개념이 아니다." 주인 도덕과 노예 도덕은 서로 다른 좋음을 이야기하고 있을 뿐이다. 노예 도덕은 증오에 뿌리를 둔 '원한 도덕'이다. 근본이 증오요, 원한이다. 늘 상대에 대한 시선으로 살아가고 있을 뿐이다. 그가 말하는 악한 자는 누굴까? "도대체 누가 '악한' 자인가 하고 질문을 던져야 한다." 노예가 악하다고 말할 수 있는 자는 누구란 말인가? "이는 단지 변색되고 해석이 뒤바뀌고 원한의 독기 어린 눈으로 관찰되었을 뿐"이 아닐까. 자신에게 이득이 되는 것은 좋은 것이고 해로운 것은 나쁜 것이다. 노예의 입장에서 모든 가치가 뒤바뀐 것이다. 노예는 진짜 나쁜 자가 누군지 모른다. 노예는 고기를 잡는 방법을 가르치려고 윽박지르는 훈련 조교의 가치를 모른다. 잡은 고기를 입에 넣어주는 자를 좋은 사람으로 생각하는 자는 무엇이 좋은 것인지 전혀 감도 잡지 못한다.

노예들은 "질투로 엄격하게 구속된 사람들"이다. 늘 자기보다 나은 자들을 의식하는 존재들이다. 이런 노예들의 사고방식이 분명해졌다면 정반대의 현상을 예상해내는 것은 쉬워진다. 니체는 그 존재를 "모든 고귀한 종족의 근저"에서 발견할 수 있는 "맹수, 즉 먹잇감과 승리를 갈구하며 방황하는 화려한 금발의 야수"로 설명한다. 이 맹수이자 야수인 존재는 "서로의 태도에서 고려, 자제, 온정, 신뢰, 긍지, 우정이라는 점에서 매우 상상력이 풍부하다고 증명된 사람들"이다.

주인 도덕이 말하는 '좋은 사람'은 맹수와 같고 야수와 같다. '금발의 야수'는 좋은 사람을 일컫는 개념이다. "이들이 외부로 향하게 되어 낯선 것, 이방의 것과 접하기 시작하는 곳에서는 고삐 풀린 맹수보다 더 나을 것이 없게 된다." 안에서 밖으로 향하게 되는 지점, 그곳에서 맹수는 고삐 풀린 존재가 된다. "그들은 그곳에서 모든 사회적 구속에서 벗어나

110

자유를 즐긴다." 금발의 야수를 구속할 수 있는 것은 아무것도 없다. 금발의 야수는 자유정신의 대명사가 되는 것이다. "그들은 사회의 평화 속에 오랫동안 감금되고 폐쇄되었기 때문에 나타나는 긴장을 황야에서 보상한다." 금발의 야수에게 황야, 즉 바다나 사막은 삶을 위협하는 상황이 아니라 오히려 삶의 의지를 부추기는 곳에 불과하다.

금발의 야수는 "즐거움에 찬 괴물로서 맹수적 양심의 순진함으로 되돌아간" 존재다. 야수적 본능은 인간의 내면에 존재한다. "이러한 숨겨진 근저는 때때로 발산될 필요가 있다." 늘 낙타적 본능으로, 즉 "짐깨나 지는 정신"(차라, 38쪽)으로 삶을 살아갈 수는 없다. 낙타로 살아가는 존재는 극복되어야 한다. 스스로를 극복해내야 한다. 낙타의 상황을 극복하면 사자가 된다고 했다. 그때 낙타의 정신은 "외롭기 짝이 없는 저 사막"에서 "이제 자유를 쟁취하여 그 자신이 사막의 주인이 되고자"(같은 책, 39쪽) 하는 정신으로 거듭나는 것이다.

금발의 야수는 다름 아닌 사자다. 사자의 정신은 주인이 되고자 하는 정신이다. 승리를 추구하는 정신이다. 끊임없이 적을 찾아 나서는 야수적 본능을 지닌 존재다. 그 정신은 늘 "거대한 용과 일전을 벌이려 한다."(차라, 39쪽) 그 정신은 아무나 용으로 간주하지 않는다. 자신에게 걸맞은 용을 찾았다고 확신할 때에만 목숨을 건 한판 승부에 임한다. 그때 용기라는 미덕을 요구하게 되는 것이다. "그 거대한 용의 정체는 무엇인가? '너는 마땅히 해야 한다.' 그것이 그 거대한 용의 이름이다. 그러나 사자의 정신은 '나는 하고자 한다'고 말한다."(같은 곳) 사자에게 마땅히 해야 할 일은 없다. 그는 늘 자신이 하고자 하는 욕망에 충실할 뿐이다. 그는 사막의 주인일 뿐이다. 자기 인생의 주인이고자 할 뿐이다.

그런데 현대인은 맹수적 양심을 상실하고 말았다. 그것이 인간에 대한 혐오를 불러일으킨다. 인간이 싫어지는 이유다. 허무한 감정이 물밀 듯이 쏟아져 들어온다. 니체의 현실 인식이다. 현대인에 대한 감정이다. "사람에게 있어 원숭이는 무엇인가? 일종의 웃음거리 아니면 일종의 견디기 힘든 부끄러움이 아닌가. 위버멘쉬에게는 사람이 그렇다."(차라, 17쪽) 원숭이가 사람 흉내를 내며 살고 있다. 모방을 창조라 부르며 무한한 긍지를 갖고 살고 있다. 더 이상의 창조는 없다. 그런 긍지 앞에서 니체는 혐오와 함께 허무한 감정만 확인할 뿐이다.

> 오늘날 우리에게 '인간'을 혐오하게 하는 것은 무엇인가?―의심의 여지 없이 우리는 인간에 대해 괴로워하고 있기 때문이다.―그것은 공포가 아니다. 오히려 우리는 인간을 더 이상 두려워할 것이 없으며, '인간'이라는 벌레가 전경에서 우글거리고 있다는 사실이며, '길들여진 인간', 구제할 수 없이 평범하고 달갑지 않은 인간이 벌써 자신을 목표와 정점으로, 역사의 의미로, '보다 높은 인간'으로 느낄 줄 안다는 사실이다.―그러한 인간이 오늘날 유럽의 악취를 발산시키기 시작한 넘쳐나는 덜된 자, 병든 자, 피로에 지친 자, 노쇠한 자와 스스로를 구별하는 한, 스스로를 적어도 비교적 잘난 자, 적어도 아직은 생활능력이 있는 자, 적어도 삶을 긍정하는 자로 느낄 만한 어떤 권리를 가지고 있다는 사실이다… (375쪽)

여기서 니체는 "'인간'을 혐오하게 하는 것은 무엇인가?" 하고 묻는다. 따옴표로 제한시킨 인간은 도대체 어떤 인간일까? 어떤 인간이 혐오스러운 존재일까? 그는 분명 사막의 주인이고자 하는 마음이 결여된 인간이다. 벌레 같은 인간이다. "'인간'이라는 벌레가 전경에서 우글거리고 있다는 사실"이 인간을 혐오하게 하는 것이다. "그것은 공포가 아니다." 똥은 무서워서 피하는 게 아니다. 더러워서 피하는 것이다. 인간이 벌레 앞에서 가지게 되는 감정이 이런 것이다. 또 초인은 인간 앞에서 이런 감정을 갖기도 한다.

혐오스러운 인간에 대해 니체는 자세하게 설명을 해놓았다. "'길들여진 인간', 구제할 수 없이 평범하고 달갑지 않은 인간"이 그런 인간이며, 또 "덜된 자, 병든 자, 피로에 지친 자, 노쇠한 자"가 그런 인간이다. 현대인은 이런 인간들임에도 불구하고 스스로를 "'보다 높은 인간'으로" 느낀다는 게 혐오스럽고, 또 "스스로를 적어도 비교적 잘난 자, 적어도 아직은 생활능력이 있는 자, 적어도 삶을 긍정하는 자로 느낄 만한 어떤 권리를 가지고 있다는 사실"이 역겹다. 잘못된 감정과 권리가 혐오스럽다. 노예 도덕으로 무장했으면서도 스스로 주인이라고 말하는 그 모습이 혐오스럽다. 니체는 이런 도덕 감정 앞에 허무함으로 맞서고자 한다. 그가 지향하는 허무주의 사상은 고귀한 종족의 근저에서 발견될 수 있는 주인 도덕뿐이다. 금발의 야수라는 비유로만 설명될 수 있는 그런 도덕이다.

'너는 마땅히 해야 한다'고 외쳐대며 군림하려는 모든 노예 도덕 앞에서 스스로 '나는 하고자 한다'는 함성으로 맞서는 자, 문화인이기를 거부하고 스스로 야만인이기를 주저하지 않는 자, 스스로 사회의 평화를 거부하고 황야의 삶을 선택하는 자, 스스로 사막의 주인이 되고자 하는 자, 그런 자만이 니체와 "친해질 수 있을 것이다."(즐거운, 57쪽)

## 지침, 권태, 데카당에
## 저항하는 인간에 대한 믿음

허무주의에서 허무는 부정적이기도 하고 긍정적이기도 하다. 허무는 필요하기도 하고 극복해내야 하는 것이기도 하다. 나뭇가지가 성장을 위해 필요할 때도 있고 버려야 할 때도 있는 것처럼. 나무는 수많은 옹이를 형성하며 높이 자란다. 옹이는 자기 몸 안에 형성되는 가시와 같은 존재다. 그것이 단단하게 몸 안에 박혀 있을 때 나무는 비바람에도 무릅쓰고 튼튼하게 버틸 수 있게 되는 것이다.

고통은 없을 수 없다. 생명은 상처를 받을 수밖에 없다. 아픔으로부터 영원히 벗어나려는 생각만큼 어리석은 게 없다. 늘 이런 생각을 할 때마다 떠오르는 모토가 하나 있다. 〈시지프 신화〉의 모토가 그것이다. "오, 사랑하는 이여, 불멸의 삶을 갈망하지 마라, 다만 가능성의 들판을 끝까지 내달려라."[1] 카뮈Albert Camus(1913~1960)는 이 말과 함께 실존주의를 주장했다. 영생, 구원, 천국, 그런 것을 원하는 순간 이미 정신은 노예 도덕이라는 늪에 빠지게 된다. 삶은 오로지 가능성의 들판 위에서만 실현될 뿐이기 때문이다.

삶에는 죽음만이 확실하지만, 그 죽음 때문에 삶의 의미가 변색되어서는 안 된다. 삶의 의미는 살아가는 과정 속에서만 구현되는 것이다. 삶을 변호하기 위해 니체는 허무주의라는 철학을 선택했다. 그의 철학은 처음부터 삶을 살 만하게 만드는 것만을 선호했다. 예술에 대한 평가도 이런 의미에서 내려졌다. "삶을 가능하게 하고 살 만한 가치가 있는 것으로 만들어주는 예술"(비극, 33쪽)만이 긍정적이라는 얘기다. 하지만 삶은 '생로

병사<sup>生老病死</sup>'라는 염세주의적 인식으로부터 끊임없이 위협을 받고 있다. 니체의 철학은 삶을 긍정적으로 평가하기 위해 삶에 대한 부정적인 평가부터 극복해내야 한다는 과제를 안고 있다. 극복하려면 먼저 인식부터 해야 한다. 허무주의라는 극단적인 절망을 맛보아야 한다.

─나는 이 자리에서 탄식과 마지막 기대를 억누를 수가 없다. 내가 정말 참을 수 없는 것이란 무엇일까? 내가 홀로 해결하지 못하는 것, 나를 질식시키고 초췌하게 만드는 것은 무엇일까? 그것은 나쁜 공기다. 나쁜 공기란 말이다! 무언가 잘못된 것이 내 근처로 다가오며, 내가 잘못된 영혼의 내장에서 나는 냄새를 맡아야만 한다는 사실이다!… 그 밖의 것이라면 어떤 고난, 궁핍, 나쁜 날씨, 중병, 신고<sup>辛苦</sup>, 고독이든 견뎌내지 못할 것이 무엇이 있겠는가? 사람들은 지하의 투쟁적인 생존을 영위하기 위해 태어났기 때문에, 근본적으로 다른 모든 일도 잘 해결하게 될 것이다. 사람들은 언제나 되풀이해서 세상에 나타나고 되풀이해서 승리의 황금 시간을 체험한다.─그리고 사람들은 그때 위급한 모든 경우에 언제나 더 팽팽하게 당겨지는 활처럼, 부러지지 않고 팽팽하게 당겨져 새로운 것, 좀 더 어려운 것, 멀리 있는 것을 향하도록 태어난 것처럼, 그렇게 서 있는 것이다.─그러나 때때로─선악의 저편에, 숭고한 수호의 여신들이 있다면─내가 한번 볼 수 있게 해달라! 아직도 두려움을 느끼게 만들 만한 완전한 것, 마지막으로 이루어진 것, 행복한 것, 강력한 것, 의기양양한 것을 내가 한번 볼 수 있게 해달라! 인간을 변호하는 인간, 인간을 보완하고 구원하는 행복의 경우를, 그리고 그 때문에 인간에 대한 믿음을 견지할 수 있는 경우를 한번 볼 수 있게 해달라! 유럽인의 왜소화와 평균화는 우리의 최대의 위험을 숨기고 있기 때문이다. 왜냐하면 이 모습이 우리를 지치게 만들기 때문이다. 오늘날 우리는 좀 더 위대

해지려는 그 어떤 것도 보지 못한다. 우리는 더욱 아래로, 아래로 내려가며, 좀 더 빈약한 것, 좀 더 선량한 것, 좀 더 영리하고 안락한 것, 좀 더 평범하고 무관심한 것, 좀 더 중국적이고 그리스도교적인 것으로 되어가는 것을 예감하고 있다—인간은 의심할 여지 없이 '더 좋게' 된다… 여기에 바로 유럽의 운명이 있다—인간에 대한 공포와 더불어 우리는 또한 인간에 대한 사랑과 경외심, 인간에 대한 희망, 아니 인간에 대한 의지도 잃어버렸다. 이제 인간의 모습은 우리를 지치게 만든다—이것이 허무주의가 아니라면, 오늘날 무엇이 허무주의란 말인가?… 우리는 인간에게 지쳐 있다… (375쪽)

개인적으로 중요하다고 판단되어 텍스트 전체를 인용했다. 우리는 그동안 니체의 철학을 '허무주의'라는 개념으로 설명해왔다. 하지만 니체는 지금에 와서야 마침내 이 개념을 사용하고 있다. 그러니까 우리는 다른 여러 해석서에서 언급된 개념을 미리 사용하고 있던 것이나 다름이 없었다. 이제 우리는 위에 인용된 텍스트에서 니체가 이 개념을 어떻게 사용하는지를 관찰해야 한다. 그의 철학을 이해하기 위한 최대의 관문인 셈이다. 한 사람을 사귈 때도 이름부터 묻는 것과 같은 것이다. 이름을 모르고 있으면 그 사람을 모르고 있는 것이나 다름이 없다. 도대체 허무주의란 무엇인가? 니체라면 이 질문에 어떤 대답을 내놓을까? 그의 입장에서 답을 찾아보자.

일단 마지막 문장부터 살펴보자면, 니체는 지쳐 있다. 인간에 대해 혐오를 느꼈고, 그 결과 지쳐버린 것이다. "이것이 허무주의가 아니라면, 오늘날 무엇이 허무주의란 말인가?" "그것은 공포가 아니다."(375쪽) 지긋지긋해서 지쳐버렸다. 그 지침에 대한 감정이 허무주의다. 허무라는 밀물이

하염없이 들이닥친 느낌을 생각하면 된다. 절망감이 전해진다. 숨이 막힌다. 답답하다. 희망이 안 보인다. 하지만 허무주의 철학은 여기서 끝이 아니다. 바로 이런 느낌이 드는 그 순간이 시작 지점이다. 이제는 시작을 해야 한다. 들이닥친 이 허무를 어떻게 해야 할까? 그것이 문제인 것이다.

다시 첫 부분으로 돌아가 보자. "나는 이 자리에서 탄식과 마지막 기대를 억누를 수 없다." 탄식과 기대가 균형을 잡고 있다. 아프지만 행복한 느낌이라고 할까. 싫지만 거부할 수 없는, 아니 오히려 갈망하게 하는 상황이라고 할까. 누구는 이것을 이해할 수 없다고 혹은 모순이라고 잘라 말하기도 한다. 하지만 두 가지의 서로 다른 감정이 통제를 벗어난 상황을 이해할 수 없다면 허무주의는 너무도 요원한 생각이 되고 만다. 한 사람을 이해하고 싶다면 그가 사용하는 단어들과 그것들을 가지고 생각하는 패턴을 따라갈 줄 알아야 한다. 지금 우리는 니체를 이해하고자 하는 것이다. 그러면 그의 말에 우리의 생각을 맡겨보자. 그리고 그 말들이 우리의 생각 속에서 어떤 모습을 취하게 되는지 살펴보자.

탄식도 억누를 수 없다. 또 기대를 저버릴 수도 없다. 도대체 어떤 상황에서 우리는 이런 말을 하게 되는 것일까? 정말 사랑하는 사람과의 관계가 이런 게 아닐까? 안달복달하는 관계 말이다. 잔소리하기에 지쳐버렸지만 그렇다고 남남으로 돌아설 수도 없는 상황이다. 니체에게 인간이 이런 것이다. 니체의 철학은 생철학이다. 인간이 주인공인 철학이다. 인생이 전면에 나서는 사고방식이다. 사람이 연구 대상이다. 삶이 문제로 인식되는 철학이다. 니체는 인간을 살리기 위해 신을 죽여야만 했던 철학자다. 다양성을 구현하기 위해 단일성을 부정해야만 했고, 자유정신을 위해 틀에 박힌 모든 규정을 거부해야만 했던 철학자다.

진정으로 사랑했던 사람과 죽음이라는 관문을 사이에 두고 이별을 고해야 할 때 엄습하는 슬픔은 상상을 초월한다. 누구는 '하늘이 무너진다'고 하고 누구는 '땅이 꺼진다'고도 한다. 그만큼 마음의 고통이 극심하다는 얘기다. 그동안 가장 사랑했던 신의 죽음 앞에서 맞닥뜨리는 감정은 허무라는 말로 대변하기에는 너무 초라해 보일 수도 있겠지만 그것 말고는 딱히 어울리는 말도 없다. 모든 것을 신에게 맡겨 왔던 지난 2천 년 동안 신의 존재와 의지는 추앙받아온 대신 혹독한 홀대를 당해왔던 인간의 존재와 의지는 어떻게 다시 회복시킬 수 있을까? 무엇부터 손을 대야 할까? 삶은 살 만한 가치가 있다는 말을 할 수 있는 양심을 어떻게 형성시킬 수 있을까? '신의 죽음'을 인간적으로 받아들일 수 있는 경지에 어떻게 도달할 수 있을까?

현재 느껴지는 것은 그저 답답함뿐이다. 갈 길이 너무 아득하고 멀게만 느껴진다. '나쁜 공기'만 느껴진다. "순수한 공기를 마시고자 한다면, 교회에 가서는 안 된다!"(선악, 59쪽) 그런데 세계 전체가 기독교화되어버렸다. 현대 자체가 교회 같다. 굳이 교회에 안 가도 신神이라는 말만 들으면 어떤 특정 개념을 떠올린다. '이게 신이다 저게 신이다' 하며 말들을 한다. 신은 이래야 하고 또 저래야 할 것처럼 말한다. 그런데 그 특별한 설명 자체가 보편성으로 인정받고 있는 상황이다. 자유정신은 살 수 없는 공기다. "참을 수 없는 것", "홀로 해결하지 못하는 것", "질식시키고 초췌하게 만드는 것", "무언가 잘못된 것", "잘못된 영혼", 그것이 이 '나쁜 공기'다. 그런 공기 속에서는 살 수가 없다. 자기 주변에는 대양이 있고 사막이 있을 뿐이다. 모든 게 허무하다.

이 '나쁜 공기' 외에는 "견뎌내지 못할 것이 무엇이 있겠는가?" 다 견

녀낼 수 있다는 얘기다. 그저 '나쁜 공기'만이 문제다. 그런데 그 공기가 모든 공간을 채우고 있다. 혼자의 힘으로는 도저히 해결이 안 되는 문제다. 수많은 사람이 동참을 해주어야만 해결될 수 있는 문제다. 그래서 니체는 책이라는 음식으로 식탁을 차려놓고자 한다. 그 책의 내용은 허무주의다. 먹어야 할 음식이 허무주의다. 쉽게 씹히지도 쉽게 소화되지도 않는 음식이다. 너무 배가 고파도 안 된다. "배고픈 손님은 사절한다―배고픈 사람에게는 아주 훌륭한 음식도 가장 형편없는 식사보다 더 나을 것이 아무것도 없기 때문에 까다로운 예술가는 배고픈 사람을 식사에 초대하려고 하지 않는다."(인간적Ⅱ, 75쪽) 건강한 자가 진정한 사랑을 체험할 수 있다. 오르가슴도 건강한 육체가 전제된다. 해탈도 비울 수 있는 건강한 몸이 전제된다.

사람들은 살기 위해 태어났다. 태어난 자는 어떤 상황에서도 살기 위해 발버둥 칠 것이다. "사람들은 지하의 투쟁적인 생존을 영위하기 위해 태어났기 때문에, 근본적으로 다른 모든 일도 잘 해결하게 될 것이다." 삶을 선택한 자는 무엇이든지 해결해나갈 것이다. 그것이 생명의 본질이다. 그 생명력에 니체는 기대를 건다. 살고자 하는 의지는 생명의 본성이다. 삶은 어떻게 해서든 삶을 영위하려고 애를 쓸 것이다. 허무주의 철학은 '죽음을 기억하라Memento mori'(반시대Ⅱ, 354쪽)는 정언명법에 대한 생리학적인 반작용이다. 거의 본능적으로 '삶을 기억하라Memento vivere'(같은 곳)는 말로 이에 저항하는 철학이다.

또 삶은 언제나 익숙함과 새로움 사이에서 균형을 잡아야 한다. '태양 아래 새로운 게 없다.' "해 아래는 새것이 없나니"(전도서 1:9) 역시 맞는 말이다. 모든 게 너무 익숙하다. 너무 익숙하다 못해 권태롭기까지 하다.

살고 싶으면 똑같은 것 속에서도 새로움을 발견할 수 있는 지혜를 가져야 한다. 오늘은 어제의 오늘이 아니다. 내일은 오늘의 연장이 아니다. 되풀이되는 인생 속에서 새롭게 태어날 줄 알아야 한다. "사람들은 언제나 되풀이해서 세상에 나타나고 되풀이해서 승리의 황금 시간을 체험한다." 승리의 황금 시간! 그것만이 체험의 대상이다.

지하라는 어둠 속을 견뎌내고 맞이하는 아침놀, 그것이 바로 승리의 황금 시간이 아닐까. 《아침놀》의 첫 대목을 다시 한번 읽어보자. "이 책에서 사람들은 '지하에서 작업하는 한 사람'을 보게 될 것이다. 그는 뚫고 들어가고, 파내며, 밑을 파고들어 뒤집어엎는 사람이다. 그렇게 깊은 곳에서 행해지는 일을 보는 안목이 있는 사람들이라면 그가 얼마나 서서히, 신중하게, 부드럽지만 가차 없이 전진하는지 보게 될 것이다. [⋯] 그는 자신이 결국 무엇에 도달하게 될지를 알고 있기 때문에, 즉 자신의 아침, 자신의 구원, 자신의 아침놀에 도달하게 될 것을 알고 있기 때문에, 자신의 긴 암흑과 이해하기 어렵고 은폐되어 있으며 수수께끼 같은 일을 감수하는 것이 아닐까?"(아침, 9쪽) 허무주의는 견딤의 철학이다. 끝날 것 같지 않은 긴 어둠을 뚫고 지나가야 한다. 승리의 태양이 밝아올 때 세상은 마침내 침묵을 얻게 될 것이다. 모든 혼란은 정적 속에 자취를 감추게 될 것이다. 그것이 찬란한 아침놀의 이미지다. 춤추는 별은 그때 탄생을 선언한다. 어둠에서 해방된 별이 춤을 추는 것이다.

'지하의 투쟁적인 생존', 그것은 삶의 의미인 동시에 목적이다. 어둡지 않은 인생이 어디 있으랴. 싸우지 않고 얻을 수 있는 게 어디 있으랴. 생존은 모두가 어렵고 힘들다. 그래도 삶은 살 만한 가치가 있는 것이다. 그것을 일깨워주고자 니체는 철학을 하고 있는 것이다. 인간은 "다른 모든 일도 잘 해결하게 될 것이다." 그는 희망적인 소리를 들려주고자 한다. 살고자 하는 의지만 있다면 무엇이 두려우랴. 죽을 마음으로 삶에 임하면 무엇을 못하랴. 위기가 없는 삶이 어디 있으랴. "사람들은 그때 위급한 모든 경우에 언제나 더 팽팽하게 당겨지는 활처럼, 부러지지 않고 팽팽하게 당겨져 새로운 것, 좀 더 어려운 것, 멀리 있는 것을 향하도록 태어난 것"이다. 인간은 노력하는 존재라 했다. "인간은 노력하는 동안 방황한다"²고 했다. 실수와 방황 없이 지금까지 살아남은 자는 한 명도 없다. 그런 것은 오로지 산자의 것이다.

활시위를 견뎌낸 화살만이 멀리 날아간다. 화살은 멀리 날아가 과녁을 명중할 때에만 존재의 의미를 충족시키게 된다. 시위를 견뎌야 하는 순간은 어떤 심정일까? 어디로 날아가야 할지 얼마나 날아가야 할지도 정확히 모르는 상황이다. 활을 쏘는 자는 알지 몰라도 화살 스스로는 모른다. 이 세상에 생명을 선사받고 태어난 자는 어떤 삶을 살아야 할지 또 얼마나 살게 될지를 모르고서 삶에 임해야 한다. 매 순간 시작과 끝맺음을 거듭하며 살아야 한다. 되풀이되는 삶, 그것은 허무하다. 하지만 그 허무함에서 삶의 의미를 기대할 수밖에 없다. 수단과 방법을 가리지 않고 살아남아야 한다. 삶은 그 자체로 이미 살 만한 가치가 있기 때문이다.

니체는 우리에게 요구한다. 자신이 "한번 볼 수 있게 해달라!" 이 소리를 그는 세 번이나 반복한다. 그만큼 조목조목 따지고자 하는 것이다. 첫째 "선악의 저편에, 숭고한 수호의 여신들이 있다면" 보여달라고 한다. 옳고 그름이 존재하는 곳의 반대편에서 숭고한 수호의 여신들을 찾아냈는가? 옳은 것이 틀릴 수도 있고 또 틀린 것이 옳을 수도 있는 이 세상에서 신성神性을 찾아냈는가? 이 세상에서? 이 대지 위에서? 이곳에서 천국의 속성을 찾아냈는가? 허무주의 철학이 듣고자 하는 소리다.

둘째 "아직도 두려움을 느끼게 만들 만한 완전한 것, 마지막으로 이루어진 것, 행복한 것, 강력한 것, 의기양양한 것"을 보여달라고 한다. 이 세상에서 완전한 것을 찾아냈는가? 이 세상에서 과연 무엇이 마지막으로 이루어진 것이란 말인가? 무엇이 강력하고 행복한 것인가? 무엇이 의기양양한 것인가? 있다면 보여달라. 니체가 우리에게 요구하는 것이다. 그가 듣고 싶어 하는 소리다. 우리는 그에게 무슨 소리를 해줄 수 있을까? 신이 완전하다고? 신이 행복의 근원이라고? 니체가 그런 소리를 듣고 싶어 할까? 니체는 선악의 저편을 천국으로 바라보는 철학자임을 잊지 말자. "새 신앙인의 천국은 물론 지상의 천국이어야 한다"(반시대 I, 205쪽)는 그의 주장을 명심하도록 하자.

셋째 "인간을 변호하는 인간, 인간을 보완하고 구원하는 행복의 경우를, 그리고 그 때문에 인간에 대한 믿음을 견지할 수 있는 경우"를 보여달라고 한다. 니체는 인간에 대한 믿음을 굳건히 다지고 싶어 한다. 그것이 그의 신앙이다. 그것이 그의 종교다. 인간에 대한 믿음만이 그의 희망이다. 그는 인간을 변호하고 보완하고 결국에는 행복한 구원에 이르게 하고 싶을 뿐이다. 이것이 그의 구원론이다.

니체가 싫어하는 소리는 분명하다. 그것은 인간의 '왜소화와 평균화'다. 인간을 작게 만들고 똑같이 만드는 모든 소리에 반항한다. 말 잘 듣는 '단순한 사람, 평범한 사람'을 가장 혐오한다. 거기서 그는 "우리의 최대의 위험"을 확인할 뿐이다. 삶을 위기에 빠뜨리는 소리이기 때문이다. 그것이 "우리를 지치게 만들기 때문이다." 놀지 못하게 한다. 놀 수만 있다면 온종일이라도 놀 수 있는데 그렇게 하지 못하게 한다. "오늘날 우리는 좀 더 위대해지려는 그 어떤 것도 보지 못한다." 왜 그렇게 힘들게 살려고 하는가? 자발적으로 포기를 선언하기도 한다. 스스로를 삼포세대니 오포세대니 하며 자처한다. 무언가 잘 돼보려고 하는 자조차도 체제안에서 제공하는 성공을 지향하고 있을 뿐이다. 니체는 이런 인간들에게지친 것이다.

현대인에 대한 니체의 예감은 허무하다. 부정적이다. 슬픈 예감만이 느껴지기 때문이다. '더 좋게' 돼봐야 "더욱 아래로, 아래로 내려가며, 좀더 빈약한 것, 좀 더 선량한 것, 좀 더 영리하고 안락한 것, 좀 더 평범하고 무관심한 것, 좀 더 중국적이고 그리스도교적인 것으로 되어가는 것"을 예감할 뿐이다. 여기서 '중국적'인 것을 부정적인 의미로 썼다고 너무기분 나빠하지 말자. 니체가 동양을 몰라도 너무 모른다고 비판적으로읽지 말자. 모든 사물에는 보기에 따라 부정적인 면도 있다는 사실을 인정하고 읽으면 된다.

현대인은 인간에 대한 어떤 감각도 갖고 있지 못하다. "인간에 대한공포와 더불어 우리는 또한 인간에 대한 사랑과 경외심, 인간에 대한 희망, 아니 인간에 대한 의지도 잃어버렸다." 참담하다. 사람을 바라볼 때에도 얼마나 버는지 어떤 직장에 다니는지 등에만 관심이 있을 뿐이다. 자본주의 이념이 신의 자리를 꿰차고 있을 뿐이다. 무엇을 생각해도 기독교적으로 나아가고 있을 뿐이다. 이것이 니체를 지치게 만들고 있다. 마치 야수이면서도 야수의 본성을 잃고 사는 존재 같다. 릴케<sup>Rainer Maria</sup> <sup>Rilke(1875~1926)</sup>의 '표범'처럼 "그토록 피곤해 있었다. 아무것도 잡지 못할정도로."<sup>3</sup>

# 언어의 유혹에 빠진 원한의 인간과
# 그런 인간이 지닌 가치체계

부정적인 인간은 어떤 존재일까? 니체는 어떤 인간을 싫어할까? 어떤 삶을 혐오할까? 니체는 가장 경계해야 할 대상으로 자기 이외의 그 어떤 존재에서 가치를 찾는 종교인을 지목한다. 가장 가까이 있는 것들을 무시하고 가장 먼 것을 가치 있는 것으로 평가하는 모든 사고방식을 경계한다. 이런 사고방식의 대표가 내세관來世觀이다. 현세를 폄하하고 내세로 나아가려는 모든 의지는 병든 것으로 간주한다. 모든 병은 건강을 회복해야 한다. 병은 극복의 대상일 뿐이다. 병든 인간의 증상은 다양하다. 니체는 이제 '좋음'의 문제로 되돌아가 '원한의 인간'과 그런 인간이 가지고 있는 가치체계라는 문제를 다시 설명한다. 문제는 같지만 상황은 좀 더 복잡해졌다.

> 그러면 우리 다시 돌아가 보자: '좋음'의 다른 기원의 문제, 즉 원한을 지닌 인간이 생각해온 좋음이라는 문제가 해결되기를 기다리고 있다.—어린 양들이 커다란 맹금류를 싫어한다는 것은 이상한 일이 아니다: 이는 커다란 맹금류가 어린 양들을 채어가는 것을 비난할 만한 이유가 되지 않는다. 그리고 어린 양들이 자기들끼리 "이 맹금류는 사악하다. 가능한 한 맹금류가 아닌 자, 아마 그 반대인 어린 양이야말로 좋은 것이 아닌가?"라고 말할지라도 그 이상을 수립하는 데는 전혀 비난할 만한 것이 없다. 하물며 맹금류는 이를 약간 비웃는 눈길로 바라보게 되고, 아마 "우리는 그들, 이 선한 어린 양들을 전혀 싫어하지 않는다. 우리는 오히려 그들을 사랑한다: 연한 양보다 맛있는 것은 없다"고 말하게

될 것이다.—강한 것에게 강한 것으로 나타나지 않기를 요구하고, 그것이 압박욕, 제압욕, 지배욕, 적대욕, 저항욕, 승리욕이 아니기를 요구하는 것은 바로 약한 것에게 강한 것으로 나타나기를 요구하는 것만큼 불합리하다. 일정량의 힘이란 바로 그와 같은 양의 충동, 의지, 작용이다.—오히려 이것은 바로 이와 같은 충동 작용, 의지 작용, 활동 작용 자체와 전혀 다르지 않다. 오직 모든 작용을 작용하는 자, 즉 '주체'에 의해 제약된 것으로 이해하고 오해하는 언어의 유혹(언어 속에서 화석화된 이성의 근본 오류) 아래에서만 다르게 나타날 수 있다. 그것은 마치 사람들이 번개를 섬광에서 분리하여 후자를 번개라 불리는 어떤 주체의 활동이며 작용이라고 가정하는 것과 마찬가지로, 민중의 도덕도 마치 강자의 배후에는 강한 것을 나타내거나 나타내지 않는 것을 자유롭게 할 수 있는 일종의 중립적인 기체가 있는 것처럼, 강한 것을 강한 것을 표현하는 것과 분리한다. 그러나 그러한 기체는 존재하지 않는다. 활동, 작용, 생성 뒤에는 어떤 '존재'도 없다. '활동하는 자'는 활동에 덧붙여 단순히 상상에 의해 만들어진 것이다.—활동이 모든 것이다. 사람들은 번개가 번쩍일 때, 실제로는 활동을 중복시킨다. 이것이 활동의 활동이다: 같은 사건을 한 번은 원인이라고 보고 다른 한 번은 결과라고 보는 것이다. 자연과학자들이 "힘이 움직이게 한다. 힘이 무엇을 일으키는 원인이다"라고 하며 그와 같은 것을 말했지만, 사태를 좀 더 잘 만든 것은 아니다.—우리의 과학 전체는 그 모든 냉정함, 감정에서 해방되었음에도 불구하고 여전히 언어의 유혹에 사로잡혀 있으며, '주체'라고 하는 뒤바뀐 기형아에서 헤어나오지 못하고 있다. (377쪽 이후)

천둥이 쳤다고 가정해보자. '하나님이 화를 냈다'고 생각한다면 그것은 '활동의 활동'을 의미한다. 천둥이라는 활동이 있고, 그 활동을 있게끔

하는 또 다른 활동이 있다는 생각이다. 해석에 해석이 가미된 것을 의미한다. 이중의 활동, 이중의 해석이라는 얘기다. 일단 천둥소리를 화낸 소리로 해석해냈다. 그리고 그 화의 근원을 하나님으로 본 것이 두 번째 해석이다. 이성을 가지고 살아가야 하는 존재인 인간은 늘 이런 말의 유혹에서 벗어날 수가 없다. '언어의 유혹'은 인간이란 존재에게는 운명적이다. 언어를 가장 중요한 도구로 사용하는 이성을 포기할 수 없기 때문이다. "머리를 잘라버릴 수는 없다."(인간적 I, 30쪽) 머리를 가지고 살아가야 한다. 그것도 육체의 가장 높은 곳에 머리를 두고 살아가야 한다. 그 어떤 능력도 이성보다 더 우위를 차지하지 못한다. 그것이 호모 사피엔스라 불리는 인간이라는 존재다.

인간은 육체적 활동도 있지만 이성적 활동도 있다. 그래서 인간은 빵만으로 살 수는 없는 것이다. 성경의 주장으로 표현하자면 인간은 오로지 "여호와의 입에서 나오는 모든 말씀으로 사는 줄"(신명기 8:3)을 알아야 하는 존재일 뿐이다. 인간은 본능적으로 이성적인 해답을 추구한다. 사랑에 빠진 사람들은 누구나 '나를 사랑하는가?'라고 상대방에 묻기를 주저하지 않는다. 말로 증명하라는 얘기다. 말을 들어야 직성이 풀린다는 뜻이기도 하다. 말로 설명할 수 없는 모든 것에 대해서 인간은 불안을 느낀다. 그것이 인간의 한계다. 그것이 '언어의 유혹'에서 벗어나지 못하게 하는 것이다.

그렇다면 '원한을 지닌 인간'의 생각은 어떤 것일까? 이제 니체의 문제로 들어가 보자. 누가 원한 감정을 가지게 되는 것일까? 누가 원통하고 한되는 생각을 하는 것일까? 분명 승자는 아닐 것이다. 승자에게 원한은 모순일 뿐이다. 승자에게는 성취감이 가져다주는 기쁨과 행복이 있을 뿐이다. 기쁨이 없다면 진정한 승리를 거두지 못한 상황일 뿐이다. 이에 반해 원한은 오로지 패자의 것이다. 졌기 때문에 원한이 생기는 것이다. 분한 것이다. 현실을 받아들일 수가 없는 것이다.

원한을 가진 자의 눈에는 세상이 어떻게 보일까? 그가 만드는 가치관은 어떤 것일까? 강자가 강하게 사는 것에는 "전혀 비난할 만한 것이 없다." 마찬가지로 약자가 강자를 싫어하는 것은 전혀 "이상한 일이 아니다." 그런데 원한 감정에 휩싸인 자의 눈에는 모든 게 왜곡되고 만다. 그의 눈에 강자는 '나쁜 놈'이다. 자신에게 상처와 아픔을 준 존재이기 때문이다. 원한 감정의 원인이기 때문이다. 그리고 약자가 강자를 싫어하는 것을 미덕으로 삼지 않는다. 한쪽 뺨을 맞으면 다른 쪽도 내주라고 가르친다. 그것이 진정한 사랑이라고 가르친다. 때릴 수 없는 운명이라면 맞아도 안 아프다고 말하라는 것이나 다름이 없다. 그것이 강함의 표현이라고 말한다.

니체는 증오와 원한 감정에 의해 형성된 도덕, 즉 노예 도덕을 거부한다. 왜냐하면 "강한 것에게 강한 것으로 나타나지 않기를 요구하고, 그것이 압박욕, 제압욕, 지배욕, 적대욕, 저항욕, 승리욕이 아니기를 요구하는 것은 바로 약한 것에게 강한 것으로 나타나기를 요구하는 것만큼 불합리"하기 때문이다. 그러면서 니체는 《아침놀》에 집중적으로 다루었던 '힘' 이야기를 꺼내놓는다. "일정량의 힘이란 바로 그와 같은 양의 충동, 의지, 작용이다.—오히려 이것은 바로 이와 같은 충동 작용, 의지 작용, 활동 작용 자체와 전혀 다르지 않다." 니체가 말하는 힘에 대한 설명이다. 그에게 힘은 존재 자체다. 존재는 힘이다. 그 이상도 이하도 아니다. 힘은 비난받을 일도 또 이상한 일도 아니다.

그런데 해석이 되면서부터 문제가 발생한다. "번개를 섬광에서 분리하여 후자를 번개라 불리는 어떤 주체의 활동이며 작용이라고 가정하는 것"이 이런 예다. 현상 뒤에는 본질이 있다는 얘기다. 번개가 치면 하늘이 노한 거다? 유치한 발상은 나이가 들면서 없어지는 게 보통이다. 하지만 말도 안 되는 억지는 말하는 존재에게는 치명적인 유혹이 아닐 수 없다. 돌에 걸려 넘어져도 해석은 넘어지는 자와 넘어지게 하는 자로 나누어서 말한다. '그런 짓을 하니까 넘어지지!' 하고 비아냥거리기도 한다. 천벌을 받았다며 속 시원해한다. 이래도 되는 걸까? 니체는 의혹의 시선을 던진다.

우리는 2천 년이 넘게 이런 현상과 본질의 이분법에 적응해왔다. 삶의 현장을 이렇게 만드는 어떤 다른 힘의 존재를 상상해왔다. 철학자들은 '주체'라는 말을 주저하지 않고 해왔다. '나를 이렇게 하게 하는 주체가 있다'고 믿어왔다. 한마디로 '언어의 유혹'은 대단하다. 다른 것은 생각도 못하게 한다. 그것만이 진실인 것처럼 믿게 하는 것이다. 말의 힘이 이런 것이다. 하지만 니체는 이런 생각에 저항하고자 한다. 이런 발상 앞에서 인간적인 삶을 변호하고자 한다. "활동, 작용, 생성 뒤에는 어떤 '존재'도 없다." 니체는 용기를 내서 말한다. 이 말을 이해하지 못하면 그의 용기도 느껴지지 않을 것이다. 그의 혁명적인 발언의 가치를 예감하지도 못한다.

"활동이 모든 것이다." 다시 한번 입에 담아보자. '활동 뒤에는 어떤 존재도 없다.' 니체의 생각은 이것이다. 니체의 철학은 생철학이다. 그의 철학은 인간의 인생을 있는 그대로 들여다보고자 한다. 사람의 삶을 있는 그대로. 그것이 왜 이토록 힘든 것일까? "단순히 상상에 의해 만들어진 것"에 왜 이토록 매달리는 것일까? "사람들은 번개가 번쩍일 때, 실제로는 활동을 중복시킨다. 이것이 활동의 활동이다: 같은 사건을 한 번은 원인이라고 보고 다른 한 번은 결과라고 보는 것이다." 이것이 생각의 실수라는 사실을 왜 간파하지 못하는 것일까? 왜 "'주체'라고 하는 뒤바뀐 기형아에서 헤어나오지 못하고" 있는 것일까? 이런 질문과 함께 니체의 생철학은 우리가 그토록 신뢰하는 이론에 반기를 들고자 한다.

## 이상을 만드는
## 공장

니체는 현대를 비판할 때 자주 '공장'이라는 단어를 사용한다. 《반시대적 고찰》에서 그는 "학문이 하나의 공장"(반시대 I, 236쪽)이라고 단언하기도 했다. 현대인의 정신은 공장에서 상품을 찍어내듯이 획일적으로 만들어졌다고 평가한 것이다. 교육이 이루어지는 학교는 학문이라는 교과서를 들고 가르치며 정답만을 강요하는 기관으로 전락하고 말았다고 지적한 것이다. 니체에게 공장은 지극히 부정적인 의미를 지닌다. 생명에서 생명력을 빼앗고, 삶을 삶답지 못하게 하는 곳으로 이해되고 있다.

현대의 공장에서는 어떤 일들이 벌어지고 있는가? 현대라는 이 현실을 만들어내는 공장에서는 어떤 일들이 벌어지고 있는가? 니체는 이 질문부터 인식시키고자 한다. 이 의혹의 가치를 깨닫게 하고 싶은 것이다. 이 질문에 답을 찾기 위해서는 우선 공장부터 살펴보아야 한다. 무엇이 들어가고 무엇이 만들어지고 있는지 관찰해야 한다는 것이다. 멀쩡한 정

신조차 이 공장에 한번 들어갔다 나오면 전혀 다른 그 무엇으로 바뀌고
만다. 니체는 그 비밀을 파헤치고자 한다. 그리고 이런 일에 동참할 자가
누군지 찾고 있다.

—이 지상에서 어떻게 이상이 제조되는가의 비밀을 조금이라도 내려다보고 싶
은 사람은 누구인가? 누구에게 그런 용기가 있단 말인가?… 좋다! 여기에서는
이러한 어두컴컴한 공장 내부가 잘 보인다. 나의 호기심 많은 모험가여, 그대
잠시만 기다리라: 우선 그대들의 눈이 이러한 현혹적으로 아른거리는 불빛에
익숙해져야만 한다… 그렇다! 그러면 좋다! 이제 이야기해보자! 그 아래에서
무슨 일이 일어나고 있는가? 가장 위험한 호기심을 가진 사람이여, 그대가 본
것을 말해보라—이제 나는 듣는 사람이다.— (380쪽)

모든 이상理想은 만들어진 것이다. 생각에 기인한 것일 뿐이다. 절대적
인 이상은 없다. 절대적인 생각이 없기 때문이다. 영원불변의 이상도 존
재하지 않는다. 영원불변의 생각이 존재하지 않기 때문이다. 그런데도 이
상은 끊임없이 존재해왔다. 인간의 이성이 그것을 필요로 하기 때문이다.
이성이 이상을 만든다. 이성이 이상을 만들어내고 있다. 이성을 가지고
살아가야 하는 인간이 이상의 원인인 것이다. 이성을 인정하는 한 이상
은 운명처럼 달라붙게 된다. 이성 없이 살 수 없다는 말은 이상 없이 살
수 없다는 말과도 통한다. 문제는 이 이상을 어떻게 해야 하는가에 달려
있다.

니체는 공장 안으로 우리를 끌고 들어간다. 삶의 현장 속으로 들어가
고 있는 것이다. 그리고 진실을 보여주고자 한다. 우리 스스로가 어떤 삶

을 살고 있는지 보여주고자 한다. 자기 삶을 반성하고 성찰한 자라면 니체와도 친구가 될 수 있다. 반대로 반성할 것이 없다고 단언하는 자는 니체의 소리를 역겹게 느낄 것이다. 듣기 싫은 잔소리로 들릴 것이기 때문이다. 하지만 솔직해져 보자. 정말 반성할 것이 하나도 없는가? 정말 잘 살아왔는가? 정말 잘 살고 있는가? 정말 행복한가? 스스로 가슴에 손을 얹고 말해보자.

만약에 하라는 대로 다 했는데도 불구하고 불만이 남아 있다면 그것은 누구의 책임일까? 공부를 열심히 하지 못한 자의 잘못일까? 아니면 제도적인 문제일까? 니체의 시각을 가진 자는 서서히 공장 내부가 보이기 시작할 것이다. 삶의 현장을 내려다볼 수 있는 "제3의 눈"(아침, 380쪽)을 가졌다면, 또 일상 속에서 들어보지 못한 소리를 들을 수 있는 "제3의 귀"(선악, 247쪽)를 가졌다면 말이다. 니체에게 가르침을 받고자 한다면 '용기'가 필요하다. 그래서 그는 묻고 있는 것이다. "누구에게 그런 용기가 있단 말인가?" 하고. 현대를 종식할 준비가 되어 있는가? 현대 이후의 세상을 만들 준비가 되어 있는가? 모든 것을 끝장내고 아무것도 없는 상황에서 새롭게 시작할 준비가 되어 있는가? 사막 같은 현실을 감당할 준비가 되어 있는가? 허무함을 감당할 준비가? 신의 죽음까지도 감당할 준비가?

제3의 눈과 귀를 가진 자는 더 높은 경지에 도달한 존재다. "여기에서는 이러한 어두컴컴한 공장 내부가 잘 보인다." 그 안에서는 한 치 앞도 제대로 안 보이던 것이 이제는 잘 보인다는 얘기다. 도시의 탑이 얼마나 높은지를 알고 싶으면 도시 밖으로 나가야 한다고 했다. 밖에 나가보아야 안이 보인다는 것이다. 높은 곳에 가야 아래가 보인다. 그 아래에서 보는 것은 어쩌면 보는 것이 아닐 수도 있다. 그저 본다고 착각하며 살아갈 수도 있다. 미로에 갇힌 생쥐처럼 안간힘을 써도 모두 허사다. 그때 요구되는 온갖 노력은 무의미하다. 본다는 능력도 미로 안에서는 무용지물이다.

공장 내부는 "현혹적으로 아른거리는 불빛"으로 충만하다. 너무 현혹적이다. 공장 안에서는 그 불빛의 의미를 모른다. 오히려 그 불빛의 가치를 인정하며 노동이라는 신앙으로 열심히 살아가고 있을지도 모를 일이다. 소위 책임과 의무를 다하며 인생을 소비하고 있을 수도 있다. 현대인은 한마디로 "단 일 분의 태만이라도 벌을 초래하리라는 초조에 빠졌다. 이제 그는 제4신분, 즉 노예 신분이 일하듯이 가혹하게 일한다."(반시대 I, 236쪽) 이 단정으로부터 자유로운 영혼은 없으리라. 현대인은 모두가 니체가 말하는 '공장'에서 일하는 노동자에 불과할지도 모른다. 자신이 노예 신분인지도 모른 채 그렇게 '열심히' 살고 있는 것이다.

니체에게 많은 영향을 받은 카프카Franz Kafka(1883~1924)는 현대인의 모습을 〈변신Die Verwandlung〉(1915)을 통해 보여주었다. 존재가 변해버린 것이다. 삶의 현상이 변해버린 것이다. 생각하는 존재가 벌레가 되어버린 것이다. 도시라는 이데올로기에 갇혀 사는 인간의 모습이다. 거기서 현대인의 모습은 눈만 뜨면 출근을 생각하는 존재로 그려지고 있다. "그레고르 잠자는 어느 날 아침 불안한 꿈에서 깨어났을 때, 자신이 잠자리 속에서 한 마리 흉측한 해충으로 변해 있음을 발견했다."[4] 출근을 해야 하는데 몸이 말을 듣지 않는다. 그것이 현실의 문제다. 벌레 같은 인간, 아니 벌레가 되어버린 인간의 모습이 현실 인식이다. 첫 대목부터 변신된 모습으로 시작한다. 꿈일까? 현실일까? 어떤 해답도 던져주지 않는다. 문학은 이건 이거다 저건 저거다 이런 식으로 말하지 않는다. 현상을 보이는 대로 보여주고 있을 뿐이다.

니체는 이미 수많은 말을 해왔다. 거의 반복하듯이 잔소리를 해왔던 것이다. 《비극의 탄생》, 《반시대적 고찰》, 《인간적인 너무나 인간적인》, 《아침놀》, 《즐거운 학문》, 《차라투스트라는 이렇게 말했다》, 《선악의 저편》, 그리고 지금 《도덕의 계보》를 쓰고 있다. 적지 않은 말들의 잔치를 쏟아냈다. 말들로 백두대간을 일구어냈다.

누구는 이제 되었다고 말을 할 수도 있다. 이제는 떠나야 할 때가 되었다고. 이제는 배울 게 없다고. 하지만 니체의 정신을 이어받은 자들은 모두가 '현대'를 대표하는 지성으로 성장해주었다. 이제 니체는 자신의 글들을 따라 독서에 매진해온 독자들에게 한마디 듣고 싶어 한다. 이쯤 되었으면 알아들었으리라 확신하는 것이다. 그가 원하는 말들을 쏟아내리라 믿으며 요구한다. "그대가 본 것을 말해보라—이제 나는 듣는 사람이다.—" 마치 "재밌는 얘기를 하나 해"[5]보라는 요구처럼 들린다. 부담 백배다. 배웠으면 토해내야 예의다. 이제 독자가 말할 때다. 이제 우리가 말을 해야 할 시간이다. 니체는 듣는 사람임을 자처하고 있기 때문이다. 그런데 다행스럽게도 니체는 우리가 이런 말을 하리라고 확신하며 우리가 내놓을 대답을 스스로 적어놓았다. 즉 이런 말들을 하라는 얘기이기도 하다.

—"나는 아무것도 보지는 못하지만, 그만큼 더 잘 듣습니다. 구석구석에서 조심스럽고 음험하며 낮게 속삭이는 소리와 귓속말이 들려옵니다. 나는 사람들이 거짓말을 하는 것 같은 생각이 듭니다. 소리의 울림마다 사탕처럼 달콤한 부드러움이 있지요. 약한 것을 기만하여 공적으로 바꾸려고 하지요. 이것은 의심할 여지가 없습니다.—당신이 말씀하신 그대로입니다."— (380쪽)

스스로 이런 말을 하려니 좀 낯이 간지러웠나 보다. 그래서 대화 형식을 택했나 보다. 우리가 하는 말로 입장을 바꾸어놓으면 좀 상황이 나을까 하고. 어쨌거나 니체는 이런 소리를 할 것이라고 확신하고 있다. 눈이 없어도 귀가 있다면 들었으리라고 믿는 것이다. "사람들이 거짓말을 하는 것 같은 생각"을 했으리라고. "사탕처럼 달콤한 부드러움"이 있는 거짓말을 들은 것 같다고. 행여나 속아 넘어갔더라면 어떤 상황이 벌어졌을까를 생각하며 오싹해하는 느낌이 전해진다. 그것은 말 그대로 "섬뜩한 기분"(차라, 201쪽)이 아닐 수 없다.

공장에서 벌어지는 것은 "약한 것을 기만하여 공적으로 바꾸려고" 하는 것이다. 잘된 것을 잘되었다고 말하지 않고 못 된 것을 잘되었다고 말하려는 의도가 엿보인다는 얘기다. 꼴찌가 승리하리라! 약자가 구원을 얻으리라! "심령이 가난한 자는 복이 있나니 천국이 그들의 것"(마태복음 5:3)이라고. "가난한 자에게 복음이 전파된다"(누가복음 7:22)고. 오로지 천국만 생각하게 만들어놓았다. 오로지 구원만이 살길이라고 생각하게 만들어놓았다. 이상을 제시하며 그 이상을 좇으라고 가르쳤다.

> "[…] 지상의 강자와 주인보다 그들이 훨씬 훌륭하다는 것—그들이 훨씬 훌륭할 뿐만 아니라, '더 좋은 것을 가지고 있으며', 하여튼 언젠가는 더 좋은 것을 가지게 될 것이라는 사실을 말입니다. 그러나 충분합니다! 충분합니다! 나는 더 이상 견딜 수가 없습니다. 공기가 나쁩니다! 공기가 나빠요! 이상을 제조하는 이 공장은 내게는 새빨간 거짓말 때문에 고약한 냄새가 나는 것 같이 생각됩니다."(381쪽)

공기가 나쁘다는 얘기는 앞에서도 언급했었다. "나쁜 공기"(375쪽), 그것은 "잘못된 영혼의 내장에서 나는 냄새"(같은 곳)라고 말했었다. 이제는 우리 독자가 이런 말을 해야 할 때가 온 것이다. 이상을 만드는 공장 안에는 거짓말이 풍기는 악취로 가득하다. '고약한 냄새'로 인해 정신을 차릴 수가 없다. 거짓말은 "사탕처럼 달콤한 부드러움"으로 다가왔지만 결국에는 썩은 냄새를 풍긴다. 그것을 먹고 맛있다고 말하는 자들의 입에는 모두가 썩은 냄새가 난다는 뜻이기도 하다.

냄새나는 거짓말은 뒤바뀐 가치체계를 의미한다. "보복하지 않는 무력감은 '선'으로"(380쪽) 간주되고, "복수할 수 없는 것이 복수하고자 하지 않는 것으로 불리고, 심지어는 용서라고 불리기까지"(같은 곳) 하며, "또한 '자신의 적에 대한 사랑'에 대해서도"(381쪽) 뻔뻔하게 말한다. 또 "자신의 가련함이 신에 의해 선택받은 영예", 곧 "'축복'이라고"(같은 곳) 말한다. 더 나아가 스스로를 "우리 착한 사람들―우리야말로 정의로운 자"(382쪽)라고 말한다. 그래서 현실에서 가련하게 살아야 하는 자들은 '최후의 심판' 같은 것을 열망하게 되고, 그때 이루어지는 일들을 두고 "보복이라고 부르지 않고, '정의의 승리'라"(같은 곳) 부른다. "그들은 그것을 '최후의 심판', 그들 나라, 즉 '신의 나라'의 도래라"(같은 곳)고 부른다. 모두가 "새빨간 거짓말"(381쪽)뿐이다. 이런 말들이 정신세계의 공기를 형성하고 있다. '공기가 나쁘다'는 것이다. 니체가 지향하는 자유정신은 이런 세계에서 살 수가 없다. 숨조차 쉬기 힘든 상황이다.

교회가 만들어낸 말들 속에서 계속 살 것인가? 아니면 현실을 인정하고 힘들게 살 것인가? 그것이 문제다. 천 년이 넘는 중세 동안 학문은 환영받지 못했다. 인식은 악마적인 기운으로만 해석되었다. 그저 믿음으로 일관하는 금욕생활을 모범으로 제시했다. 수도원 생활이 구원에 이르는 최고의 길이라고 믿으며. 하지만 그동안 관심 밖의 일이 되고 만 것은 인생 자체였다. 삶 자체가 관심받지 못하고 있었던 것이다. 어떻게 살아야 할까? 이 질문조차 함부로 하지 못하게 했던 시대가 중세였던 것이다. 스스로 이런 말들을 할 수만 있다면, 니체는 이제야 만족을 한다. "충분하다! 충분하다!"(383쪽)고. 이상을 만드는 공장에 대한 이해가 충분하다고.

## 영생을 약속하는
## 천국에서의 삶

기독교의 매력은 무엇일까? 약자에게 희망을 주기 때문이 아닐까. 그런데 인간 스스로가 약자로 인식한다는 게 문제다. 현상계 속에서는 수많은 한계에 직면하게 한다. 생로병사 자체가 문제다. 늙어가는 모습이 싫고 병들어 아픈 게 싫다. 삶의 끝에는 죽음이 기다리고 있다. 죽음을 어떻게 견딜 수 있단 말인가. 누군가 옆에서 '넌 죽지 않아!' 하고 말해주면 좋을 것만 같다. 이런 욕망이 고개를 들 때 기독교는 치명적인 유혹의 손길을 뻗쳐온다. 마치 미켈란젤로Buonarroti Michelangelo(1475~1564)가 그려놓은 〈아담의 창조〉에서처럼. '이 손을 잡아라! 이 손을 잡으면 구원을 얻으리라!' 하며 하늘에서 내려오는 듯하다.

　　항상 곁에 있다는 '임마누엘'⁶의 하나님이 있으면 얼마나 좋을까? 그 하나님이 우리를 이미 사랑하고 있다는 가르침보다 더 나은 것이 또 있을까. 결국에는 혼자가 되어야 하는 존재에게는 피할 수 없는 유혹이 아닐 수 없다. "신이 존재한다고 주장하는 신부들의 잘못된 주장을 사람들

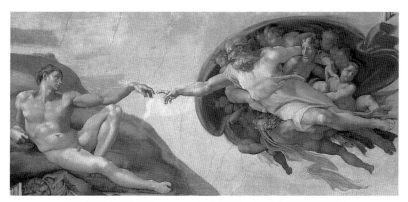
미켈란젤로의 〈아담의 창조〉(1511~1512). 바티칸 시스티나 예배당 천장화의 일부분.

은 얼마나 좋아하는가."(인간적 I, 126쪽) 좋은 게 좋은 거라고, 결국 이런 유혹에 넘어가고만 중세인들은 말로만 설명될 수 있는 이런 이념들을 진실이라고 믿었다. 그 믿음의 힘에 의지해 여기까지 왔다. "우리는 지금도 중세의 빙하 속에서 살고 있다."(반시대 III, 427쪽) 이제 스스로 기득권이 되어서 보수적인 사고방식에 갇혀버렸다. 비좁은 틀 안에 갇히고 만 것이다. 생각하는 존재가 생각으로 스스로에게 족쇄를 채우고 만 꼴이다. 그래도 그것을 족쇄로 느끼지 않는다. 틀을 깨고 싶지가 않은 것이다. 새로운 세상을 받아들일 엄두를 못 내고 있다. 스스로 가련한 인생을 살고 있다는 사실을 깨닫지 못하고 있는 것이다.

이제 니체는 이런 가련한 인생에 가르침을 주고자 한다. 신의 나라가 도래한다는 말보다 허무주의의 도래가 필요하다는 사실을 가르치고자 한다. 하나님 품 안에서의 행복한 삶보다 자기 손안에 있는 힘든 삶부터 챙겨야 한다는 사실을 일깨우고자 한다. 삶은 살아져야 한다. 살아야 삶이라 불리는 것이다. 살다 보면 삶의 의미가 느껴지게 마련이다. "나는 새싹이 나무가 되기를 바란다. 가르침이 나무가 되려면 오랜 시간 동안 신봉되어야 한다."(즐거운, 178쪽) 니체의 가르침을 붙들고 오랜 시간 견뎌 내야 한다. 애벌레가 나비가 되기까지는 누에고치, 번데기라는 견딤의 시간이 요구되듯이. 견디기 위해 일단 니체의 말들을 외워질 때까지 읽어 보아야 할 것이다. "피와 잠언으로 글을 쓰는 사람은 그저 읽히기를 바라지 않고 암송되기를 바란다."(차라, 63쪽) 허무주의를 이해하기 위해 허무를 기억 속에 담고 견뎌야 한다. 외우겠다는 마음으로 다음의 텍스트를 읽어보자.

무엇에 대한 믿음 속에서? 무엇에 대한 사랑 속에서? 무엇을 향한 희망 속에서?—이들 약자—그들 역시 언젠가는 강자가 되고자 한다. 의심할 여지 없이 언젠가는 그들의 '나라' 역시 도래해야 할 것이다—앞서 말한 것처럼, 그것은 그들 사이에서 단지 '신의 나라'라고 불린다: 그들은 모든 일에서 이처럼 겸손한 것이다! 이것을 체험하기 위해 죽음을 넘어 오래 살 필요가 있다.—'믿음과 사랑, 희망 속에서' 사는 이 지상의 삶을 영원히 '신의 나라'에서 보상받기 위해 영원한 생명이 필요하다. 무엇을 위한 보상이란 말인가? 무엇으로 보상한다는 말인가?… 단테가 전율을 불러일으키는 솔직함으로 지옥 문 위에 "영원한 사랑이 나 또한 창조해냈다"는 명문銘文을 걸었을 때, 그가 무례한 실수를 한 것이라고 나는 생각한다:—그것은 어찌 되었든 그리스도교의 천국과 그 '영원한 축복'의 문 위에 "영원한 증오가 나 또한 창조했다"라는 명문을 거는 것이 나을 수도 있다.—허위에 이르는 문 위에 진리를 걸어도 된다는 말인가! 그러면 도대체 저 천국의 축복이란 무엇이란 말인가?… 우리는 그것을 이미 알고 있다. 그러나 그러한 문제에서 결코 경시할 수 없는 권위로 위대한 스승이며 성자인 토마스 폰 아퀴나스가 우리에게 분명히 증언하는 말을 듣는 것이 훨씬 더 낫다. 그는 양처럼 부드럽게 다음과 같이 말한다. "천국에 있는 축복받은 사람들은 저주받은 자들이 벌받는 것을 보고, 그것으로 해서 자신들의 축복을 더욱 기쁘게 여기리라." (383쪽 이후)

인간은 결국에는 승리를 원한다. 거짓말로 버티려 해도 결국에는 속내를 드러내고 만다. 우리는 착한 사람들이라고, 그래서 우리는 복수 따위는 결코 하지 않는 사람들이라고, 용서하고 사랑하는 사람들이라고 아무리 '땀을 뻘뻘 흘리면서' 말해도, 결국에는 거짓말의 진의가 드러나고 만다. 최후의 심판이 모든 것을 뒤바꾸어놓게 될 것이라는 희망이 이런 거짓말 속에 스며 있는 것이다. 기독교인들의 겸손은 가식적인 겸손에 불과하다. 복수할 수 없는 자가 복수를 꿈꾸고 있기 때문이다. 그래서 "그들은 모든 일에서 이처럼 겸손한 것이다!" 니체의 눈에는 이런 전략적인 겸손이 너무도 빤히 보이는 것이다.

교부철학의 이념을 논리적으로 증명하고자 했던 스콜라 철학자 토마스 아퀴나스Thomas Aquinas(1225~1274)의 말을 니체는 직접 인용했다. "천국에 있는 축복받은 사람들은 저주받은 자들이 벌받는 것을 보고, 그것으로 해서 자신들의 축복을 더욱 기쁘게 여기리라." 남의 불행은 나의 행복이라 했던가. 쇼펜하우어도 이런 마음은 사악한 것이라 단언했다. 그것은 "악의 원천에 아주 가까이 있다"[7]는 사실을 증명한다고 보았다. 자기 행복을 위해 타인의 불행을 요구하는 것은 부정적으로 평가한 것이다.

니체는《인간적인 너무나 인간적인》에서 신의 아들로 비유될 수 있는 간수의 아들을 향해 죄수의 입으로 묻는다. "그런데 우리가 당신을 믿건 안 믿건 그것이 당신에게 무엇이 중요하단 말이오? 당신이 정말 간수의 아들이고, 당신이 말하는 것처럼 할 수 있다면, 우리 모두를 위하여 좋은 말을 해주시오: 그것만이 당신이 할 선한 일일 것이오. 믿거나 믿지 않는 것에 대한 말은 그만하시구려!"(인간적Ⅱ, 284쪽) 상대를 사랑한다면 사실 자기를 믿어주건 안 믿어주건 그것은 문제가 되지 않는다. 사랑은 성경 구절처럼 모든 것을 감싸주기 때문이다. "사랑은 모든 허물을 가리느니라."(잠언 10:12) 그런데 그 믿음 하나 때문에 문제가 이토록 커져야 한다는 말인가? 니체의 의혹 제기는 너무도 인간적이다. 당연한 질문을 입에 담고 있을 뿐이다. 그것조차 허용하지 않는다면 그것이 비인간적인 게 아닐까.

허무주의 사상은 르네상스의 이념과 맞닿아 있다. 니체는 단테<sup>Dante</sup> <sup>Alighieri</sup>(1265~1321)가 남긴 말을 인용한다. "영원한 사랑이 나 또한 창조해 냈다"고. 그것을 지옥의 문 위에 적어놓았다고. 니체는 지옥의 문 위에, 즉 "허위에 이르는 문 위에 진리를" 적어놓았다던 단테의 생각을 실수로 간주한다. 단테가 너무 솔직했다는 것이다. 이에 반해 니체는 소위 말하는 천국의 문 위에 "영원한 증오가 나 또한 창조했다"라는 문장이 더 나을 것이라고 말한다. 천국은 증오가 만든 나라라는 얘기다. 증오가 전제되지 않고서는 기독교 이념 자체를 이해하기 힘들어진다. 니체는 바로 그 점을 간파했던 것이다.

기독교 교리는 죄의식을 요구한다. 행복한 삶을 위한 첫 관문이 죄의식인 것이다. 세상 죄로 물든 자기 자신을 인식하고 회개의 눈물을 쏟아내야 한다. 회개는 자기 자신에 대한 죄의식이다. 자기 자신에 대한 증오다. 그 감정이 앞서야 천국 문으로 향할 수 있다는 논리다. 현상적인 자기 자신에 대한 버림이 전제되지 않고서는 아무것도 경험할 수 없다. 아니 천국 문 앞에도 가지 못하는 데서 멈추지 않고 오히려 지옥에 떨어지고 만다. 믿지 않은 자의 운명이 그렇다는 얘기다. 그래서 성경은 이렇게 외치고 있는 것이다. "누구든지 나를 따라오려거든 자기를 부인하고 자기 십자가를 지고 나를 따를 것이니라."(마태복음 16:24) 천국인이 되기 위해 약자인 자기 자신을 향해 잘못했다고 죄를 지었다고 고백하라는 것이다. 그러면 천국이 주어질 것이라고. 약자의 입장에서는 안성맞춤의 가르침이 아닐 수 없다.

니체는 기독교의 시작이 누가 뭐래도 노예 민족에 뿌리를 두고 있다는 사실을 부각한다. 성경의 시작을 알리는 모세 5경⁸은 이들의 역사를 자세하게 알려주고 있다. 이들은 노예생활에서 해방되기를 원한다. "이들 약자—그들 역시 언젠가는 강자가 되고자 한다." 살아생전에는 이루지 못할 꿈일지도 모른다. 맞설 의지도 없고 싸울 힘도 없는 민족에게는 꿈같은 얘기다. 하지만 그들은 신앙으로 현실을 버틴다. "의심할 여지 없이 언젠가는 그들의 '나라' 역시 도래해야 할 것"이라고. 그들이 믿는 하나님이 도와줄 것이라고. '신의 나라'라 불리는 천국은 그런 식으로 와줄 것이라고.

하지만 "이것을 체험하기 위해 죽음을 넘어 오래 살 필요가 있다." 죽어야 산다. 죽음 이후의 삶을 위해 영생을 요구한다. "영원한 생명이 필요"한 것이다. 영생永生! 말만 들어도 행복이 전해진다. 죽어야 할 존재에게 영원히 살 수 있다는 말보다 더 아름다운 환상이 또 있을까. 오히려 이런 환상을 깨고 있는 허무주의 사상이 너무 잔인하다는 생각이 들기도 한다. 니체의 철학이, '의혹의 학교'니 '경멸의 학교'니 '악마의 적절한 변호자'니 하는 말이 오히려 듣기 좋은 소리로 다가오기도 한다. 신의 편에 서고 싶은 마음이 굴뚝 같다. 거기에는 영생이 있기 때문이다. 하지만 니체는 이런 혐의를 받고서라도 진실을 말하고자 한다. 오히려 그런 환상은 깨지는 게 더 낫다고 가르치고자 하는 것이다.

죽어서 천국 간다? 니체는 이 말에 저항한다. 죽음으로 문제가 해결된다는 식의 논리에 반항한다. 죽어도 살리라는 부활 이론에 거부의 손짓을 보낸다. 죽음은 죽음일 뿐이다. 죽음 이후는 없다. 희망의 싹을 꺾어놓는다. "'죽음 이후'는 우리에게 더 이상 관심거리가 되지 못한다! 이것은 이루 말할 수 없을 정도로 좋은 일이지만"(아침, 84쪽) 말이다. 죽어서 사는 삶, 그것은 매혹적이긴 하지만 그런 소리에 유혹당하지 않는다. 악마가 장난쳐 실수를 저지르고 죽어서 지옥에 갈 것 같다는 줄 타는 광대의 걱정 앞에 차라투스트라는 이렇게 말한다. "벗이여, 내 명예를 걸고 말하거니와 네가 말하고 있는 것들은 존재하지 않는다. 악마도 없고 지옥도 없다. 너의 영혼이 너의 신체보다 더 빨리 죽어갈 것이다. 그러니 두려워할 것이 못 된다!"(차라, 28쪽) 영혼이 먼저 죽을 것이다. 허무주의 철학이 전하는 복음이라고 할까. 너무 허무적이라 희망의 소리로 들리지 않을 수도 있다. 하지만 '영혼이 먼저 죽는다'는 말이 주는 의미가 분명해질 때까지 오랫동안 견뎌보자. 씨앗이 나무가 될 때까지.

# 초인을
# 기다리며

니체에게도 신앙이 있다. 그에게도 믿음이 있다. 인간에 대한 믿음이다. 그의 신앙은 오로지 인간적인 것에 집중한다. '인간적인 너무나 인간적인' 것만이 그의 관심사다. 죽어서 천국 간다는 소리로는 위로가 되지 않는다. 나르시스Narziss가 죽어서 꽃이 되었다는 식의 변신론變神論으로는 위로가 되지 않는 것처럼. 나르시시즘Narzissmus은 병이다. "나르시시즘은 치유되어져야 할 병적 증상일 뿐이다."[9] 자기 논리에 갇힌 생각의 폐쇄성은 폭력성으로 나타나고, 그런 폭력성은 자기 자신을 파괴할 뿐이다.

'신의 뜻'이라고 간주되는 온갖 소리도 결국에는 인간이 한 말에 불과하다. 인간이 생각해낸 말을 신의 소리라고 주장하는 것이나 다름이 없다. "모든 옛날이야기를 그럴듯한 사실처럼 꾸며놓는다."[10] "인간은 인간에게 신이다"[11]라는 명언을 남긴 포이어바흐Ludwig Feuerbach(1804~1872)의 주장이다. 하지만 이런 식으로 만들어진 신은 너무도 독단적이다. 자기가 한 말 외에는 관심도 없다. 자기가 하는 말 외에는 너무도 무식하다. 이것은 경험이 부족한 이유이기도 하다. "위대한 정신들조차 오직 그들의 다섯 손가락 넓이만큼의 경험을 가질 뿐이다. 바로 그 옆에서 그들의 생각은 멈춘다. 그다음에는 그들의 무한히 텅 빈 공간과 어리석음이 시작된다."(아침, 418쪽 이후) 귀를 막고 자기 자신과 말을 하듯이 대화에 임하는 한 인간은 너무도 '신적인 것'만을 추구하게 될 뿐이다. 어리석기 짝이 없는 존재다. 그에게 인간적인 것은 요원해지고 만다. 신의 입장에 선 정신은 모든 것이 아니꼽고 더러울 뿐이다. 세상이 싫다. 불평불만으로 삶에 임할 뿐이다. 사는 게 사는 게 아니다. 최후의 심판만이, 신의 나라의 도래만이 구원이다. 다른 소리는 듣고 싶지도 않다. 꽁꽁 막힌 정신의 모습이다.

세상에는 길이 있다. 밟히고 밟혀 길이 된다. 그 길들을 무시하고 살수는 없다. 인생의 문제는 길을 아는 것에서 멈추지 않는다. 길을 걷는 행위도 요구된다. 경우에 따라서는 없던 길도 만들어내야 하는 행위가 필요할 때도 있다. 그런 행위가 스스로를 역사에 동참하게 할 것이다. "지구상의 모든 주민을 감싸는 인간적이고 범세계적 목표라는 엄청나게 넓은 시야는 역사 속에서 비로소 우리에게 열린다."(인간적II, 117쪽) 물론 모든 인생이 다 행복할 수는 없다. "설령 우리의 시도가 실패한다 해도 그리고 우리가 자신의 능력을 과대평가했다 하더라도, 어떤 경우든 우리가 책임질 것은 우리 자신 외에는 아무것도 없다."(같은 곳) 실패해도 괜찮다. 그것도 자기 인생이다. 이것이 니체의 목소리다. 인간의 편에 서서 인간을 변호하려는 의지의 표현이다.

하지만 신적인 목소리가 너무도 크다. 천 년 이상 이 세상을 지배하고 있다. 니체는 지금도 중세를 완전히 극복해내지 못하고 있다고 한탄한다. "우리는 지금도 중세의 빙하 속에서 살고 있다."(반시대III, 427쪽) 스스로 얼어붙었다. 생각하는 존재가 생각이라는 도구로 스스로를 얼음 속에 가두어놓은 것이다. 정신이 얼어붙었다. 중세는 고대를 무너뜨렸다. 신들의 세계를 파괴하고 신의 세계를 구축했다. 개성이 넘치는 신들의 존재를 불가능하게 만든 대신 전지전능한 유일신을 제시했다. 이런 중세에 맞서 르네상스인들이 삶의 의미와 인간의 미적 가치를 찾으려고 애를 썼다. 르네상스는 고대의 정신세계를 동경했다. 하지만 이들조차 교회의 범주에서 벗어나지 못했다.

로마가 의심할 여지 없이 몰락했다는 사실은 대단히 주목할 만하다. 물론 르네
상스에서 모든 고전적 이상, 모든 사물에 관한 고귀한 가치 평가 방식이 화려하
고 무서울 정도로 부흥했다: 로마 자체는 세계적인 유대 교회당의 모습을 하고
'교회'라 불리는, 자기 위에 새로 세워진 유대화된 로마의 압력 아래 마치 가사
상태에서 깨어난 사람처럼 몸을 움직였다: 그러나 바로 유대는 종교개혁이라고
불리는 저 근본적으로 천민적인 (독일과 영국의) 원한 운동 덕분에 다시금 승리
를 거두게 되었다. 종교개혁에서 필연적으로 귀결되는 결과인 교회 부흥을—또
한 고전적 로마의 옛 묘지의 정적<sup>靜寂</sup>을 복구하는 것도 함께 포함하여 생각해볼
만하다. 그때보다도 심지어 더 결정적이고 깊은 의미에서 유대는 또 한 번 프랑
스 혁명과 더불어 고전적 이상에 대해 승리를 거두었다. 유럽에 있었던 마지막
정치적 고귀함, 17세기, 18세기 프랑스의 정치적 고귀함은 민중의 원한 본능 아
래 붕괴되고 말았다.—지상에서는 한 번도 이보다 더 큰 환호의 소리, 이보다
더 소란스러운 열광하는 소리가 들린 적이 없었다! 그것이 진행되던 와중에 실
로 엄청난 사건, 뜻밖의 사건이 일어났다: 고대의 이상 자체가 살아 있는 모습
으로 그리고 들어보지도 못한 화려함으로 인류의 눈과 양심 앞에 나타났다.—
[…] 마치 다른 길을 지시하는 최후의 암시처럼, 일찍이 존재했던 인간 가운데
가장 유일하고 뒤늦게 태어난 인간 나폴레옹이 나타났다. 그리고 그에게서 고
귀한 이상 그 자체는 문제로 육화되었다.—그것이 어떤 문제인지 잘 생각해보
라: 비인간<sup>unmensch</sup>과 위버멘쉬의 이러한 종합인 나폴레옹을… (388쪽 이후)

르네상스인들은 고대의 '고전적 이상'을 추구했다. 그들은 "모든 사물

에 관한 고귀한 가치 평가 방식"을 재현하려 했다. 세상은 아름답다. 인간은 아름답다. 이것은 천 년이 넘는 동안 하기 힘든 말들이었다. 하지만 이런 말들이 대세가 될 수 있도록 상황을 바꾸어놓았다. 물론 이에 대한 반동이 없지는 않았다. 독일에서는 '종교개혁'이 일어났다. 교회는 이 운동과 더불어 다시 힘을 얻게 되고 만 것이다. 종교개혁의 결과로 나타난 '교회의 부흥'은 시대의 역행처럼 여겨졌다. 고전적 이상에 역행하는 더 큰 사건으로 니체는 '프랑스 혁명'을 꼽는다. 역사상 "이보다 더 큰 환호의 소리, 이보다 더 소란스러운 열광하는 소리가 들린 적이 없었다!"고 그는 평가한다.

하지만 역사는 늘 돌고 돈다. 겨울이 지나면 봄이 오듯이, 고대의 이상은 다시 싹을 틔우기 시작했다. 나폴레옹$^{Napoléon\ I}$(1769~1821)이라는 영웅의 출현은 "엄청난 사건, 뜻밖의 사건"이 아닐 수 없었다. "그에게서 고귀한 이상 그 자체는 문제로 육화되었다." 고대 신의 형상을 니체는 나폴레옹에게서 본 것이다. 그는 말 그대로 나폴레옹을 "비인간과 위버멘쉬의 이러한 종합"으로 파악했다. 혁명의 환호 소리와 소란스러운 소리는 '코데 시빌$^{Code\ civil}$'[12] 즉 시민법으로 인해 안정을 되찾았고 동시에 고대의 고귀한 시민사회를 연상시키는 이상세계를 꿈꾸게 해주었다.

꿈만 같다. 하지만 "이것으로 문제가 끝났는가?"(389쪽) 아폴론적 이상은 아직도 요원하다. "올림포스 세계 전체를 탄생"(비극, 40쪽)시킬 수 있는 정신은 아직 형성되지 못하고 있다. 물론 허무주의 철학은 희망적이다. "우리들에게도 우리의 시대가 있다!"(즐거운, 69쪽) 정말 즐거운 희망이 아닐 수 없다. 하지만 역사는 가만있으면 되는 것이 아니다. "더욱이 바로 그렇게 되기를 온 힘을 다해 바라야만 하는 것"(389쪽)이다. 아니 더 나아

가 싸워야 한다. 진정한 싸움을 위해 진정한 적을 찾는 시선으로 세상을
바라보아야 한다.

> 자신의 힘을 견주어볼 수 있는 상대인 적敵, 즉 가치 있는 적으로서 무서운 것을
> 갈망하는 몹시 날카로운 눈초리의 실험적 용기는? 자신이 '두려워하는 것'이 무
> 엇인지를 배우고자 하는 적은 있는가? (비극, 10쪽)

니체가 자신의 처녀작 《비극의 탄생》에 남겨놓은 말이다. 오랜 세월
이 흘렀지만 새로운 시대를 갈망하는 허무주의 철학은 여전히 적을 찾고
있다. 용기가 있는가? 목숨을 걸고 싸울 용기가? 허무주의가 하려는 싸
움은 신을 위한 성전이 아니라 인간을 위한 성전이다. 인간을 위한 성스
러운 전쟁 말이다. 고대의 신들처럼 아름답게 되기 위해 싸워야 하는 전
쟁이다. "이 민족은 그렇게 아름답게 될 수 있기 위해 얼마나 많이 고통
을 당해야 했겠는가!"(비극, 179쪽) 하나의 사물에 허무를 느끼고 그 사물
에 새로운 가치를 부여하기 위해 싸워야 한다. 이런 싸움에 대한 필요성
은 그러니까 니체의 철학적 사고가 시작되는 지점에서부터 발견되고 있
다. 니체 스스로도 이 점에 대해서는 확고하다. "즉 내가 원하는 것이 오
래전부터 충분히 밝혀졌다"(389쪽)고 확신하고 있는 것이다. 그의 믿음을
형성하고 있는 내용은 오로지 인간애이며 동시에 운명애일 뿐이다. 아모
르 파티! 운명을 사랑하라! 니체의 정언명법이다.

4장

———

# 능동적인 망각의 힘

## 이성을 형성하는 약속과
## 망각이라는 두 개의 축

인간은 이성적 존재다. 이 명제가 의미하는 바는 무엇일까? 동물에게서는 발견되지 않는 이성의 힘은 어떤 것일까? 그 힘이 곧 인간의 힘인 셈이다. 이성은 신의 이름으로 간주되기도 했다.[1] 계몽주의 철학 이후 이성은 거의 신격화되어 왔다. 독일의 관념론은 이런 이성의 신격화 운동에 동력을 제공해주었다. 특히 칸트는 이성을 다른 모든 것보다 우위에 둠으로써 마치 "신앙처럼"[2] 다루었다. 이런 과정 속에서 중세에 유행했던 '신의 법정'[3]도 사라지게 된다. 이성이 모든 판단의 중심에 섰기 때문이다. 이성의 힘과 함께 인간의 가치는 하늘 높이 치솟았다.

그런데 쇼펜하우어는 이런 이성에 대한 신앙에 찬물을 끼얹었다. 그는 "독일의 19세기를 칸트의 무덤 위에서 상연된 철학적 소극笑劇"[4]으로 간주하기도 했다. 칸트의 이성 철학은 헤겔Georg Wilhelm Friedrich Hegel(1770~1831)의 변증법 철학의 온실이 되었다. 하지만 헤겔 철학을 바라보는 쇼펜하우어의 시선은 곱지 않았다. 그는 헤겔을 "정신적 괴물"[5]이라고 규정하기도 했다. 그리고 니체가 쇼펜하우어의 독자였다는 사실을 감안하면 논쟁의 구도는 분명해진다. 쇼펜하우어와 마찬가지로 니체는 이성의 가치와 힘에 대해 그다지 긍정적이지는 않았다는 사실이다.

도대체 무엇이 문제일까? 무엇이 논쟁의 핵심일까? 이성理性. 좋다는 말인가, 나쁘다는 말인가? 찬성한다는 얘긴가, 반대한다는 얘긴가? 물론 논쟁은 이런 식으로 이분법으로 설명되지 않는다. 니체는 "머리를 잘라버릴 수는 없다"(인간적 I, 30쪽)고 했다. 머리를 자를 수 없다는 얘기는 이성을 제거할 수는 없다는 얘기이기도 하다. 머리가 육체의 일부분이듯이 이성 또한 인간의 일부분일 뿐이다. 인간과 이성은 단일체일 뿐이다. 인간은 어쨌거나 이성적 존재다. 운명적으로 주어진 이 이성을 어떻게 다루느냐가 문제인 것이다. 이런 문제의식을 가지고 다음의 텍스트를 읽어보자. 하나의 텍스트를 통째로 인용하여 긴 호흡을 요구하니 자기 속도에 맞추어 천천히 읽어보도록 하자.

약속할 수 있는 동물을 기르는 것―이것이야말로 자연이 스스로 인간에게 부여한 바로 그 역설적인 과제 자체가 아닐까? 이것이야말로 인간에 관한 본래의 문제가 아닐까?… 이 문제가 높은 수준에서 해결되었다는 사실은 망각의 힘이라는 반대 방향으로 작용하는 힘을 아주 중하게 여기는 사람에게는 한층 놀라운 일로 보일 것임이 틀림없다. 망각이란 천박한 사람들이 믿고 있듯이 그렇게 단순한 타성력vis inertiae이 아니다. 오히려 이것은 일종의 능동적인, 엄밀한 의미에서의 적극적인 저지 능력이며, 이 능력으로 인해 단지 우리가 체험하고 경험하며 우리 안에 받아들인 것이 소화되는 상태(이것을 '정신적 동화'라고 불러도 좋다)에 있는 동안, 우리 몸의 영양, 말하자면 '육체적 동화'가 이루어지는 수천 가지 과정 전체와 마찬가지로, 이것이 우리의 의식에 떠오르지 않는다. 의식의 문과 창들을 일시적으로 닫는 것, 우리의 의식 아래 세계의 작동 가능한 기관이 서로 협동하든가 대항하기 때문에 일어나는 소음과 싸움에서 방해받지 않고 있는 것, 새로운 것, 특히 고차적 기능과 기관에 대해, 통제하고 예견하며 예정(우리의 유기체는 과두적인 조직으로 만들어져 있기 때문이다)하는 데 다시 자리를 마련하기 위한 약간의 정적과 의식의 백지상태tabula rasa —이것이야말로 이미 말했듯이, 능동적인 망각의 효용이며, 마치 문지기처럼 정신적 질서와 안정, 예법을 관리하는 관리자의 효용이다: 여기에서 바로 알 수 있는 것은 망각이 없다면 행복도, 명랑함도, 희망도, 자부심도, 현재도 있을 수 없다는 것이다. 이러한 저지 장치가 파손되거나 기능이 멈춘 인간은 소화불량 환자에 비교될 수 있다(비교할 만한 것 이상이다—). 그는 그 무엇도 '해결'할 수 없다… 이러한 망각이 필요한 동물에게 망각이란 하나의 힘, 강건한 건강의 한 형식을 나타내지만, 이 동물은 이제 그 반대 능력, 즉 기억의 도움을 받아 어떤 경우, 말하자면 약속해야 하는 경우에 망각을 제거하는 기억을 길렀던 것이다: 이것은 결코 한 번 새겨진 인상을 다시 벗어날 수 없다는 수동적인 상태가 아니며, 단순히 한 번 저당 잡힌 말틀을 마무리할 수 없다는 소화불량도 아니고, 오히려 다시 벗어나지 않으려는 능동적인 의욕 상태, 일단 의욕한 것을 계속하려는 의욕, 즉 본래적인 의지의 기억인 것이다: 따라서 근원적인 "나는 하고자 한다", "나는 하게 될 것이다"와 의지의 본래적인 분출, 그 의지의 활동 사이에는 새로운 낯선 사물과 상황, 심지어는 의지적 행위 자체인 하나의 세계가 이러한 의지의 긴 연쇄 고리를 뛰어넘지 않고도 아무 걱정 없이 끼어들 수 있게 된다. 그러나 이 모든 것의 전제가 되는 것이 무엇이란 말인가! 이와 같이 미래를 미리 마음대로 처리하기 위해, 인간은 필연적으로 일어나는 사건을 우연적인 사건과 구분하고 인과적으로 사고하며 먼 앞날의 일을 현재의 일처럼 보고 예견하며, 무엇이 목적이고 무엇이 그 목적의 수단인지 확실히 결정하고 대략 계산하며 산출할 수 있는 방법을 배웠어야만 하지 않은가!―약속하는 인간이 그렇게 행동하듯이, 결국 그러한 방식으로 스스로의 미래를 보증할 수 있기 위해서, 인간 자신은 우선 스스로 자기 자신의 관념에 대해서조차 예측할 수 있고 규칙적이며 필연적인 존재가 되어야 하는 것이 아닌가! (395쪽 이후)

인간은 약속하는 동물이다. 약속할 수 있는 능력을 지닌 존재라는 얘기다. 이 능력 때문에 인간은 "예측할 수 있고 규칙적이며 필연적인 존재"가 된다. 그 능력이 확대될 때 계약론이나 법의 정신으로 연결될 수 있게 된다. 그렇지만 지금은 논의를 그렇게 멀리 가지고 가지는 말자. 니체가 말하는 '약속하는 인간'의 범주에 머무르자. 그가 한 말에만 집중하자. 약속이 이루어지는 현상과 본질에 주목하자. 도대체 약속과 함께 인간의 정신 속에서는 어떤 일들이 벌어지고 있는 것일까? 니체식으로 우리의 내면을 관찰해보자. 지금까지 보지 못하고 인식하지 못했던 부분들이 분명 있을 것이다. 약속을 지키려는 인간이 있는가 하면, 반대로 약속을 파기하려는 인간도 있다. 이를 어떻게 설명할 것인가?

약속의 능력은 "자연이 스스로 인간에게 부여한" 능력이다. 인간에게 약속은 자연스러운 일이다. 서로 새끼손가락을 걸며 인간은 희망을 가지기도 하고 강한 압박감에 시달리기도 한다. 인간은 말을 배우기 시작하면서부터 이건 이거다 저건 저거다 하는 식의 관계를 배우게 된다. 어린 아이가 '이건 뭐야 저건 뭐야' 하며 끊임없이 질문을 해대는 이유도 이와 무관하지 않다. 관계 규명에 대한 욕구가 자연적으로 부여된 것이다. 니체는 이 점에서 "인간에 관한 본래의 문제"를 파악한다. 인간은 다름 아닌 약속하는 존재라고. 이건 이것이라고 약속하는 동시에 이건 저것이 될 수 없다는 것도 배우게 된다. 삶의 문제는 약속의 문제다. 약속을 지키느냐 마느냐, 그것이 문제인 것이다. 생철학의 문제는 약속의 범주에서 벗어나지 못한다. 도대체 약속이 인간에게 끼치는 영향은 어떤 것인가?

이성의 대표적인 힘은 기억에 있다. 1+1=2, 이러한 계산을 가능하게 하는 게 이성의 힘이다. 계산능력이라는 뜻의 '라치오Ratio'[6]가 이성으로 번역되었다. 계산이 보여주는 일련의 과정은 일종의 기억의 현상들이다. 1이라는 소리를 들었을 때 생각은 이미 시작된다. 그리고 더하기라는 소리를 들으며 어떤 원리를 기억해낸다. 그리도 두 번째 1이라는 소리를 들으며 생각은 앞서 기억해낸 그 원리 속에서 답을 도출해낸다. 이런 과정은 동물에게서는 찾아볼 수 없는 현상이다.

인간은 생각하는 존재다. 그래서 호모 사피엔스라고 불리는 것이다. 그런데 생각은 기억의 힘으로만 진행되는 것이 아니다. 의도적이든 의도적이지 않든 간에 인간은 기억과 망각을 반복하면서 생각을 진행한다. 기억의 힘은 망각이라는 정반대의 힘에 의해 긴장을 하게 된다. 기억하려는 힘과 망각하려는 힘이 맞물리는 것이다. 어느 것이 좋고 어느 것이 나쁘다는 식의 이분법적 논의는 여기서 무의미해진다. 기억이 좋을 때도 있고 또 망각이 좋을 때도 있기 때문이다. 기억해내지 못해 무너지는 인생이 있는가 하면 잊지 못해 무너지는 인생도 있다. 기억에 얽매인 정신이 삶 자체를 파괴하기도 하고 망각의 늪에서 헤어나오지 못해 방황의 악순환을 거듭하는 인생도 있다.

인생은 육체적 삶과 정신적 삶을 동시에 요구한다. 소화불량은 분명 문제 상황이다. 체하면 물도 못 마신다. "그는 그 무엇도 '해결'할 수 없다." 소화할 수 있는 것은 단 한 가지도 없다. 이때 인간은 드러눕고 만다. 병이 든 것이다. 그때가 되어서야 인간은 겨우 육체를 가지고 살아야 한다는 사실을 깨닫기도 한다. 마치 병원에 가서야 건강의 의미를 인식하듯이. 육체가 말썽을 부리지 않도록 신경을 쓰는 것은 삶의 지혜에 해당한다. 마찬가지로 인간은 이성을 가지고 살아야 한다. 이성이 망가지면 인간 구실을 못한다. 시간 개념이 망가져 밥 먹을 시간도 알지 못한다. 공간 개념이 망가져 집도 찾지 못한다. 관계 개념이 망가져 가장 사랑했던 사람조차 알아보지 못한다. 인연이라고 생각했던 모든 끈은 끊어지고 만다. 이성이 망가지면 비극이다. 셰익스피어<sup>William Shakespeare</sup>(1564~1616)가 '4대 비극'에서 보여준 주인공들은 모두가 이성에 문제가 생긴 자들이었다. 그가 이런 비극적인 삶을 보여주면서 하고 싶었던 말은 분명 인간은 이성을 책임지고 살아야 한다는 것이 아니었을까. 인간은 죽을 때까지 이성이 말썽부리지 않도록 신경을 쓰며 살아야 한다. 그것이 이성을 가지고 살아야 하는 인간의 최대 숙제인 것이다. 그것이 이성에 대한 예의인 것이다.

이성에 과부하가 걸리면 작동을 멈춘다. 인간이 살아가면서 가장 조심해야 할 부분이다. 어떤 말을 듣고 목덜미 뒤를 붙들고 쓰러지는 인간은 대부분 이성을 잘못 사용한 결과다. 분노를 억제하지 못했거나 화를 통제하지 못했을 때 이런 일이 벌어진다. 누구는 이때 정신 줄을 놓기도 한다. 이성 자체가 통제로부터 벗어나게 되는 것이다. 한마디로 미친 사람이 되는 것이다. 광기가 정신을 지배하는 현상이 벌어진 것이다. 이성적 존재에게 이성이 망가진다는 것은 치명적이다. 미친 사람이 제정신을 다시 차린다는 것은 정말 기적을 바라는 일이나 다름없다. 제대로 미치기 전에 일말의 이성이라도 남아 있다면 인간은 그 실낱같은 가능성으로 자기 정신의 주인이 되려고 애를 써야 한다. 그것이 인생에 대한 예의다. 정신을 잃으면 모든 것을 잃는 것이나 다름이 없으니까.

정신력精神力이라는 말도 있다. 육체에만 근력이 요구되는 것이 아니라는 말이다. "근육은 쓰면 쓸수록 더욱 강해"[7]진다는 것을 생철학자 쇼펜하우어도 잘 알고 있었다. 마찬가지로 정신도 쓰면 쓸수록 강해진다. 하지만 한계를 넘지는 말아야 한다. 인대가 늘어나는 일은 없어야 한다. 인대가 끊어지면 큰일이다. 그래도 근육의 문제는 그나마 낫다. 인대가 끊어지면 수술로 치료가 가능하기 때문이다. 하지만 정신의 인대가 늘어나거나 끊어지면 수술을 할 수도 없다. 증상을 완화해주는 약이 있을 뿐이다. 그저 자신의 한계를 조금씩 넓히고 늘려나가며 힘을 키우는 수밖에 별다른 방법이 없다.

잘 달리던 마차도 짐이 너무 많으면 느려지거나 문제가 생긴다. 생각도 마찬가지다. 통통 튀는 동심의 세계는 아직 기억에 담아둘 것이 별로 없기에 가능한 것이다. 모든 것이 새롭고, 그래서 호기심이 끊임없이 작동한다. 그것이 어린아이들의 세상이다. 그런데 세월이 흐르면서 기억의 상자는 버리지 못해 보관해둔 것들로 가득 채워진다. 아무 일도 아닌 것들이 쓰레기 더미를 방불케 하며 쌓여가는 것이다. 기억 속의 시간은 그런 식으로 폐허를 방불케 한다. 그러다 어떤 큰일이라도 터지면 과부하가 걸리고 만다. 정신에는 정말 큰일이 터지고 만다.

그래서 망각의 힘은 "한층 놀라운 일로 보일 것임이 틀림없다." 지금까지 학문은 기억의 힘에 몰두해왔다. 시험이라고 불리는 모든 것은 암기된 것을 측정하는 데 주력해왔다. 이성의 힘이 그것뿐인 것처럼 여기면서. 이에 대한 반동으로 쇼펜하우어는 불교 철학과 맞닿은 해탈의 철학을 제시했다. '니르바나Nirvana'[8]라 불리는 무無의 세계를 보여주었다. "의지가 방향을 돌려 스스로를 부정한 사람들에게도, 우리의 그토록 실재적인 이 세계는 모든 태양이나 은하수와 더불어—무인 것이다."[9] 긴 견딤 후에 터지는 폭죽처럼 인식은 순식간에 이루어진다. 깨달음은 그렇게 우리에게 다가온다.

망각의 힘, 그것에 대한 인식은 《비극의 탄생》에서부터 지속적으로 관심의 대상이 되었다. 특히 이 처녀작에서 그 힘은 술의 신 디오니소스의 원리로 이해되었다. 망아忘我에 의한 경지 내지 무아지경無我之境은 신들이나 체험할 수 있는 최고의 황홀지경으로 간주되었다. 비워야 해탈의 소리를 내는 것이 범종梵鐘이다.[10] 망각의 경지는 지극히 이상적이다. '하나가 둘이 되는'[11] 체험도, 또 《차라투스트라는 이렇게 말했다》가 쓰였다는 "평온한 경지"(347쪽)도 이런 경지를 두고 한 말일 것이다. 제대로 비워졌을 때 노래가 탄생하는 것이다. 그 노래는 불멸이란 이름으로 탄생한다.

망각은 "일종의 능동적인, 엄밀한 의미에서의 적극적인 저지 능력이며, 이 능력으로 인해 단지 우리가 체험하고 경험하며 우리 안에 받아들인 것이 소화되는 상태"를 의미한다. 소화기관이 먹은 것을 소화해내듯이 정신은 생각한 것들을 소화해낸다. 그것을 두고 '정신적 동화'라고 말하는 것이다. 이 '동화작용'에 대한 철학적 고민은 쇼펜하우어가 먼저 시도했다. "보다 높은 힘을 지닌 유사물을 자체 내에 받아들임으로써 사실 전혀 새로운 성격을 획득한다. 즉 의지는 보다 명백한 새로운 방식으로 객관화되는 것이다. 유기체의 체액, 식물, 동물 및 인간은 최초에는 우연 발생에 의해 생기지만, 나중에는 이미 있는 배아에 동화함으로써 생기는 것이다."[12] 인간의 정신은 어디까지 도달할까? 그것은 아무도 모른다. 아트만^Atman과 브라만^Brahman이 하나가 된다는 물아일체物我一體 혹은 물아일여物我一如의 경지는 힌두교나 불교가 이상으로 지향하는 최고의 경지다. 개체가 전체와 동화된다는 생각이 정신이 도달할 수 있는 최고의 경지로 간주된 것이다. 인간이 정신을 통해 온 우주의 영역까지 포함하는 경지이기 때문이다.

어떤 생각이 소화해내기 힘든 생각일까? 어떤 사상이 '정신적 동화'를 저해하는 힘으로 작용하게 되는 것일까? 소화해내면 자기 것이 된다. 충분한 영양을 획득하게 되는 것이다. 정신적으로 소화된 것도 이와 마찬가지의 현상을 보인다. 경계가 사라진 것이다. 소화불량에 걸려 이물질을 느끼는 단계는 이미 훨씬 넘어선 경지다. 사물이 나 자신이고 내가 사물 자체인 경지다. 이 경지를 두고 니체는 망각의 경지를 떠올리고 있는 것이다. "약간의 정적과 의식의 백지상태―이것이야말로 이미 말했듯이, 능동적인 망각의 효용"이다. 이런 망각이 인간으로 하여금 행복을 느끼게 해준다. "망각이 없다면 행복도, 명랑함도, 희망도, 자부심도, 현재도 있을 수 없다는 것이다." 망각은 기억의 반대편에 존재하지만 부정적 의미를 취하기보다는 오히려 이상적인 의미로 파악된다. 망각의 경지는 선악의 대립관계로부터는 이미 요원해진 어떤 곳이다.

흔히 기억이 행복의 원인인 것처럼 착각을 할 때가 있다. 끊임없이 약속하고 지속적으로 의사소통 훈련을 한다. 모든 문명은 기억의 힘을 기르는 데 집중했다. "말하자면 약속해야 하는 경우에 망각을 제거하는 기억을 길렀던 것이다." 기억에 얽매여 있는 한 망각이 가져다주는 행복은 낯선 어떤 것이 되고 만다. 아무리 말로 설명해주어도 그 경지를 상상만 할 수 있을 뿐 알 수는 없다. 기억은 한쪽 끝만을 경험하게 해줄 뿐이다. 하지만 이성은 또 다른 끝을 경험하게 하기도 한다. 그것이 바로 망각의 힘을 가능하게 해주는 것이다.

끝과 끝은 맞물린다. 무언가 하나를 제대로 알면 도<sub>道</sub>는 통하게 마련이다. 막힘이 없어질 때 소화불량은 극복된다. 미래에 대한 불안감도 이때 극복이 된다. "이와 같이 미래를 미리 마음대로 처리하기 위해, 인간은 필연적으로 일어나는 사건을 우연적인 사건과 구분하고 인과적으로 사고하며 먼 앞날의 일을 현재의 일처럼 보고 예견하며, 무엇이 목적이고 무엇이 그 목적의 수단인지 확실히 결정하고 대략 계산하며 산출할 수 있는 방법을 배웠어야만 하지 않는가!" 이성을 가진 인간은 교육이 가능하다. 가르칠 수 있고 배울 수 있는 존재라는 얘기다. 이성을 가진 대가로 인간은 무엇을 가르치고 배워야 할까? 그 가르침과 배움의 내용과 관련해서는 문제뿐만 아니라 해답도 스스로 찾아야 한다.

## 사회적 책임과
## 이상형으로서의 주권적 개인

생각하는 능력을 가지고 태어난 존재가 인간이다. 이성적 존재라는 뜻이다. 인간은 이 생각하는 능력으로 어떤 일을 할 수 있을까? 이 능력이 삶에 끼치는 영향은 어떤 것일까? 생각으로 할 수 없는 게 있을까? 생각의 자유란 말이 있다. 생각과 자유는 한 덩어리라는 얘기가 아닐까? 생각에 한계가 있을까? 스스로 생각을 틀 안에 가두어놓는 것은 자기 책임이 아닐까? 사실 생각하는 존재는 구속과 자유 사이에서 곡예를 하는 듯하다. 모든 것을 알아서 잡아두고 싶기도 하고 또 반대로 모든 틀을 깨고 모든 것을 자유롭게 내버려 두고 싶기도 하다. 자기 자신까지도. 그래서 인간은 끊임없이 자기 자신에게 묻는다. '나는 누구인가?'라고. 기존에 알고 있던 모든 것을 무시하는 발언이다. 시시각각으로 변하는 시간과 공간 속에서 자기 자신은 끊임없이 새롭게 인식되기를 요구하는 것이다.

이제 니체는 도덕의 기원의 한 측면으로 주목했던 약속의 능력을 한층 더 폭넓게 고찰한다. 그에게 있어서 철학적 사고의 출발점은 인간이 약속하는 동물이라는 사실이었다. 약속과 기억은 모두 동화작용이라 했다. 그리고 '의지의 백지상태'로서의 망각은 현재를 인식할 수 있는 행복감의 원천으로 보았다. 그런데 그다음 텍스트에서도 니체는 또다시 약속을 운운하고 있다. 여기서 그는 약속을 책임의 유래로 간주하면서 글을 시작한다. 약속과 책임의 관계 규명이 어떤 방향으로 나아가게 되는지 주목해보자.

바로 이것이야말로 책임의 유래에 관한 오랜 역사이다. 약속할 수 있는 동물을 기른다는 저 과제는, 우리가 이미 이해한 것처럼, 그 조건과 준비로 우선 인간을 어느 정도까지는 필연적이고 같은 모양으로 서로 동등하게 규칙적으로 따라서 예측할 수 있게 만드는 좀 더 상세한 과제를 함축하고 있다. 내가 '풍습의 윤리'라고 부른 저 거대한 작업(《아침놀》, 9, 14, 16절을 참조할 것)—인류가 지속되는 오랜 세월 동안 인간이 자기 자신에게 행한 본래적인 작업, 즉 인간의 역사 이전의 작업 전체는 비록 그것에 또한 너무나 많은 냉혹함, 포학, 우둔함과 무지가 포함되어 있다 하더라도, 이 점에서는 의미가 있는 것이며 대단히 정당한 것이 된다: 인간은 풍습의 윤리와 사회적 강제라는 의복에 힘입어 실제로 예측할 수 있게 만들어졌다. 이에 반해 우리가 거대한 과정의 종점, 즉 나무가 마침내 그 열매를 무르익게 하고, 사회성과 풍습의 윤리가 무엇에 이르는 수단에 불과했다는 것이 마침내 드러나는 지점에 서서 본다면, 우리는 그 나무에 가장 잘 익은 열매로 주권적 개인을 발견하게 될 것이다. 이는 오직 자기 자신과 동일한 개체이며, 풍습의 윤리에서 다시 벗어난 개체이고, 자율적이고 초윤리적인 개체(왜냐하면 '자율적'과 '윤리적'은 서로 배타적이기 때문이다), 즉 간단히 말해 약속할 수 있는 자기 자신의 독립적인 오래된 의지를 지닌 인간이다. (397쪽)

책임과 주권은 상충한다. 책임감과 개인의식은 대립을 일삼는다. 약속을 할 수 있는 동물인 인간은 자연스럽게 책임감을 고취해나간다. 그것은 필연적이며 규칙적이다. 그래서 인간은 예측 가능한 존재가 되기도 하는 것이다. 이런 책임에 대한 의식은 사회를 구축하게 하는 '풍습의 윤리'를 형성시켜준다. 말하자면 생각과 생각이 모여 약속을 해나가는 '거대한 작업'을 통해 윤리가 형성된다는 얘기다. 윤리라는 영역 안에서 인간은 이성적이라는 평가를 받게 된다. 니체식으로 표현하자면 "인간은 풍습의 윤리와 사회적 강제라는 의복에 힘입어 실제로 예측할 수 있게 만들어졌다"는 것이다.

모든 이성적인 것은 예측이 가능하다. 예측이 가능하지 않은 것은 이성적이라 불리지 않는다. 인간이 이성적 존재라는 얘기도 이런 측면에서 이해될 수 있을 것이다. 누군가가 특정 인물을 생각할 때 그 인물은 예측 가능한 존재로 인식된다. 그는 약속한 대로 생각하고 움직일 것이다. 그는 책임감을 느끼며 그것을 지키려고 애를 쓸 것이다. 그런 일련의 과정은 "의미가 있는 것이며 대단히 정당한 것"으로 간주된다. "인간은 풍습의 윤리와 사회적 강제라는 의복에 힘입어 실제로 예측할 수 있게 만들어졌다." 하지만 인간이 유니폼과 같은 옷을 입고 생활하는 것에서 진정한 만족을 할 수 있을까? 틀에 박힌 생각 속에서 만족을 할 수 있을까? 행복이 이런 것에 의해 결정되는 것일까?

"오늘날에 이르기까지 인류의 모든 공동체는 '풍습의 윤리'에서 비롯된 저 가공할 중압 속에서 살아왔다(우리 자신은 예외로서 작은 세계에, 이른바 사악한 지대에 살고 있다)."(아침, 30쪽) 풍습의 윤리를 따르는 인간은 정당하다 일컬어졌다. 문제는 그런 윤리를 따르지 않는 인간도 있다는 얘기다. 니체에게서 허무주의를 배우고자 하는 자들은 후자에 속한다. 모든 이념은 때가 되면 극복이 요구되는 허물이 되고 만다. 풍습의 윤리라 불리는 이 거대한 작업 혹은 이 거대한 과정의 종점에는 과연 어떤 인간이 있는 것일까? 풍습의 윤리가 그저 "무엇에 이르는 수단에 불과했다는 것이 마침내 드러나는 지점에 서서 본다면", 우리는 전혀 다른 상황 판단을 하지 않을 수 없게 될 것이다. 소위 "집과 고향으로부터 소외되어 간악한 난쟁이들에게 사역당해왔던 저 긴 세월의 굴욕"(비극, 177쪽)이 인식될 수도 있다.

풍습의 윤리가 수단에 불과했다. 이것은 인식에서 나온 말이다. 이런 인식을 가질 수만 있다면 세상은 전혀 다른 모습으로 보일 것이다. 문명을 만들어냈던 온갖 규정도 결국에는 "지나치게 세밀하고 근본적으로 불필요한 규정들"(아침, 33쪽)이었다는 사실을 인식하게 되면 극복하지 않을 수 없는 허물을 느끼게 될 것이다. "허물을 벗을 수 없는 뱀은 파멸한다."(아침, 422쪽) 죽고 싶지 않으면 허물은 벗어던져야 한다. 삶을 옥죄는 '풍습의 윤리와 사회적 강제라는 의복'은 그저 극복의 대상이 될 뿐이다.

이런 인식의 경지에 도달했을 때 우리는 풍습의 윤리라 불리는 거대한 나무에서 "가장 잘 익은 열매"로서 '주권적 개인'을 보게 될 것이라고 니체는 확신한다. "이는 오직 자기 자신과 동일한 개체이며, 풍습의 윤리에서 다시 벗어난 개체이고, 자율적이고 초윤리적인 개체, 즉 간단히 말해 약속할 수 있는 자기 자신의 독립적인 오래된 의지를 지닌 인간이다." 이것은 니체가 생각하는 이상적인 인간상을 의미한다. 창조적인 삶을 위한 조건은 주권적 개인으로 거듭나는 것밖에 다른 방도가 없다.

—그와 같은 인간 안에는 마침내 성취되어서 자기 안에서 육화된 것에 대해 온갖 근육을 경련시킬 정도로 자부하는 의식이, 본래의 힘과 자유에 대한 의식이, 인간 일반에 대한 완성된 감정이 보인다. 실제로 약속할 수 있는 자유롭게 된 인간, 이러한 자유의지를 지배하는 자, 이러한 주권자—그는 약속을 할 수 없으며 자기 자신조차 보증할 수 없는 모든 사람에게 자기가 얼마나 뛰어났는지를, 얼마나 많은 신뢰와 두려움과 경외심—그는 이 세 가지를 모두 '받을 만한 가치가 있다'—을 불러일으키는지 어찌 모를 수 있겠는가?—이렇게 자기 자신을 지배하는 것과 더불어, 환경을 지배하는 것도 그리고 자연과 의지가 모자라 신뢰할 수 없는 모든 피조물을 지배하는 것도 필연적으로 그에게 맡겨져 있다는 것을 어찌 모를 수 있다는 말인가? '자유로운' 인간, 즉 오랫동안 지속되어 부수기 어려운 의지를 소유한 자는 이렇게 소유할 때 또한 자신의 가치 척도가 있

다: 그는 자신을 기준으로 하여 타인을 바라보며, 존경하기도 하고 경멸하기도 한다. 그는 필연적으로 자신과 동등한 자, 강한 자, 신뢰할 수 있는 자들(약속할 수 있는 자들)을 존경한다. (397쪽 이후)

주관적 개인이 또 다른 주관적 개인을 만나 사랑이 이루어진다. "자신과 동등한 자, 강한 자, 신뢰할 수 있는 자들(약속할 수 있는 자들)"을 만나 사랑이란 이름으로 축제를 벌이게 된다. 건강한 개인이 건강한 개인을 만나 사랑이라는 기적을 만들어내는 것이다. 인간은 사랑 속에서만 삶을 창조적으로 살아갈 수 있다. "인간은 사랑 속에서만, 사랑의 환상에 둘러싸여서만 창조할 수 있다. 다시 말해 그는 완벽하고 정당한 것에 대한 절대적인 믿음 속에서만 창조할 수 있다."(반시대 II, 345쪽) 이성적 인간에게 사랑이 절대적인 이유가 여기에 있다. 약속할 수 있는 인간이 염원하는 최고의 경지가 사랑 속에 있다.

건강한 개인은 자기 자신의 삶을 지배한다. 자기 자신의 삶을 지배한다는 것은 "자기 자신을 지배하는 것과 더불어, 환경을 지배하는 것도 그리고 자연과 의지가 모자라 신뢰할 수 없는 모든 피조물을 지배하는 것도 필연적으로 그에게 맡겨져 있다"는 것을 의미한다. 주관적 개인은 스스로가 "자신의 가치 척도"가 되고, 또 그럼으로써 "자신을 기준으로 하여 타인을 바라보며, 존경하기도 하고 경멸하기도 한다." 그가 존경하는 타인은 약속을 할 수 있는 자이며 동시에 자유의지를 지배하는 자이다. 이에 반해 그가 경멸하는 타인은 자신이 가치 척도가 되고 기준이 되어 "약속을 할 수 없으며 자기 자신조차 보증할 수 없는 모든 사람"이다. 이들은 노예일 뿐이다. "나는 내 주위에 노예가 있는 것을 원하지 않"(인간적

Ⅱ, 429쪽)는다고 역설했던 것이 니체였다.

> —즉 주권이 있는 자처럼 육중하고 드물게 서서히 약속하는 자, 자신의 믿음을 아끼는 자, 그가 신뢰할 때는 두드러지게 하는 자, 불행한 일이 있음에도, 자신의 말을 '운명에 대항하여' 지킬 만큼 충분히 자신이 강하다는 것을 알고 있기 때문에, 신용할 수 있는 말을 타인에게 주는 자를 존경하는 것이다—: 또한 필연적으로 그는 약속할 수 없으면서 약속하는 허약 체질의 경솔한 인간에게는 발길질을 해댈 것이며, 입에 약속을 담고 있는 그 순간 이미 약속을 깨버리는 거짓말쟁이에게는 응징의 채찍을 가할 것이다. 책임이라는 이상한 특권에 대한 자랑스러운 의식, 이 희한한 자유에 대한 의식, 자기 자신과 운명을 지배하는 이 힘에 대한 의식은 그의 가장 밑바닥 심연까지 내려앉아 본능이, 지배적인 본능이 되어버렸다:—만일 그 스스로 이에 대한 한 단어가 필요하다고 가정한다면, 이것을, 이 지배적인 본능을 무엇이라 부르게 될 것인가? 그러나 의심할 여지 없이 이 주권적 인간은 그것을 양심이라고 부른다… (398쪽 이후)

양심은 도덕적인 가치를 판단하여 정선正善을 명령하고 사악을 물리치는 통일적인 의식을 말한다. 생각하는 존재에게 양심의 존재는 당연한 것이다. 누구나 양심은 있다. 하지만 어떤 양심을 가지느냐가 문제다. 주인 도덕을 양심으로 지닌 자는 "자신의 말을 '운명에 대항하여' 지킬 만큼 충분히" 강하지 못한 자를 경멸한다. 바로 이런 문제 때문에 니체 철학에 대한 호불호는 극명하게 갈린다. 약자에 대한 동정을 요구하는 노예 도덕의 입장에서 보면 너무도 비인간적이고 냉혹하기 때문이다. 하지만 허무주의는 단호하다. 자기가 내뱉은 말에 전적으로 책임을 지고 또 그 말을 지킬 수 있는 강한 의지를 지닌 자만을 선호하고 존경할 뿐이다.

"신용할 수 있는 말을 타인에게 주는 자"는 주권적 개인이다. 그의 말은 신용할 수 있다는 얘기다. 그는 "자기 자신과 운명을 지배하는 이 힘에 대한 의식"으로 무장한 자다. 그는 "너는 너의 주인이며 동시에 네 자신의 미덕의 주인이 되어야만 했다"(인간적 I, 17쪽)는 허무주의적 정언명법을 삶 속에서 실천해낸 자다. 그의 본능은 말 그대로 '지배적인 본능'이다. 그 지배적인 본능을 일컬어 양심이라 하는 것이다. 주권적 인간의 양심이다. "그는 약속할 수 없으면서 약속하는 허약 체질의 경솔한 인간에게는 발길질을 해댈 것이며, 입에 약속을 담고 있는 그 순간 이미 약속을 깨버리는 거짓말쟁이에게는 응징의 채찍을 가할 것이다." 이것이 그의 양심이다. 그는 거짓으로 칭찬하지 않으며 질투심에 휩싸여 비판하지도 않는다. 그런 것은 그의 양심에 반反하는 것일 뿐이다.

예를 들어 니체는 남성의 표상 속에서 살아가는, 즉 타인의 욕망에 맞추어 살아가려는 "프로테우스-본성"(인간적 I, 328쪽)을 부정적으로 바라본다. 그런 본성을 여성성의 본질로 보았던 것이다. 니체는 이런 여성에 대해서는 가혹한 채찍을 요구한다. "여인들에게 가려는가? 그러면 채찍을 잊지 말라!"(차라, 111쪽) 여성의 입장에서 들으면 정말 듣기 싫은 소리가 아닐 수 없다. 하지만 "완전한 여성은 완전한 남성보다 더 높은 인간 유형이다"(인간적 I, 323쪽)라는 문구가 전하는 진의를 아는 자는 오해의 덫에 걸려 쉽게 흔들리지는 않을 것이다.

# 문제로서의
## 기억과 양심

사물을 바라보는 니체의 시선은 늘 허무주의적이다. 부정을 할 때도 있고 긍정을 할 때도 있다. 자기 자신뿐만 아니라 정의나 신神조차도 부정과 긍정을 오간다. 허무주의는 파도처럼 오기도 하고 가기도 한다. 허무주의의 도래와 극복은 끊임없이 반복될 뿐이다. "절대적 진리가 없는 것과 마찬가지로 영원한 사실도 없다."(인간적 I , 25쪽) 지극히 허무주의적인 발언이다. 그럼에도 불구하고 이성은 끊임없이 진리와 사실을 추구한다. 이제 양심이 문제다. 약속에서 시작하여 책임을 거쳐 양심까지 왔다. 다음 텍스트에서는 문제로서의 양심을 다루고 있다. 말 그대로 '문제로서의 양심'은 어떤 모습을 하고 있을까? 그 내용은 어떠할까? 부정적 의미의 양심도 있다는 얘기다. 하지만 처음부터 부정을 하지는 않는다. 일단 앞서 살펴본 긍정적 의미의 양심을 좀 더 부각하며 논리를 펼쳐간다.

> 자신의 양심이라고?… 우리는 여기에서 최고의, 거의 기이한 모습으로 접하게 되는 '양심'이라는 개념의 배후에는 이미 오랜 역사와 형태의 변천이 있다는 것을 미리 짐작할 수 있다. 자기 자신을, 더욱이 긍지를 가지고 보증할 수 있는 것, 또한 자기 자신을 긍정할 수 있다는 것—이것은 이미 말했듯이, 하나의 잘 익은 열매이며, 또한 만숙晩熟한 열매이기도 하다:—이 열매가 얼마나 오래 떫고 신 채 나무에 매달려 있어야만 했던가! 그리고 훨씬 오랫동안 그러한 열매는 전혀 볼 수가 없었다.—분명히 모든 것이 나무에서 준비되었고 바로 그 열매가 성숙하기 위해 성장해갔음에도 그 누구도 그 열매를 약속할 수 없었을 것이다!—

"어떻게 인간이라는 동물에 기억을 만들 수 있을까? 어떻게 부분적으로는 우둔하기도 하고, 부분적으로는 명청하기도 한 이 순간적인 오성, 이 망각의 화신에게 언제나 기억에 남는 인상을 각인할 수 있겠는가?"… 누구나 생각해볼 수 있듯이, 이러한 태곳적부터 내려오는 문제는 부드러운 대답과 수단으로는 해결되지 않았다. 아마 심지어는 인간의 역사 이전 시기 전체에서 인간의 기억술만큼 더 무섭고 섬뜩한 것은 없을 것이다. "기억 속에 남기기 위해서는, 무엇을 달구어 찍어야 한다: 끊임없이 고통을 주는 것만이 기억에 남는다"—이것은 지상에서 가장 오래된 (유감스럽게도 가장 오래 지속된) 심리학의 주요 명제다. (399쪽 이후)

'지배적 본능'으로 충만한 '주권적 인간'의 양심, 그것은 긍정적이다. 이런 양심이 어떤 것인지에 대해서는 바로 앞에서 충분히 다루었다. "'자유로운' 인간, 즉 오랫동안 지속되어 부수기 어려운 의지를 소유한 자"(398쪽)의 양심은 하루아침에 형성된 것이 아니다. 이 "'양심'이라는 개념의 배후에는 이미 오랜 역사와 형태의 변천이 있다는 것을 미리 짐작할 수 있다." 주권적 개인의 양심은 씨앗에서부터 나무를 거쳐 열매에 이르기까지 오랜 세월의 흔적을 담고 있다. 그것은 "자기 자신을, 더욱이 긍지를 가지고 보증할 수 있는 것, 또한 자기 자신을 긍정할 수 있다는 것"의 증거다.

자기 자신에 대한 믿음은 허무주의적 인간의 신앙이다. 믿을 건 자기 자신밖에 없다. 끊임없이 버리고 쟁취하는 과정의 중심에는 자기 자신이 있다는 확신이 허무주의라는 거대한 바퀴를 돌게 하는 원동력이다. 이런 확신이 없다면 버릴 것을 제대로 찾지도 못한다. 아니 오히려 버릴 것을 찾기보다는 있는 것에 집착을 하며 "개구리의 관점"(선악, 17쪽)으로 세상을 바라보게 될지도 모른다. 극복은 요원해지고 만다. 허무주의의 이념은 낯선 것이 되고 만다. 허무하게 바라볼 것이 하나도 없기 때문이다.

하지만 건강한 정신, 즉《인간적인 너무나 인간적인》에서부터 지속적으로 언급되고 있는 자유정신은 허무함을 감당할 만큼 강하다. 그것은 상상할 수 있는 온갖 허무함에 흔들리지 않는 정신이다. 그것은 "자신의 양심"을 가지고 있다. 그 누구의 양심도 아닌 자기 자신의 양심이라는 얘기다. 그것이야말로 주권적 개인의 양심이다. 그것은 "하나의 잘 익은 열매이며, 또한 만숙한 열매이기도 하다"고 니체는 확신하고 있다. 인간의 정신이 도달할 수 있는 최고의 경지로 비유될 수 있는 열매다.

이 주권적 개인의 양심이라는 열매가 맺어지기까지 오랜 세월이 요구되었다. 천 년이 넘는 중세 동안에는 자기 자신을 챙길 마음의 여유가 없었다. 르네상스 때도 교황이나 돈 많은 자의 이념으로부터 자유로울 수 없었다. 기득권의, 지배권력의 눈치를 보지 않을 수 없었다. 세기말, 특히 니체에게 와서야 이 열매가 만숙의 단계에 도달했다. 이제는 나무에서 떨어져 새로운 씨앗이 될 삶을 살아야 할 때가 된 것이다. '모든 삶은 자기 자신의 삶이다!' 이 생각을 가지기까지 한마디로 너무도 오래 걸렸다. 양심이란 열매는 "오래 떫고 신 채 나무에 매달려 있어야만" 했다. 인류는 "오랫동안 그러한 열매는 전혀 볼 수가 없었다." 너무나 오랫동안! 난쟁이들에게 사역당해왔던 저 굴욕의 세월이 느껴진다. 거인의 굴욕이다. 자유정신의 굴욕이다. 이런 굴욕으로부터 벗어나려는 움직임 자체가 허무주의의 이념이다. 니체가 원하는 양심은 이런 주권적 의미와 떼려야 뗄 수 없는 관계에 있다.

열매는 익었지만 그래도 불안하다. 영원한 것은 없기에 안심을 할 수가 없는 것이다. 니체는 또다시 문제의식을 발동시킨다. "어떻게 인간이라는 동물에 기억을 만들 수 있을까?" 중요한 질문이다. 양심은 분명 기억의 산물이기 때문이다. 좀 더 근원을 찾아 들어간 질문이다. "어떻게 부분적으로는 우둔하기도 하고, 부분적으로는 멍청하기도 한 이 순간적인 오성, 이 망각의 화신에게 언제나 기억에 남는 인상을 각인할 수 있겠는가?" 쇼펜하우어가 그토록 확신을 갖고 믿었던 오성悟性을 니체는 그저 우둔하기도 하고 또 멍청하기도 한 것이라고 평가한다.[13] 오성은 순간적일 뿐이다. 순간을 영원으로 만드는 것은 분명 이성의 힘임을 깨달은 것이다.

인간은 분명 기억의 동물이다. 이성적 존재에게 기억은 최대의 무기가 된다. 기억만큼 위대한 힘이 또 있을까. 생각하는 존재에게 기억의 능력은 실로 최고의 권위를 자랑한다. 나이가 들면 들수록 인간은 과거를 되돌아보는 재미로 산다고 했다. 그것이 낙樂이라고 말하기도 한다. 그런데 니체는 기억의 부정적인 측면을 바라보기 시작한다. 심리학의 주요 명제인 "고통을 주는 것만이 기억에 남는다"는 소리를 곱씹어본다. 기억만큼 무서운 게 또 없다는 말이기도 하기 때문이다. 과거의 어떤 사건으로부터 벗어나지 못해 인간은 야위어 간다. 상실감, 패배감, 절망감 등에서 벗어나지 못할 때 인간은 삶에 대한 힘을 송두리째 빼앗기고 만다. 하지만 견뎌내고 일어설 수 있게 된 인간은 그 고통을 잊지 않으려 한다. 이유는 다양할 수 있겠지만 '똑같은 실수를 반복하고 싶지 않아서!'가 가장 큰 게 아닐까. 하지만 이런 생각을 할 수 있을 때까지가 문제다. 그런 생각은 쉽게 오지 않기 때문이다.

고통이 남긴 기억! 그 고통 때문에 잊을 수 없는 것이 되고만 기억! 또다시 그런 고통을 받지 않기 위해 안달복달하는 기억! 그것은 삶 자체를 갉아먹는 벌레 같은 생각이다. 그것은 생명력 자체를 앗아가는 하수구 같다. 니체는 이런 기억이 원인이 되는 양심에 저항한다. 삶의 의미를 발목 잡는 양심이라면 싸워서라도 극복하고자 한다. 싸움의 대상으로 지목하는 양심, 그것을 니체는 종교적 이념에서 발견한다.

> 인간이 스스로 기억을 만들어야 할 필요가 있다고 여길 때, 피나 고문, 희생 없이 끝난 적은 없었다. 가장 소름 끼치는 희생과 저당(첫 아이를 바치는 희생도 여기에 속한다), 가장 혐오스러운 신체 훼손(예를 들면 거세), 모든 종교 의례 가운데 가장 잔인한 의식 형태(모든 종교는 그 가장 깊은 근저에서 잔인성의 체계다)—이 모든 것의 기원은 고통 속에 가장 강력한 기억의 보조 수단이 있음을 알아차린 저 본능에 있다. 어떤 의미에서는 금욕주의 전체가 이에 속한다: 몇 개의 관념은 지워질 수 없고 눈앞에 있는 것, 잊을 수 없는 '고정된' 것이 될 수밖에 없는데, 이것은 이러한 '고정관념들'을 통해 신경과 지성의 전 조직에 최면을 걸기 위한 것이다.—금욕주의적 절차와 생활 형식들은 이 관념들을 그 외의 모든 관념과의 경합에서 떼어내어 '잊을 수 없는' 것으로 만들기 위한 수단이다. (400쪽)

무엇이 인간으로 하여금 잊을 수 없는 것을 만들어내게 하는 것일까? 그것은 엄청난 고통이다. 눈물을 쏙 빼놓는 체험이 일련의 사건을 잊지 못하게 하는 것이다. "피나 고문, 희생 없이"는 있을 수 없는 일이라는 얘기다. 그런데 문제는 이런 기억이 사람을 잔인하게 만든다는 사실이다.

잊지 못하는 것들은 일종의 '최면' 상태에 빠지게 한다. 그것이 무의식을 형성하면 자기도 모르게 틀에 박힌 생각이나 행동을 하게 된다. 아브라함 Abraham이 이삭Isaac을 제물로 바칠 수 있는 잔인함은 이런 상황에서 발생하는 것이다. 그런 비인간적인 행위를 오히려 성스럽게 느끼면서.

"모든 종교는 그 가장 깊은 근저에서 잔인성의 체계다." 아니라고 말할 수 없다. 모든 종교는 금욕주의를 기반에 깔고 있다. 마음대로 하지 못하게 하는 것이다. 자신의 욕망을 금지하는 것이 종교적 생활의 대전제가 되는 것이다. 금욕주의의 목적은 자기 삶을 타인의 의지에 맡기고자 하는 것이다. 자기 자신을 일체의 사물의 뜻에 맡기거나 신의 뜻에 맡기고자 한다. 자기 안에 그 성스러운 힘으로 간주되는 뜻을 채우고자 한다. 그때 신성을 체험하는 것이다. 잔 로렌초 베르니니Gian Lorenzo Bernini(1598~1680)의 조각 〈성 테레사의 법열Ecstasy of Saint Teresa〉(1645~1652)은 이런 순간을 가장 잘 표현해낸 작품 중 하나로 꼽힌다.

잔 로렌초 베르니니의 작품 〈성 테레사의 법열〉(왼쪽), 성 테레사의 표정(오른쪽).

173

하지만 이런 황홀지경은 "신비로운 '근원적 일자'"(비극, 34쪽)에 도달한 디오니소스적인 힘과는 사뭇 다른 것이다. 거기에는 만숙한 열매에 도달한 개인이 배제되어 있다. 거기에는 오로지 자기를 부정한 영혼만이 남아 있을 뿐이다. "누구든지 나를 따라오려거든 자기를 부인하고 자기 십자가를 지고 나를 따를 것이니라."(마태복음 16:24) 신의 가르침대로 따르지 않고서는 구원은 불가능하다는 것이다. 자기 자신을 조금이라도 붙들고자 한다면 구원은 있을 수 없다는 얘기다. 이런 "금욕주의적 절차와 생활 형식들"이 만들어내는 온갖 고정관념에 허무주의는 반기를 든다. 신성 앞에서 주관적 개인성을 변호하고자 한다. 인간성을 포기하고 신성을 취하기보다는 신성을 포기하고 인간성을 취하고자 한다. 정반대의 길을 걸으며 정반대로 행하기를 원한다. 최면 상태에서 정신을 일깨우고자 한다. 천 년이 넘도록 인간을 구속했던 양심으로부터 정신을 깨우고자 하는 것이다.


## 죄의식과 양심의 가책의
## 기원에 대하여


광야에서 세례 요한John the Baptist은 뭇사람들에게 "회개하라"(마태복음 3:2)고 외쳐댄다. 이상하게도 인간은 이 요구로부터 자유롭지 못하다. 죄의식을 강요하는 것이다. 쇼펜하우어는 "모든 인생은 고통이다"[14]라는 인식을 철학적 사고의 대전제로 삼았다. 그는 "인간의 가장 커다란 죄는 / 그가 태어났다는 것이기에"[15]라는 칼데론Calderón de la Barca(1600~1681)의 주장을 인용하는 데 거리낌이 없었다. 태어난 게 죄라는 말에 어떤 거부감도 갖지 않았던 것이다. 그래서 그는 자신의 대표작《의지와 표상으로서의 세계》에서 이 문구를 두 번이나 반복해서 인용했던 것이다. 똑같은 문장을 두 번이나 반복했다는 것은 그만큼 중요하다는 인식이 깔려 있다는 증거이기도 하다.

정말 삶 자체가 죄일까? 삶에는 그 어떤 의미도 가치도 없단 말인가? 이런 주장 앞에 주눅 들어 살아온 게 천 년이 넘었다. 주권적 개인의 양심은 오랫동안 "떫고 신 채 나무에 매달려 있어야"(399쪽) 했다. 이제 이 양심은 "고통 속에 가장 강력한 기억의 보조 수단이 있음을 알아차린 저 본능"(400쪽)으로 무장했다. 이제 알아차렸다. 하지만 니체는 여기서 멈추지 않는다. 계속해서 기원을 찾아 들어간다.

그러나 죄의식, 전체적인 '양심의 가책'이라는 저 다른 '음울한 사실'은 도대체 어떻게 세상에 나타났단 말인가?—이 문제를 가지고 우리는 우리 도덕의 계보학자들에게로 되돌아가 보자. 다시 한번 말하거니와—아니 내가 아직 아무 말도 하지 않았던가?—그들은 전혀 쓸모가 없다. 다섯 뼘 정도에 해당하는 단순한 '현대적' 경험만이 있을 뿐이다. 과거에 대한 지식도 없고, 과거를 알고자 하는 의지도 없다. 더욱이 역사적 본능도 지니고 있지 않고, 바로 여기에 필요한 '제2의 시각'도 지니고 있지 않으면서—그럼에도 불구하고 도덕의 역사를 연구하고자 한다: 그러한 결과로 끝나는 것은 당연한데, 이것은 단순히 진리를 다루기 어렵기 때문만은 아니다. 지금까지의 이들 도덕의 계보학자는, 예를 들어 '죄Schuld'라는 저 도덕의 주요 개념이 '부채Schulden'라는 극히 물질적인 개념에서 유래되었다는 것을 막연하나마 생각해본 적이 있었던가? (402쪽)

양심의 가책은 죄의식을 포괄한다. 니체는 '죄'라는 개념을 언어학적으로 분석해본다. 독일어에서 죄는 '슐트Schuld'다. 그런데 이 단어가 부채負債의 뜻을 지닌 '슐덴Schulden', 즉 "극히 물질적인 개념에서 유래되었다"는 사실을 발견해낸다. '무엇이 죄란 말인가?' 이 질문은 곧 '무엇이 갚아야 할 부채란 말인가?'로 이해해도 된다는 것이다. 죄의식은 일종의 부채의식이다. 무엇인가 빚졌다는 느낌과 관련한 개념이다. 성경에서는 "피차 사랑의 빚 외에는 아무에게든지 아무 빚도 지지 말라"(로마서 13:8)고 가르치고 있다. 불가능한 요구다. 이것을 의식하고 있는 한 인간은 이미 죄의식을 발동시킬 수밖에 없다.

이러한 언어학적 접근을 그동안 '도덕의 계보학자들'은 무시해왔다. 그들에 대한 비판은 거침이 없다. "그들은 전혀 쓸모가 없다. 다섯 뼘 정도에 해당하는 단순한 '현대적' 경험만이 있을 뿐이다. 과거에 대한 지식도 없고, 과거를 알고자 하는 의지도 없다. 더욱이 역사적 본능도 지니고 있지 않고, 바로 여기에 필요한 '제2의 시각'도 지니고 있지 않으면서— 그럼에도 불구하고 도덕의 역사를 연구하고자 한다." 니체는 도덕을 연구해왔던 과거의 학자들은 모두가 쓸모가 없다고 단언한다. 도덕을 옹호하고 가르치려고만 했던 그들의 태도 자체를 문제 삼고 있는 것이다. 이제 니체는 법적인 용어를 동원하여 도덕의 개념들을 분석하기 시작한다.

'죄', '양심', '의무', '의무의 신성함' 등과 같은 도덕적 개념 세계의 발생지는 이 영역, 즉 채무법이다.—그 개념 세계의 발단은 지상에서의 모든 대사건과 마찬가지로 철저히 오랫동안 피로 물들었다. 저 세계는 근본적으로 피와 고문이라는 어떤 냄새를 단 한 번도 완전하게 씻어버린 적이 없지 않은가라고 덧붙여 말해도 되지 않을까? (심지어 늙은 칸트에게서도 그런 적이 없다: 정언명법에는 잔인함의 냄새가 난다…) 이와 마찬가지로 여기에서도 '죄와 고통'이라는 저 무섭고 아마도 풀어버릴 수 없게 된 관념의 결합이 처음으로 고정되었다. 다시 한번 물어보건대, 고통은 어느 정도까지 '부채'를 보상할 수 있는 것일까? 고통스럽게 만드는 것이 최고로 만족을 주는 정도까지이며, 피해자가 손해에 대한 불쾌감을 함께 염두에 두면서, 손해를 이상한 반대의 쾌감과 바꾸는 정도까지이다: 고통스럽게 만드는 것—이것은 진정한 축제였으며, 이미 말했듯이, 채권자의 신분이나 사회적 지위에 위배되면 될수록 더 높은 값을 지닌 어떤 것이었다. (406쪽)

죄의식의 발생지는 채무법이란 것이 니체의 인식이다. 칸트의 '정언명법'[16]조차 입법의 원리에 대한 채무의식을 발동시킨다. 어떻게 행위자 자신의 격률이 보편적 입법의 원리에 정확하게 합일될 수 있단 말인가? 개인적 욕망을 법의 원리에 적합하게 하라? 욕망 자체를 법으로 규정한다? 여기서부터 인간은 이미 죄의식을 가질 수밖에 없는 사고의 틀에 갇히고 만다. 불가능한 것을 허용하면서부터 인간은 스스로 그어놓은 선 안에 갇히고 마는 것이다. 금욕주의밖에는 별다른 도리가 없게 만들고 만다.

채무법은 "철저히 오랫동안 피로 물들었다." 도덕의 역사는 피의 역사라는 얘기다. 승자에 의해 역사가 쓰이듯이 도덕 역시 늘 승자의 편에서 고찰되어 왔다. 늘 기득권의 입장을 옹호하기 위한 도구로 사용되어 왔다. 모든 "도덕적 개념 세계의 발생지는", 즉 "저 세계는 근본적으로 피와 고문이라는 어떤 냄새를 단 한 번도 완전하게 씻어버린 적이 없지 않은가라고 덧붙여 말해도 되지 않을까?" 그렇게 말해도 된다는 얘기다. 도덕이 주장된 곳은 피와 고문의 냄새가 난다는 것이다. 예를 들어 중세적 도덕의 배후에는 이단자를 처단했던 종교재판과 마녀사냥이라는 잔인한 교회 법정이 버티고 서 있다. 사회가 미개할수록 종교와 법률의 구분이 애매모호해진다.

고통이 잊지 못할 기억을 만들었고, 그 기억이 양심이라는 형식을 만들어냈다. 그런 형식 속에서 도덕적 개념들이 탄생하는 것이다. 그 개념의 틀에서 벗어날까 걱정하는 마음이 양심의 가책을 만드는 것이다. 금욕禁慾을 모범으로 삼는 순간 이미 인간은 죄의식에 사로잡히고 만다. 욕망이 금지의 대상이 되고 있기 때문이다. 욕망의 불을 끈다는 것은 사실 육체를 가지고 살아야 하는 인간에게는 불가능에 해당한다. 여기서 니체는 묻는다. "고통은 어느 정도까지 '부채'를 보상할 수 있는 것일까?" 이 질문에 니체는 스스로 답변을 내놓는다. "고통스럽게 만드는 것이 최고로 만족을 주는 정도까지이며, 피해자가 손해에 대한 불쾌감을 함께 염두에 두면서, 손해를 이상한 반대의 쾌감과 바꾸는 정도까지이다." 바꾸어 말하면 생각할 수 있는 데까지다. 신을 위해서라면 자기 목숨까지도 내놓을 수 있는 데까지다. 그것이 순교라는 행위가 된다고 믿으면서.

시장 광장에서 벌어졌던 수많은 종교재판과 마녀사냥은 "고통스럽게 만드는 것"이었으며 동시에 "이것은 진정한 축제"였다. 교회가 원했던 진짜 축제였다. 도덕의 이름으로 허용되었던 잔인한 축제였다. 도덕적 존재라 불리는 인간의 잔인함은 상상을 초월할 정도다. "잔인함이 점점 더 정신화되고 '신성화'"(407쪽)되면서 도덕주의자들은 양심의 가책 없이 도덕의 축제를 벌일 수 있게 된 것이다. 도덕의 이름으로 인간을 평가하고 죄에 합당한 벌을 줄 수 있게 된 것이다. 중세의 사회적 분위기를 가장

장 푸케의 작품으로 성녀 아폴로니아의 처형 장면을 그려놓은 상상화.

잘 반영해주는 그림 중 하나인 장 푸케<sup>Jean Fouquet</sup>(1420~1481)의 작품은 교회의 권력이 얼마나 잔인할 수 있는지를 보여주기도 한다. 처형에 가담하는 인물들은 하나같이 엄격하고 준엄하며 엄숙하다.

고통을 주는 현장이 축제의 현장이다? 아쉽지만 사실인 듯하다. 한 예로, 1850년에 출간된 너새니얼 호손<sup>Nathaniel Hawthorne</sup>(1804~1864)의 《주홍글씨》조차도 종교와 법률이 애매모호한 상황을 감동 깊게 표현해내고 있다. 저자가 보여주고자 했던 것은 분명 도덕이라 불리는, 즉 사회적으로 보장된 양심의 폭력이었을 것이다. 감옥 앞에서 죄인이 등장하기만을 기다리는 여인들의 이야기는 잔인함의 극치를 보여준다. 이마에 낙인을 찍자, 가슴에 글씨를 달자, "옷을 홀랑 벗겨 버렸으면 좋겠다",[17]아니 "죽여 버려야 마땅"[18]하다고까지 말을 해댄다. 무슨 죄를 지었길래 이 야단일까? 남편이 있는 여자가 외도를 했다는 것이다. 간통을 저질렀다는 것이다. 그것도 살았는지 죽었는지 생사조차 알 수 없는 남편이 있다는 이

179

유만으로 이토록 야단이다. 이 야단법석을 상징적으로 보여주는 대목은 그 죄인이 서 있는 처형대가 "교회당의 부속 건물처럼"[19] 보인다는 데서 절정에 달한다. 성경과 법전이 같은 위력을 발휘하던 시대의 이야기다.

남의 고통은 나의 기쁨이라 했던가. 남의 불행은 나의 행복이라 했던가. 인간의 마음은 이토록 잔인하다. 스탠리 밀그램Stanley Milgram(1933~1984)은 누구에게나 힘과 기회만 주어지면 타인에게 고통을 주고자 하는 게 인간의 마음이라는 것을 과학적으로 증명해내기도 했다. 이른바 '밀그램 실험Milgram experiment'이라고도 불린다. 그의 주장은 이렇다. 권위라는 외적 압력을 부여받은 자는 쉽게 타인의 고통에 대해 무관심하고 무책임해질 수 있다는 것이다.[20] 군중심리가 형성되면 사람을 죽이는 잔인한 현장 속에서도 축제를 벌일 수 있게 된다는 뜻이기도 하다. 장난도 잔인할수록 재밌다. 잔인한 장난이 제일 재밌다는 것이다.

니체는 "잔인성을 향한 욕망"을 "인간의 정상적인 속성"(407쪽)으로 간주하기도 한다. 현대인의 의지, 즉 공부를 열심히 하려는 의지도, 돈을 많이 벌려는 의지도 결국에는 자신의 잔인한 속성을 마음껏 발휘하고 싶은 욕망의 발현에 지나지 않는다는 것이다. 그렇다면 현대인의 죄의식은 무엇일까? 공부를 못하는 것과 돈이 없다는 것에 있지 않을까. 성공 시대 내지 자본주의 시대는 신의 이름을 달리하고 있는 이상을 제시하고 있을 뿐이다. 공부를 못하거나 돈이 없어 가난하면 양심의 가책을 받아야만 하는 상황이 벌어지고 만 것이다. 주눅 들어 살아야 하는 운명이 된 것이다. 간통녀Adulteress를 상징하는 글자 A를 가슴에 달고 평생을 불행하게 살아야 하는 헤스터의 운명이 바로 이런 것이 아니었을까?

허무주의 철학은 이 세상에 영원한 것은 없다고 주장하는 철학이다.

죄에 대한 인식도 시대의 변화와 함께 달라진다는 것이다. "지난날에는 신에 대한 불경이 가장 큰 불경이었다. 그러나 신은 죽었고 그와 더불어 신에게 불경을 저지른 자들도 모두 죽어 없다. 이 대지에 불경을 저지르고 저 알 길이 없는 것의 배 속을 이 대지의 뜻보다 더 높게 평가하는 것, 이제는 그것이 가장 두려워해야 할 일이다!"(차라, 18쪽) 니체의 분신, 차라투스트라는 이 대지의 뜻에 충실하라고 외쳐댄다. "형제들이여, 너희의 덕의 힘을 기울여 이 대지에 충실하라! 너희의 베푸는 사랑과 너희의 깨침으로 하여금 이 대지의 뜻에 이바지하도록 하라! 나, 이렇게 너희에게 당부하며 간청하노라."(차라, 127쪽) 이런 간청이 무모한 도전일까? 이런 발언이 신성 모독일까?

현대도 영원할 수 없다. 때가 이르면 변화를 도모해야 할 것이다. 달이 차면 배 속의 아이가 세상에 나오듯이 생각도 때가 되면 모습을 드러내게 될 것이 분명하다. 니체의 책이 아직 어렵게 읽힌다면 그것은 누구 책임일까? "어느 누군가가 책을 이해하지 못한다는 것이 그 책에 문제가 있다는 것을 의미하지는 않는다."(즐거운, 389쪽) 허무주의 사상은 씹기 힘든 단단한 음식이다. 그래서 그는 "튼튼한 이와 튼튼한 위장"(같은 책, 56쪽)을 요구하기도 했던 것이다. 게다가 그는 자신의 글이 "암송"(차라, 63쪽)되기를 원했고 또 끊임없이 "되새김질"(348쪽)을 통해 제대로 읽히기를 원했던 것이다. "사실 우리를 이해하기 위해서는 많은 노력이 필요하다."(즐거운, 326쪽) 쉽게 얻어지는 것은 없겠지만, 허무주의 철학은 특히나 현대인에게는 어려운 숙제가 아닐 수 없다. 왜냐하면 현대에 대한 극복도 요구하고 있기 때문이다.

허무주의 철학은 현대의 이념 또한 종말을 고하게 될 것을 예고하는 철학이다. 현대가 끝나면 어떤 세상이 도래할까? 미래가 도래하면 어떤 인간들이 대지를 지배할까? 우리는 아직 현대인에 불과하다. 니체가 염원하고 동경했던 미래는 아직 오지 않은 상태다. 그가 말한 초인은 아직 본능적으로 받아들이지 못하고 있다. 초인은 미래의 인간이라 했다. 아직 존재한 적이 없는 인간이라 했다. 그 초인을 가르치고자 했던 것이 니체의 철학이었다. "보라, 나 너희에게 위버멘쉬를 가르치노라. 위버멘쉬야말로 너희의 크나큰 경멸이 가라앉아 사라질 수 있는 그런 바다다."(차라, 18쪽) 초인은 그러니까 우리 현대인들이 보여줄 수 있는 온갖 경멸을 모두 포용할 수 있는 존재라는 얘기다. 모든 "질투조차 동정"(즐거운, 18쪽)하는 존재로서 말이다.

사람이 삶, 즉 사는 것에 양심의 가책을 받지 않는 것, 그것은 결코 노예 도덕이 아니다. 니체는 새로운 죄의식과 양심을 요구하고 있다. 신성모독은 인간에 대한 죄와 맞물리고 있다. 인간이 존재해야 할 이 대지의 뜻은 신의 뜻이 있던 자리를 대체했다. 대지에 두 발을 대고 살아야 한다. 일어서고, 걷고, 뛰고, 춤을 출 수 있어야 한다. 경우에 따라서는 물구나무라도 서서 인생을 즐길 줄 알아야 한다. "형제들이여, 활짝! 더욱 활짝 가슴을 펴라! 그리고 두 다리 또한 잊지 말라! 멋진 춤꾼들이여, 다리를 들어 올려라. 더욱 좋은 것은 물구나무를 서는 것이다."(차라, 483쪽) 이런 춤을 출 수 있는가? 현대인은 니체의 질문에 대답을 해야 한다.

# 극복의 대상으로서의
# 삶에 대한 염세주의적 권태

권태는 싫다. 즐거움이 최고다. 심심하면 큰일이다. 무슨 일이 있어도 삶은 의미를 지녀야 한다. 사는 것 자체를 최고의 가치로 삼아야 한다. 생철학은 주어진 삶을 제대로 살 수 있기 위해 훈련을 거듭하게 한다. 이성적 존재의 삶은 건강한 이성을 요구한다. 생각하는 존재는 건강한 생각을 필요로 한다. "삶의 광학으로 본다면 도덕은 무엇을 의미하는가?"(비극, 16쪽) 삶의 광학으로 볼 때 도덕은 삶의 편에 서 있어야 한다. 삶을 등진 모든 이념은 부정적이다. 니체의 허무주의는 인간 외에는 아름다운 것이 없다는 인식에서 시작한다. 우리가 삶의 터전으로 삼고 있는 이 세상이 가장 아름다운 곳이다.

> 덧붙이자면, 나는 이러한 사상으로 삶의 권태라는 시끄럽고 삐걱삐걱 소리가 나는 물방아에 우리의 염세주의자들의 새로운 물줄기를 대는 데 도와줄 의도가 전혀 없다. 반대로 인류가 자신의 잔인함을 아직 부끄럽게 여기지 않았던 그때가 염세주의들이 존재하는 현재보다 지상에서의 삶이 더 명랑했다는 사실을 분명히 입증해야만 한다. 인간의 인간에 대한 수치가 커져가는 상황에 따라 인간을 뒤덮고 있는 하늘의 어둠은 점점 더 확산되었다. 피로에 지친 염세주의적 눈길, 삶의 수수께끼에 대한 불신, 삶에 대한 구토에서 나오는 얼음같이 찬 부정—이러한 것들은 인류의 최악의 시대를 나타내는 표식이 아니다: 이러한 것들은 늪이 존재할 때, 그에 속하는 늪의 식물들이 존재하는 것처럼, 오히려 세상에 알려진다.—내가 생각하고 있는 것은 그 덕분에 '인간'이라는 동물이 결과적으로

자신의 모든 본능을 부끄럽게 여기게 된 병적인 유약화와 도덕화에 관한 것이다. '천사'(여기에서는 더 가혹한 용어를 사용하지 말자)가 되는 도중에 인간은 저 상한 위와 설태가 낀 혓바닥을 양육했으며, 이로 인해 인간은 동물적인 즐거움이나 순진함을 역겨워했을 뿐만 아니라, 삶 자체가 무미건조해졌다. […] 고통이 언제나 생존에 반대되는 논증 가운데 첫 번째 논증으로, 생존의 최악의 의문부호로 확보해야만 하는 오늘날, 이와는 반대로 판단했던 시대를 떠올려보는 것이 좋으리라. 왜냐하면 사람들은 고통스럽게 만드는 것 없이는 지낼 수가 없었으며, 그 안에서 최고의 매력을, 삶에 이르는 진정한 유혹물을 보았기 때문이다. (408쪽 이후)

니체는 허무주의 철학자다. 염세주의에 동조하고 싶은 마음은 추호도 없다. "염세주의자들의 새로운 물줄기를 대는 데 도와줄 의도가 전혀 없다"고 단언했다. 염세주의자들이 삶에 대해 허무하다는 말을 할 때 니체는 삶 이외의 모든 것에 대해 허무하다는 말을 한다. 염세주의자들이 삶에 지쳤다고 말할 때 니체는 여론을 형성하는 신문과 잡지의 "똑같은 표현법과 똑같은 낱말들"(반시대 I , 260쪽)에 지쳤다고 말한다. 염세주의자들이 "자신을 약하고 피곤하게 느낄 때"(아침, 307쪽) 니체는 삶의 사관학교에서 목숨을 건 훈련에 임하라고 외쳐댄다. "나를 죽이지 않는 것은 나를 더욱 강하게 만든다"(우상, 77쪽)고.

염세주의자들의 목소리가 들끓고 있는 현대는 우울하기만 하다. 모두가 허영심으로 외모를 꾸며대지만 내면은 피폐하기 짝이 없다. 모두가 자신이 먹고 여행하는 것을 보여주며 공유하려 하지만 함께 만나 진정한 축제를 벌이지는 못하고 있다. 시간이 모자라고 마음의 여유가 없어서다.

그저 일분일초라도 나태하면 세상살이에서 뒤처지지나 않을까 두려워하면서 남의 눈치를 보며 살고 있을 뿐이다. 성공 시대의 노예들의 삶이다. 현대 사회는 전체가 하나의 학문이라는 "공장이며 단 일 분의 태만이라도 벌을 초래하리라는 초조에 빠졌다." 현대인은 "제4신분, 즉 노예 신분이 일하듯이 가혹하게 일한다."(반시대 I, 236쪽) 현대인과 현대 사회를 바라보는 니체의 시선은 정말 날카롭기만 하다.

분명 고대 신들의 세계는 달랐다. 사는 모습이 달랐고 세상을 바라보는 눈이 달랐다. 삶에 대한 긍지가 넘쳤다. 고대의 신들은 권태를 느낄 겨를이 없었다. 심심하다는 말은 그들의 문제가 되지 못했던 것이다. 그런데 현대인들은 놀이 자체를 부정적으로 바라본다. 양심의 가책을 운운하며 스스로를 틀 안에 가두어두려고 애를 쓴다. 성공하려고. 돈을 잘 벌려고. 이제 이런 현대인의 가식적인 삶에 저항할 때가 왔다. 알량한 자본의 노예가 되어버린 존재에게 자유를 부여할 때가 온 것이다.

니체는 고대의 삶, 즉 "지상에서의 삶이 더 명랑했다"는 것을 입증하고자 한다. 이 의도가 왜 이토록 심각한 논쟁 속에 휘말려야 했을까? 신을 죽이고 인간을 살리려는 이 발상이 왜 이토록 공격을 받아야만 했을까? 인간이 수치스럽다! 인간을 흉내 내는 원숭이 꼴을 하고 있는 현대인이 수치스럽다. 부끄러워 차마 볼 수가 없다. "사람에게 있어 원숭이는 무엇인가? 일종의 웃음거리 아니면 일종의 견디기 힘든 부끄러움이 아닌가. 위버멘쉬에게는 사람이 그렇다."(차라, 17쪽) 초인은 인간을 바라보며 배꼽 잡고 웃어댄다. 그 웃음의 뒷맛은 씁쓸하기만 하다. 행복한 웃음이 아니기 때문이다. 누워서 침 뱉기를 하는 꼴이라서 더욱 안타깝기만 하다. "인간의 인간에 대한 수치가 커져가는 상황에 따라 인간을 뒤덮고 있는 하늘의 어둠은 점점 더 확산되었다." 세상이 어둡기만 하다. 빛이 없다. 중세만 암흑기가 아니다. 현대도 여전히 "중세의 빙하 속에서 살고 있다."(반시대Ⅲ, 427쪽) 인간을 뒤덮은 이 어둠은 언제나 걷힐까?

고통이 싫다? 그래서 천사가 되기를 바라는가? 천국에만 가면 모든 것이 해결될까? 니체는 이런 발상 자체를 인간에 대한 수치로 여긴다. '본능의 유약화와 도덕화'가 "인류의 최악의 시대를 나타내는 표식"이라고 장담한다. 삶의 현장에서 살아가야 할 인간을 도덕의 노예로 만듦으로써 지나치게 약하게 만들고 말았다고 주장하고 있는 것이다. 일하는 데는 기계처럼 움직이게 만들어놓고 사는 데는 피로에 지치게 만들어놓은 것이다. 삶에 대한 불신과 부정은 역겹기만 하다. 염세주의적 눈길은 쳐다보기도 싫다. 왜냐하면 그런 시선으로 인해 "삶 자체가 무미건조해졌다"고 확신하고 있기 때문이다.

고통은 삶의 조건이다. 고통 없는 삶은 없다. 고통이 있기에 삶이 가능한 것이다. 고통은 결코 "생존에 반대되는 논증"이 아니다. 고통은 결코 "생존의 최악의 의문부호"가 될 수 없다. 니체는 삶을 옹호하기 위해 고대 시대를 떠올려보는 게 좋을 것 같다고 생각한다. 왜냐하면 그 당시 "사람들은 고통스럽게 만드는 것 없이는 지낼 수가 없었으며, 그 안에서 최고의 매력을, 삶에 이르는 진정한 유혹물을 보았기 때문이다." 고통을 돈 주고 사서라도 당하고 싶어 했던 고대, 그 시대의 인생관과 세계관을 되살려보자는 것이다. '비극의 탄생'이 이루어질 수만 있다면 새로운 시대가 열리게 될 것이다.

고대의 비극은 고통을 통한 쾌감의 비결을 품고 있다. 니체는 인간이 비극을 필요로 하는 이유를 여기서 찾고 있다. 비극과 고통은 같은 목적을 위한 도구일 뿐이다. 삶을 지배하는 힘이라고 할까. "고대의 인간은 모두 연극과 축제 없이는 행복을 생각할 수 없었던, 근본적으로 공개적이고 근본적으로 명백한 세계로 '관중'을 세심하게 고려했던 것이다." (412쪽) 고대의 관중은 삶을 내려다보는 시각을 가지고 있었다. 삶에 휘둘리는 것이 아니라 삶을 주관하는 시각을.


## 삶은 불법이
## 아니다

사람에게 삶은 당연한 것이다. "송장은 구더기에게 멋진 생각이고, 구더기는 모든 생명체에게 끔찍한 생각이다."(반시대 I, 218쪽) 구더기는 시체를 좋아하고 산 사람은 구더기를 혐오한다. 구더기는 삶과 죽음의 경계선에서 살아간다. 하지만 그 구더기조차 허무주의적 시각으로 바라보면 지극히 당연한 존재일 뿐이다. 구더기를 더럽다고 혹은 징그럽다고 여기는 것은 생각의 문제다. 허무주의 철학은 생철학이다. 삶의 현장을 변호하고자 하는 철학이다. 사람이 사는 것에 그 어떤 해석도 그저 허무할 뿐이다. 삶만이 실존일 뿐이다.

삶을 긍정하기 위해 죽음을 긍정해야 한다. 죽음을 긍정하지 못할 때 영생을 꿈꾸게 된다. 그때 죽음 이후를 상상하게 되는 것이다. 그런 상상을 하며 있지도 않은 삶에 대해서 좋은 느낌을 가지기 시작한다. 착각 속에서 삶을 살아간다. 하지만 허무주의 철학은 단호하다. "'죽음 이후'는 우리에게 더 이상 관심거리가 되지 못한다! 이것은 이루 말할 수 없을 정도로 좋은 일이지만"(아침, 84쪽) 말이다. 천국이 있다는 말은 정말 좋은 것이다. 하지만 그 천국 때문에 현실 속의 삶을 폄하하거나 무시하는 일은 없어야 한다. 아니 오히려 이 삶만이 진정한 가치를 지니고 있음을 인식해야 할 것이다.

> 삶이란 본질적으로, 즉 그 근본 기능에서 다치기 쉽고 폭력적이며 착취적이고 파괴적으로 작용하며, 이러한 성격 없이는 전혀 생각할 수 없는 것인 한, 당연히 침해, 폭력, 착취, 파괴란 그 자체로 '불법적인 것'이 될 수 없다. 우리는 심지어 더욱 의심스러운 다음의 사실을 인정해야만 한다: 최고의 생물학적인 관점에서 보면, 법률 상태란 힘을 목적으로 하는 본래의 삶의 의지를 부분적으로 제약하는 것으로, 그리고 그 전체 목적에 예속된 개별적인 수단으로, 즉 더 거대한 힘의 단위를 창조하는 수단으로 언제나 예외적인 상태일 뿐이라는 것이다. (420쪽)

육체는 참으로 나약하다. 사자처럼 강한 이빨을 가진 것도 아니고 말처럼 질기고 튼튼한 근육을 가진 것도 아니다. 인간의 나약함을 인식했던 파스칼Blaise Pascal(1623~1662)은 다음과 같이 말했다. "인간은 자연에서 가장 나약한 갈대에 불과하다. 하지만 그것은 생각하는 갈대."[21] 시간과 공간이라는 원리에 얽매인 존재에 불과한 육체지만 그 육체는 머리를 가지고 있다. "머리를 잘라버릴 수는 없다"(인간적 I, 30쪽)는 것이 오히려 다행이다. 그 머리가 있어 생각할 수 있으니 말이다.

현상계는 시간과 공간이라는 원리에 지배를 받는다. 인간의 육체는 이 현상 속에서 살아간다. 그런데 머릿속에서는 전혀 다른 세상이 진행된다. 빵으로만 해결되지 않는 세상이다. 과학으로만 만족되지 않는 세상이다.

모든 학문을 섭렵한 파우스트 박사가 위기에 처하게 되는 이유도 여기에 있다. 인간에게 끊임없이 다가오는 질문들을 막을 길이 없다. '나는 누구인가?' 이 질문 하나조차 인류는 해결하지 못하고 있다. 아니 해결이 안 되는 질문인지도 모를 일이다. 나도 내가 누군지 모르는데 도대체 누가 나를 알랴! '너는 이런 사람이다!'라는 말로 의견의 폭력을 일삼지 말라.

삶은 본질적으로 불법이 아니다. 삶은 죄가 아니다. 시간 속에서 생로병사의 경로를 밟아야 할 운명이지만 그것으로 다가 아니다. 인간은 눈에 보이는 게 다가 아니라는 얘기다. 사자나 말은 눈에 보이는 게 다일 수 있다. 동물에게는 딴생각이라는 게 존재하지 않기 때문이다. 본능의 세계만이 그들의 세계일 뿐이다. 하지만 인간은 두 개의 서로 다른 세계를 동시에 살아가야 하는 존재다. 빵과 함께 신神을 필요로 하는 전혀 다른 두 개의 세계, 그 안에서 인간은 균형을 잡으며 살아가야 한다. 감성의 지배를 받는 현상계에 너무 집착을 해도 안 되고 이성으로만 접근이 가능한 본질계에 너무 얽매여도 안 된다.

삶은 죽음으로 마감한다. 죽음만큼 분명한 것은 없다. 죽음만이 확실하다. 그 어떤 이론도 죽음을 해결해내지 못한다. 죽음은 그저 엄연한 사실일 뿐이다. 하지만 이 죽음 때문에 삶이 무의미해져서는 안 된다. 허무주의 철학이 도전하는 대목이 여기에 있다. 삶은 당연한 것이라고, 삶은 죄가 아니라고, 삶은 불법이 아니라고. 이보다 더 멋진 변호가 또 있을까. 물론 삶 자체는 "다치기 쉽고 폭력적이며 착취적이고 파괴적으로 작용" 한다. 태어나면서부터 울어대며 먹을 것을 찾는 것이 삶이다. 삶은 살고자 한다. 그 살고자 하는 것에 도덕적 잣대를 들이댈 수 있을까. 옳고 그름을 삶에의 의지에 부여해서는 안 된다.

삶은 합법이다. 삶을 불법으로 만드는 온갖 상상이 불법이다. "지난날에는 신에 대한 불경이 가장 큰 불경이었다. 그러나 신은 죽었고 그와 더불어 신에게 불경을 저지른 자들도 모두 죽어 없다. 이 대지에 불경을 저지르고 저 알 길이 없는 것의 배 속을 이 대지의 뜻보다 더 높게 평가하는 것, 이제는 그것이 가장 두려워해야 할 일이다!"(차라, 18쪽) 신의 뜻에 거역하는 것이 과거에는 최고의 불경죄였다. 신의 뜻에 복종하려는 그 의지로 과거에는 사람들이 상상도 못할 죄를 대지에 저질러 왔다. 하지만 신도 죽었고 그와 함께 대지에 죄를 저지르던 사람들도 죽어 없어졌다. 이제 니체는 현대인이 저지르고 있는 불경죄가 무엇인지 선고한다. 그것은 바로 '이 대지의 뜻보다 더 높게 평가하는 것'이 무엇이 되었든 간에 그것은 불경죄에 해당한다는 것이다. 그것이 '가장 두려워해야 할 일'이라고.

과거에는 신에 대한 어감에 너무 신경을 써왔다. 그 감정이 너무 확실한 것처럼 느껴져서 다른 감정이 생겨날 엄두를 못냈다. 신과 관련된 모든 것은 진리로 간주되었다. 신이 들어간 소리만 들어도 행복감에 빠져들었다. 〈성 테레사의 법열〉이 보여주는 황홀지경은 범접할 수 없는 종교의 힘을 보여주기도 한다. 얼마나 행복하면 저럴까. 얼마나 좋으면 저런 표정이 나올까. 이토록 황홀해하는 그 생각까지 망가뜨릴 필요가 있을까? 저렇게 좋은데 뭐가 문제지? 좋은 게 좋은 거 아닌가? 이렇게 생각할 수도 있다. 하지만 니체는 천 년이 넘도록 환영받지 못하고 있던 세상, 즉 '암흑기 Aetas Obscura'[22]에 싸여 있던 세상을 바라보고 있다. 그리고 그 세상에 빛을 선사하기 위해 태양처럼 몰락하기를 자처한다. "이렇게 하여 차라투스트라의 몰락은 시작되었다."(차라, 13쪽) 천 년이 넘도록 천사의 날개를 열망하며 하늘을 바라보며 살아왔다면 니체는 이제 이 대지를 바라보고자 한다. 새의 눈을 가지고 이 세상을 조감鳥瞰하고 싶은 것이다. 천사의 눈이 하늘에 집착했다면 새의 눈은 대지를 향하고 있다. 천사가 신의 뜻에 얽매였다면 새는 대지의 뜻에 집중하고 있다.

허무주의가 지향하는 시선은 무엇보다도 중력에 대해 적의를 품고 있다는 데 의미가 있다. "나 무엇보다도 저 중력의 악령에 적의를 품고 있는데, 그것이야말로 새의 천성이렷다. 진정, 불구대천의 적의와 최대의 적의 그리고 뿌리 깊은 적의를! 나의 적의가 일찍이 날아보지 않은 곳이 어디 있으며 길을 잃고 헤매어보지 않은 곳이 어디 있던가!"(차라, 317쪽) 중력은 삶을 힘들게 하는 요인이다. 그래서 중력은 악령이다. 니체는 이 악령을 '코볼트Kobold'라 불렀다. 요마妖魔로 번역되기도 한다. 그런데 니체는 이런 악령을 가까이 두려고 한다. "나는 내 가까이에 요마를 두려 한다. 나 용기 있는 자이기 때문이다. 유령들을 위협하여 쫓아내는 용기는 자기 자신을 위해 요마를 만들어낸다. 용기는 웃고 싶은 것이다."(같은 책, 64쪽) 중력을 죽일 수 있는 웃음이야말로 진정한 웃음이다. 중력을 이겨내고 춤을 출 수만 있다면 스스로 별이라도 될 수 있으리라.

이제 니체는 사회를 구성하고 유지하기 위해 필요한 '법률 상태'를 설명하고자 한다. 그의 정의에 의하면 모든 법률 상태는 그저 '예외적인 상태'에 지나지 않는다는 것이다. "법률 상태란 힘을 목적으로 하는 본래의 삶의 의지를 부분적으로 제약하는 것으로, 그리고 그 전체 목적에 예속된 개별적인 수단으로, 즉 더 거대한 힘의 단위를 창조하는 수단으로 언제나 예외적인 상태일 뿐이라는 것이다." 이런 예외적인 상태를 지칭하는 법률 상태가 "절대 지상적이고 보편적인 것이라고 생각한다면", 그것은 결국 "삶에 적대적인 원리이자 인간을 파괴하는 것이자 해체하는 것이 될 것이고, 인간의 미래를 암살하려는 기도이며, 피로의 징후, 허무에 이르는 샛길이 될 것이다."(420쪽) 이것이 니체의 목소리다. 삶에 적대적인 원리는 허무함으로 맞서야 한다. 삶을 허무함으로 이끄는 원리는 이상을 허무함으로 이끄는 발상으로 맞서야 한다.

어차피 살아야 할 삶이라면 예술적으로 살아라! "세계의 실존은 오로지 미적 현상으로만 정당화된다."(비극, 16쪽) 삶의 현장을 미적 현상으로 만들 수 있는 인간이 되어야 한다는 얘기다. 스스로 예술가적인 인간이 되어야 한다는 것이다. 게다가 진정한 "예술가는 다른 사람의 행복을 위해 자연의 의지에 따라 자신의 작품을 만든다"(반시대Ⅲ, 469쪽)고 했다. 타인을 위한 삶, 이것이 진정한 예술가의 삶이다. 이것이 기독교의 이웃사랑 이념과도 비교될 수 있는 허무주의 철학의 지상명령이다.

또 운명이라고 생각되지 않으면 끊임없이 극복하라고도 가르친다. 극복하려면 부정의 힘을 동원하지 않을 수 없다. 파괴 욕구를 끌어들이지 않을 수 없다는 얘기다. 역겨움과 구토증 없이 어떻게 극복할 대상을 인식할 수 있으랴. 극복하려면 버릴 수 있어야 한다. 자신의 피부를 허물로 인식해낼 수 있어야 한다. 그래야 버림이 가능해지고 그래야 마침내 극복이 실현될 수 있게 되는 것이다. 물론 인간은 한계에 직면하게 마련이다. 더 이상 극복할 수 없다면 이제 사랑해야 할 때다. 아모르 파티! 이것 또한 니체가 전하는 메시지다. 망각할 수 없다면 그것은 운명이다. 운명이 보이면 사랑할 때다. 이때는 절망도 좌절도 해서는 안 된다. 역겨움도 허락되지 않는다. 그저 자신에게 '사랑한다! 괜찮아!'[23]를 외쳐대면 되는 것이다. 버릴 수 없다면 무기가 될 때까지 훈련을 거듭하면 된다.

머리는 잘라버릴 수 없다. 죽을 때까지 머리는 갖고 살아야 한다. 생각하는 존재로 태어난 우리의 운명은 어디서 만날 수 있을까? 언제 극복으로부터 해방될 수 있을까? 언제 진정한 자유정신이 도래하는 것을 경험하게 될까? 언제 자기 안에서 종소리가 들려올까? 삶 자체는 그저 자연스러운 것이며 당연한 것이라고. 이 말을 하기가 왜 이리 힘든 것일까? 왜 삶이 삶답지 않아야 하는 것일까? 끊임없이 던져야 할 질문이다.

# 5장

—

# 힘에의 의지와 양심의 가책

## 형벌의 기원이
## 목적의식에서 시작할 때

사는 건 만만치 않다. 삶의 현장 속에서 거저 주어지는 것은 하나도 없다. 불쌍한 사람에게 동냥이라도 주는 법이 있으면 얼마나 좋으랴. 하지만 인간의 본성은 그렇게 작동하지 않는다. 모두가 살려고 발버둥 치고 있고 또 모두가 잘 살려고 노력하고 있다. 모두가 자기가 아픈 것을 가장 실감 나게 또 가장 아프게 느끼며 살아간다. 그 누구도 자기가 아픈 것을 선호하지 않는다. 누구나 건강하게 살고 싶어 한다. 그것이 잘못된 것은 아니다. 이런 욕망이 불법일 수는 없다.

이따금 6개월 판정을 받고 죽음을 기다리는 친구의 소식이 전해오기라도 하면 잔인한 생각을 하기도 한다. '너무 친하지 않아서 다행이다!'라고. 친했더라면 그 아픔을 어떻게 극복할 수 있을까. 그것이 먼저 걱정되는 것이다. 이것을 '나만 아니면 돼!'라는 비인간적인 발상으로 간주해야 할까. 또 두 달이 넘도록 중환자실에서 산소마스크를 쓰고 수많은 링

거 바늘을 몸에 꽂은 채 버티고 있는 부모 곁에서 잔인한 생각을 해보기도 한다. '이제 그만 돌아가 주세요!' 하고. 의식이라도 있어 대화를 할 수 있다면 좋으련만. 동의를 받아낼 수 있는 상황도 아니다. 이 상황에서 이렇게 질문해보자. 무엇이 죄일까? 무엇이 형벌이 생겨난 이유일까?

> 여기에서 형벌의 기원과 목적에 대해 한마디 더 해보자—유감스럽게도 사람들은 서로 별개로 떨어지거나 떨어져야만 하는 이 두 가지 문제를 일상적으로 하나의 문제로 다루고 있다. 그러나 이 경우에 기존의 도덕의 계보학자들은 어떻게 취급해왔는가? 그들은 언제나 그렇게 취급해왔듯이, 이를 소박하게 다루고 있다—: 그들은 형벌에서 예를 들면 복수나 위협이라든가 하는 어떤 '목적'을 찾아내고, 그다음에는 순진하게 이러한 목적을 형벌을 유발하는 요인으로 여겨 그 시초에 붙이고—끝내는 것이다. 그러나 '법에서의 목적'은 법의 발생사에서 아주 최후에 써먹어야 한다: 오히려 모든 종류의 역사학에서 다음의 명제보다도 더 중요한 명제는 없다. 그 명제는 이룩해내자면 힘이 들지만, 그러나 실제로 이룩해내야 하는 것이다.—즉 어떤 일의 발생 원인이나 궁극적인 효용성, 실제적인 사용과 목적 체계로의 편입은 전체와 만나면서 서로 떨어져 있는 것이다. 현존해 있는 것, 어떤 방식으로든 이루어진 어떤 것은 그보다 우세한 힘에 의해 새로운 견해로 언제나 다시 해석되며 새롭게 독점되어 새로운 효용성으로 바뀌고 전환된다. (420쪽 이후)

생각하는 존재에게 문제는 늘 생각 자체가 된다. 그런데 아쉽게도 생각은 늘 주관적이다. 그래서 늘 한계에 직면하지 않을 수 없게 된다. 니체는 객관성에 대해 질문을 던진 바 있다. "약점은 그대로 내버려 두자. 현대인이 자랑하는 강점으로 관심을 돌려, 그가 유명한 역사적 '객관성' 때문에 자신이 강하다고, 다시 말해 정당하다고, 다른 시대의 사람보다 더 정당하다고 말할 수 있는 권리가 있는가 하는 괴로운 질문을 하자."(반시대Ⅱ, 332쪽 이후) '평생 가슴에 주홍 글씨를 달고 살라'고 외쳐대는 아줌마들의 생각은 과연 객관적인 것일까? 한 사람의 운명을 결정할 수 있는, 즉 구속력 있는 법적인 상황에 영향을 끼칠 수 있는 발언이기에 묻는 것이다.

생각은 결코 객관적일 수 없다. 이것이 니체의 입장이다. 인간은 늘 "개구리의 관점"(선악, 17쪽)이라는 한계에 직면해 있는 존재에 불과하다. 그런데 그것이 운명적 상황일까? 극복할 수 없는 상황일까? 더 이상 극복할 수 없으면 사랑해야 한다고 했다. 그것이 니체의 아모르 파티! 즉 운명애다. 그런데 '개구리의 관점'을 사랑해야만 하는 상황을 연상해보자. 그것을 사랑하려니까 왠지 모르게 거부감이 든다. 역겨운 감정만이 앞선다. 그것이 한계가 아닌 것처럼 느껴지기 때문이다. 이제 우리는 생각의 한계에 도전할 때가 된 것이다.

다시 생각의 작용을 주목해보자. 생각은 늘 과거나 미래로만 향한다. 아무리 지금을 생각해도 과거로 또 미래로 향하고 있을 뿐이다. 그런데 생각은 현재의 삶을 살아가고 있는 존재에게 영향을 끼치고자 한다. 그것이 바로 존재의 문제, 즉 삶의 문제다. 누구나 '이렇게 살라 저렇게 살라'고 시끄럽게 외쳐댄다. 그것이 인간이 사는 사회 내의 소리다. 누구나 자기 나름대로의 인생 경험을 바탕으로 형성된 의견을 가지고 있기 때문에 이런 소리가 난무하게 되는 것이다.

어떻게 살아야 한다는 생각이 형성되면 동시에 어떻게 살면 안 된다는 생각도 형성되고 만다. 바로 여기에 죄의 기원이 있는 것이다. 하지 말라는 것을 하는 게 죄라고 판단하게 되는 것이다. 죄의 기원은 다시 '형벌의 기원과 목적'으로 연결된다. 인간은 자신의 소속 사회를 형성하게 되면서부터 어쩔 수 없이 규칙을 정해놓을 수밖에 없기 때문이다. 사회에는 언제나 약속이 전제되기 때문이다.

그런데 문제는 현상에서 시작하지 않고 본질에서부터 시작할 때다. 즉 니체의 시각으로 보면 "기존의 도덕의 계보학자들"이 연구했던 방식이 문제라는 것이다. 그들은 '소박하게'도 "형벌에서 예를 들면 복수나 위협이라든가 하는 어떤 '목적'을 찾아내고", 또 '순진하게'도 "이러한 목적을 형벌을 유발하는 요인으로 여겨 그 시초에 붙이고—끝내는 것이다." 그들은 한마디로 너무 소박할 뿐만 아니라 너무 순진하다. 쉽게 말하면 잣대를 먼저 들이대고 그다음에 삶의 현장을 관찰한다는 얘기다. 삶 속에서 시작된 생각이 아닌 것은 이런 실수를 범하게 된다. 현실성이 결여된 법의 형성은 무의미하다. 그래서 니체는 단언한다. "그러나 '법에서의 목적'은 법의 발생사에서 아주 최후에 써먹어야 한다"고. 법의 목적부터 생각하며 법을 만들지 말라는 얘기다. 현실이라는 대지에 발을 대지 않고서는 니체가 염원하는 춤추는 인생은 가당치도 않은 망상이 되고 만다.

니체의 허무주의 사상은 현실을 외면한 모든 것에 거부의 뜻을 밝힌다. 법의 기원 또한 현실이어야만 한다. 법의 정신 또한 현실 속에서 구현되어야만 한다. 그래서 니체는 "힘이 들지만, 그러나 실제로 이룩해내야 하는 것"으로 다음과 같은 명제를 내세운다. "즉 어떤 일의 발생 원인이나 궁극적인 효용성, 실제적인 사용과 목적 체계로의 편입은 전체와 만나면서 서로 떨어져 있는 것이다. 현존해 있는 것, 어떤 방식으로든 이루어진 어떤 것은 그보다 우세한 힘에 의해 새로운 견해로 언제나 다시 해석되며 새롭게 독점되어 새로운 효용성으로 바뀌고 전환된다."

니체의 명제가 보이는가? 말이 복잡하다. 좀 더 쉽게 풀어보자. 그의 명제는 첫째 법은 "전체와 만나면서 서로 떨어져 있는 것"이 되어야 한다는 것이다. 법은 하나가 아니다. 여러 조항이 모여 이루어진 것이다. 그래서 모든 법률 조항은 개별적으로 서로 떨어져 있어야 한다는 것이다. 니체가 축제라는 의미를 얘기할 때 건강한 개인을 언급하던 것을 연상하면 쉽게 이해될 것이다. 개별적인 조항이 개별적으로 건강한 상태라면 이들이 모여 하나의 건강한 축제를 벌일 수 있다는 발상으로 읽어내면 된다.

둘째는 영원한 것이 없다는 입장에서 읽어내면 된다. 현존해 있는 것은 늘 '다시 해석'되어야 한다. 그런 과정을 통해서 '새롭게 독점되어 새로운 효용성으로 바뀌고 전환'되어야 한다. 생명이 다한 법은 뱀의 허물처럼 미련 없이 벗어던져져야 한다. 현실을 보지 못하고 과거만 응시하는 자는 뜬 눈으로도 사물을 제대로 보지 못하는 꼴과 같다. 아니 맹인이면서도 무언가를 확실하게 보고 있다고 믿는 '호르헤Jorge'[1] 노인과 같다. 스스로 경험해보지도 않은 자가 남이 전한 말만을 근거로 삼아 판단하게 될 때 해석은 독단에 빠지고 만다. 더 나쁜 상황은 하나의 사물을 자신의 견해에서만 바라보고 이해할 때다. '주님의 뜻대로'[2] 했다고 주장하는 생각은 모두 이런 오류를 범하고 있는 것이다.

# 초기 문화와 말기 문화에서
# 보이는 형벌의 문제

불변의 뜻으로 해석되어야만 하는 '하나님의 뜻' 같은 것은 존재하지 않는다. 니체가 자신의 이름을 걸고 평생을 싸워온 것이 바로 이런 불가항력적인 '신의 뜻'이다. 순수한 이성도 절대적인 정신도 존재하지 않는다. 믿음을 바탕으로 한 종교에서는 정답이 정해져 있을지 모르지만 삶의 현장을 운운하는 생철학에서는 그저 다양성만이 정답이다. 인식은 그저 무無를 기다릴 때, 또 그 기다림을 온전히 이룰 때 다가와줄 뿐이다. 모든 것은 시간과 공간의 원리에 따라 "바뀌고 전환된다."(421쪽) 변화를 무시하는 인식은 대화를 불허한다. 그런 인식은 아무리 우주를 포괄하고 만물을 창조한 신을 언급해도 그저 '개구리의 관점'에 불과하다. 내용이 아무리 광대해도 관점은 비좁기 짝이 없는 것이라는 얘기다. 다시 형벌의 문제에 집중해보자. 니체는 이 문제를 어떻게 다루고 있는지 관찰해보자.

> ─우리는 본론으로, 즉 형벌의 문제로 되돌아가 그것을 두 가지로 구분해야만 한다: 그중 하나는 형벌에서 비교적 지속적인 것, 즉 관례, 동작, '극劇', 어느 정도 엄격한 절차들의 연속이며, 다른 하나는 형벌에서 유동적인 것, 즉 의미, 목적, 그러한 절차의 실행에 결부된 기대 등이다. 여기에서 앞에서 전개된 역사적 방법론이라는 근본 관점에 따라 유추해봄으로써 당장 다음의 사실을 전제할 수 있다. 즉 절차 자체가 그것을 형벌에 이용하는 것보다 훨씬 오래되고 앞선 것이며, 형벌에서 이용하는 것은 비로소 (오래전에 존재하고 있었지만, 다른 의미로 사용된) 절차에 삽입되었고 해석되었다는 것, 즉 간단히 말해 사실은 우리의 순

진한 도덕 계보학자와 법률 계보학자들이 지금까지 가정해왔던 것과 같지 않다는 것이다. 이들 계보학자는 모두, 마치 일찍이 사람들이 손이란 잡기 위해 만들어졌다고 생각한 것처럼, 절차란 형벌을 가할 목적으로 고안된 것이라고 생각했다. 이제 형벌에서 또 하나의 요소인 유동적인 것, 즉 형벌의 '의미'에 관해 말하면, 극히 후기 문화의 상태(예를 들면 현재의 유럽)에서는 '형벌'이라는 개념은 사실상 하나의 의미를 제시하는 것이 아니라, '의미들'의 전체 종합을 제시한다: 대체로 지금까지의 형벌의 역사는, 즉 다양한 목적으로 형벌을 이용해온 역사는 결국에는 분해하기 어렵고 분석하기 어려우며 강조되어야 하지만, 전혀 정의할 수 없는 일종의 통일체로 결정화된다. (오늘날 도대체 왜 사람들이 형벌을 받는지를 명확히 말하는 것은 불가능하다: 과정 전체가 기호학적으로 그 안에 요약되어 있는 개념들은 모두 정의하기가 어렵다. 단지 역사가 없는 것만을 정의할 수 있을 뿐이다.) 이에 반해 초기 단계에서는 저 '의미들'의 종합이 아직은 분해할 수 있고 또 변경할 수도 있는 것처럼 보인다. 우리는 여전히 각각의 개별적인 경우에 종합의 요소들이 어떻게 자신의 가치를 변화시키고 그에 따라 그 위치를 다시 잡는지, 그리하여 때로는 이러한 요소가 그리고 때로는 저러한 요소가 나머지 다른 요소들을 희생시키면서 나타나 지배하고, 상황에 따라서는 하나의 요소(위협하려는 목적과 같은)가 다른 나머지 요소들 전체를 폐기해버리는 듯한 것을 인식할 수 있다. (424쪽 이후)

'형벌의 문제'가 있다. 문제로서 형벌을 관찰하고 있는 것이다. 과거에는 당연시해오던 것을 니체는 지금 문제로 다루고자 하는 것이다. 과거에는 '손'을 바라보며 '무엇인가 잡기 위해 만들어진 것'이라고 판단했다. "마치 일찍이 사람들이 손이란 잡기 위해 만들어졌다고 생각한 것처럼"

말이다. 그런데 이런 판단에 문제는 없는 것일까? 니체는 이런 판단을 법정에 세우고자 한다. 소위 '역사적 방법론'이 결여된 신화적 발상 내지 신화적 해석에 문제가 없냐는 것이다. 그저 '옛날 옛적에 호랑이 담배 피우던 시절에~' 하고 이야기를 시작하면 우리는 그것을 기정사실로 받아들여야 하느냐 이 말이다.

'그건 잘못이다!'라고 말하는 잣대는 어디에 근거한 것일까? 과거의 경험에 근거한 것은 분명하다. 교육을 통해 그런 생각을 이어받은 탓이기도 할 것이다. 소위 어른들이 어떤 특정 행동을 싫다고 규정한 탓이다. 하지만 그런 형벌의 기준을 법정에 세워보자는 것이다. 예를 들어 처녀가 아기를 배면 마녀인가? 동정녀 마리아가 아기를 밴 것은 성령으로 인한 것인가? 같은 상황을 두고 해석은 전혀 다른 결과를 내놓고 있다. 전자는 처형의 대상이 되고 후자는 신의 어머니로 등극하게 되는 순간이다.

"우리의 순진한 도덕 계보학자와 법률 계보학자들이 지금까지 가정해왔던 것"은 무엇일까? 그것은 누가 뭐래도 선악의 구분에 대한 판단 자체가 아닐까. 신성하다고 여겨지는 그 무엇이 아니었을까. 신의 뜻이라고 불리는 그 어마어마한 큰 뜻이 아니었을까. 이런 판단은 '역사적 방법론'이 끼어들 틈새를 허락하지 않는다. 언제부턴가 전해 내려오는 권위만을 주장할 뿐이다. 잘못이 먼저 있었고 그에 따른 처벌 형식이 나중에 고안되었다는 논리다. 즉 "절차란 형벌을 가할 목적으로 고안된 것이라고 생각했다." 예를 들어 아담이 평생 땀을 흘리며 노동을 해야 하는 형벌도, 이브가 출산의 고통을 겪어야 하는 형벌도 결국에는 신의 뜻을 관철하려는 의도에서 고안된 것이라는 얘기다. 밑도 끝도 없는 지극히 신화적인 해석만이 남아 있다. 믿거나 말거나 한 이야기가 신앙을 필요로 하는 법이다.

하지만 니체의 해석은 다르다. 순진한 도덕과 법률의 계보학자들이 "지금까지 가정해왔던 것과 같지 않다는 것"을 증명하고자 한다. 그는 우선 '형벌의 문제'를 "두 가지로 구분해야만 한다"고 주장한다. "그중 하나는 형벌에서 비교적 지속적인 것, 즉 관례, 동작, '극', 어느 정도 엄격한 절차들의 연속이며, 다른 하나는 형벌에서 유동적인 것, 즉 의미, 목적, 그러한 절차의 실행에 결부된 기대 등이다." 니체적 발상과 사고를 추적하는 데 있어 간과할 수 없는 매우 중요한 대목이다. 처벌을 할 때 종아리를 걷는다든가 엎드려뻗쳐를 한다는 식의 행동은 지속적인 것이다. 하지만 그런 처벌을 통해 기대하는 것은 그때그때 다르다. 한마디로 유동적인 것에 해당한다는 것이다. 똑같이 종아리를 때려도 누구는 이런 행동을 해서 때리고 또 누구는 이런 행동을 안 해서 때린다. 기대하는 행동의 변화는 동일할 수가 없는 것이다. 똑같은 문제 상황에서 똑같은 소리로 야단을 쳐도 기대하는 효과는 시대마다 다를 수 있다. 아니 당연히 달라야 한다.

유동적인 것은 "형벌의 '의미'"다. 의미가 유동적이라는 얘기다. 영원불멸의 의미 같은 것은 존재하지 않는다. 그런데 "극히 후기 문화의 상태"는 정반대의 현상을 보인다. 즉 후기 문화의 상태는 의미가 유동적이지 않은 현상을 보인다는 얘기다. 의미가 고정되어 있다는 말이기도 하다. 의미가 단 하나밖에 없는 닫힌 사회를 형성하고 있는 것이나 다름이 없다. 그저 길은 하나밖에 없고 모두가 그 길을 가고 있고 또 가야 한다고 생각하고 있다. 이런 사람들이 구성원이 된 문화에서는 비역사적인 발상, 즉 신화적인 발상이 지배적이다. "유감스럽게도 이들에게는 역사적 정신 자체가 결여되어 있"(352쪽)다.

후기 문화의 상태는 말기 증상으로 가득하다. 더 이상 탄력적이지 못한 피부가 온몸을 옥죄고 있는 듯한 상황이다. 자유정신은 이런 피부 안에서 답답함을 느낄 뿐이다. 그것을 허물로 인식하고 벗어던져야 문제가 해결될 것만 같은 위기의 상황이다. 이런 문화에서는 "'형벌'이라는 개념은 사실상 하나의 의미를 제시하는 것이 아니라, '의미들'의 전체 종합을 제시한다"는 데 문제의 핵심이 있다. 의미는 이미 하나로 규정되어 있다. 하지만 여기서 말하는 하나는 전체를 아우르는 총체적 개념일 뿐이다. 하나의 생각이 전체를 통제한다. 하나의 시각이 '전체 종합을 제시'하고 있을 뿐이다. 마치 하나의 여론이 형성되고 모두가 그 여론에 목을 매는 것과 같은 현상이다. 다른 생각은 금기시되는 것처럼 여기면서 말이다. 그런데 이 후기 문화가 제시하는 의미들의 전체 종합은 역사적 방법론으로는 "전혀 정의할 수 없는 일종의 통일체로 결정화된다"는 것이 문제다. 역사적 근거는 찾아볼 수도 없다는 것이다. 마녀사냥에 몰렸던 죄인들은 근거 없는 이유 때문에 희생을 당해야만 했다.

니체가 살았던 시대는 세기말이다. 아직도 종교의 입김이 거셌던 시대다. 행정은 교회로부터 완전한 독립을 하지 못한 상태였다. 모든 형벌은 여전히 종교재판의 그것과 암묵적으로 연결되어 있는 듯한 느낌이 드는 시대였다. 니체는 자신이 느낀 이런 개인적인 시대감정을 괄호 안에 피력해놓았다. "(오늘날 도대체 왜 사람들이 형벌을 받는지를 명확히 말하는 것은 불가능하다: 과정 전체가 기호학적으로 그 안에 요약되어 있는 개념들은 모두 정의하기가 어렵다. 단지 역사가 없는 것만을 정의할 수 있을 뿐이다.)" 마녀로 지목받은 여인은 자신이 벌을 받는 이유를 명확히 알고나 있었을까? 그저 '네가 죄인이다!'라고 외쳐대는 그 폭력적인 소리에 주눅이 들어 있지는 않았을까? 모든 것이 명확히 말하기 불가능하고 정의하기가 어렵다. 그저 그들이 말하는 그런 "역사가 없는 것만을 정의할 수 있을 뿐이다." 신의 역사, 교회의 역사가 없는 것만이 정의의 대상이 될 뿐이다.

그렇다면 반대로 문화의 초기 단계를 관찰해보자. 그때는 어떠했을까? "초기 단계에서는 저 '의미들'의 종합이 아직은 분해할 수 있고 또 변경할 수도 있는 것처럼 보인다." 모든 게 아직은 단단하게 형성되지 못한 상태다. 경우에 따라서는 여기 있던 것이 저기로 옮겨질 수도 있는 유동적인 상황이다. 모든 것이 아직은 분해할 수도 있고 변경할 수도 있는 것에 해당한다. 가치조차 변화 속에 있는 것처럼 보일 뿐이다. 때로 하나의 가치가 "나타나 지배하고, 상황에 따라서는 하나의 요소가 다른 나머지 요소들 전체를 폐기해버리는 듯한 것을 인식할 수"도 있다. 하지만 이러한 현상이 단 한 번의 사건이 아니라 사회 전반에서 이루어지고 있다는 것이 초기의 단계다.

여기서 사물을 바라보는 니체의 시각을 확인해보자. 그는 역사적 정신으로 사물을 바라본다. 그리고 분석하고 해석해야 할 때는 역사적 방법론을 동원한다. 원인을 밝히고 그 결과를 바라본다. 형벌의 문제도 마찬가지다. 어떤 행동 자체를 '나쁘다. 그래서 죄다'라고 규정한 다음 그런 행동을 하는 사람을 찾아가는 마녀사냥식의 몰이가 아니라는 얘기다. 그래서 니체는 기존의 "순진한 도덕 계보학자와 법률 계보학자들이 지금까지 가정해왔던 것과 같지 않다는 것"을 증명하고자 애를 썼던 것이다. 그는 자신의 다른 시각에 확고한 믿음을 가지고 있었다. 그는 자신이 틀리지 않았다는 것을 확신하고 있었다.

물론 니체의 생각이 후기 문화가 초기 문화로 이행되어야 한다는 이분법적인 틀에 머물러 있는 것은 결코 아니다. 그저 정체되지 말아야 한다는 입장일 뿐이다. 변화를 지속시켜야 한다. 생명의 의미는 변화 속에서만 구현될 뿐이다. 영원한 의미는 없지만 지속적인 변화는 영원해야 한다는 입장 말이다. 극복하고 극복해야 한다. 넘어지고 일어서기를 반복해야 한다. 이를 두고 영원회귀라고 해도 무방하다. 삶의 현상은 끊임없이 오고 가는 파도의 모습과 흡사하다. 후기 문화는 초기 문화가 되어야 하고, 또다시 초기 문화는 후기 문화에 도달하기 위해 무진 애를 써야 한다. 그런데 니체의 눈에는 자신이 살아가고 있는 "현재의 유럽"이 후기 문화에 속한 듯이 보인다. 모든 의미가 굳어져 있는 상황이 펼쳐지고 있다는 얘기다. 아니 현대 자체가 이런 말기 증상을 보이고 있는 것은 아닌지. 그렇다면 현대 이후는 어떤 모습이어야 하는지, 그것은 우리 현대인이 풀어야 할 과제다. 현대 이후, 그것은 우리의 몫이다.


## 형벌의 효용성으로서의
## 죄책감과 양심의 가책

벌을 주는 이유는 간단하다. 죄를 지었다는 사실을 인식시키고 죄를 뉘우치게 하여 다시는 그런 죄를 반복하지 말라는 훈계의 뜻이 담겨 있다. 이를 두고 '형벌의 효용성'이라고 말한다. 효용성에 대한 의식이 없는 벌은 그저 폭력에 지나지 않는다. 니체는 형벌의 의미들을 조사하면서 그

"'의미'가 얼마나 불분명하며 추가로 덧붙는 것인지, 얼마나 우연적인지 그리고 하나의 동일한 절차가 근본적으로 다른 의도에 따라 어떻게 사용되며 해석되고 준용될 수 있는지"(425쪽)를 확인하게 된다. 문화가 후기로 치달을수록 형벌의 의미는 한마디로 제멋대로다. 그 의미들을 굳이 일일이 나열해야 할까. 니체는 자신이 조사하고 몰두했던 형벌의 지극히 자의적인 의미들을 나열해놓고(참고, 425쪽 이후), 물론 당연한 소리겠지만, 이것도 모자란다고 말한다.

이 목록표는 확실히 완전하지는 않다. 형벌에 모든 종류의 효용성의 짐을 지게 한 것은 분명한 사실이다. 그럼으로써 오히려 확실히 통속적인 의식으로는 형벌의 가장 본질적인 요소라고 여기는 이른바 효용성을 형벌에서 제거할 수 있을 것이다. 오늘날 여러 가지 이유 때문에 흔들리고 있는 형벌에 대한 믿음은 바로 그와 같은 효용성에서 언제나 가장 강력한 발판을 발견하고 있다. 형벌은 죄지은 사람에게 죄책감을 불러일으키는 가치를 지니고 있어야만 한다. 사람들은 '양심의 가책'이나, '회환'이라 불리는 저 정신적인 반응을 일으키는 고유한 도구를 형벌에서 찾는 것이다. 그러나 그렇기 때문에 오늘날에도 사람들은 스스로 현실과 심리를 잘못 파악하고 있는 것이다. 그러니 인간의 가장 오랜 역사, 즉 인간의 선사시대에 대해서는 얼마나 많은 오류를 범했겠는가! 진정한 양심의 가책을 느낀다는 것은 바로 범죄자나 수형자 사이에서는 대단히 드문 일이며, 감옥이나 교도소는 이러한 집게벌레 종족이 번식하기 좋은 온상이 아니다:—이 점에 관해서는, 많은 경우 그와 같은 판단을 내리는 것을 매우 꺼리며 자신들의 소망에 반하는 판단이라고 생각하는 양심적인 관찰자들도 모두 의견을 같이한다. 대체적으로 말해서, 형벌이란 사람들을 무감각하게 단련하며 냉혹하게 만든다. (426쪽 이후)

영화 〈친구〉(2001)의 한 장면.

독단적인 법정에서 죄인으로 지목되는 자가 반성을 할까? 니체식으로 표현하자면 말세적 증상이 들끓고 있는 후기 문화 속에서 거론되는 형벌의 의미는 너무도 일방적이다. 하나로 전체를 포괄하려는 생각이 사회를 뒤덮고 있다. 기득권에 있는 자는 어떤 양심의 가책도 없이 폭력을 행사한다. 자신에게도 그런 폭력을 행사할 수 있는 권한이 주어졌다고 생각한 결과다. 한 예로 영화 〈친구〉의 한 장면이 떠오른다. 선생은 한 학생의 뺨을 잡고 흔들며 "느그 아부지 뭐하시노?" 하고 윽박을 지른다. 이런 형벌에 효용성이 과연 존재나 할까. 벌을 받는 학생이 자신의 죄를 뉘우치고 반성을 하기나 할까. 아니 오히려 반성은 차치하고 반감을 조장하는 것은 아닐까. 폭력이 폭력을 부른다. 사회적 화합이라는 이상은 이 스승과 제자 사이에는 존재하지 않는다. 그저 고통을 주는 자와 그 고통을 견디는 자가 있을 뿐이다. 권한을 부여받은 자의 무모함과 반항기 충만한 자의 분노가 대결 구도를 이루고 있을 뿐이다.

"진정한 양심의 가책을 느낀다는 것은 바로 범죄자나 수형자 사이에서는 대단히 드문 일"이다. 이들을 감옥에 보낸다고 해도 교화되기는커녕 오히려 반감을 더 키워낼 뿐일 것이다. 형벌을 받게 된 범죄자가 자신

210

의 "'범행'에 대해 느꼈던 것"은 "'이 일에서 생각지 않은 나쁜 일이 벌어졌구나' 하는 느낌이었지, '그런 일을 하지 말아야만 했을걸'이라는 느낌은 아니었다."(429쪽) 하나가 전체를 대변하는 식의 고정관념이 지배하는 한 진정한 의미에서의 회환은 있을 수 없다. 그럼에도 불구하고 후기 문화를 살아가는 "사람들은 스스로 현실과 심리를 잘못 파악하고 있는 것"이다. 이러면 말귀를 알아들으리라고 착각하고 있는 것이다. 문화가 말기에 치달을수록 형벌에 대한 믿음은 흔들릴 수밖에 없다. 형벌에 효용성이 있다는 믿음과 형벌은 쓸모없다는 믿음이 대결을 벌이게 되는 것이다.

후기 문화에서의 형벌에 대한 니체의 인식은 분명하다. "인간이나 동물에게서 대체로 형벌에 의해 이루어질 수 있는 것은 공포심이 커지는 것이며 신중함이 강화되는 것이고 욕망이 지배하는 것이다: 그리고 보면 형벌은 인간을 길들이는 것이지만, 인간을 '더 나은' 존재로 만들지는 않는다."(430쪽) 형벌이 난무하는 사회는 공포심만이 남아 있을 뿐이다. 모두가 형벌을 받지 않기 위해 신중함으로 일상에 임할 뿐이다. 그런 공포심과 신중함으로 인간이 더 나은 존재가 되지는 않는다.

물론 "형벌은 죄지은 사람에게 죄책감을 불러일으키는 가치를 지니고 있어야만 한다. 사람들은 '양심의 가책'이나, '회환'이라 불리는 저 정신적인 반응을 일으키는 고유한 도구를 형벌에서 찾는 것이다." 형벌에 대한 이러한 인식 때문에 오히려 틀에 박힌 사고에서 벗어나지 못할 때가 있다. 대화를 할 때조차 누군가가 '그건 아니다!' 하고 말꼬리를 자르면 기분이 나쁘다. 비록 상대의 생각이 옳다고 하더라도 말이다. 귀먹은 자가 목소리 크다. 남의 말에 상관하지 않는 자가 자기 목소리에 힘을 싣는다. 그 큰 목소리가 상황을 정리했을 뿐인데 뒤따르는 침묵을 승리감으로 느낀다. 아무도 동조하지 않는 외로운 의견임에도 불구하고 깨달음이 없다. 의견의 독재를 일삼는 자는 얼마나 '현실과 심리를 잘못 파악'하고 있을까. 귀를 막고 있으니 소중한 조언도 들리지 않는다. 그러니 그는 일상 속에서 "얼마나 많은 오류를 범했겠는가!" 사회체제상 목소리를 점유한 기득권을 감옥에 보낼 수는 없다. 그저 새로운 세상이 도래하기를 바라야 할 뿐.

그나마 '양심적인 관찰자들'은 변화를 인식하고 조심스럽게 움직인다. 이런 생각을 하고 있으면서도 "그와 같은 판단을 내리는 것을 매우 꺼리며" 행동하고 있을 뿐이다. 그들의 행동을 소심하다고 질타해서는 안 된다. 아직 그의 시대가 오지 않았을 뿐이다. 의견 때문에 자신의 목숨을 거는 일은 생철학적 이념이 아니다. 후기 문화에 도달한 사람들의 감각은 무디고 냉정하기만 하다. "대체적으로 말해서, 형벌이란 사람들을 무감각하게 단련하며 냉혹하게 만든다." 자신이 내뱉는 말이 상대에게 어떤 영향을 끼치는지도 모른다. 비판과 평가로 단련된 정신이 상대의 입장을 함부로 평가하면서도 양심의 가책을 갖지 않는 것과 같은 상황이다. 진정한 지혜는 이러한 상황을 어둠으로 인식하고 비상을 준비하며 날개를 펼칠 것이다. 그러한 지혜는 어둠을 힘차게 밀어내는 아침놀을 바라보며 희망으로 충만한 빛과 어둠의 합창 소리를 듣기도 할 것이다.

## 심각한 병으로서의
## 양심의 가책

인간은 양심을 가진 존재다. 양심이 없는 인간은 없다. 양심은 도덕적인 가치를 판단해 정선<sup>正善</sup>을 명령하고 사악을 물리치는 통일적인 의식을 일 컫는 말이다. 도덕이 인간에게 당연한 것처럼 양심 또한 인간적인 것이다. 양심은 한마디로 그냥 좋은 마음이다. 양심은 도덕을 전제하는 개념이다. 도덕적인 가치 판단이 있어야 양심이 형성되는 것이다. 하지만 허무주의적으로 생각하면 가치가 문제된다. 무엇이 가치 있는 것인가? 무엇이 과연 좋으냐는 것이다. 그 기준은 무엇이고 또 그 이유는 무엇이냐, 그것이 문제라는 얘기다. 도대체 어떻게 그 좋음이 형성되는 것일까? 그 좋은 마음은 어떻게 형성되는 것일까?

인간의 마음은 형성되는 것이다. 마음을 먹는다고도 한다. 마음을 먹는 주체는 인간 자신이다. 애초부터 타고난 마음은 없다는 뜻이다. 한 사람의 좋은 됨됨이를 말할 때 '마음씨가 곱다'는 표현을 쓰기도 한다. 좋은 마음씨가 주어지고 그 씨앗에 따라 좋은 나무가 형성되고 결국에는 좋은 열매가 맺어지게 된다는 것이다. 마음씨가 고운 사람은 모든 게 곱게 보인다. 마음씨가 굽은 사람은 모든 게 굽은 것처럼 보인다.

그런데 마음의 씨앗은 또 누가 주는 것도 아니라는 데 문제의 핵심이 있다. 마음의 주인은 바로 자기 자신이다. 마음의 문제는 자기 자신의 문제일 뿐이다. 자기 자신은 '나'가 누군지 아는 그 앎의 주체다. 마음이 병들면 자기 자신의 안은 썩어 문드러진다. 인생이 전부 망가지고 만다. 여기서 니체는 도전의식이 발동한다. 철학을 해야 하는 의미를 바로 여기서 발견하고 있는 것이다. 병든 마음을 수술대 위에 올려놓고자 하는 것이다. 수술하기 전에 진단부터 시작한다.

> 이 자리에서 이제 나는 '양심의 가책'의 기원에 관한 나 자신의 가설을 우선 잠정적으로나마 표현하는 것을 피할 수 없게 되었다: 이 가설은 사람들의 귀에 쉽게 들리지 않는 것이며 오랫동안 사려와 관찰과 숙고가 있어야 할 것이다. 나는 양심의 가책을 인간이 일반적으로 경험했던 모든 변화 중에서도 가장 근본적인 저 변화의 압력 때문에 빠져들 수밖에 없었던 심각한 병이라고 간주한다.—저 변화란, 인간이 결국 사회와 평화의 구속에 갇혀 있다는 사실을 알았을 때의 변화를 말한다. (430쪽)

양심의 가책은 병이다. 보통 병이 아니라 '심각한 병'이다. 인간은 생각하는 존재이므로 양심의 가책은 생각의 병이다. 병든 생각은 어떤 것일까? 그것은 누가 뭐래도 자기 자신이 주체적인 역할을 해내지 못하는 상황에서 벌어지는 생각의 형식들일 것이다. 외국의 무기를 사들여와 국방을 튼튼히 한다? 무기가 강하면 국방이 튼튼하다? "배를 저어 갈 때, 배를 움직이는 것은 노가 아니다"(인간적Ⅰ, 131쪽)라고 했다. 노를 젓게 하는 그 마음이 문제일 뿐이다. 무기를 자기 마음대로 다룰 수 있는가? 그것이 문제라는 얘기다. 남의 눈치 보지 않고 당당하게 무기를 다룰 수 있을 정도로 그 무기에 대해 전문가가 되어 있느냐가 관건이라는 얘기다. 남의 눈치를 보는 한 마음은 병든 상태에 있을 뿐이다. 남의 힘으로 잘 살아보려는 그 마음이 문제인 것이다.

마음은 어떻게 병드는 것일까? 성경에서도 "너의 마음을 완고하게 하지 말라"(히브리서 3:8, 4:7)고 했다. 완고한 마음은 일종의 병든 마음이다. 마음을 완고하게 하는 것은 하나님의 뜻이 아니다. 얽매인 마음은 양심이 아니다. 집착은 좋은 마음이 아니다. 그런데 마음은 쉽게 완고함에 빠지고 만다. 마음은 너무도 쉽게 병에 들고 만다. '이래야 한다 저래야 한다'고 너무도 쉽게 말하는 것이다. 그러면서 스스로 자기 마음을 틀에 가두고 만다. 이때 양심의 가책이라는 싹이 튼다. "인간이 결국 사회와 평화의 구속에 갇혀 있다는 사실"이 병든 상황을 증명한다. '좋은 게 좋은 거'라고 말하면서 어떤 게 나쁜 것인지를 규정하고 있는 것이다. 좋은 것만 바라보며 양심을 가지지만 양심의 가책이 되는 나쁜 것은 거들떠보지도 않게 된다. 결국 마음이 완고해지고 만 것이다.

누가 뭐래도 양심의 가책은 외부의 압력 때문에 어쩔 수 없이 빠져들게 된 병이다. 니체는 이 가설에 확신을 갖고 있다. 도덕이 만들어놓은 함정에 빠진 것이다. 니체는 여기서 하나의 비유를 든다. 바다동물이 육지동물이 되어 살아야 하는 상황을 그려놓는다. 마음만 먹으면 뭐든지 되는 게 인간이라 했다. 그런데 마음먹음이 강요받는 상황이라면 어떤 인생이 펼쳐지게 될까? 어떤 양심을 갖느냐에 따라 인생은 예상치 못하는 그 무엇이 되기도 하기 때문에 묻는 것이다.

육지동물이 되든가 사멸하는가를 강요받았을 때 바다동물에게서 일어났어야만 한 상황이, 야만, 전쟁, 방랑, 모험에 운 좋게 잘 적응한 이 반⁺동물에게도 일어났던 것이다.—단 한 번에 그들의 모든 본능은 가치를 상실하고 '고리가 빠져버렸다'. 그들은 지금까지의 물에 의해 운반되던 곳을 이제는 발로 걷고 '자기 스스로를 운반'해야만 했다: 엄청난 무게가 그들 위에 놓였다. 가장 간단한 일을 할 때도 그들은 스스로 서툴게 느꼈다. 이 새로운 미지의 세계 앞에서 그들에게는 더 이상 조절하며 무의식중에 확실히 안내해주는 본능이라는 그들의 오래된 안내인이 없었다.—이 불행한 인간인 그들은 사유, 추리, 계산, 인과의 결합으로 축소되었고, '의식'으로, 즉 그들의 가장 빈약하고 가장 오류를 범하기 쉬운 기관으로 축소되었다! 내 생각에는 지상에서 그처럼 비참한 감정, 그와 같이 납처럼 무거운 불쾌감이 있은 적이 없었다. (430쪽 이후)

인간은 적응하는 동물이다. 생각하는 존재는 생각에 적응한다. 어떤 상황에서도 생각으로 위기를 모면할 줄 안다. 그런데 강요하는 사항을 받아들이든가 아니면 죽어야 한다면 상황은 달라진다. 남의 생각으로 자기 자신의 생각을 도배해놓고선 결국 그것에 적응하여 그것이 자기 정신이라고 착각하며 살아갈 때도 있다. 살고 싶은 욕망이 빚어낸 비극적인 결과다. 어떻게 해야 할까? 남의 정신으로 양심을 만들어낸 인간이 처한 심각한 문제 상황이다. 마음의 병은 과연 누가 치료해줄까?

생각이 본능까지 바꾸어놓을 수 있는 존재가 인간이다. 하나의 사물에 대해 인간은 호감을 느끼기도 하고 반대로 역겨움을 느끼기도 한다. 그런데 그 느낌조차 생각의 지배를 받고 있다는 게 문제다. '정이 떨어진다'는 것이 이 경우를 두고 하는 말이다. 정이 떨어질 때는 한순간이다. 전혀 예상치 못한 하나의 발견이 모든 것을 순식간에 바꾸어놓는 것이다. 마치 화장실 가는 여자의 모습을 보고 환상이 깨지듯이. 과거의 생각이 요구했던 "고리가 빠져버렸다"는 사실도 인식하지 못하고 새로운 생각으로 본능을 형성한다. 이런 변화는 순식간에 이루어진다. 마음이 하는 짓이 이토록 순식간이다.

경쟁사회 혹은 1등만 바라는 사회를 비판적으로 다룬
정지우 감독의 영화 〈4등〉(2016).

육지동물로 살아가야 하는 반동물인 인간은 중력의 악령이라는 짐을 지고 살아야 한다. 하지만 이 악령에 굴복하기를 바라는 것은 아니다. 끊임없이 극복하는 의지로 버텨내야 한다. "사람들은 노여움이 아니라 웃음으로써 살해를 한다. 자, 저 중력의 악령을 죽여 없애도록 하자!" (차라, 65쪽) 이것이 니체의 음성이다. 인생이 전하는 무게감은 엄청나다. 모두가 자기 삶의 무게가 최고라고 생각한다. "엄청난 무게가 그들 위에 놓였다." 이것이 문제인 것이다. 대지는 낯설기만 하다. 그동안 너무나도 오랫동안 하늘나라만을 꿈꾸며 살아왔기 때문이다. 대지라 불리는 "이 새로운 미지의 세계 앞에서 그들에게는 더 이상 조절하며 무의식중에 확실히 안내해주는 본능이라는 그들의 오래된 안내인이 없었다"는 것이 문제다. 도대체 무엇이 자기 인생을 인도해줄까? 본능이 본능 구실을 못하고 있다. 본능이 망상으로 눈이 멀어버렸다. 모두가 제정신이 아니다. 영화 〈4등〉에 나오는 대사처럼 모두가 '지랄병에 걸린' 것 같다.

좋은 성적을 받게 하기 위해 학원에서 학원으로 뺑뺑이를 돌리고, 좋은 대학에 가는 것을 존재의 의미로 간주하기도 하고, 행복한 삶을 물려주기 위해 스스로 기러기 아빠를 자처하기도 한다. 돈을 많이 벌기 위해 끝이 어딘지도 모를 애벌레들의 기둥을 조금이라도 더 높이 오르려고 발버둥 치기도 한다. 다람쥐 쳇바퀴 돌듯이 살면서도 거기서 삶의 가치를 찾으려고 애를 쓴다. '수레바퀴 자국에 괸 물에 있는 붕어'[3]라는 뜻의 학철부어涸轍鮒魚의 인생이 따로 없다. 누가 불행한 삶을 사는 인간일까? 잠시 걸음을 멈추고 생각 좀 해보자. 시대의 이슈로 물든 본능으로 유행만을 좇아가는 구속된 정신이 불행한 삶의 원인이 아닐까. 학문이라는 공장에서 상품처럼 찍어내듯 쏟아지는 존재가 불행하게 사는 게 아닐까. "내 말을 믿어라. 사람들이 성숙하기 전에 학문 공장에서 일하면서 유용한 사람으로 만들어진다면, 학문은 너무 일찍 이 공장에서 이용되었던 노예들처럼 파멸할 것이다."(반시대Ⅱ,350쪽) 현대인은 모두가 노예가 아닐까. 공장에서 이용당하다가 사라지는 인생이 아닐까.

현대인의 존재는 너무도 하찮다. 평생을 일해도 변할 게 별로 없다. 늘 제자리걸음 같다. "이 불행한 인간인 그들은 사유, 추리, 계산, 인과의 결합으로 축소되었고, '의식'으로, 즉 그들의 가장 빈약하고 가장 오류를 범하기 쉬운 기관으로 축소되었다!" 축소된 인생을 살아가면서도 인식조차 하지 못한다. 그것이 현대인의 문제다. 이런 삶을 살게 하는 육체가 문제일까? 그 육체의 생명력을 의지로 거두어들여야 할까? 마치 오이디푸스가 자기 자신의 눈을 뽑아내듯이? 그것이 생철학이 바라는 해결책일까?

"내 생각에는 지상에서 그처럼 비참한 감정, 그와 같이 납처럼 무거운 불쾌감이 있은 적이 없었다." 허무주의가 도래하고 있다. 절망이라 불리는 절벽 앞에 선 느낌이다. 니체가 가지는 현실 인식이다. 러시아 시인 푸시킨Aleksandr Pushkin(1799~1837)은 "삶이 그대를 속일지라도 슬퍼하거나 노여워하지 말라"고 했다. 삶이 우리를 속일 수 있다는 것이 문제다. 속임을 당해왔다는 것을 인식한 상태라면 벌써 많은 경우의 상황을 극복해낸 상태나 다름이 없다. 속고 있으면서도 속고 사는 것 자체를 모를 때 병은 깊어 치명적인 것이 되고 만다. 이때 '의식'은 존재의 의미를 축소하는 기관, 즉 "가장 빈약하고 가장 오류를 범하기 쉬운 기관으로 축소"되고 마는 것이다.


## 조상과 신에 대한
## 채무관계로서의 양심의 가책


허무주의 철학은 건강을 지향한다. "건강해지려는 용기"(아침, 292쪽)로 충만한 철학이다. 그런데 모든 건강은 질병을 전제한다. 병이 없다면 건강이란 말 자체가 무의미해진다. 건강이 좋다는 것을 아는 것은 이미 병이 싫다는 것을 인식한 결과에 해당한다. "질병은 인식의 수단이다."(인간적 Ⅰ, 14쪽) 병을 앓아야 건강의 의미를 알게 되는 것이다. 어둠 속에서 별이 보이는 것과 같다. 쇼펜하우어는 "모든 인생은 고통이다"라고 했다. 고통과 병은 같은 사물을 지칭하는 두 개의 다른 개념이나 다름이 없다. 모든 인생은 병에 걸려 있다. 이런 인식은 허무주의적이기도 하다. 니체는 여기서 "인식은 삶을 전제로 한다"(반시대Ⅱ, 385쪽)라는 말을 하게 된다. 삶은 쉽게 상처를 받고 또 말할 수 없을 정도로 아파도 결국에는 인식을 위한 전제가 된다는 데 의미가 있다는 것이다.

생각하는 존재에게 인식은 최고의 희열을 보장해준다. 깨달음보다 더 나은 경지는 없다. 그런데 그 깨달음조차 삶을 전제로 한다는 데에 허무주의적 인식이 있는 것이다. 삶 없이 깨달음은 있을 수 없다. 깨닫고 싶으면 삶을 유지해야 한다. 깨달음은 산 자의 것이다. 깨달음은 살아 있는 자의 것이다. 삶을 기반으로 하지 않은 깨달음은 말 자체가 이미 모순이다. 모든 상처는 또 다른 인식의 원인이 된다. 마음의 상처는 보이지 않지만 삶의 궁극적인 변화를 이끌 수 있다. 모든 질병은 좋은 것이다. 이런 인식이 오면 양심의 가책조차 긍정적으로 받아들일 수가 있게 된다.

> 양심의 가책이란 하나의 병이다. 이것은 의심할 여지가 없다. 그러나 이것은 임신이 병이라는 것과 같은 의미에서의 병인 것이다. 이 병이 가장 무섭고 가장 숭고한 정점에 이르게 된 조건들을 찾아보자: 우리는 이 병과 더불어 도대체 무엇이 처음으로 세계에 나타나게 되었는지 보게 될 것이다. 그러나 이를 위해서는 긴 호흡이 필요하다. (436쪽 이후)

양심의 가책은 병이다. 좋은 양심이 위기에 처한 것은 병이다. 좋은 마음이 좋게 느껴지지 않을 때 가치관은 흔들리고 만다. 좋은 게 좋은 게 아니라는 인식이 올 때 존재 자체가 병에 들고 마는 것이다. 이때 생각하는 존재에게 생각은 그 자체가 병의 원인으로 작용하고 있을 뿐이다. 생각하면 할수록 실타래는 풀리기는커녕 오히려 복잡하게 얽히고 마는 느낌은 이때 드는 것이다. 남의 생각으로 자기 생각의 문제를 해결하려 할 때 모든 인생은 이런 실수를 범하게 된다. 미로에 갇힌 듯한 답답함은 숨통조차 옥죈다.

　이런 좋은 양심을 제대로 인식하기 위해 병든 양심을 고찰해야 한다. 여기서 니체는 다시 채무관계를 살펴보고자 한다. 그는 이미 "도덕적 개념 세계의 발생지는 이 영역, 즉 채무법이다"(406쪽)라고 단언하기도 했다. 그렇다면 누가 채무자고, 누가 채권자란 말인가? 도덕적 개념 세계에서 형성되는 채무관계는 어떠한가? 이런 질문으로 니체는 조상에 대한 관계를 살펴본다. 우리는 과연 조상과 직면하게 될 때 어떤 감정 상태를 경험하게 되는 것일까?

　　그리고 먼저 우리는 다시 한번 앞서의 관점으로 되돌아가야만 한다. 이미 앞에서 오래 이야기해왔지만, 채무자의 채권자에 대한 사법적인 관계는 다시 한번 그리고 실은 역사적으로 극히 주목할 만하고 깊이 생각해볼 만한 방식으로, 우리 현대인들이 아마 가장 이해하기 어려운 관계로, 즉 현존하는 사람들과 그들의 조상에 대한 관계로 뒤섞여 해석되었다. 원시적인 종족 집단 내부에서—우리가 말하는 것은 태곳적이다—현재의 세대는 앞선 세대, 특히 종족의 기초를 세운 최초의 세대에게 어떤 법률적인 의무를 지고 있음을 언제나 인정한다(이것은 결코 단순한 감정상의 채무가 아니다: 이러한 감정상의 채무는 인류 일반이 오랫동안 존속하는 한 이유 없이 부정되어서는 안 될 것이다). 여기에는 종족이 철저히 조상의 희생과 공헌에 의해서만 존속한다는 확신이,—희생과 공헌으로 이것을 그들의 조상에게 지불해야 한다는 확신이 지배한다: 즉 이것은 부채를 승인한다는 것이며, 더구나 이 부채는 이러한 조상이 위력 있는 정령으로 계속 살아서 종족에게 새로운 이익과 가불假拂을 그들의 힘으로 끊임없이 보

증한다는 사실에 의해 끊임없이 늘어간다. (437쪽)

    도덕적 개념의 세계가 발생하게 되는 채무법을 역사적으로 고찰한다는 것은 쉬운 일이 아니다. 다른 그 어떤 때보다 "긴 호흡이 필요하다." 왜냐하면 이 "채무자의 채권자에 대한 사법적인 관계"는 지극히 복잡하게 얽혀 있기 때문이다. 그것은 "아마 가장 이해하기 어려운 관계로, 즉 현존하는 사람들과 그들의 조상에 대한 관계로 뒤섞여 해석"되어 있기도 하다. 문제의 핵심은 "현재의 세대는 앞선 세대, 특히 종족의 기초를 세운 최초의 세대에게 어떤 법률적인 의무를 지고 있음을 언제나 인정한다"는 데 있다. 조상이란 말만 들어도 그냥 주눅이 들 정도다. 제사의식도 이런 차원에서 성스러워지고 복잡해진다.

    조상에 대한 채무관계 의식은 당연한 것이다. 그들이 있었기에 현재 자기 자신의 존재도 가능하기 때문이다. 거기서 일종의 '감정상의 채무'가 생겨난다. 모든 것은 조상의 은덕이라고 생각하기도 한다. "이러한 감정상의 채무는 인류 일반이 오랫동안 존속하는 한 이유 없이 부정되어서는 안 될 것이다." 이런 감정이 민족을 형성하게 한다. 여기까지는 좋은 것이다. 긍정적으로 바라볼 수 있는 대목이다. 하지만 그런 감정상의 채무가 부정적으로 평가될 때도 있다. 즉 "희생과 공헌으로 이것을 그들의 조상에게 지불해야 한다는 확신"이 전제된 상태에서 '부채를 승인'하고, 또 이 부채가 조상의 '위력 있는 정령'의 힘으로 '끊임없이 보증'하고 '끊임없이 늘어간다'는 데에 부정적 의미가 스며 있다. 도대체 어디까지 부채를 승인하고 인정해야 할까? 조상에 대한 제사를 어디까지 감당해야 할까? 과거만을 바라보며 살 수는 없기에 묻는 것이다. 이런 생각 자체를 부도덕의 소치로 넘겨서는 안 될 것이다. 아니 이런 생각이야말로 변화를 꾀하는 '임신'이 아닐까.

또 다른 부채관계로 니체는 신에 대한 관계를 주목한다. "선조와 그의 힘 앞에서 느끼는 공포, 선조에 대한 부채 의식"(438쪽)은 신에 대한 그것과 비교될 수 있다는 것이다. "선조는 마침내 필연적으로 하나의 신으로 변형되는 것이다. 아마도 여기에 신들의 기원 자체, 공포로부터의 기원이 있을 것이다."(같은 곳) 이런 확신 속에서 니체는 조상에 대한 감정상의 채무를 신과의 관계로 확장해 나간다.

> 신에 대한 채무 감정은 수천 년을 걸쳐 끊임없이 성장했고, 더욱이 언제나 지상에서 신의 관념과 신에 대한 감정이 성장하고 고양되는 것에 정비례하여 계속 성장했던 것이다. (인종 간에 있었던 투쟁, 승리, 화해, 융합에 관한 모든 역사, 위대한 인종을 모두 종합하는 일에서 모든 민족적 요소의 최종 위계질서에 앞서는 모든 일은 그들 신의 계보의 혼란에, 그들의 투쟁과 승리와 화해의 전설에 반영되어 있다. 세계제국으로 나아가는 길은 언제나 보편적인 신에게로 나아가는 길이기도 하며, 독립적인 귀족을 제압하며 행해지는 전제정치는 언제나 어떤 일신교로 나아가는 길을 여는 것이기도 하다.) 따라서 지금까지 도달한 최대의 신인 그리스도교 신의 출현은 또한 최대한의 채무 감정을 지상에 나타나게 했다. 만일 우리가 점차 정반대의 운동을 일으켰다고 한다면, 그리스도교 신에 대한 믿음은 어쩔 수 없이 쇠퇴해가며, 이 사실에서 오늘날에는 이미 인간의 죄의식도 현저하게 쇠퇴했으리라는 사실을 어떤 사소한 개연성 없이도 추론할 수 있을 것이다. 무신론의 완벽하고 결정적인 승리는 인간을 그들의 태초, 그들의 제1 원인에 부채가 있다는 이 감정 전체에서 해방할 수도 있으리라는 전망

을 배제할 수 없다. 무신론과 일종의 제2의 순수성은 상호 의존 관계에 있는 것이다.— (439쪽 이후)

허무주의는 무신론도 유신론도 아니다. 아니 두 가지 모두 포괄하는 사상이다. 무신론이기도 하고 유신론이기도 하다. 그래서 니체는 이렇게 말하기도 했다. "우리가 자신을 진부하게도 그저 무신론자, 불신자, 비도덕주의자라고 불리게 놓아둔다면, 우리는 오랫동안 자신의 이름이 제대로 불리지 않고 있다고 생각할 것이다. 우리는 가장 후기의 단계에 이른 위의 세 가지 모두이다."(즐거운, 327쪽) 허무주의는 무신론자이며 불신자이고 또 비도덕주의자를 동시에 아우르는 철학이다. 이것을 이해하는가? 그것이 문제다.

무신론자, 불신자, 비도덕주의자, 이들 세 가지의 입장이 모두 '가장 후기의 단계'에 도달했다는 말이 이해의 열쇠를 쥐고 있다. 경계 지점에 도달했다는 얘기다. 한 발자국만 넘어서면 다른 영역이다. 그것이 경계라 불리는 지점의 의미다. 마지막 단계에 도달한 이념, 그것을 바라보고 있는 것이 허무주의 철학이다. 즉 무신론자이면서 그 한계를 넘어서고자 하고, 불신자이면서 자신의 입장을 부정하고 싶고, 또 비도덕주의자이면서 도덕주의가 되고자 하는 열망으로 충만해 있는 것이 바로 니체의 입장이라는 얘기다. '가장 후기'가 전하는 어감은 바로 이런 것이다.

니체는 신을 부정하면서도 신을 찾고 있다. "나는 춤을 출 줄 아는 신만을 믿으리라."(차라, 65쪽) 천국을 단호하게 부정하면서도 천국을 뜨거운 열정으로 염원하고 있다. "새 신앙인의 천국은 물론 지상의 천국이어야 한다."(반시대 I, 205쪽) 도덕을 가차 없이 부정하면서도 희망에 차서 "도덕의 아침놀"(인간적Ⅱ, 339쪽)을 바라보고 있다. 그래서 니체가 무신론을 운운할 때는 허무주의의 도래 차원에서 하는 말인지 아니면 허무주의를 극복하고자 하는 입장에서 하는 말인지를 구분하여 읽어내야 한다.

"신적인 것에 부채를 지고 있다는 의식"(439쪽)은 지극히 인간적인 문제다. 인간이기에 신이 요구되는 것이다. 신이 없는 인간은 말장난에 불과하다. 생각하는 존재는 늘 극단적인 사물에 대한 생각을 저버릴 수 없기 때문이다. 존재 중의 존재는 어떤 존재일까? 신 중의 신은 어떤 신일까? 최고의 형식은 어떤 것일까? A와 B가 싸우면 누가 이길까? 이성을 가진 자는 이런 질문으로부터 자유로울 수가 없다. '엄마가 좋아? 아빠가 좋아?' 이런 질문으로 인간은 가장 재미난 놀이를 하기도 한다. 신과 악마가 한판 승부를 벌인다는 '아마겟돈'(요한계시록 16:16)은 최고의 관심사가 아닐 수 없다.

그런데 늘 생각이 하나로 규정될 때가 문제다. 영리한 아이는 엄마도 좋고 아빠도 좋다는 생각 사이에서 고민을 할지언정 어느 하나를 선택하는 무모함은 보이지 않을 것이다. 그럼에도 불구하고 한쪽을 선택한 상황이라면, 그것도 어떤 주저함도 없이 이루어진 판단이라면 상황은 달라진다. 좋은 감정이 있는 반면 나쁜 감정도 공존하기 때문이다. 좋다는 말을 하면서 동시에 싫다는 말을 전제하기 때문이다. 이런 점에서 기독교는 "최대한의 채무 감정을 지상에 나타나게 했다"는 책임을 면치 못하게 된다. 자기 이외의 신과는 상종도 하지 말라고 가르치고 있기 때문이다. "너는 나 외에는 다른 신들을 네게 두지 말라."(출애굽기 20:3) 오로지 단 하나의 신만을 인정한다. 그러면서 스스로 문제의 중심에 서고 만다. "나와 함께하지 아니하는 자는 나를 반대하는 자요 나와 함께 모으지 아니하는 자는 해치는 자니라."(누가복음 11:23) 이보다 더 잔인한 편 가르기가 또 있을까.

신에 대한 채무 감정은 신에 대한 감정과 정비례한다. 신에 대한 감정이 강렬할수록 신에 대한 채무 감정 또한 강렬해질 수밖에 없다는 얘기다. 예를 들어 "피차 사랑의 빚 외에는 아무에게든지 아무 빚도 지지 말라"(로마서 13:8)는 명령을 인정하고 받아들이게 된다면 어떤 상황이 펼쳐지게 되는 것일까? 기독교에서는 사랑 자체가 곧 신의 이름이기도 하다. "하나님은 사랑이심이라."(요한일서 4:8) 그리고 하나님은 '임마누엘'(마태복음 1:23)이라, 곧 항상 우리 곁에 있어 준다. 결국 우리는 신에게 이미 사랑의 빚을 지고 있다. 평생 이 빚을 갚으며 살아야 한다. 다른 빚을 지면 저주를 받을 것이다. "만일 누구든지 주를 사랑하지 아니하면 저주를 받을지어다."(고린도전서 16:22) 정말 무서운 저주가 아닐 수 없다.

기독교는 명실상부 세계 제1의 종교로 자리매김했다.[4] 하나의 이념이 세상을 가장 많은 영역에서 지배하게 된 것이다. "세계제국으로 나아가는 길은 언제나 보편적인 신에게로 나아가는 길"이라는 사실을 무시할 수 없다. 모든 "전제정치는 언제나 어떤 일신교로 나아가는 길"이라는 사실을 부정할 수도 없다. 하나의 이념이 세상을 지배하면 세계제국이 탄생한다. 이런 나라에서 펼쳐지는 정치는 전제정치뿐일 것이다. 잣대를 들이대고 거기에서 어긋나면 모두 이단자의 운명을 각오해야 할 것이다. 신앙고백을 한 자들에게는 기독교가 제일일지는 몰라도 세계 인구를 비교하면 기독교 신자가 아닌 자들이 더 많다. 이를 어쩌랴. 모두 저주받아야 한다? 이제부터 문제다. 여기서부터 심각한 문제가 발생하는 것이다.

## 정신 속에 자리 잡고 있는
## 가장 잔인한 고정관념이라는 미궁

미궁에 대한 전설은 유명하다. 단어 라비린스<sup>Labyrinth</sup>의 번역이 미궁이다. 크레타 섬을 지배하고 있던 미노스<sup>Minos</sup> 왕을 위해 다이달로스<sup>Daidalos</sup>가 만들어준 감옥을 일컫는 말이다. 그 안에 머리는 황소, 몸은 인간인 괴물 미노타우로스<sup>Minotauros</sup>를 가두어두었다고 한다. 이 감옥은 빠져나올 수 없는 복잡한 길로 유명하다. 하지만 출구를 찾을 수는 있었다. 아리아드네의 실타래가 출구를 찾게 해주었다. 이 실타래의 도움으로 영웅 테세우스<sup>Theseus</sup>가 미노타우로스를 죽이고 미궁을 빠져나올 수 있었다.

그런데 니체는 이 미궁에 대한 이야기를 고정관념으로 연결해놓는다. 미궁에는 생각을 교란할 수 있는 길들, 즉 고정관념이라는 길이 수도 없이 많이 있다는 얘기다. 그 고정관념의 한가운데에는 인간의 의지가 있다. 모든 것에 위협적인 존재인 괴물과 같은 의지가 있는 것이다. 니체의 허무주의는 바로 이 의지와 맞붙으려 한다. 쉽지 않은 싸움이다. 자칫하면 목숨까지 내놓아야 한다. 가장 잔인한 의지이기 때문이다.

> 이 모든 사태와 더불어 그리고 그러한 사태 아래서 도대체 어떤 일이 일어났는지는 이미 짐작하고 있을 것이다: 자기를 괴롭히려는 저 의지가 내면화되어 자기 안으로 내몰린 동물적 인간, 길들이기 위해 '국가'에 갇힌 동물적 인간의 저 뒤로 물러난 잔인함이 그것이다. 이 갇힌 인간은 이러한 고통을 주려는 의욕의 좀 더 자연적인 출구가 막힌 후에 스스로에게 고통을 주기 위해 양심의 가책을 고안해냈다.―양심의 가책을 지닌 이러한 인간은 자기 고문을 소름 끼칠 정도

의 냉혹함과 준엄함으로 몰고 가기 위해, 종교적 전제를 자기 것으로 만들었다. 신에 대한 죄책감: 이 사상은 인간에게는 고문의 도구가 된다. […] 이것이야말로 정신적 잔인함 속에 자리 잡고 있는 그 무엇과도 견줄 수 없는 일종의 의지의 착란이다: 즉 이것은 스스로를 구원할 수 없을 만큼 죄가 있으며 저주받아야 할 것으로 보는 인간의 의지다. 이것은 어떤 벌도 죄에는 상응할 수 없기에 스스로 벌을 받아야 한다고 생각하는 인간의 의지다. 이것은 이러한 '고정관념'의 미궁에서 나오는 탈출구를 단번에 차단하기 위해, 사물의 가장 깊은 근거를 벌과 죄의 문제로 오염시키고 독을 타려는 인간의 의지다. 이것은 그와 같은 이상 앞에서 자신이 절대적으로 무가치함을 분명히 확인하기 위해, 하나의 이상—'성스러운 신'의 이상—을 세우려는 인간의 의지다. 오, 이미 미쳐버린 가련한 짐승인 인간이여! 만일 행위의 야수성을 조금이라도 방해받게 되었을 때, 그대들은 어떤 생각을 하게 되며, 어떤 반자연이, 어떤 어처구니없는 발작이, 어떤 관념의 야수성이 즉시 폭발해버리는 것일까!… 이 모든 것은 지극히 흥미로운 일이지만, 암담하고 음울하고 쇠약해진 슬픔을 띠고 있기도 하기 때문에, 억지로라도 너무 오랫동안 이 심연을 들여다보는 것은 삼가야만 한다. 의심할 것도 없이 여기에는 병이, 지금까지 인간에게서 창궐했던 가장 무서운 병이 있는 것이다: […] 대지는 너무 오랫동안 이미 정신병원이었다!… (442쪽 이후)

대지가 미궁이다. 대지가 정신병원이다. 미친 정신을 대지에서 찾아내야 한다. 이것이 허무주의가 직면한 문제 상황이다. 어떻게 하면 대지를 괴물로부터 구원하고 천국으로 만들 수 있을까? 이것이 니체의 고민이다. 세상은 고정관념으로 뒤얽혀 있다. 고정관념이 또 다른 고정관념과 엮어지면서 미궁을 형성하고 말았다. 현대의 문제는 도대체 어디서부터

228

손을 대야 할지 모를 정도로 복잡해지고 말았다. 함부로 다가갈 수도 없다. 미궁 안에는 "'국가'에 갇힌 동물적 인간의 저 뒤로 물러난 잔인함"을 품고 있는, 잔인한 인간의 의지가 도사리고 있기 때문이다. 니체는 이 의지를 "일종의 의지의 착란"이라고 말한다. 무언가에 착각을 일으킨 의지라는 얘기다.

의지가 착란을 일으키고 말았다. "자기를 괴롭히려는 저 의지가 내면화되어 자기 안으로 내몰린 동물적 인간, 길들이기 위해 '국가'에 갇힌 동물적 인간의 저 뒤로 물러난 잔인함"이 착란을 일으킨 의지의 힘이다. 의지의 방향이 자기 자신에게로 향하고 있다. 이 착란은 스스로를 갇힌 인간으로 만들고 말았다. "이 갇힌 인간은 이러한 고통을 주려는 의욕의 좀 더 자연적인 출구가 막힌 후에 스스로에게 고통을 주기 위해 양심의 가책을 고안해냈다." 고정관념에 갇힌 인간이 양심의 가책을 만들어냈다. 하나의 이념에 갇힌 인간이 '신에 대한 죄책감'을 만들어냈다는 얘기다. 생각하는 존재가 생각으로 자기 자신을 괴롭히고 고통을 주려는 '고문의 도구'를 고안해낸 것이다.

의지가 자기 자신에게로 향한다. "이것이야말로 정신적 잔인함 속에 자리 잡고 있는 그 무엇과도 견줄 수 없는 일종의 의지의 착란이다." 생각하는 존재가 자기 의지 속에 갇히고 말았다. 생각 하나를 잘못함으로써 "'고정관념'의 미궁에서 나오는 탈출구를 단번에 차단"하고 말았다. 스스로가 구원에 이르는 자신의 길을 차단하고 만 것이다. 의지가 병들고 말았다. "의심할 것도 없이 여기에는 병이, 지금까지 인간에게서 창궐했던 가장 무서운 병이 있는 것이다." 정신이 병든 것이다. 그 무엇보다도 무서운 병이 아닐 수 없다. 인간은 생각하는 존재이기에.

"스스로 벌을 받아야 한다고 생각하는 인간의 의지", 이것은 "사물의 가장 깊은 근거를 벌과 죄의 문제로 오염시키고 독을 타려는 인간의 의지다." 신을 생각해냄으로써 어쩔 수 없이 신의 관념 속에 갇히고만 인간의 의지는 사물의 가장 깊은 근거에까지 독으로 오염시키고 말았다. 신이라 불리는 성스러운 '하나의 이상'에 갇히면서 미쳐버린 가련한 짐승의 단계로 추락하고 만 것이다. 이 짐승은 '행위의 야수성'이 드러날 수 있는 모든 출구를 차단당한 상태에서 '관념의 야수성'으로 폭발한 존재다.

'관념의 야수성', 그것은 "어떤 생각을 하게 되며, 어떤 반反자연이, 어떤 어처구니없는 발작이" 폭발하는 증상으로 나타난다. 발작 증세라는 얘기다. 고정관념의 미궁 속에서 미쳐버린 가련한 짐승이다. 광기도 전염이 될까. 니체는 미궁을 너무 오래 바라보지 않을 것을 권한다. "억지로라도 너무 오랫동안 이 심연을 들여다보는 것은 삼가야만 한다." 생각하는 패턴은 쉽게 바뀔 수 있다. 그래서 조심해야 하는 것이다. 생각하는 존재는 흔들리는 갈대의 속성을 지니고 있다는 사실을 잊지 말아야 한다. 아무리 생각하는 능력으로 무장하고 있어도, 또 그 능력으로 인간 스스로를 만물의 영장으로 만들 수 있어도, 결국에는 남의 말에 쉽게 속는다는 약점을 끌어안고 살아야 하기 때문이다.

## 고대 그리스 신들에 대한 동경

르네상스 정신이 고대 그리스를 동경했던 것처럼, 니체도 과거 신들의 세계를 동경한다. 인간미가 충만했던 시대였기 때문이다. 세상은 말 그대로 신들의 정령으로 가득했던 시절이었다. 스스로를 신으로 간주하며 당당하게 살았던 시대였다. 불행을 죄의식으로 해석하는 기독교적 발상은 끼어들 틈이 없었다. 그런 발상은 정신을 "'고정관념'의 미궁"(443쪽) 속에 갇히게 할 뿐이었다. 이에 반해 니체는 긍정적 의미에서 '신성한 신'을 자주 바라볼 것을 권한다. 그것이 바로 미궁 자체를 조망할 수 있는 시각을 가져다줄 것이라고 확신하기 때문이다. 그런 신들로 니체는 고대 그리스 신들을 추천한다. 개성이 있으며 인간의 것을 폄하하지 않는, 그러면서도 자신들의 영역을 구축하려고 애를 쓰는 신 말이다.

> 이 그리스 신들은 고귀하고 자주적인 인간이 반영된 것이며, 그것에 비추어 인간 안에 있는 동물은 스스로 신격화되었음을 느꼈고 자기 자신을 물어뜯지도 않았고 자기 자신에게 사납게 날뛰지도 않았다! 이러한 그리스인들은 바로 '양심의 가책'을 자신에게서 떼어놓고 그들의 영혼의 자유를 즐길 수 있게 오랫동안 자신의 신들을 이용했다: 즉 그것은 그리스도교가 자신의 신을 이용했던 것과는 정반대되는 의미의 것이었다. 그들, 이 화려하고 사자처럼 용맹한 어린아이들은 이 점에서 극히 극단적으로 나아갔다. (444쪽)

고대 그리스인들은 신들을 이용해 인생을 즐겁게 살았다. 신들 앞에서 양심의 가책을 느끼는 일은 없었다. 그들이 신들 앞에서 느끼는 감정은 그런 게 아니었다. 죄를 고백해야겠다는 어처구니없는 발상은 하지도 않았다. 대지를 자기 고문을 통해 스스로에게 고통을 주려는 인간들로 들끓는 정신병원으로 만들어놓지 않았다. 양심의 가책은 고대 그리스인들과는 전혀 상관도 없었다. 그들은 자신의 "영혼의 자유를 즐길 수 있게 오랫동안 자신의 신들을 이용"했을 뿐이다. 신들의 존재 이유는 삶을 위한 것이었다.

기독교인들이 자신의 신을 이용했던 것과 정반대되는 의미의 것, 그것이 고대 그리스의 정신이다. 아쉽게도 고대는 폐허가 되어버렸다. 디오니소스 극장은 명성을 잃고 말았다. 하지만 아테네 아크로폴리스<sup>Acropolis</sup>의 동남쪽 성벽에 자리 잡고 있는 극장은 역사적 사실을 증명하고 있다. 도대체 2천5백 년 전에 이곳에서 어떤 일들이 벌어졌던 것일까? 기독교의 신 관념에 익숙해져버린 우리는 상상도 못한다. '비극의 탄생' 원리를 알 수만 있다면! 그리스어 엑스타시스<sup>ékstasis</sup>가 전하는 메시지는 무엇일까? '자기 밖으로 나간다'[5]는 것은 무엇을 의미하는 것일까? 자기 밖으로 나가기 위해 비극을 이용했다? 신의 경지에 들어가기 위해 비극이라는 예술 형식을 필요로 했다? 그런 경지에서 우리는 무엇을 체험하게 되는 것일까? "그들, 이 화려하고 사자처럼 용맹한 어린아이들은 이 점에서 극히 극단적으로 나아갔다." 기독교인들의 정신과는 정반대의 방향으로 극단까지 치닫고 있는 것이다. 도대체 그 끝에는 무엇이 기다리고 있을까? 그 끝에서 만나는 것은 무엇일까? 신<sup>神</sup>은 신인데, 그 신의 정체는 어떤 존재일까? 기독교가 말하는 정반대의 신은 어떤 모습을 하고 있을까?

'어리석음', '무분별', 약간의 '머릿속의 혼란스러움', 이러한 많은 것을 가장 강하고 용감한 시대에 살았던 그리스인들조차도 스스로 많은 재화<sup>災禍</sup>와 불운의 원인으로 인정했다:—인정한 것은 어리석음이었지 죄가 아니었다! 당신들은 이것을 이해하겠는가?… 그러나 이 머릿속의 혼란스러움조차도 하나의 문제였다—"그렇다면, 어떻게 그러한 머릿속의 혼란스러움이 가능하단 말인가? 도대체 어디에서 그러한 혼란이 왔단 말인가? 우리가 보아왔듯이, 우리 고귀한 혈통의 인간, 행복한 인간, 성공한 인간, 가장 훌륭한 사회에 살고 있는 인간, 고귀한 품성을 지니고 있는 인간, 유덕한 인간의 머릿속에 그러한 혼란이 일어날 수 있단 말인가?"—수 세기 동안 고귀한 그리스인은 그의 무리 가운데 누군가가 범한 그 자신도 이해할 수 없는 온갖 만행과 악행을 볼 때마다 스스로 물었다. 그는 머리를 흔들면서 마침내 자신에게 "아마도 신이 그를 우롱했음이 틀림없어"라고 말했다… 이러한 해결책은 그리스인들에게는 전형적이다… 이와 같이 그 당시에는 어느 정도까지 나쁜 일에서도 인간을 변호하는 데 신이 이용되었다. 신은 악의 원인으로 이용되었다—그 당시에는 신들은 벌주는 것을 맡은 것이 아니라, 더 고귀한 것, 즉 죄를 맡은 것이다… (445쪽)

비극의 주인공들은 비극적 운명에 빠져 있는 신들이었다. 신들은 죄 없이 죄인이 되어야 했던 것이다. 그것이 관객으로 하여금 동정심을 유발했던 것이다. 그들의 죽음 앞에서 느끼는 공포는 감정을 끌어모으는 데 이용될 수 있는 최고의 도구였다. 그리고 비극은 그 감정을 배설할 수 있도록 배려했다. 카타르시스<sup>Katharsis</sup>가 이루어지도록 영리하게 진행되었던 것이다. 비극 자체는 공연 예술임을 감안할 때 이런 진행 과정은 실로 천재적으로 이루어졌을 것이 분명하다. 최고의 공연을 보고 나오는 느낌은 어떤 것일까? 비극적 종말을 확인하고 나서 극장을 나서는 관객의 마음은 어떤 것일까? 눈물이 가득한 눈으로 세상을 바라볼 때 관객은 무엇을 발견하게 되는 것일까? 진정한 카타르시스가 전해주는 쾌감은 도대체 어떤 것일까?

고대 그리스의 신들, 특히 비극의 주인공으로 등장하는 인물들은 모두 한결같이 "'어리석음', '무분별', 약간의 '머릿속의 혼란스러움'" 등을 운명적으로 지니고 있다. 신들이 보여주는 행동은 어리석기 짝이 없고 무분별하며 혼란스럽기만 하다. 그것이 관객으로 하여금 안타깝게 만드는 것이다. '그래서는 안 되는데!' 하며 한탄을 하는 것이다. '아이고, 아이고, 결국에는~' 하며 주인공과 함께 쓰러지는 것이다. 죄를 지을 만한 자가 죄를 짓고 있다면 그것은 극적 긴장감을 불러일으키지 못한다. 무고한 자가 의도치 않게 죄의 덫에 걸려드는 그 모습이 안타까운 것이다.

"모든 인생은 고통이다." 쇼펜하우어 염세주의 철학의 대전제다. 니체도 이 말에 동조했다. 모든 인생은 고해苦海다. 불교가 전하는 지혜다. "헛되고 헛되며 헛되고 헛되니 모든 것이 헛되도다."(전도서 1:2) 기독교가 전하는 메시지다. 문제는 해결책이다. 세상을 등지고 천국으로 향할 것인가? 아니면 이 힘든 세상과 맞서서 "너 네 자신에 이르는 길을"(차라, 106쪽) 갈 것인가? 그것이 문제인 것이다. 허무주의 철학은 하늘에 대해서는 허무함을 전하고 대지에 대해서는 유혹의 손짓을 보낸다. "나 자신을 자기 자신에게로 유혹하는 것"(즐거운, 48쪽 이후)만이 생철학자 니체의 본심이다.

고대 그리스인들이 "인정한 것은 어리석음이었지 죄가 아니었다!" 니체의 목소리가 격앙되고 있다. 제발 좀 제대로 들어달라고 애원이라도 하는 것 같다. 비극의 원인은 어리석음이었지 죄가 아니었다. 죄를 묻는 것이, 비극이 장치는 아니었다. 죄의식은 문제가 되지 않았다. 신에 대한 죄책감은 안중에도 없었다. 어리석고 무분별하고 혼란스러운 게 문제였을 뿐이다. 주인공의 비극적 운명은 생각을 잘못해서 발생한 것이지 활동의 원인이 되는 활동자에 의해 발생한 것은 결코 아니었다. "활동의 활동"(378쪽) 따위는 상상도 하지 않았다.

디오니소스 극장을 찾은 관객은 생각했을 것이다. '어떻게 저런 혼란이 가능했을까?' 하고. 신에 대한 두려움이나 공포가 발생했던 것은 아니다. 비극의 원인이 되는 혼란스러움에 집중했을 것이다. 풀리지 않는 인생의 문제에 몰두했을 것이다. 인간의 한계를 신의 행동 속에서 발견했을 것이다. '고귀한 그리스인'은 극장에서 보고 배운 대로 일상에 적용하여 생각하려 했을 것이다. "그 자신도 이해할 수 없는 온갖 만행과 악행을 볼 때마다 스스로" 물었을 것이다. 신의 모습을 대상화하면서, "그는 머리를 흔들면서 마침내 자신에게 '아마도 신이 그를 우롱했음이 틀림없어'라고" 말했을 것이다. 그것이 아마도 고대 그리스에서 비극이 공연된 이유가 아니었을까.


## 커다란 건강을 통한
## 허무주의적 구원론

니체는 인간을 구원하고자 한다. 생명에 대한 이유를 찾고자 한다. 삶에 대한 정당성을 부여하고자 한다. 삶의 터전이 되어야 할 대지를 천국으로 만들고자 한다. 형이상학적 신을 죽이고 실존적 의미의 인간을 살리려 한다. 이상을 무너뜨리고 이상을 세우려 한다. 신이 있던 자리에 인간을 세워놓으려 한다. 진리로 군림해오던 진리를 치워버리고 새로운 진리로 세상을 밝히고자 한다.

—나는 세 가지 물음으로 끝내고자 한다. 사람들은 이것을 보게 될 것이다. "여기에서 도대체 하나의 이상이 세워지게 되는가 아니면 무너지게 되는가?" 사람들은 아마 나에게 이렇게 물어보게 될 것이다… 그러나 당신들은 지상에서 모든 이상을 수립하는 데 얼마나 비싼 대가를 치렀는지 스스로에게 충분히 물어본 적이 있는가? 그 때문에 항상 얼마나 많은 현실이 비방되고 오해되었으며, 얼마나 많은 거짓이 신성화되었으며, 얼마나 많은 양심이 혼란에 빠지게 되었으며, 얼마나 많은 '신'이 그때마다 희생되어야만 했던가? 하나의 성전聖殿이 세워질 수 있기 위해서는, 하나의 성전이 부서져야만 한다: 이것은 법칙이다—이 법칙이 적중되지 않는 경우가 있다면 나에게 제시해보라!… (446쪽)

하나의 이상을 세우기 전에 하나의 이상을 무너뜨려야 한다. 한 계단 올라서려면 한 계단을 밟아야 한다. 최고의 사랑을 맛보려면 이전의 모든 것은 망각이란 나락으로 떨어뜨려야 한다. 힘을 내려면 밥을 먹어야 한다. 하나의 성공적인 행위를 위해 희생은 필연적이다. 니체는 확신에 차서 말한다. "하나의 성전이 세워질 수 있기 위해서는, 하나의 성전이 부서져야만 한다: 이것은 법칙이다"라고. 세상의 법칙이고 삶의 법칙이라고. 극복을 원한다면 버림이 선행되어야 한다. 초인을 원한다면 인간에 대한 혐오가 앞서야 한다. 이보다 더 확실한 법칙이 또 있을까?

허무주의 철학은 늘 하나의 질문부터 꺼낸다. "여기에서 도대체 하나의 이상이 세워지게 되는가 아니면 무너지게 되는가?" 이상은 세워지기도 하고 무너지기도 하는 것이다. 아니 그래야 하는 것이다. 변화를 거부하고 영원을 지향하는 이상은 폭력으로 변질되고 만다. 그렇다고 섣부른 변화는 성숙한 모습을 보여주지 못한다. 억지를 부린다고 될 일이 아니라는 얘기다. 늘 적당한 시간이 흘러주어야 한다. 그 적당함이란 개인차가 있겠지만 그래도 오랜 시간이 아닐 수 없다. 무無를 기다리는 열정이 요구되기 때문이다.

지상에서 세워지는 모든 이상은 수많은 조건을 채우면서 일구어진 것이다. 그 수많음을 전하기 위해 니체는 수차례 '얼마나'를 반복하며 이야기를 전개한다. "얼마나 비싼 대가를 치렀는지", "얼마나 많은 현실이 비방되고 오해되었"는지, "얼마나 많은 거짓이 신성화되었"는지, "얼마나 많은 양심이 혼란에 빠지게 되었"는지, "얼마나 많은 '신'이 그때마다 희생되어야만" 했는지 등으로 말이다. 허무주의적 방식은 수많은 비싼 대가를 치러야 한다. 현실이 비방되고 오해되는 것을 견뎌내야 하고, 또 수많은 거짓이 신성화되는 꼴을 보아야만 한다. 진정한 양심이 혼란에 빠지기도 하고, 어처구니없는 신들의 등장과 함께 또 다른 신들이 희생을 맛보아야만 한다.

그래서 허무주의적 방식이란 방랑자의 그것과 비교되기도 한다. "'방랑자'가 말한다.—우리 유럽의 도덕성을 멀리 떨어져서 바라보고, 이것을 다른 도덕성, 과거나 미래의 도덕성에 비추어 평가하기 위해서는 방랑자가 어느 도시의 탑들이 얼마나 높은지를 알기 위해 그 도시를 떠나는 것과 같은 방식의 일을 해야만 한다."(즐거운, 388쪽) 도시에 머물면 탑들의 높이를 제대로 인식할 수가 없다. 모든 사물은 감정이 떠났을 때 제대로 인식되는 것과 같은 이치다. 그런데 현대인은 너무 오랫동안 하나의 이상에 얽매이고 말았다.

우리 현대인들, 우리는 수천 년간 양심의 해부와 자기 동물성 학대의 상속인이

다: 이 점에서 우리는 가장 오래 훈련했고, 이 점이 아마 우리의 예술적 기질이며, 어쨌든 우리의 세련됨, 우리의 나쁜 취미의 버릇이다. 인간은 너무 오랫동안 자신의 자연적 성향을 '나쁜 눈'으로 보아왔기 때문에, 이 성향은 인간에게서 마침내 '양심의 가책'과 밀접하게 연결되었다. (446쪽)

인간은 자신이 이성적 존재라는 사실에 대해 너무도 오랫동안 긍지를 갖고 살아왔다. 너무나도 오랫동안 이성의 능력에 몰두해왔던 것이다. 그러면서 육체와 관련한 동물적인 측면은 관심 밖으로 내몰리고 말았다. "우리 현대인들, 우리는 수천 년간 양심의 해부와 자기 동물성 학대의 상속인이다." 현대인은 동물성을 상실한 존재나 다름이 없다. 하늘을 보고도 하늘을 인식하지 못한다. 규격화된 화면을 통해서 하늘을 바라보고 있을 뿐이다. 틀에 박힌 시선으로 사물을 이해하고 있을 뿐이다. 또 그 이해의 내용이 자기 스스로 획득해낸 것이라고 착각까지 한다. 가소롭기 짝이 없는 상황이 펼쳐지고 있다.

현대인은 가장 잘 훈련된 존재에 불과하다. 소위 학문 공장 공장장의 교육을 잘 받고 어려운 시험이란 관문을 통과해낸 상품화된 존재가 되어 세상에 태어났다. 이들의 존재 의미는 그저 소비되는 것에 있다. 규격화된 인생이 펼치는 온갖 노력은 헛수고에 빠지고 만다. 다람쥐 쳇바퀴에서 펼쳐지는 노력과 같다. 평생을 적극적으로 살아보려 애를 쓰지만 결국에는 소비하고 소비해서 이르게 된 무의미한 죽음만을 맞닥뜨리게 된다. 현대인은 그런 소비의 길을 걷고 있을 뿐이다. 자기 동물성을 학대하면서 '예술적 기질'을 확인하고, 거기서 또 자신의 세련됨을 주장한다. 그것이 '나쁜 취미의 버릇'임을 결코 인식도 못하면서.

허무주의 철학은 현대인을 비판한다. 현대인은 너무도 오랫동안 동물성, 즉 "자신의 자연적 성향을 '나쁜 눈'으로 보아왔기 때문에, 이 성향은 인간에게서 마침내 '양심의 가책'과 밀접하게 연결"되고 말았다. 나체화를 보면서 양심의 가책을 느끼기도 한다. 세기전환기의 도시문화를 비판했던 릴케는 모델을 구할 수 없어 힘들어하는 어느 늙은 예술가의 애환을 글로 남겨놓기도 했다. "이 노인은 갑자기 일에 파묻혀 40년 전에 파리에서 그렸던 옛날 스케치에 의해 나체화를 그렸다오. 그 소도시 엑스에서는 모델을 구할 수 없다는 사실을 알았기 때문이오. / 그는 이렇게 말하고 있소. 기껏해야 50대의 모델이나 구할 수 있겠지. 이 도시에선 내가 찾는 모델은 절대로 얻을 수 없다는 것을 나는 알고 있단 말이야…"[6] 아무도 모델로 서주려 하지 않는다. 그런 일을 해서는 안 된다고 생각한 것이다. 양심의 가책을 받게 되는 일은 하지 않겠다는 것이다. 동물성을 학대하는 양심을 이상으로 삼는 현대인에 대해 니체는 허무주의로 맞선다.

저 목표를 달성하기 위해 바로 이 시대에 있을 법한 것과는 다른 방식의 정신이 필요하다: 그것은 전쟁과 승리로 단련되었으며, 정복, 모험, 위험, 그리고 심지어는 고통까지도 필요하게 된 정신이다. 이 정신에 이르기 위해서는 날카로운 고지의 바람과 겨울의 방랑, 어떤 의미에서의 얼음과 산악에도 익숙해질 필요가 있다. 이 정신에 이르기 위해서는 일종의 숭고한 악의조차 필요하며, 커다란 건강에 속하는 극단의 자기 확신성을 갖는 인식의 방자함이 필요하다. 간단하고도 좀 나쁘게 말하자면, 이 커다란 건강이야말로 필요한 것이다!… 이것이 바로 오늘날에도 가능할까?… 그러나 언젠가는 썩은 냄새가 나고 자기 회의적인 이 현대보다 더 강한 시대가 되면, 위대한 사랑과 경멸을 지닌 구원의 인간이

239

자신이 미는 힘으로 모든 것을 초월한 저편의 경지에서 언제나 되풀이하여 밀려 나오는 창조적 정신이 우리에게 다가오고 말 것이다. 그의 고독은 마치 현실에서 도피하는 것처럼 민중에게서 오해받게 된다—: 이것은 단지 그가 현실 속으로 침잠해 들어가고 몰입하고 몰두해 들어가는 것에 지나지 않으며, 따라서 그는 언젠가 그곳에서 나와 다시 밝은 빛을 받게 될 때, 이러한 현실의 구원을, 즉 지금까지의 이상이 현실에 부과했던 저주에서 벗어나는 구원을 가져오게 한다. 이러한 미래의 인간은 지금까지의 이상으로부터도 우리를 구원해주며, 그 이상에서 성장할 수밖에 없는 것, 즉 격렬한 구토에서, 허무를 향하는 의지에서, 허무주의에서 우리를 구원해주게 된다. 이러한 정오와 위대한 결단의 종소리는 의지를 다시금 자유롭게 만들며, 대지에는 목표를, 인간에게는 희망을 되돌려준다. 안티크리스트이자 반ᴿ허무주의자, 신과 허무를 초극한 이 자,—그는 언젠가 올 수밖에 없다… (447쪽 이후)

황홀지경을 경험하고 싶으면 그것을 감당할 수 있는 육체가 요구된다. 망아의 경지를 체험하고 싶으면 자기 자신의 의식을 가능케 하는 육체를 끝까지 온전하게 지니고 있어야 한다. 쇼펜하우어도 깨달음의 경지에 준하는 인식을 하고 싶으면 자살이라는 방법을 통해 스스로를 죽음으로 내몰지 말아야 한다고 주장했었다. "자살은 일종의 실험이라고 할 수 있으며 자연으로부터 대답을 듣기 위해 던지는 질문이라고도 생각할 수 있다. 즉 자살은 인간의 존재와 의식의 죽음에 대해 어떻게 변화하느냐 하는 실험인 것이다. 그러나 그것은 어리석은 실험이다. 왜냐하면 대답을 들어야 할 의식 그 자체까지도 제거해 버리기 때문이다."[7] 깨닫고 싶으면 무슨 수를 써서라도 살아라! 이것만이 생철학의 지상명령이다.

인류를 구원했다는 예수 패러디,
가시면류관을 쓴 니체(작가미상).

허무주의 철학은 건강한 육체에 의해서만 실현 가능하다. 이 철학은 온갖 허무함을 감당할 수 있는 건강을 요구한다. 그것도 '커다란 건강'만이 구원에 이를 수 있다고 단언한다. 미래를 향한 니체의 시선은 '구원의 인간'이 또 '창조적 정신'이 다가오고 있음을 인식하고 있다. 썩은 냄새가 나는 현대에 대해 격렬한 구토증을 느낄 수 있는 건강함, 질투의 폭풍으로 밀려드는 민중의 오해를 감당할 수 있는 건강함, 삶의 걸림돌로 작용하는 온갖 저주를 듣고도 흔들리지 않는 정신의 건강함이 인간을 구원의 길로 들어서게 한다.

파괴 이후에 창조가 실현된다. 구토 후에 식욕을 느낀다. '허무를 향하는 의지'가 허무를 딛고 일어선다. 허무 이후에 선악의 저편이 눈앞에 펼쳐진다. 그때 그림자가 가장 적은 '정오'의 기운이 온 세상을 드리운다. '위대한 결단의 종소리'가 내면에서 넘쳐흐르게 된다. 이때 내뱉는 모든 소리는 오로지 맑음 그 자체를 전해줄 것이다. 그 종소리는 "의지를 다시금 자유롭게 만들며, 대지에는 목표를, 인간에게는 희망을 되돌려준다." "내가 아무것도 희망할 수 없는 곳, 모든 것이 너무나 명백하게 종말을 가리키는 곳에서 희망을 걸었다"(비극, 20쪽)는 주장은 바로 이런 때를 두고

한 말이다. 허무주의자는 반허무주의자로 거듭난다. 안티크리스트, 즉 신과 허무를 초극한 자로 거듭난다.

6장

—

# 금욕주의적 이상과 건강한 관능

## 잘 모르겠으면
## 처음부터 다시 시작하라

《도덕의 계보》마지막 제3논문의 모토로 니체는《차라투스트라는 이렇게 말했다》의 한 구절을 인용한다. "무관심하고, 비웃으며, 포악하게─지혜는 우리에게 이러한 것을 원한다: 지혜는 여성이며, 지혜는 오직 전사만을 사랑한다."(449쪽) 앞선 논문의 마지막에서 '이상'을 언급했었다. "모든 것을 초월한 저편의 경지에서 언제나 되풀이하여 밀려 나오는 창조적 정신"(447쪽)이 "지금까지의 이상으로부터도 우리를 구원해"(448쪽) 줄 것이라고 확신했었다. 그 정신은 "안티크리스트이자 반허무주의자, 신과 허무를 초극한"(같은 곳) 자로 일컬어졌다. 이는 곧 초인이기도 하며 차라투스트라이기도 하다.

지혜는 이상을 무너뜨리며 또 다른 이상을 세우고자 한다. "하나의 성전이 세워질 수 있기 위해서는, 하나의 성전이 부서져야만 한다"(446쪽)고 했다. 성전 파괴가 성전 건축의 전제라는 얘기다. 세우기 전에 먼저 부수어야 한다. 집을 지으려면 터부터 닦아야 한다. 지혜는 여성성으로 대변된다. 적극적인 정신에만 모습을 드러내기 때문이다. 매 순간 싸워 쟁취하려는 그 의지만을 향해 지혜는 자신의 아름다움을 보여준다. 그것은 그냥 눈을 뜬다고 보이는 것이 아니다. 그것은 멀고 가까움의 문제가 아니다. 지혜를 얻고 싶으면 무언가 다른 태도를 취해야 한다. 여성의 마음을 얻을 수 있는 매력을 발산할 줄도 알아야 한다. 중세에 유행했던 '민네장Minnesang',[1] 즉 연가戀歌의 전통에서는 전사는 여인의 사랑을 받으며 진정한 기사로 거듭난다고 했다. 중세의 마지막 전사 돈키호테Don Quixote가 둘시네아Dulcinea 앞에서 무릎을 꿇었던 이유도 이와 무관하지 않다. 남성성으로 대변되는 전사가 지향하는 것은 언제나 여성성으로 대변되는 지혜일 뿐이다.

이제 마지막 논문에 이르렀다. 도덕이라 불리는 것의 최정상에는 늘 '좋은 것'이 자리 잡고 있다. 그 '좋음'을 설명하려고 애를 썼던 것이 니체였다. 그는 그 '좋음'이 어떻게 형성되는지도 보여주었다. 그 '좋음'의 다른 이름은 '이상'이다. 니체는 여기 마지막 논문에서 좋음에 대한 하나의 예로 '금욕주의적 이상'을 설명하고자 한다. 이것이 누구에게 어떤 의미를 지니게 되는지 상세히 설명하고 있다. 순서대로 보면, 첫째 '예술가들에게', 둘째 '철학자들이나 학자들에게', 셋째 '여성들에게', 넷째 '생리적인 실패자나 부조화자(죽어야 할 운명을 지닌 대다수 인간)들에게', 다섯째 '성직자들에게', 마지막으로 여섯째 '성자들에게'(451쪽) 등이 그것이다. 모든 경우에 그것이 이상으로 자리 잡았다면 자신의 입장에서 좋은 뜻으로 해석되고 있음을 보여줄 뿐이다. 한마디로 '이상'으로 간주되는 한 그저 좋은 것일 뿐이다. 이상이라면 무조건 그래야 한다. 그 개개의

'좋음'을 굳이 말로 설명해야 할까. 여기서 니체는 그저 "일반적으로 금욕주의적 이상이 인간에게 그렇게 많은 의미를 지니고 있다는 사실"(같은 꼿)을 말하고자 한다.

예를 들어 이상 중의 이상으로 간주될 수 있는 신神은 어떤 존재로 인식될까? 신을 말하는 사람은 모두가 자신이 생각하는 최고의 이념을 거기에 연결한다. 같은 문장을 읽으면서도 해석은 제각각이다. 신이라는 개념은 하나여도 의미는 다양하다는 뜻이다. 성경은 하나여도 해석은 중구난방이다. 신은 그렇고 또 그래야 한다. 학생들에게는 성적을 잘 받게 해주는 정신성으로, 군인에게는 적을 섬멸할 수 있는 본능으로 해석되는 것과 같은 것이다. 이성적 존재, 즉 생각하는 존재는 늘 하나의 이상을 요구하지만, 그 하나조차 다양한 하나 중의 하나일 뿐이다. 그것을 이해하기가 왜 이리 힘든 것일까.

> 인간의 의지는 하나의 목표가 필요하다.—이 의지는 아무것도 의욕하지 않는 것보다, 오히려 허무를 의욕하는 것이다.—내 말을 이해하겠는가?… 내 말을 이해했는가?… "전혀 모르겠습니다! 선생님!"—그럼 처음부터 시작해보자. (451쪽 이후)

니체가 말하고자 하는 것은 바로 "인간의 의지는 하나의 목표가 필요하다"는 것이다. 생각은 하나에서부터 시작한다. 하나가 다른 하나를 만나면서 관계를 형성한다. 그것을 두고 계산능력이라고도 말한다. 이성으로 번역된 라틴어 '라치오'는 계산능력을 의미하는 말이기도 하다. 계산은 수학 영역에서만 적용되는 것이 아니다. A와 B가 싸우면 누가 이길까?

이런 것도 계산능력에서 파생된 관심사다. 이성이 있어서 이런 것이 궁금한 것이다. '엄마가 좋아? 아빠가 좋아?' 제일 재미난 이성적 질문이다.

사물들은 이미 다양하게 자연 속에 주어져 있다. 하나의 목표를 설정하는 것은 인간적인 것이다. 인간은 늘 자신의 의지로 무엇인가를 하기를 원한다. 의지에 "공허의 공포"(451쪽)보다 더 무서운 것은 없다. 어릴 때는 '너랑 안 놀아!'보다 더 심한 말은 없었다. 함께 놀 친구 하나 없다는 것보다 더 불행한 것은 없었던 것이다. 마침내 시작을 가능케 하는 그 하나조차 찾을 수 없다면, 그것이 바로 비극적 공포가 아니고 무엇이겠는가. 최소한 하나는 있어야 한다. 그다음은 방황이 와도 상관없다. 적당한 때가 되면 두 번째 하나가 관계를 맺게 될 것이기 때문이다.

인간은 늘 가치를 찾아 떠난다. 가치를 만들기도 하고 깨뜨리기도 한다. 그것이 인간적이다. 가치 자체가 없다는 것은 이성적 존재에게 아무런 의미도 없다는 뜻이 된다. 그것은 이성에게는 모순일 뿐이다. 이성이 있는 한 가치는 당연한 조건이 된다. 계산능력을 갖추고 있는 인간은 늘 새롭고 낯선 것을 추구한다. 이것과 저것을 비교할 수 있는 능력이 있기 때문이다. 눈에 보이는 것이 전부가 아니라는 발상도 이성이 있기에 가능한 것이다. 그래서 "이 의지는 아무것도 의욕하지 않는 것보다, 오히려 허무를 의욕하는 것이다." 공空과 무無가 신의 경지로 칭송될 수 있는 이유도 여기에 있다. 그것을 인식하기 위해 누구는 6년간, 누구는 9년간 수행을 하기도 한다. 누구는 보리수나무 아래서, 누구는 벽 앞에서 수행을 하기도 한다. 싯다르타Siddhārtha도 달마達磨도 가치에 대한 인식을 위해 힘든 수행을 감당했던 것이다.

힘 있는 데까지 가보는 거다. 끝까지 가보는 거다. 거기서 우리는 신도 스승도 부모도 아닌 자기 자신을 만나게 되는 것이다. "이 거대한 밀물을 맞이하여"(차라, 17쪽) 등을 돌려서는 안 된다. 힘이 있는데도 맞서지 않는 것은 비겁한 행동이다. 맞설 수 있으면 맞서야 한다. 극복할 수 있으면 극복해내야 한다. 스스로에게 "웃음거리"(같은 곳)가 되는 삶을 살아서는 안 된다. 삶은 삶에 대한 의무감으로 다가서야 한다. 여기가 끝이라고 아무도 가르쳐주지 않는다. 어느 지점이 끝이라는 사실은 스스로 알게 될 것이다.

물론 맞설 수 없으면 돌아서면 된다. 이기지 못할 싸움에 연연하는 것은 미련일 뿐이다. 권태가 밀려오면 다른 곳으로 시선을 돌려야 한다. 권태에 희생되기를 바라지 않기 때문이다. 고통을 운명으로 하여 태어난 존재가 인간이라지만 그 고통 때문에 죽음을 맞이할 수는 없는 노릇이다. 삶 자체가 고통이라 해도 삶은 살아가면서 의미를 갖게 될 뿐이다. 삶은 다리와 같은 존재라고도 했다. "사람에게 위대한 것이 있다면 그것은 그가 목적이 아니라 하나의 교량이라는 것이다. 사람에게 사랑받을 만한 것이 있다면, 그것은 그가 하나의 과정이요 몰락이라는 것이다."(차라, 20쪽) 인간의 위대함, 그것은 멈춤이 없다는 데 있다. 다리 내지 교량, 그것은 여기서 저기로 이어지는 과정이라는 뜻이기도 하다. 과정 속에서 존재는 의미를 갖는다. 여기가 만족스럽지 않다면 저기로 건너갈 줄도 알아야 한다. 그런 지혜가 인간을 인간답게 만들어줄 것이다. 불평으로 인생을 홀대할 수는 없다. 불만족으로 생을 마감할 수는 없다. 쓸모없다는 생각이 딴생각을 하게 한다. 필요하지 않다는 생각이 새로운 필요에 대한 욕망을 깨운다. '필요는 발명의 어머니'라고 했다.

허무주의 사상은 늘 같은 말을 하고 있다. 떠남과 만남, 희망이 없는 곳에서 희망을, 비극과 희극의 끊임없는 반복으로 이어지는 "한없는 웃음의 파도"(즐거운, 68쪽) 등의 이치를 가르치고자 한다. 그런데도 독자는 헷갈려 한다. 늘 물으면 '잘 모르겠다' '어렵다'고 항변한다. 니체도 이런 반응을 모르는 것은 아니다. 그래서 그는 이렇게 말한다. "내 말을 이해하겠는가?… 내 말을 이해했는가?… '전혀 모르겠습니다! 선생님!'—그럼 처음부터 시작해보자." 잘 모르겠으면 처음부터 다시 시작하면 된다. 늘 새롭게 시작할 수 있는 것은 인간의 특권이다. 시작할 수 있는 존재는 인간뿐이다. 끝까지 가보아야 하는 이유가 여기에 있다. 거기서 내딛는 작은 한 걸음은 새로운 시작을 알리는 위대한 발걸음이 될 것이기 때문이다.

니체가 남겨놓은 책들은 모두가 하나의 벽돌 같다. 또 번호가 붙어져 있는 짧은 글들은 모두가 퍼즐 조각 같다. 그것들을 쌓고 조합해서 무엇을 만들지는 독자의 몫이다. 어떤 그림이 나올지는 독서의 결과일 뿐이다. 니체는 지속적으로 어떻게 이상이 형성되는지 가르쳤고 또 그것을 어떻게 하면 깨뜨릴 수 있는지에 대한 비법도 전수해주었다. 형성할 땐 낙타의 정신으로 견뎌내라고 했고, 깨뜨려야 할 땐 사자의 정신으로 물리치라 했다. "나는 하고자 한다"(차라, 39쪽), 즉 '나는 원한다'라고 불리는 사막의 주인이 된 후에는 어린아이가 되어 새로운 도덕을 창조하라고 했다. 늘 인생을 창조하면서 예술적으로 살라고 가르쳤다. 예술작품 같지 않은 인생에 대해서는 부끄러운 줄 알라고 가르쳤다.

허무주의 철학은 모든 사물을 헤어짐과 만남의 반복으로 바라본다. 진리도 정의도 도덕도 신도 모두 같은 경우다. 인간이 하나의 신을 추구하는 것은 인간적이다. 그래야만 인간은 내면적 안정을 찾을 수 있기 때문이다. 하지만 그것이 전부가 아니라는 사실을 깨달을 때는 가차 없이 떠날 줄 알아야 한다. 미련 없이 버릴 줄 알아야 한다. 그것이 그저 하나에 불과하다는 인식이 올 때는 주저하지 않고 이별할 줄 알아야 한다는 얘기다. 망각의 강을 앞에 두고 눈물을 흘리며 매달릴 때 인간은 추해진다. 예술과는 먼 삶이 되고 만다. 그것은 허무주의가 바라는 삶이 아니다.


## 말년에 이른 예술가 바그너가
## 이상으로 삼은 순결

니체는 바그너<sup>Wilhelm Richard Wagner</sup>(1813~1883)와 함께 인생의 절정기를 맞았었다. 1868년에 바그너를 알게 되었고, 1869년에 바젤 대학교 교수가 되었다. 존경할 만한 사람을 만났고 경력상으로도 성공적인 삶을 살고 있었다. 알프스에서 망명 중이던 바그너를 시간이 날 때마다 찾아갔던 니체의 마음이 얼마나 흥분되어 있었을지는 충분히 이해가 간다. 이들의 만남은 한 시대를 반영하는 우정으로 커간다. 그리고 니체는 그에게서 떨어지면서 죽음 직전까지 갔었다. 살고 싶다는 일념 하나로 세상을 등지고 산속으로 떠났다. 알프스로 떠났다. 거기서 다시 삶에 대한 힘을 되찾고 하산했다. 차라투스트라처럼 꿀을 잔뜩 짊어지고 태양처럼 몰락했다. 하계에 빛을 선사하려는 요량으로.

　허무주의 철학은 휴머니즘 사상으로 충만해 있다. 니체의 사상은 인간애로 가득 차 있다. 인간에 대한 사랑 때문에 혐오를 느끼기도 하고 동정을 느끼기도 했다. 떠남과 만남을 반복하면서 정신 줄을 놓지 않았던 것이다. 모든 생각은 대지를 천국으로 만드는 목적으로 집중했다. 인간의 입장을 변호하는 것에 몰두했다. 지속적으로 "인간의 죄 없음"(인간적 I, 142쪽)을 주장했다. 천년왕국으로서 "인간제국"(차라, 393쪽)을 꿈꾸었다. "어느 것도 아름답지 않다. 인간 외에는."(우상, 158쪽) 이 말을 하고 싶어 철학의 길을 걸었던 것이다.

바그너에게서 니체는 희망을 보았다. 무대 위에서 펼쳐지는 영웅의 고뇌를 통해 비극의 가능성을 찾았던 것이다. 바그너의 음악극에서 '비극의 탄생'의 가능성을 보았다. 고대 그리스의 비극 문화를 현대에 재현할 수 있다는 가능성을 발견했다. 화려하고 강력했던 고대의 문화가 다시 실현된다면! 기쁨이 그를 사로잡았다. 그런데 이게 웬 말인가. 바그너는 마지막 작품으로 〈파르지팔Parsifal〉(1877~1882)을 내놓고 말았다. 전사의 문화는커녕 신 앞에 무릎을 꿇고 찬송가를 불러대는 인물을 주인공으로 만든 것이다. 파르지팔은 성배를 지키는 기사였다. 결국 니체는 금욕주의적 이상의 대표적인 예로 인생의 멘토였던 바그너를 끌어들인다.

금욕주의적 이상이란 무엇을 의미하는가?—또는 나에게 종종 조언해주기를 청했던 유일한 사례를 들자면, 즉 예를 들어 리하르트 바그너 같은 예술가가 만년에 순결에 경의를 표하고 있다면, 이는 무엇을 의미하는가? 어떤 의미에서 물론 그는 항상 순결을 지켜왔다. 그러나 금욕주의적 의미에서는 최근에 와서야 그것을 지켰던 것이다. 이러한 '의미'의 변화, 이러한 급격한 의미의 전환은 무엇을 의미하는가?—왜냐하면 그것이 바그너로 하여금 곧바로 그 반대로 급변하게 했기 때문이다. 한 예술가가 반대로 급변한다는 것은 무엇을 뜻하는가?… 우리가 이 문제에서 약간 이야기를 멈추고, 아마도 바그너의 생애 가운데 가장 좋고, 가장 강했으며, 가장 쾌활하고, 가장 용기 있었던 시절을 상기해본다면, 다음의 사실이 우리에게 다가오게 된다: 즉 그것은 〈루터의 결혼 Die Hochzeit Luther's〉이라는 악상이 그를 내면 깊이 사로잡던 때의 일이었다. 우리가 오늘날 이 결혼 곡 대신 〈마이스터징어〉를 가지게 된 것은 도대체 무슨 운명이란 말인가? 후자에는 아마 전자에서 느낄 수 있었던 감흥이 얼마나 더 남아 있단 말인가? 그러나 이 〈루터의 결혼〉에서도 순결의 찬미가 이야기되고 있다는 것은 의심할 여지 없이 명백한 사실이다. 물론 관능에 대한 찬미도 다루어졌다:—나는 바로 이러한 것이 당연하다고 생각했고, 바로 그렇게 하는 것이 또한 '바그너적'이었다고 생각했다. 순결과 관능이 필연적으로 대립하는 것은 아니기 때문이다. 모든 좋은 결혼, 모든 본래의 애정이란 이러한 대립을 넘어서는 것이다. 내 생각에는, 바그너가 사랑스럽고 씩씩한 루터의 코미디의 도움으로 독일인들이 다시금 이러한 유쾌한 사실을 마음에 새기도록 해주었다면 좋았을 것이다. 왜냐하면 독일인들 가운데는 관능을 비방하는 자가 언제나 많이 있었고, 현재도 많이 있기 때문이다. 그리고 루터가 자신의 관능을 행하는 용기를 가지고 있었다는 것보다 더 큰 루터의 공헌은 아마 없을 것이다(이 당시 그것은 부드럽게 '복음의 자유'라고 불렸다…). 그러나 실제로 순결과 관능이 대립하는 경우가 있다 할지라도, 다행히 그것은 비극적인 대립으로까지 갈 필요는 없는 것이다. 이것은 최소한 '동물과 천사' 사이에 존재하는 불안정한 균형을 즉각 생존의 반대 근거로 생각하지 않는, 심신이 건전하고 쾌적한 모든 사람에게 해당될 것이다.—괴테나 하페즈 같은 가장 섬세하고 명랑한 사람들은 거기에서 오히려 더 많은 삶의 자극을 보았던 것이다. 그러한 '모순'이야말로 사람들을 생존하도록 유혹한다… 다른 한편 실패한 돼지들이 한번 순결을 숭배하게 된다면—그러한 돼지들이 있다!—그들은 그 안에서 단지 자신과는 반대되는 것, 실패한 돼지들과는 반대되는 것을 보게 되며 숭배하게 된다는 것은 너무나도 명백하다. 오, 얼마나 비극적인 울음소리가 열정으로 그렇게 하고 있단 말인가! 이것은 상상할 수 있는 일이다.—리하르트 바그너가 의심할 여지 없이 자신의 생애 말년에까지 음악으로 표현하고 무대에 올리고자 했던 저 넘쳐흐르는 불쾌한 대립을 말이다. 그러나 무엇 때문인가?라고 당연히 물어볼 수 있을 것이다. 도대체 돼지들이 바그너와 무슨 관계가 있으며, 또 우리와는 무슨 관계가 있단 말인가?—(452쪽 이후)

바그너가 생애 말년에 보여주고자 했던 것은 〈파르지팔〉의 내용과 연결된다. 이것은 〈마이스터징어〉와 대립구조를 이룬다. 후자에서는 "관능을 행하는 용기"로 충만해 있다. 그런데 전자는 파르지팔, 즉 '순수한 바보'[2]의 입을 통해 관능을 비방하고 순결을 외쳐대게 한다. 두 작품 모두 관능과 순결 사이에서 갈등하는 구조다. 하지만 이야기의 결말은 서로 다르다. 마이스터징어<sup>Meistersinger</sup>는 결혼을 하고, 파르지팔은 '췰리바트'를 선택한다. 하나는 관능 쪽으로, 다른 하나는 순결 쪽으로 가닥을 잡는다.

특히 〈마이스터징어〉는 바그너의 작품 중에서 현실적으로 사랑을 완성시키는 유일한 작품이다. 그 외의 모든 작품은 현세에서 이루지 못한 사랑을 내세에서 이룬다는 비극 아닌 비극이었다. 〈파르지팔〉에서는 현세적 사랑이 낄 자리가 없다. 파르지팔 주위만을 맴돌던 쿤드리<sup>Kundry</sup>는 땅에 머리를 처박고 오열하다 죽고 파르지팔은 남아 성배를 지킨다. 여기서 니체는 묻는다. 왜 그랬느냐고. 도대체 왜 이런 결말을 선택했느냐고. "즉 예를 들어 리하르트 바그너 같은 예술가가 만년에 순결에 경의를 표하고 있다면, 이는 무엇을 의미하는가?" 바그너 입장에서는 지극히 복잡한 질문이 아닐 수 없다. 우리는 그저 니체의 입장에서만 고민을 해보자. 니체에게 문제가 되는 것이 무엇인지 되물어보자는 것이다. 니체가 이런 질문을 던져야만 했던 이유가 무엇이냐는 것이다.

왜 바그너는 순결을 택한 것일까? 스스로 순수한 바보가 되기를 바랐던 것일까? 그동안 세상에서 경험했던 모든 사랑에 양심의 가책을 받았던 것일까? 니체가 듣고 싶은 질문이다. 바그너는 〈파르지팔〉을 남겨놓고 세상을 떠나버렸다. 니체는 홀로 남아 길을 찾고 있다. 아웅다웅 사랑싸움이라도 하면 좋을 것만 같다. 싫지만 그래도 "나에게 종종 조언해주기를 청했던" 그 사람이 있었으면 좋겠다는 느낌이다. 아쉬움은 말로 형용할 수 없을 것만 같다. 굳이 이런 말을 글 속에 남겨야 했던 니체의 마음은 외롭기 짝이 없다. 이런 홀로 된 상황에서 터져 나온 질문이 바로 "금욕주의적 이상이란 무엇을 의미하는가?"이다. 왜 굳이 바그너는 순결을 택했는가? 왜 바그너는 현실적인 사랑의 완성을 거부하고 신에 대한 사랑으로 허공을 바라보며 생을 마감했던 것일까? 니체는 스스로 답을 찾아 나서야 한다.

니체는 바그너와의 대화를 기억해낸다. 〈마이스터징어〉가 탄생하기 전에 '〈루터의 결혼〉이라는 악상'에 대해 이야기한 적이 있다고. 루터는 결혼한 기독교인이다. 칠리바트를 거부하고 현세적 사랑을 선택한 기독교인이다. 이런 악상을 고민하다가 '마이스터징어'라는 인물을 탄생시킨 것이다. 이 인물을 바라보면서 니체는 "순결과 관능이 필연적으로 대립하는 것은 아니"라는 인식을 얻었다. 이런 결말이라면 충분히 이해를 하겠다는 뜻이기도 하다. "모든 좋은 결혼, 모든 본래의 애정이란 이러한 대립을 넘어서는 것이다." 명언이다. "사랑으로 행해진 것은 항상 선악의 저편에서 일어난다."(선악, 127쪽) 사랑에 대한 니체의 이념은 변함이 없다.

세상이 더럽다고 등져야 할까? 삶이 고통스럽다고 포기해야 할까? 죽어야 할 인생을 혐오하고 천국에서 얻게 될 영생을 동경해야 할까? 동물과 천사의 대립 속에서 굳이 하나를 선택해야만 할까? 니체의 해결책은 다르다. 동물과 천사는 균형을 잡아야 한다고. 더러워지지 않고 순결을 지키기 위해 먼저 바다가 되라고. "실로, 사람은 더러운 강물이렷다. 몸을 더럽히지 않고 더러운 강물을 모두 받아들이려면 사람은 먼저 바다가 되어야 하리라. / 보라, 나 너희에게 위버멘쉬를 가르치노라. 위버멘쉬야말로 너희의 크나큰 경멸이 가라앉아 사라질 수 있는 그런 바다다."(차라, 18쪽) 더러운 물로도 깨끗이 씻을 줄 알라고도 가르쳤다. "몸을 깨끗이 할 줄 아는 것—불결한 환경에서 더 깨끗하게 사는 법을 배워야만 한다. 그리고 필요한 경우에는 더러운 물로도 몸을 씻어야 한다."(인간적Ⅱ, 59쪽) 세상에서 깨끗하게 사는 법을 배우는 것이 허무주의의 이념이다.

관능과 순결 사이에서 균형을 잡아라! 이 둘 사이에서 줄타기하는 광대처럼 살라는 것이다. 그래서 니체는 〈마이스터징어〉 시절의 바그너를 "생애 가운데 가장 좋고, 가장 강했으며, 가장 쾌활하고, 가장 용기 있었"다고 단언한다. 노년에 도달한 파우스트나 돈키호테의 소녀를 향한 사랑 이야기를 읽으며 우리는 인간의 순수한 이념을 경험하게 된다. 지극히 용기 있는 자만이 보여줄 수 있는 행동이라고 극찬을 아끼지 않는다. 변태라고 더럽다고 손가락질하지 않는다. 니체는 바로 이런 차원에서 바그너도 자신의 생애 마지막 작품을 만들었어야 했다고 아쉬움을 남긴다. "내 생각에는, 바그너가 사랑스럽고 씩씩한 루터의 코미디의 도움으로 독일인들이 다시금 이러한 유쾌한 사실을 마음에 새기도록 해주었다면 좋았을 것이다"고.

인간에게는 '관능을 행하는 용기'가 요구된다. 이런 용기야말로 "심신이 건전하고 쾌적한 모든 사람에게 해당될 것"이다. "위버멘쉬가 이 대지의 뜻이다. 너희 의지로 하여금 말하도록 하라. 위버멘쉬가 대지의 뜻이 되어야 한다고!"(차라, 17쪽 이후) 지금까지는 의지가 말렸다. 대지의 뜻보다는 신의 뜻에 귀를 기울이게 했다. 하지만 니체는 요구한다. 육체가 요구하는 것에 주눅 들지 말라고. 자신의 의지로 하여금 이 세상에서의 사랑만이 초인의 뜻이라고 말하게 하라는 것이다. 니체는 우리에게 묻고 있다. 그럴 용기가 있냐고. "이 지상에서 어떻게 이상이 제조되는가의 비밀을 조금이라도 내려다보고 싶은 사람은 누구인가? 누구에게 그런 용기가 있단 말인가?"(380쪽) 대지의 편에 서서 하늘을 바라볼 자 있는가? 프로메테우스 같은 거인의 시선을 가질 수 있는가? 하늘을 위한 이상이 대지를 물들게 한다. 그래서 내려다볼 줄도 알아야 한다. 대지에 독을 퍼뜨리고 있는 하늘의 뜻을 찾아낼 용기가 있는가? 니체가 묻고 있는 것이다.

좋음과 나쁨이 없을 수는 없다. 이성은 그것을 구분하고자 한다. 즉 좋음과 나쁨은 인간의 문제다. 다만 허무주의 철학은 이 둘을 모두 취하고자 할 수 있느냐를 묻고 있다. 하나는 감당이 되는데 다른 하나는 견딜 수 없다면 그것은 병이 든 것이나 다름이 없다. 건강이 요구되는 순간이다. 건강하면 나쁜 것도 약이 된다. 관능과 순결 사이에서 선택을 강요하는 것이 기독교적 교리라면 허무주의적 이념은 둘 다 취하는 것을 요구한다. 건강한 정신은 '모순'으로 보이는 둘 사이의 균형을 유지하는 것에서 '삶의 자극'을 느낀다. 그런 정신은 세상의 모든 모순 속에서 '생존하도록 유혹'하는 그 무엇을 느낀다. 저항이 오면 맞서고자 한다. 바람이 불면 날개를 펼치며 비상을 꿈꾼다. 비가 오면 심호흡을 하며 회복을 느낀다. 물을 만나면 수영하고자 하고, 바다를 만나면 항해를 준비한다. 언덕을 만나면

오르고자 하고, 산을 만나면 넘고자 한다. 건강 앞에 불가능이란 없다.

다만 세상에는 '실패한 돼지들'도 있다는 게 문제다. 그들은 '순결'을 숭배한다. 자신이 더러워서 그런지도 모른다. 정욕을 감당하지 못하는 자가 수도원 생활을 모범으로 간주한다. 자기 외모를 감당하지 못하는 자가 성형을 계획한다. 능력이 안 되는 자들이 "자신과는 반대되는 것, 실패한 돼지들과는 반대되는 것을 보게 되며 숭배하게 된다"는 것이다. 한 민족이 빛으로 간주하는 것이 무엇인지 알게 되면 정반대의 것이 그 민족의 속성임을 알 수 있다. 한 사람의 좌우명을 들으면 그 사람의 속내를 읽을 수도 있다. 누군가가 '웃어라, 칭찬하라, 그리고 침묵하라'[3]는 말을 좌우명으로 삼았다면 그는 이 세 가지에서 문제를 느끼고 있다는 얘기다.

옆으로 걷는 게가 자식보고 똑바로 걸으라고 가르친다. 깡패 부모가 자식보고 깡패짓하지 말라고 가르친다. 날라리 부모가 딸보고 모든 남자는 늑대라고 가르친다. 왜 이런 말을 하는지 깨달아야 한다. "도대체 돼지들이 바그너와 무슨 관계가 있으며, 또 우리와는 무슨 관계가 있단 말인가?" 대답할 수 있어야 한다. 니체는 여기서 말을 끊어버렸다. 독자가 스스로 답을 할 수 있을 거라 믿었기 때문이다. 순결을 이념으로 하여 생을 마감한 바그너는 누구란 말인가? 니체의 말로 굳이 답을 찾자면 그는 그저 '실패한 돼지'에 지나지 않는다. 대지를 버리고 천국을 꿈꾸었던 배신자에 불과할 뿐이다. 관능을 거부하고 순결을 찬미한 비겁한 자일 뿐이다.

## 청년 독일파와 건강한 관능을 떠나
## 중세를 설교하는 변질된 예술가

바그너는 한때 '청년 독일파'를 추종했다. 늙음을 거부했다. 늘 새로운 시간 속에 존재하는 것만이 진정한 삶이라고 생각했다. 낯섦에 대한 호기심만이 삶을 젊게 유지하는 것이라고 믿었다. 이런 젊은 의지에서 바그너는 낭만적인 비극을 만들어낼 수 있었다. 사랑만이 구원의 열쇠라는 예술을 창출해냈던 것이다. 한 사람만 있으면 되는 기적, 그 환상적인 삶을 무대 위에서 보여주려고 애를 썼던 것이다.

젊음으로 무장한 이런 이념을 바그너는 "호모 호미니 데우스 에스트 Homo Homini Deus est", 즉 "인간은 인간 스스로에게 신이다!",[4] 바꾸어 말하면 인간을 신으로 간주했던 종교비판철학자 포이어바흐에게서 찾았다. 바그너는 자신의 책《미래의 예술작품 Das Kunstwerk der Zukunft》을 이 철학자에게 헌정하기도 했다.[5] 사랑에 빠진 자가 신이다. 이보다 더 멋진 말이 또 있을까. 신의 이름은 사랑이라 했다. 오로지 사랑만을 추구하는 자가 신과 함께 있는 자다. 기독교 표현으로 말하자면 그자가 바로 구원받은 자인 것이다.

일종의 인간신론人間神論에 바그너는 심취했다. 니체는 이런 이념을 통해 고대의 비극이 재현될 수 있으리라 믿었다. 바그너의 음악극은 비극의 탄생이라는 수수께끼를 풀어주는 예술이라 평가했다. 인간이 신으로 존재할 수 있는 고대의 꿈같은 세계가 마침내 펼쳐질 수 있으리라는 확신을 가졌다. 바그너에게 거는 기대는 컸다. 그를 향한 시선은 행복감으로 충만해 있었다. 시간만 나면 바그너를 찾아갔던 니체의 발걸음은 가

녑기만 했을 것이다. 그런데 배신감을 느꼈다. 순결을 선택한 늙은 바그너에게서.

> 한때 바그너가 얼마나 열광하여 철학자 포이어바흐의 발자국을 뒤따라갔는지 기억해보라: '건강한 관능'이라는 포이어바흐의 말—이것은 1830년대와 40년대에 많은 독일인에게와 마찬가지로(—이들은 '청년 독일파'라 불렸다) 바그너에게는 구원의 말처럼 들렸다. 그는 결국 이것에 대해 달리 생각하는 법을 배웠는가? 최소한 그는 최후의 그것을 다시 가르치려는 의지를 가졌던 것으로 보이기 때문이다… 그것도 무대 위에서 아래를 향해 파르지팔의 나팔을 불어대는 것만 한 것은 아니다:—그의 말년의 울적하고 부자유스럽고 당황해하는 저작 속에는 어떤 비밀스러운 소망과 의지가, 겁먹고 불확실하고 감추어진 의지가 드러나는 수많은 문구가 있다. 이 의지는 실은 전향, 개종, 부정, 그리스도교, 중세를 설교하고, 자신의 신도들에게 '아무것도 아니다! 다른 곳에서 구원을 구하라!'고 말하고자 한다. 심지어 '구원의 피'까지 불러들이기도 한다… (455쪽 이후)

성배를 주인공으로 하는 바그너의 생애 마지막 작품, 이것을 어떻게 해석해야 할까. 파르지팔은 순수한 바보에 불과하다. 그의 존재는 성배를 통해서만 의미를 획득하고 있을 뿐이다. 무대 자체를 바그너는 '무대봉헌축제극Bühnenweihfestspiel'이라고 불렀다. 창조된 예술세계가 펼쳐져야 할 무대가 기독교 이념으로 창조된 설교단상으로 변질되고 만 것이다. 공연 자체가 예배 형식으로 진행되고 있는 것이다. 고대 그리스 비극이 디오니소스 신을 위한 제전이었던 것과 마찬가지로 바그너의 무대에서도 똑같은 방식으로 진행되지만 신은 달라지고 말았다. 굴복과 복종만을 종용하는 신에게 영웅은 무릎을 꿇고 두 손 높이 치켜들며 찬양가를 불러댄다. 성배 안에 담겨 있다는 "'구원자의 피'까지 불러들이"면서. 니체는 할 말을 잊고 만다. 배신감이 느껴졌기 때문이다. 아버지처럼 따랐던 스승이었기에 그 느낌은 더할 나위 없이 컸을 것이다.

바그너는 대지가 아닌 다른 곳에서 구원을 찾는다. 그는 "자신의 신도들에게 '아무것도 아니다! 다른 곳에서 구원을 구하라!'고 말하고자 한다." 대지가 아닌 다른 곳, 그곳은 천국이라 불린다. 그곳에서의 삶이 진정한 구원이라고 말한다. 늙은 바그너는 '중세를 설교'하고 있었다. 중세의 빙하가 현대까지 집어삼켰다. "우리는 여전히 중세에 살고 있으며, 역사는 여전히 가면을 쓴 신학이다."(반시대Ⅱ, 355쪽) "우리는 지금도 중세의 빙하 속에서 살고 있다."(반시대Ⅲ, 427쪽) 신들의 세계를 종식한 신의 세계가 현대까지 오염시켰다. 바그너의 예술이 끼친 영향이다.

젊어서 포이어바흐를 추종했던 바그너는 그의 철학에서 배운 게 하나도 없었다. 청년 독일파가 부르짖었던 '건강한 관능'은 온데간데없이 사라지고 말았다. 인간적인 사랑을 '구원의 말'처럼 간주했던 신념은 사라지고 말았다. "그는 결국 이것에 대해 달리 생각하는 법을 배웠는가? 최소한 그는 최후에 그것을 다시 가르치려는 의지를 가졌던 것으로 보이기 때문이다." 무언가 설교하려는 의지가 보였기 때문이다. 그런데 그 설교의 내용은 청년 독일파의 이념을 전하고 있지 않다. 그것이 문제였던 것이다.

늙은 바그너의 시선은 대지를 벗어나 먼 하늘로 향해 있었다. 인간적인 사랑을 버리고 신적인 사랑을 택했다. "그의 말년의 울적하고 부자유스럽고 당황해하는 저작 속에는 어떤 비밀스러운 소망과 의지가, 겁먹고 불확실하고 감추어진 의지가 드러나는 수많은 문구가 있다. 이 의지는 실은 전향, 개종, 부정, 그리스도교, 중세를 설교하고" 있다. 신에 대한 사랑은 말로 완전해질 수밖에 없다. 말이 아니라 술을 필요로 했던 디오니소스 신, 그가 지향했던 황홀지경은 정반대의 그 무엇일 뿐이다. 바그너가 택한 길은 결국 니체가 가야 할 길과 정반대 방향이었다.

하늘 위에 존재한다는 신의 영역은 살아서는 갈 수 없는 곳이다. 이것은 인간으로 하여금 한없는 고통을 준비하게 한다. 허무주의 철학이 원했던 삶을 위한 고통이 아니라 오히려 삶을 등지고 죽음 이후의 삶, 즉 영생을 지향하는 과정에서 발생하는 고통만이 있을 뿐이다. "파르지팔의 작가나 창작자는 중세 영혼의 명암 속으로 깊고, 철저히, 놀라울 정도로 적응하며 침잠해가는 것을, 정신의 모든 높이나 엄격함이나 훈련에서 적대적으로 분리되는 것을, 일종의 지적 도착(내가 이 용어를 쓰는 것을 관대히 보아주기 바란다)을 면할 수는 없다."(456쪽) 바그너의 정신은 '지적 도착'만을 보여주고 있을 뿐이다. '도착倒錯'으로 번역된 원어는 '페어베어지테트Perversität'다. 이것은 자연에 반反한 성적 도착으로 더 많이 사용되는 말이다. 우리의 언어 습관에 따르면 '변태'가 더 어울릴 것 같다. 바그너의 무대는 무언가 정신이 오염되어버린 변태 증상을 보이고 있다는 얘기다. 아니 그냥 '바그너가 변태'라고 말하고 싶은 것이다. 물론 니체는 이런 심한 말을 해서 미안하다는 뜻을 남겨놓기는 했지만.

변태 같은 인간, 바그너. 정을 떼려는 니체의 마음은 잔인하기만 하다. 물론 니체도 안다. 예술가와 인물은 구별해야 한다는 것쯤은. "호메로스Homeros가 아킬레스Achilles였고, 괴테가 파우스트였다면, 호메로스는 아킬레스를 창작하지 않았을 것이며, 괴테는 파우스트를 창작하지 않았을 것이다."(457쪽) 그런데 바그너에게 있어서 파르지팔은 어떤 존재인가? 니체는 여기서 왠지 모르게 "현실적인 것에 손을 뻗어 현실적이 되고자 하는 시도"(같은 곳)가 엿보이기도 한다는 의심의 눈초리를 던지고 있다. 성공을 거두지 못한 예술작품, 즉 "예술가의 전형적인 불완전한 욕망"(같은 곳)만을 확인하고 있을 뿐이다.

> 늙어버린 바그녀도 사로잡혔고, 그가 너무나 값비싸게 숙명적으로 대가를 지불할 수밖에 없었던 것은 이와 같은 불완전한 욕망이었다(―그는 이것으로 인해 귀한 친구 몇 명을 잃었다). 그러나 결국 이러한 욕망을 완전히 도외시하더라도, 파르지팔에 의해서가 아니라, 좀 더 의기양양하게, 좀 더 자신 있게, 좀 더 바그너적으로―자신의 전체 의욕에 대해 덜 현혹되게, 덜 애매하게, 덜 쇼펜하우어적으로, 덜 허무주의적으로, 다른 방법으로 그가 우리와 그의 작품에 작별을 고했더라면 하고 바그너 자신을 위해 도대체 바라지 않는 사람이 있겠는가?… (457쪽)

감동적인 이별 노래를 한 곡 들은 기분이다. '가! 가란 말이야!' 하고 윽박지르는 마음이 읽힌다. 잊고 싶지 않지만, 아니 잊을 수 없지만 잊어야만 하는 운명적인 이별이 바그너와 니체 사이에 놓여 있다. 작품 속에 자신의 말을 남겨놓고 말없이 떠나가는 바그너, 그를 향해 안달복달하는 니체. 숨이 막혀 죽을 것만 같다. 니체는 바그너가 자신의 불완전한 욕망으로 탄생시킨 〈파르지팔〉로 인해 "귀한 친구 몇 명을 잃었다"고 말한다. 귀한 친구 몇 명. 그중 한 사람이 자기 자신이라는 이 말. 니체의 입장에서 읽으면 가슴 아픈 이별 선언이다. '그대는 나를 잃었다'고 선언하고 있기 때문이다.

평생을 친구로 사귄 사이에서 한쪽이 '넌 나를 잃었다'고 선언하는 그 마음을 이해해야 한다. 친구를 잃는다는 것이 니체에게는 어떤 영향을 끼쳤을까? 〈파르지팔〉이 아닌 다른 작품으로 이별을 고했어야 한다는 그 아쉬움 속에 전해지는 감정은 어떤 것인가? 친구로 남고 싶은 마음이 굴뚝 같다. 버릴 수 없는 우정이다. 영원히 함께하고 싶은 친구다. 하지만 신의 피를 지키는 영웅의 이야기 앞에서 니체는 함께할 수 없는 정신세계를 확인하고 말았다. 내가 살기 위해 버려야 하는 상황이 벌어진 것이다. 사랑보다는 증오가 와주어야 하는 시점이다. 허무주의가 도래해야 하는 순간이다. 증오가 오지 않으면 돌아설 수 없기 때문이다.

고별 작품이 "좀 더 의기양양하게, 좀 더 자신 있게, 좀 더 바그녀적으로" 이루어졌었더라면 얼마나 좋았을까. 그러면 떠나지 않아도 되었을 것이다. 괴테와 실러Johann Christoph Friedrich von Schiller(1759~1805)처럼 무덤조차 함께 쓰는 그런 우정으로 칭송받았을 수도 있다. 바이마르에 세워져 있는

바이마르 국립극장 앞에 세워져 있는 괴테와 실러 동상(왼쪽)과
바이마르의 역사적 공동묘지에 나란히 안치되어 있는 괴테와 실러(오른쪽).

동상처럼 두 사람을 나란히 서 있는 모습으로 기념했을지도 모른다. 바그너는 끊임없이 달려 있는 천재의 악플을 달고 살아야 한다. 독자는 바그너의 음악을 듣기 전에 이 비판의 소리를 먼저 접하면서 일종의 선입견을 가지고 만다. 바그너는 병든 음악가라는 둥 바그너는 변태라는 둥 하는 소리를 먼저 일깨우는 것이다. 그런 편견으로 귀를 틀어막고 음악은 안중에도 없다. 정치적으로 이용된 음악이라는 둥 독재자 히틀러가 좋아했던 음악이라는 둥 하는 소리를 먼저 떠올리면서 마음을 열고 다가서려고 하지 않는다. 이러한 반감反感을 형성하게 한 선두주자가 바로 니체였던 것이다.

## 고통에서 벗어나려는
## 염세주의 철학이 말하는 음악의 역할

바그너는 포이어바흐에서 쇼펜하우어로 눈길을 돌린다. 힘이 넘치는 청년의 기상에서 지친 영혼이 찾아낸 탈출구로 향한다. 건강한 관능에서 밤하늘의 별을 바라보는 해탈의 경지로 발길을 돌린다. 구원의 논리에 변화가 생긴 것이다. 자기 자신의 개인적인 육체에 대한 관심보다는 경건성으로 충만한 전체로 눈길을 돌리게 된 것이다. 개체보다 전체가 우선시되어야 한다는 이념에 동조한 것이다.

국가로부터 재정적 지원을 받고 있고, 그럼으로써 국가 이데올로기로부터 자유롭지 못했던 바그너의 입장을 고려하면 포이어바흐에서 쇼펜하우어로 이동해가는 변화는 지극히 당연한 것 같기도 하다. 공연 때마다 국가기관과 관련한 인물들이 관객석에 앉아 있는 상황을 상상해보면 그 심적 압박감은 무시하지 못했을 것이 분명하다. 개인의 운명보다는 국가의 운명이 더 중요하다는 인식이 바그너의 변화에 직접적인 원인으로 작용한 것은 아닐까? 아니 니체는 그랬을 것이라고 확신한다.

―그러면 금욕주의적 이상이란 무엇을 의미하는가? 우리가 점차 파악하게 되겠지만 예술가의 경우 그것은 전혀 아무것도 의미하지 않는다!… 또는 그것은 전혀 아무것도 의미하지 않는다고 말할 수 있을 만큼 많은 것을 의미한다!… 먼저 우리는 예술가를 떼어 따로 다루어보자: 이러한 예술가들은 그들의 가치 평가나 그 가치 평가의 변화가 그 자체로 관심을 끌 만큼, 세상 속에서나 세상에 대해 오랫동안 충분히 독립적이지 못했다! 그들은 어느 시대에나 어떤 도덕, 어떤 철학, 어떤 종교의 시종이었다. 그들이 유감스럽게도 자주 그들의 추종자들이나 후원자들에게 지나치게 나긋나긋한 감언이설을 하는 사람들이었고, 구세력이나 새로 등장한 세력을 예민하게 분간하는 아첨자들이었다는 것을 완전히 별문제로 하고도 말이다. 그들에게는 항상 적어도 보호벽이나 후원자나 이미 세워진 권위가 필요하다: 예술가들은 결코 독립해 있지 못하며, 홀로 선다는 것은 그들의 가장 깊은 본능에 위배되는 것이다. 그러므로 예를 들어 리하르트 바그너는 "때가 왔다"고 했을 때, 철학자 쇼펜하우어를 자신의 선행자나 보호벽으로 삼았다:―쇼펜하우어의 철학이 후원하지 않고도, 70년대 유럽에서 우위를 차지하게 된 쇼펜하우어의 권위 없이도, 바그너가 금욕주의적 이상에 대한 용기를 가졌으리라는 것 또한 그 누가 생각이나 할 수 있을 것인가? (물론 이 경우 새로운 독일에서 경건한, 조국에 대한 경건한 사고방식의 우유를 마시지 않은 예술가가 도대체 있을 수 있었겠느냐는 문제는 고려하지 않고 말이다).―

이로 말미암아 우리는 더 진지한 문제에 봉착해 있다: 한 사람의 진정한 철학자가, 즉 쇼펜하우어처럼 진정으로 독립적인 정신이나 스스로에 대한 용기를 지니고 있으며, 또 홀로 설 수 있고, 선행자나 위의 지시를 기다리지 않는 강철 같은 눈빛을 지닌 남자이자 기사<sup>騎士</sup>가 금욕주의적 이상을 신봉한다면, 이것은 무엇을 의미하는 것인가? (458쪽 이후)

똑같은 질문을 반복하면서 니체는 질문의 범위를 좁혀나간다. 쇼펜하우어의 인생을 바그너의 인생과 비교하면서 사상 변화의 원인을 묻는다. 혁명가였던 바그너, 즉 바그너만큼 독립적인 전사를 본 적이 없기에 의아해하는 것이다. 도대체 왜 그랬을까? 왜 인생 말년에 금욕주의적 이상에 손을 뻗었을까? 금욕이라 불리는, 즉 욕망을 금하는 이념에 자신의 영혼을 판 이유는 무엇일까? 괴테의 정신, 즉 파우스트를 내세워 악마의 도움을 받아가면서까지 욕망의 불을 태웠던 남성성은 사라지고 말았다. 자기 인생을 홀로 감당하겠다는 의지의 행위는 온데간데없다. 쇼펜하우어처럼, 즉 "강철 같은 눈빛을 지닌 남자이자 기사"처럼 보이기만 했던 바그너는 순식간에 돌변했다.

바그너는 41살이 되던 1854년 시인 헤르베크<sup>Georg Herwegh (1817~1875)</sup>의 추천으로 《의지와 표상으로서의 세계》를 읽게 된다. 그러면서 음악의 새로운 역할에 눈을 뜨게 된다. 아니 이미 갖고 있던 생각이 틀을 갖추게 되었다고 말하는 편이 더 정확할 것 같다. 음악에 대한 쇼펜하우어의 이념은 남달랐다. 음악은 더 큰 이념을 향하게 하는 통로 혹은 우주의 기운을 느끼게 하는 성스러운 통로라고나 할까. 바그너는 쇼펜하우어의 이러한 음악 세계로 거침없이 빨려 들어간다. 그리고 그 더 큰 세계는 통일조국이 지향하는 바와, 즉 더 강한 조국을 지향하는 당시의 정치적 이념과 맞아떨어졌다. 〈로엔그린〉에서부터 이미 강한 독일에 대한 이념은 부각되기 시작했다.[6]

쇼펜하우어의 영향을 받으며 바그너는 "음악을 하나의 수단이나 매개체"(459쪽)로 간주하게 된다. 더 큰 이념을 향한 도구로 전락하고 만 것이다. 독일은 통일이라는 과업을 일구어냈다. 그 시대에 바그너는 살고 있었다. 이 국민적 열광시대에 예술가들은 국가의 이념으로부터 자유로울 수가 없었다. "새로운 독일에서 경건한, 조국에 대한 경건한 사고방식의 우유를 마시지 않은 예술가가 도대체 있을 수 있었겠느냐" 하고 니체는 시대적 상황 속에서 바그너를 이해하고자 한다. "어떤 도덕, 어떤 철학, 어떤 종교의 시종"이었어도, "추종자들이나 후원자들에게 지나치게 나긋나긋한 감언이설을 하는 사람들" 중 한 사람이었어도, 또 "구세력이나 새로 등장한 세력을 예민하게 분간하는 아첨자들" 중 한 사람이었어도 다 이해하겠다는 것이다. 하지만 니체는 이런 이해 수준으로 만족하지 못한다. 그가 듣고 싶은 대답은 그것이 아니다. 니체는 혁명에도 참가했던 용기 있는 전사 바그너가 금욕주의적 이상을 선택한 진짜 이유를 묻고 있는 것이다. 그의 행동이 의미하는 바가 무엇인지를 알고 싶은 것이다.

쇼펜하우어의 이론과 혁신으로, 즉 쇼펜하우어가 파악하고 있듯이, 음악의 주권으로 더욱 위대한 음악의 영광을 위해 더 많은 것을 할 수 있다는 것을 그는 갑자기 알았던 것이다. 이 음악이란 모든 다른 예술과는 다른 위치에 있으며, 독립적인 예술 자체고, 다른 예술처럼 현상의 모사를 제공하는 것이 아니라, 오히려 의지 자체의 언어를 그것의 가장 독자적이고 근원적이며 본원의 계시로 직접 심연에서 끄집어내어 말하는 것이다. 쇼펜하우어의 철학에서 발생하는 것처럼 보이는 이러한 음악의 이상한 가치 상승과 더불어 음악가 자체도 갑자기 전례 없이 가치가 상승했다: 이제 음악가는 신탁을 전하는 자, 성직자, 아니 성직자 이상의 존재, 사물 '그 자체'를 부는 일종의 파이프, 저편 세계의 전화기가 되었다.—그 후 이 신의 복화술사인 그는 음악만을 말한 것은 아니었다.—그는 형이상학을 말했다: 어느 날 마침내 그가 금욕주의적 이상에 대해 말했다는 것이 뭐 그리 이상한 일인가?… (459쪽 이후)

쇼펜하우어의 철학에서 차지하는 음악의 가치는 대단하다. 그에게 음악은 예술 중의 예술이었다. 최고의 예술이었다. 음악이 형이상학적 의지를 이해할 수 있는 도구로 활용되기를 원했다. 힌두교가 말하는 깨달음의 최고의 경지, "타트 트밤 아시 $^{Tat\ Tvam\ Asi}$",[7] 즉 "이게 바로 너로구나"라는 말을 인식할 수 있는 진정한 예술로 간주했던 것이다. 음악이 그 정도의 역할을 담당할 수 있으리라 믿었다. 눈에 보이지 않는 세계까지도 아우를 수 있는 그 힘에 기대를 걸었던 것이다. 음악을 "의지 자체의 언어"로 간주하는 그 경지에서 바그너는 쇼펜하우어를 '천재'[8]로 간주하며 환영하고 있었다.

음악의 가치 상승과 함께 음악가의 가치도 한없이 상승하게 된 것은 당연하다. 음악가는 신의 뜻을 전하는 대변인으로까지 상승한다. 바그너는 "신탁을 전하는 자, 성직자, 아니 성직자 이상의 존재, 사물 '그 자체'를 부는 일종의 파이프, 저편 세계의 전화기"가 된 것이다. 한마디로 그가 하는 말이 곧 신의 말인 것처럼 여겨지게 된 것이다. '신의 복화술사'가 된 그가 '형이상학을 말했다'는 것은 당연한 일이 되었다. "어느 날 마

침내 그가 금욕주의적 이상에 대해 말했다는 것이 뭐 그리 이상한 일인
가?" 신의 시종이 된 자가 형이상학적 이상을 찬양하는 것은 전혀 이상
한 일이 아니었던 것이다.

찬양을 하는 행위 자체는 문제가 되지 않는다. 다만 어느 하나를 찬양
함으로써 찬양받지 못하는 다수가 문제될 뿐이다. 하나를 신으로 간주하
게 될 때 다른 대부분의 것은 신의 피조물이 되거나 심지어는 적대적 관
계를 가질 수밖에 없다는 게 문제다. 신을 선택할 때 인간이 스스로 자신
의 주권적 권리를 포기하게 되는 것은 당연하다. 사물 그 자체를 규정할
때 대부분의 사물은 그 자체가 아니라는 정죄를 받아야 한다.

## 칸트, 쇼펜하우어
## 그리고 바그너로 이어지는 계보

바그너는 자신의 정신적 물줄기를 포이어바흐에서 쇼펜하우어로 옮겼
다. 그런데 쇼펜하우어의 정신은 다시 칸트로 거슬러 올라간다. 니체는
금욕주의적 이상의 뿌리를 찾아 나선다. 칸트는 어떤 생각을 했고, 쇼펜
하우어는 그의 사상을 어떻게 받아들였는가? 생각하는 존재에게 생각은
어떤 식으로 변화가 일어나는가? 정신에 어떤 영향을 끼치게 되는가? 또
이런 금욕주의적 이상에 대한 반대 이상으로는 어떤 것이 있을까? 니체
는 생각의 유형들을 고민하기 시작한다.

쇼펜하우어는 미학적 문제에 관한 칸트의 견해를 이용했다.—비록 그가 그것

을 칸트적인 눈으로 보지 않았음은 아주 분명하지만 말이다. 칸트는 미의 술어 가운데 인식을 명예롭게 만드는 것, 즉 비개인성과 보편타당성을 우대하고 전경에 세우는 것이 예술에 경외를 표하는 것이라고 생각했다. 이것이 본질적으로 그릇되지 않았는지 하는 문제는 여기에서 다룰 만한 것이 못 된다. 내가 오직 강조하고자 하는 점은 칸트도 다른 모든 철학자와 마찬가지로 예술가(창작자)의 체험에서 미학적 문제를 바라보는 대신, 오직 '관람자'의 관점에서 예술과 미에 대해 숙고했고, 이 경우 아무도 모르게 '관람자' 자신을 '미'의 개념 속으로 집어넣었던 것이다. […] 칸트는 "미란 무관심하게 사람들을 즐겁게 하는 것이다"라고 말했다. 무관심하게! (460쪽 이후)

칸트를 바라보는 니체의 시선은 곱지 않다. 예술도 모르면서 예술을 논하는 자에 대한 평가는 거침이 없다. 과거 《비극의 탄생》에서 소크라테스를 평가하던 목소리와 닮아 있다. 그의 힘을 니체는 "말하는 악마적 힘"(비극, 97쪽)이라고 몰아붙였다. "그를 통해 말하는 신은 디오니소스가 아니며, 아폴론도 아니다. 그것은 새로 탄생한 마신魔神, 소크라테스라 불리는 마신이었다."(같은 책, 98쪽) "소크라테스적 경향"(같은 곳)은 "차가운 역설적 사상"과 "불같은 격정"이라는 "새로운 감동 수단"(같은 책, 100쪽)으로 고대 그리스의 정신세계를 변화시켰다. "이제 미학적 소크라테스주의에 한 걸음 더 접근해도 좋을 것이다. 그 최고의 법칙은 대략 다음과 같다. 즉 '아름답기 위해서는 모든 것이 이성적이어야 한다'는 것이다. 이는 소크라테스의 명제 '아는 자만이 덕성을 가지고 있다'와 유사하다."(같은 곳) 이성적으로 알아야 한다. 아는 자가 도덕적이다. 그 도덕적 인식이 예술을 예술답게 해줄 것이라는 얘기다. "음악을 하는 소크라테스"(같은 책,

130쪽)는 음악에 대한 해석을 달리하고 그 본질을 바꾸어놓게 되는 원인을 제공하기에 이른다. 이런 '합리주의적 방식'은 비극 문화 전체를 무너뜨리는 핵폭탄과도 같았다. 바로 이러한 악마적 힘을 니체는 지금 칸트에게서 발견하고 있는 것이다.

계몽주의 시대를 이끌었던 철학, 독일의 관념론 시대를 여는 철학, 그것이 칸트의 철학이다. 이성의 가치를 찾고 그것을 널리 알리는 것을 목표로 했던 철학이다. 이성의 대가大家가 예술 영역을 넘보기 시작하면서 또다시 웃지 못할 상황이 벌어지고 만다. 예술이 "인식을 명예롭게" 만든다? 예술은 "비개인성과 보편타당성을 우대하고 전경에 세우는 것"이다? 진정한 예술은 순수이성처럼 입법의 원리와 비교될 수 있다는 얘기다. 누구나 다 좋아하는 것이 예술이라는 얘기다. 누구 편도 들지 않는다는 의미, 아니 더 폭을 넓혀서 모든 이의 의견을 수렴한다는 의미에서 '무관심'하다는 표현을 쓴다. "칸트는 '미란 무관심하게 사람들을 즐겁게 하는 것이다'라고 말했다." 모두를 즐겁게 만들 수 있는 것이 예술이라는 얘기다. 참으로 순진하고 낙천적이지 않을 수 없다. 그런 예술이 존재나 할까? 모두가 인정하는 예술 이념이 존재할까? 모두가 '좋다' 말할 수 있을 정도의 미의 경지가 있을까? 소크라테스가 말하는 이념의 경지가 있을까? 이론과 실제는 따로 논다는 한계를 인식할 수밖에 없는 대목이다.

아름다움이 어느 하나의 개념 혹은 문장으로 규정된다면 어떤 일이 벌어지게 될까? 칸트의 말처럼 그것이 진정 '무관심하게 사람들을 즐겁게 하는 것'이 될 수 있을까? 계몽주의 시대에 탄력을 받았던 분야는 교육 영역이다. 가르치면 된다는 낙천적인 이념이 보편적이었다. 참으로 이성적이고 관념적이다. '말하면 다 이루어지리라~'는 환상에 빠진 듯하다.

무턱대고 '공부 열심히 하라!'는 것처럼 무책임한 말이 없다. '열심히 공부하라'는 말의 전제는 공부해야 할 대상이 이미 존재한다는 얘기다. 이런 방식으로 칸트는 예술에 접근하고 있다. 칸트는 그저 "'관람자'의 관점에서 예술과 미에 대해 숙고"하고 있을 뿐이다. 그림 한 장 제대로 그리지 못하는 자가 예술을 논하고 있는 것이나 다름이 없다. 이것이 칸트의 한계다. 소크라테스와 일맥상통하는 한계다.

> 우리는 칸트와는 완전히 다르게 예술에 근접해 있었지만, 그럼에도 불구하고 칸트적 정의의 속박에서 빠져나오지 못했던 쇼펜하우어로 되돌아가 보자: 어떻게 이런 일이 일어났단 말인가? 놀랄 만한 사정이 있었다: '무관심하게'라는 용어를 그는 너무나 개인적인 방식으로, 그에게서 통례적인 일에 속할 수 있는 체험에서 해석했다. 쇼펜하우어는 미적 관조의 효과에 대해서 확실하게 말한 것만큼, 다른 것에 대해서는 확실하게 말한 것이 거의 없다. 그는 미적 관조야말로 루풀린이나 장뇌樟腦와 유사하게 성적인 관심의 상태를 억제하는 작용을 한다고 말한다. 그는 이와 같이 '의지'에서 해방되는 것이야말로 미적 상태의 커다란 장점이자 효용이라고 찬양하는 데 지치지 않았다. (461쪽 이후)

쇼펜하우어는 음악을 넘어 좀 더 확대된 개념으로 '미적 관조觀照'를 언급했다. 음악을 들으면서 체험하게 되는 것과 같은 방식으로 아름다움에 접하면서 우리는 어떤 관조를 하게 된다는 것이다. 쇼펜하우어는 바로 그것이 "성적인 관심의 상태를 억제하는 작용"에 기여한다고 확신하고 있다. 결국 그는 "'의지'에서 해방되는 것이야말로 미적 상태의 커다란 장점이자 효용"이라고 간주하기에 이른다. 욕망의 불을 다 꺼버리는 순간이야말로 미적 상태라는 얘기다. 힌두교적 표현으로 말하자면 그것이야말로 니르바나, 즉 해탈의 경지라는 얘기다. 그것이 바로 구원의 경지라는 얘기다.

의지로부터 해방되는 것이 구원이다? 니체는 여기서 반감을 금치 못하게 된다. 그는 쇼펜하우어가 결국 "고통에서 벗어나려 한다"(463쪽)는 실수를 범하고 있음을 지적한다. 고통이 부정적으로 인식된 것이다. 바로 여기서 염세주의와 허무주의의 갈림길이 생겨난다. 니체 철학에서 고통은 병이라는 개념으로 확산한다. 그에게 모든 "질병은 인식의 수단"(인간적 I, 14쪽)이 될 뿐이다. 고통이 없다면 인식도 없다는 것이다. 고통이 있어야 인식도 가능하다는 얘기다. 질병은 그저 극복의 대상일 뿐이다. 극복한다고 해도 영원히 질병으로부터 해방되는 것은 아니다. 영원회귀의 굴레 속에서 끊임없이 삶을 괴롭힐 뿐이다. 삶을 이런 괴롭힘 속에 희생되지 않도록 하고자 하는 것이 허무주의 철학의 목적이다.

## 성욕, 성적 관심과
## 결혼에 대한 입장

섹스는 당연하면서도 쉽게 말하기 힘든 영역이다. 성인이 되면 대부분 경험하는 세계지만 대놓고 이렇다 저렇다 말하지 못한다. 알면서도 모른 척 해야 하는 세계다. 특히 남성 위주의 사회에서 살아야 하는 여자는 이 세계에 대해 모르는 것이 도덕적이다. 무식이 오히려 미덕이다. 니체는 "귀족 가문의 여성 교육에는 놀랍고도 끔찍한 점이 있다"고 주장한다. 즉 고귀한 사회일수록 "여성을 성적으로 가능한 한 무지하게 교육시키고 성에 대해 깊은 수치심을 심어줌으로써 이에 대해 암시하기만 해도 극도로 초조해지고 여기서 도피하려 하도록 만드는 데 동의하고 있다"(즐거운, 136쪽)는 것이다.

남성이 기득권이 된 사회에서 여성은 지배의 대상이 될 뿐이다. 이런 지배구조 속에서 여성은 남의 생각대로 변신하는 '프로테우스 본성'으로 살아남을 수밖에 없다. "여성들은 사랑으로 인해 그들을 사랑하고 있는 남성들의 표상 속에 살고 있는 것과 완전히 동일한 존재가 되어 간다."(인간적 I, 328쪽) 즉 여성은 남성이 원하는 대로 변해가며 살아간다는 것이다. 이때 여성의 변신은 주체적이지 못하고 의존적일 뿐이다. 더 나아가 여성의 역할을 섹스의 역할로 하락시키고, 섹스의 역할을 자녀 생산으로 규정함으로써 여성으로부터 육체의 자유를 모두 박탈하고 만다. 이런 도덕의식이 투철할수록 남성들은 자기들의 세계에서 주권의식을 행사하며 의기양양해지만 여성은 그런 남성의 노리갯감이 되어서 성적 불균형이 보편적인 것인 양 그렇게 받아들이게 된다.

삶을 변호하기 위해 용기를 내야 할 부분이 바로 '성적인 관심의 상태'다. 왜 이 부분이 '미적 상태'의 정반대 이념처럼 다루어져야만 하는 것일까? 성적인 관심이 왜 아름다운 것으로 받아들여지지 못하고 정반대의 감정과 연결되어야 하는 것일까? 선악과를 따먹고 나서 취했던 인간의 최초 행동은 자기 성기를 가리는 행동이었다. 신은 그 과일을 먹으면 "반드시 죽으리라"(창세기 2:17)고 단언했었다. 신은 거짓말을 하지 않는다. 그는 진실만을 말하는 존재다. 그렇다면 인간이 성기를 가린 행동은 죽음을 상징하는 것이나 다름이 없다. 성기를 가리고 성적 관심사에 대해 양심의 가책을 가진다면 신의 시각으로 볼 때 이는 반드시 죽어버린 현상일 뿐이다. 어떻게 하면 인간을 이런 죽음에서 살려낼 수 있을까? 성적인 관심의 상태를 미적 상태와 동일할 필요는 없어도 비슷한 방향으로 느끼게 할 수 있는 방법은 없는 것일까? 진짜 심각한 고민은 이제부터다.

> '고통'이라는 말을 들었다고 해서 바로 어두운 표정을 짓지 말도록 하자: 바로 이 경우에도 그 말에 대해 충분히 고려하고 충분히 생각해 뽑아낼 만한 것이 남아 있다. 무엇인가 웃어야만 할 것조차 남아 있는 것이다. 즉 우리는 성욕을 사실상 개인적인 적敵으로 취급했던 (그 도구인 여성, 이러한 '악마의 도구'를 포함하여) 쇼펜하우어가 좋은 상태를 유지하기 위해 적이 필요했다는 것, 노기를 띤 담즙의 검푸른 언어를 좋아했다는 것, 격정에 넘쳐 화를 내기 위해 화를 냈다는 것, 자신의 적이 없었더라면, 헤겔이 없었더라면, 여성이나 관능이나 생존하고 거주하고자 하는 완전한 의지가 없었더라면, 그는 병이 들었을 것이고, 염세주의자가 되어버렸을 것이라는 사실을(—왜냐하면 아무리 그가 그렇게 되기를 원했다 해도, 그는 그러한 존재가 아니었기 때문이다) 경시하지 말도록 하자. 그러한 것이 없었더라면 쇼펜하우어는 살아 있지 않았을 것이며, 인생에 작별을 고했을 것이라는 데 내기를 걸어도 좋다: 그러나 그 적이 그를 세상에 묶어놓았고, 그의 적이 그를 끊임없이 생존하도록 유혹했으며, 그의 분노는 고대 견유학파 사람들과 마찬가지로, 그의 청량제였으며, 그의 휴양과 보수, 그의 구토 방지제와 행복이었다. 쇼펜하우어의 경우 극히 개인적인 것에 대해서는 이 정도만 해두자. (463쪽 이후)

인간이 느끼는 고통 중에 어떤 고통이 가장 불가항력적인 것일까? 혼자라는 상황이 아닐까? 육체를 가지고 살아야 하는 인생이 외롭다는 인식을 전해줄 때가 아닐까? 젊은 베르테르Werther가 자살을 선택한 것도 짝사랑 때문이었다. 이루어질 수 없는 사랑이 한 인생을 죽음으로 몰고 간 것이다. 이렇게 감정의 물꼬가 막힐 때도 문제지만 망상으로 치달을 때도 문제다. 물 표면에 비친 자기 영상을 바라보며 사랑에 빠졌던 나르시스는 죽음의 덫에서 헤어나지 못했다. 현상 원리가 배제된 상황에서 이루어지는 온갖 망상은 삶 자체를 위기에 빠뜨리고 만다.

고통은 싫다. 아프기 때문이다. 그런데 인간이 느끼는 고통은 때때로 생각이 만들어내는 고통일 때가 더 많다. 부모가 돌아가시고 사랑했던 연인이 떠나갈 때 우리는 모든 것이 무너지는 경험을 하게 된다. 다시 일어날 수 없는 무기력증에 빠지기도 한다. 그런 고통에 삶을 희생시켜야 할까? 어떻게 하면 다시 일어나 신나게 살아갈 수 있게 할까? 이것이 바로 니체가 고민하는 부분이다. 산 자는 살아야 한다. 살고자 하는 의지에 양심의 가책이 있어서는 안 된다.

염세주의를 주장했던 쇼펜하우어도 결국에는 삶을 선택했다. 여기서부터는 니체가 철학적으로 고민을 하게 되는 부분이다. 염세주의 철학에서 이론과 실제가 다르다는 것을 발견한 것이다. 새로운 시각이 열리게 된 것이다. 쇼펜하우어는 집으로 무단 침입하는 도둑이나 강도에 대비해서 베개 밑에 권총을 두고 자기도 했고 또 자기 물건들을 집 안 구석구석에 숨겨놓기도 했다.⁹ 인간에 대한 불신이 그를 사로잡았던 것이다. 삶을 위한 방어가 최선이라고 판단한 것이다. 매사에 조심하고 사고를 미연에 방지하자는 일념으로 살았던 것이다. 삶을 선택한 쇼펜하우어! 니체의 인식이다. 왠지 모순처럼 들릴지도 모르지만 그래도 틀린 것은 아니다. 니체는 쇼펜하우어에게서 철학적 고민을 시작하지만 거기서 머무를 수는 없었다. 그의 독자로 머무는 것으로 만족할 수는 없었다. 새로운 길을 찾아 떠나야 했다. 그 떠남이 허무주의라는 철학을 만나게 해준 것이다.

니체의 생각을 계속 따라가 보자. 쇼펜하우어는 분노를 먹고 살았다. 그는 살기 위해 적을 필요로 했다. 니체는 바로 이 점에서 염세주의 철학의 모순점을 발견한다. 쇼펜하우어는 진정한 염세주의자가 아니었다는 것이다. 그를 염세주의에 빠지지 못하게 했던 것이 바로 개인적인 적으로 간주되었던 '성욕'이나 악마의 도구로 평가되었던 '여성'이었다. 열반의 경지를 말하기 위해 그는 끊임없이 이런 것들을 적대시해야 했다. 헤겔에 집착했던 이유도 같은 결과를 낳았다고 니체는 확신한다. 그가 없었더라면 쇼펜하우어도 없었을 것이라고 단언한다. 쇼펜하우어 철학은 고통을 감당하지 못해 고통에 대한 곱지 않은 시선으로 일관하고 있을 뿐이다. 그의 철학은 고통으로부터의 진정한 해방을 꿈꾸고 있을 뿐, 삶에 대한 지배 의지와는 상관이 없다. 결국 니체의 눈에 그의 철학은 그저 '약함의 염세주의'에 지나지 않았던 것이다. 허무주의는 이에 반해 "강함의 염세주의"(비극, 10쪽)의 다른 이름일 뿐이다.

그런데 그런 염세주의 철학에서 바그너는 그저 금욕주의적 이상만을 발견해냈을 뿐이다. 현실을 부정하고 비현실적인 것을 동경하는 사고방식으로 나아갔던 것이다. 현세를 거부하고 내세를 인정하는 종교적 세계관으로 넘어가고 말았던 것이다. 관능과 금욕은 대립관계를 형성하고 만 것이다. 이 세상은 저 세상의 대립관계로 파악되고 만 것이다. 여기 아니면 저기라는 이분법적 세계관이 생각을 지배하게 된 것이다. 옳고 그름이라는 대립 감정이 세상을 거부하고 금욕주의적인 생활로 나아가게 한 것이다. 그런 생활이 신의 피를 담은 잔, 즉 성배를 지키는 삶이라고 주장하면서. 피의 섞임을 거부하면서, 즉 결혼을 거부하면서. 물론 철학자도 결혼을 거부한다. 하지만 거부의 의미는 사뭇 다르다.

지상에 철학자가 있다면, 그리고 철학자들이 있었던 곳에서는 어디서나 (철학을 하기 위한 천부적인 재능의 대립된 양극을 말하자면, 인도에서 영국에 이르기까지) 관능에 대한 철학자 특유의 과민함과 악감정이 있다는 것은 논쟁의 여지가 없다.—쇼펜하우어는 그 가장 웅변적이고, 그것을 들을 수 있는 귀를 가지고 있는 사람에게는, 매혹시키며 가장 황홀해하는 폭발일 따름이다.—금욕주의적 이상 전체에 관한 철학자들 특유의 선입견이나 애착이 있는 것도 사실이다. 그것에 대해서나 그것에 반하거나 우리는 스스로를 속이지 말자. 이미 말했듯이 이 양자는 전형적인 것이다. 철학자에게 이 양자가 결여되어 있다면, 그는—틀림없이—항상 '자칭 철학자'일 따름이다. 이것은 무엇을 의미하는가? 왜냐하면 이러한 사실을 먼저 해석해야 하기 때문이다: 이 사실 자체는 저 '물자체'와 마찬가지로 영원히 우매한 상태로 거기 있다. 모든 동물은, 따라서 철학자라는 동물도 자신의 힘을 완전히 방출할 수 있고 최대한의 힘의 감정에 이르는 데 맞는 최선의 좋은 조건들을 본능적으로 추구하는 것이다. 모든 동물은 이와 마찬가지로 본능적으로, '모든 이성보다 상위에 있는' 예민한 후각으로 최적에 이르는 이러한 길을 막거나 막을 수도 있는 온갖 종류의 방해자나 장애물을 기피하게 된다(이는 내가 말하는 '행복'에 이르는 길이 아니라, 힘, 행위, 가장 강한 행동을 지향하는 길이자, 대부분의 경우 사실은 불행에 이르는 길이다). 이와 같이 해서 철학자는 결혼할 것을 권유할지도 모르는 것들을 포함하여 결혼을 회피한다.―결혼은 최적에 이르는 그의 길에 놓인 장애물이며 재난인 것이다. 지금까지 위대한 철학자 가운데 그 누가 결혼한 사람이 있었던가? 헤라클레이토스, 플라톤, 데카르트, 스피노자, 라이프니츠, 칸트, 쇼펜하우어―이들은 결혼하지 않았다. 더욱이 우리는 그들이 결혼한다는 것을 단 한 번도 생각할 수도 없다. 결혼한 철학자란 코미디에 속한다. (464쪽 이후)

마지막 문장은 어떤 의미로 한 말일까? "결혼한 철학자란 코미디에 속한다." 이 말만 이해하면 여기 인용된 문맥 전체를 관통하는 이념을 이해하게 되는 것이다. 철학자는 결혼을 회피한다. 니체의 생각 속에서 "결혼은 최적에 이르는 그의 길에 놓인 장애물이며 재난인 것이다." 철학자는 그러니까 최적에 이르는 자신의 길을 찾아가는 존재에 해당한다. 최상으로 향하는 길은 사실 다양한 '불행에 이르는 길'이기도 하다. 자신에게 걸맞은 적을 찾아 떠나기 때문이다. 수많은 적을 이겨내고 극복해가면서 삶은 주권을 찾아가게 된다. 그 길이 결국 "힘, 행위, 가장 강한 행동을 지향하는 길"인 것이다.

하지만 인도에서 영국까지 만연되어 있는 철학자 특유의 과민함과 악감정은 오로지 관능으로 쏠려 있다. 쇼펜하우어의 염세주의는 이런 시각의 폭빌일 뿐이다. 현실을 부정하고자 하는 모든 생각은 그저 "저 '물자체物自體'와 마찬가지로 영원히 우매한 상태로 거기" 있을 뿐이다. 관능이 싫다고 말하는 순간 현상의 모든 논리는 얽히고 만다. 그 얽힘은 풀리지 않는 매듭처럼 보일 뿐이다. 신에 대한 믿음만이 해결해줄 것만 같은 문제 상황으로 다가올 뿐이다.

생각의 힘은 무섭다. 동물적인 본능까지도 조작해내기 때문이다. 배가

고파도 다이어트하겠다는 일념으로 굶어댄다. 숨 쉬고 싶다는 욕망까지도 억누르며 물속으로 침잠해 들어간다. 금욕, 욕망을 금함! 하고 싶은 것을 하지 않는 것은 인간의 능력이다. 니체가 말하는 철학자는 인식자에 해당한다. 아쉽게도 지금까지 잘못된 생각으로 살아와서 자기 자신에 대해서조차 잘 모른다. "우리는 자기 자신을 잘 알지 못한다. 우리 인식자들조차 우리 자신을 잘 알지 못한다."(337쪽) 잘못된 이상이 생각을 지배하면 자기 삶도 망상 속에서 허우적대게 될 뿐이다. 왜 힘든지도 모른 채 힘들게 살아간다.

> 그렇다면 금욕주의적 이상이란 철학자에게 무엇을 의미하는 것일까? 내 대답은 이렇다—이것을 오래전부터 알고 있었으리라: 철학자는 최고의 가장 대담한 정신성을 추구할 수 있는 최적 조건을 바라보면서 웃음 짓는다.—따라서 그는 '생존'을 부정하지 않는다. 그는 이 점에서 오히려 자신의 생존을, 오직 자신의 생존만을 긍정한다. 그는 아마도 이것을 "세계가 망할지언정, 철학은 살고, 철학자도 살고, 나도 살아남으리라!"는 불경스러운 소망이 그에게 멀리 있지 않을 정도까지 긍정하게 될 것이다… (466쪽)

철학자는 생존을 부정하지 않는다. 철학자는 삶을 부정하지 않는다. 바꾸어 말하면 철학자는 생존을 긍정하는 자다. 철학자는 삶을 긍정하는 자다. 이보다 더 분명하게 니체의 생각을 요약할 수는 없다. 살고자 하는 욕망은 당연한 것이다. 사는 것이 양심인 것이다. 삶에 도움이 되지 않는 생각에서 양심의 가책을 느껴야 하는 것이다. 자기 삶에서 최상으로 향하는 길을 찾아가는 것이 본능이어야 한다. 그것이 이기적이라고 손가락

질해서는 안 된다. 영화 〈거인〉의 주인공 영재가 처한 삶은 극단적이다. 삶의 현장이 얼마나 더러운 곳인지 여과 없이 보여준다. 불쌍한 동생을 무능한 아버지 집에 남겨놓고 떠나야 하는 그의 선택은 지극히 이기적이기까지 하다. '너만 힘든 게 아니다'라고 누가 말해주어도 귀에 들어오지 않는다. 숨을 쉬고 싶어 떠난다. 누군가 살고자 떠나는 사람이 있다면 뒤에서 박수를 쳐주어야 하리라. 그때 떠나는 자도 남는 자도 '거인'의 조건을 충족하는 것이다. 사는 게 숨이 찰 때는 숨을 되찾게 해주는 새로운 삶을 찾아 떠나야 한다. 그 행동을 도덕적 잣대로 해석할 수는 없는 것이다.

무엇이 '불경스러운 소망'일까? 니체식으로 답을 내놓자면, 자기 삶에 해코지하는 모든 것은 불경스럽다. 하지만 금욕주의자들의 입장에서 보면 살고자 하는 모든 생각은 불경스러운 소망일 뿐이다. 그래도 불경스러울 정도로 삶을 긍정하자! 이것이 니체의 생각이다. 물론 자신의 행복을 위해 타인의 불행을 야기하는 것은 결코 허용되어서는 안 된다. 여기

영화 〈거인〉(2014)의 한 장면. 구역질 나는 집을 나와 보호시설인 그룹홈에서 삶을 꾸려나가는 열일곱 살 영재의 삶을 그린 영화.

에 설명하기 미묘한 삶의 문제가 남아 있다. 니체 철학을 잘못 이해하면 '내가 살기 위해 너는 죽어야 한다'는 식으로 받아들일 수도 있다. 그것이 사자의 정신이라고. 하지만 오해는 말자. 살기 위해 떠나는 자는 남겨진 자에게 '죽어!'라고 말하지는 않았다는 사실을.

## 삶의 현장에서 피할 수 없는
## 모든 질병은 가치가 있다

'피할 수 없으면 즐기라' 했다. 허무주의 철학은 질병을 긍정한다. 삶이 더러운 곳이라면 그 더러움을 긍정하고자 한다. 모든 인생이 고통이라면 그 고통을 긍정하고자 한다. 인생이 외롭다면 그 외로움을 긍정하고자 한다. 삶과 관련된 모든 것을 긍정하고자 한다. 삶에의 의지는 긍정되어야 마땅하다고 보는 것이다. 그런데 삶은 절대적인 개념이 아니다. 이런 삶도 있고 저런 삶도 있다. 누구는 이런 삶을 살면서 눈물을 흘리며 힘들어하고 또 누구는 그런 삶을 살면서 즐겁게 웃기도 한다.

삶이 전하는 질병 중에는 사실 육체적 질병보다 정신적 질병이 더 무섭다. 거기에는 약도 수술도 도움이 될 수 없다. 정신이 병들면 철학으로 극복하는 수밖에 없다. 정신이 힘들 때 삶은 극도의 긴장 속에 빠진다. 하지만 거기서 삶은 수많은 것을 동시에 경험하게 된다. 질병이 유익한 이유가 여기에 있다. 아픔이 무작정 부정적일 수만은 없는 것이다. 고통이라는 말을 들어도 웃을 수 있는 이유는 충분히 존재한다. 허무가 느껴져 모든 것을 버릴 때에도 "무엇인가 웃어야만 할 것조차 남아 있는 것이다."(463쪽) 그것이 버림의 이유가 될 뿐이다. 원 없이 웃고 싶어서 버리는 것이다. 그 버리는 행위를 향해 '무심하다' '야속하다' '양심도 없다'는 식으로 삿대질을 해서는 안 된다. 극복을 위해 버리거나 떠나고 있다면 찬사를 보내야 한다. 버려야 한다고 또 떠나야 한다고 가르쳐준 질병에 대해서도 감사를 표해야 한다. 그 질병이 극복에 대한 필요성을 느끼게 해주었기 때문이다.

> 병에 걸리는 것은 배우는 바가 많으며, 건강한 것보다 더 배우는 바가 많다는 것을 우리는 의심하지 않는다.—오늘날에는 심지어 병들게 하는 자가 어떤 의사나 '구원자'보다도 더 필요하다고 생각한다. 의심의 여지 없이 우리는 이제 우리 자신을 폭행하고 있다. 우리는 영혼의 호두를 까는 사람들이며, 마치 인생이란 바로 호두를 까는 것일 뿐이라는 듯 질문하며 의문을 품는 사람들이다. 따라서 우리는 필연적으로 매일 더욱 의심을 품는 자, 물을 만한 가치가 있는 자가 되어야만 하며, 따라서 아마도 또한 더욱 살 만한 가치가 있는 자가 되어야만 하지 않는가?… 모든 좋은 것은 전에는 나쁜 것들이었다. (474쪽 이후)

병이 가르쳐주는 바는 많다. 병을 스승으로 삼아야 할 이유다. 질병이 찾아오면 병석에 누워 자기 자신을 돌볼 기회를 얻게 된다. 제대로 질병에 걸려보아야 생을 위한 전환점을 발견하게 된다. 니체는 삶을 위해 삶에 부정적인 것을 인식시키고자 한다. 건강을 인식시키기 위해 질병이 무엇인지 알려주고자 한다. 영혼의 구원을 부르짖는 금욕주의적 이상으로 삶을 책임질 수는 없다. 바로 이 지점에서 니체는 철학적 고민을 하고 있는 것이다. 그는 오히려 현실적으로 병들게 하는 자가 구원자보다 더 필요하다고 말한다. 더욱 강해지기 위해 스스로를 훈련소로 보내고 있다. "삶의 사관학교로부터.—나를 죽이지 않는 것은 나를 더욱 강하게 만든다."(우상, 77쪽) 반복되는 죽음의 경험이 삶의 현장 속에서 살아가야 하는 자기 자신을 더욱 강하게 만든다는 것이다. 삶의 현장은 전쟁터를 방불케 하기 때문이다. 강하면 승리감을 느끼며 살 수 있지만 약하면 아무도 그 인생을 책임져주지 않는다.

허무주의 철학은 자기 자신에 대한 폭행을 허용한다. 알을 깨고 나오라는 얘기다. 알을 깨는 폭력적인 행위만이 자기 자신을 건강하게 세상에 내놓을 수 있게 한다. "개구리의 관점"(선악, 17쪽)을 벗어던지기 위해서는 스스로 자기 자신이 개구리라는 인식에 도달해야 한다. "그대가 파리나 개구리처럼 한없이 보잘것없는 존재라는 것을 진실에 부합할 정도로 충분히 그대의 감정에 불어넣어줄 수 있는 사람"(즐거운, 66쪽)은 오로지 자기 자신뿐이다. 그런 감정만이 '개구리의 관점'을 극복하게 해줄 것이다.

> 금욕주의적 성직자에 대해 살펴본 다음 지금에서야 우리는 "금욕주의적 이상이란 무엇을 의미하는가?"라는 우리의 문제로 진지하게 재촉하며 자리를 옮기게 된다.—지금에서야 이 문제가 '진지'해졌다: 이제서야 우리는 진지함의 진정한 대표적 문제와 마주 서 있는 것이다. "모든 진지함이란 무엇을 의미하는가?"—아마 여기에서 우리는 이미 좀 더 근본적인 이러한 질문을 하게 된다: 이는 당연히 생리학자에게 물어볼 질문이지만, 그러나 그 점에 대해서 잠시 빠져나가보자. 금욕주의적 성직자는 자신의 신앙뿐만 아니라, 자신의 의지, 자신의 힘, 자신의 관심을 저 이상에 포함시킨다. 생존하고자 하는 그의 권리는 저 이상과 더불어 일어나기도 하고 쓰러지기도 한다: 즉 만일 우리가 저 이상의 적대자라고 한다면,

우리가 여기에서 무서운 적대자와 자신의 존재를 위해 저 이상을 부정하는 자와
투쟁하는 그러한 자와 부딪힌다는 것이 뭐 놀랄 일인가?⋯ (478쪽 이후)

허무주의 철학은 투쟁하는 자와 부딪히며 마주 서 있다. 이제서야 진지하게 삶에 직면하고 있는 것이다. 그리고 니체는 자기 철학을 '금욕주의적 이상'의 적대자라고 선언한다. 그것도 무서운 적대자라고. 허무주의자는 그러니까 이 "무서운 적대자와 자신의 존재를 위해 저 이상을 부정하는 자"라는 얘기다. 자신의 존재를 위해 이상을 거부하는 자! 그 자가 진정한 허무주의자다.

이상을 부정하고 현실을 긍정한다. 영생을 부정하고 삶을 긍정한다. 신을 부정하고 인간을 긍정한다. 이것이 허무주의적인 입장이다. 이것조차 이상이라면, 그것은 금욕주의적 이상의 정반대에 존재하는 이상일 뿐이다. 인간은 이성적 존재다. 이성은 이상을 필요로 한다. 그래서 지구는 "금욕주의적인 별"(480쪽)일 뿐이기도 하다. 이상은 파도처럼 물러나고 또다시 밀려온다. "어쨌든 우리는 금욕주의적 성직자가 얼마나 규칙적이고도 보편적으로, 거의 모든 시대에 나타나는지 생각"(같은 곳)해야 한다.

결국 언제 어떻게 이상을 극복하느냐의 문제만 남을 뿐이다. 또다시 하나의 이상이 찾아온다고 해서 지금의 이상을 극복할 이유를 찾지 못한다면 그것은 핑계일 뿐이다. 그것은 허무주의가 지향하는 삶이 아니다. 깨뜨려야 할 호두 껍데기 같은 존재는 인식자의 몫이다. 그런 껍질은 언제 어디서든 존재한다. 허무주의 철학은 그것의 있고 없고의 문제가 아니라 그것을 언제 인식하고 또 어떻게 까느냐의 문제에 몰두한다. 스스로에게 "폭행"(474쪽)을 자행하는 자가 가장 잔인한 자다. 하지만 그 잔인

함이 스스로 한계를 경험하게 해줄 것이며 그 한계에서 운명을 발견하게 해줄 것이다. 그때 허무주의 철학으로 무장한 정신은 진정으로 사랑해야 할 때를 인식하게 될 것이다. 운명을 사랑해야 할 때 말이다. 니체는 운명애를 허무주의 철학의 정식定式이라 했다. "인간에게 있는 위대함에 대한 내 정식은 운명애다"(이 사람, 373쪽)라고.

# 7장

—

## 자기 자신을 위한 거짓말

## 모든 방향으로 눈을 돌릴 수 있는
## 관점주의적인 인식

허무주의 철학은 진리와 맞선다. 하나의 진리와 맞서서 그것이 진리가 아님을 인식하게 하고, 그 인식이 가져다주는 고통을 감당하게 하며, 급기야 그것을 극복하게 한다. 진리는 늘 존재해왔다. "거의 모든 시대에"(480쪽) 존재해왔다. 진리가 없었던 시대가 없을 정도다. 이성적 존재에게 진리는 당연한 것이다. 문제는 그 어떤 진리에 얽매이느냐 아니면 새로운 진리를 찾아 떠나느냐에 달렸다. 여기서 분명히 해두어야 할 것은 허무주의 철학이 진리 자체를 부정하는 것은 아니라는 사실이다. 허무주의는 진리를 무너뜨리려는 의지와 세우려는 의지가 공존하고 있는 힘을 중심으로 돌고 돈다.

금욕주의적 이상이 비판의 대상이 되는 이유는 하나의 이상에 얽매이고자 하기 때문이다. 동물적인 본능조차 구속해놓고서 이성으로 만들어내고 인정한 것만을 진리라고 말하는 어처구니없는 상황이 벌어지고 만 것이다. 아쉽게도 이성은 이런 장난에 쉽게 놀아난다는 데 심각한 문제가 있다. 놀이도 어느 하나의 규칙만을 고집할 때 재미가 반감되고 만다. 아무리 좋은 장난감도 영원히 갖고 놀 수 있는 절대적인 기능을 가진 것은 없다. 그런데도 불구하고 인간의 생각은 늘 자연적인 것에 반하여 상상의 것을 진리로 받아들일 때가 많다. 이것이 이성적 존재가 스스로 덫에 걸리고 마는, 즉 이성을 가지고 생각하며 살아야 하는 인간의 한계다.

> 이와 같이 모순과 반反자연을 향한 생생한 의지가 철학을 하게 되었다고 가정해보자: 그 의지는 자신의 가장 내면적인 자의를 어디에 표출하게 될 것인가? 가장 확실하게 진실이라고, 실재적이라고 느끼게 된 것에 표출하게 될 것이다: 그 의지는 진정한 삶의 본능이 가장 무조건적으로 진리를 설정하는 바로 그곳에서 오류를 찾을 것이다. 그 의지는 예를 들어 베단타 철학의 금욕주의자들이 한 것처럼, 육체적인 것을 환영으로 격하시키고, 동시에 고통이나 다수성도, '주관'과 '객관'이라는 개념의 대립 전체도 격하시킬 것이다—오류다, 오류 외에는 아무것도 아니다!라고 할 것이다. (481쪽 이후)

신앙을 가진 자가 철학을 한다고 가정해보자. 니체식으로 생각을 따라가 보자. 믿음으로 충만한 자가 생각하는 현실은 오류로 가득할 것이다. 마음대로 할 수 있는 게 하나도 없다. 모든 게 나름대로 한계를 직면하게 한다. 삶을 생각하면 한숨만 나온다. 그가 생각하는 진리는 그런 것이 아니기 때문이다. 삶은 그저 진리에 반反하는 것으로 인식될 뿐이다. 결국 삶 자체를 오류로 판단하고 만다. 그가 인식한 오류들은 대부분 현실적으로는 해결할 수가 없는 것들이다. 결국 이런 자들은 "불만에 차고 오만

하며 불쾌한 피조물", 즉 "삶에 적대적인 종족"(480쪽)이 될 수밖에 없다.

몸만 없었더라면, 생각만 하는 존재였다면 모든 게 가능할 것만 같다. 몸이 있어서 모든 게 문제가 된다. 먹고 살아야 하는 게 힘들다. 죽고 싶다. 이런 식으로 사고가 진행되는 자에게 죽음은 마지막이 아니라 새로운 삶으로의 전환을 의미한다. 죽음을 통해 진정한 자유가 주어진다고 믿는 것이다. 죽음을 동경하는 의지는 온갖 아름다운 망상으로 치장을 한다. 천국, 천사, 구원, 신 등의 단어들로 이루어진 논리가 현실 속의 삶을 혐오스럽게 바라보게 한다. "그 의지는 예를 들어 베단타<sup>Vedānta</sup> 철학의 금욕주의자들이 한 것처럼, 육체적인 것을 환영으로 격하"시키고 만다. 실재가 환영으로 변질되고 만다. 그리고 환영이 실재가 되어 판을 친다. 사랑에 빠지면 콩깍지가 씐다고 했다. 뜬 눈으로도 사물을 제대로 인식하지 못한다. 열린 귀로도 아무 소리도 듣지 못한다. 바로 이런 현실 인식에서 니체는 철학의 과제를 발견하고 있다.

> 철학자 여러분, 이제부터 우리는 '순수하고 의지가 없고 고통이 없고 무시간적인 인식 주관'을 설정한 저 위험하고 낡은 개념의 허구를 좀 더 잘 경계해야 할 것이다. 우리는 '순수이성'이나 '절대정신'이나, '인식 자체'와 같은 그러한 모순된 개념의 촉수觸手를 경계해야 할 것이다: 여기에서는 도저히 생각할 수 없는 하나의 눈이 있다는 것을 항상 생각하도록 요구하고 있는데, 이는 전혀 어떤 방향도 가져서는 안 되는 하나의 눈이며, 이러한 눈에서 본다면 본다는 것이 또한 어떤 무엇을 본다는 것이 되는 능동적이고 해석적인 힘은 저지되어야만 하고, 결여되어 있어야만 한다. 따라서 여기에서 눈이 요구하는 바는 언제나 불합리와 이해할 수 없는 것이다. 오직 관점주의적으로 보는 것만이, 오직 관점주의적

인 '인식'만이 존재한다: 우리가 한 사태에 대해 좀 더 많은 정서로 하여금 말하게 하면 할수록, 우리가 그와 같은 사태에 대해 좀 더 많은 눈이나 다양한 눈을 맞추면 맞출수록, 이러한 사태에 대한 우리의 '개념'이나 '객관성'은 더욱 완벽해질 것이다. 그러나 의지를 모두 제거하고, 정서를 남김없이 떼어낸다는 것은, 우리가 그것을 할 수 있다고 가정해도, 어떻게 할 수 있단 말인가? 이것은 지성을 거세하는 것을 의미하는 것이 아닌가?… (483쪽)

해탈이 가능할까? 욕망의 불이 다 꺼지고 인식만 남아 있다는 그 경지가 의심스럽다. "의지를 모두 제거하고, 정서를 남김없이 떼어낸다는 것은, 우리가 그것을 할 수 있다고 가정해도, 어떻게 할 수 있단 말인가? 이것은 지성을 거세하는 것을 의미하는 것이 아닌가?…" 니체의 질문을 반복해서 읽어볼 필요가 있다. 그가 직면한 문제의식이 분명해질 때까지 독서를 멈추고 되새김질을 해야 할 것이다. 염세주의적인 해결책은 왠지 무책임하기까지 하다. 현실을 등지고 밤하늘의 별이 되라는 말이 너무도 허무맹랑하게 들리기도 한다. 허무주의 철학은 현실을 바라보고자 한다. 그리고 현실 속에서 해결책을 찾고자 한다. 그래서 '개념의 허구'에 놀아나지 않기를 당부하고 있다.

"'순수이성'이나, '절대정신'이나, '인식 자체'와 같은 그러한 모순된 개념의 촉수를 경계해야 할 것이다." 왜 이런 개념들이 모순이라 불려야 할까? 니체의 주장이 귓가에 맴도는가? '순수이성', '절대정신', '인식 자체'가 모순으로 들릴 때까지 제자리에 서서 주변을 한번 살펴보자. 이 개념들이 보여주는 환경을 살펴보자는 얘기다. 무엇이 보이는지 잠시 관찰해보자. 이성은 역사가 오래된 개념이다. 그런데 그것이 순수하다? 정신은 예전부터 존재해왔던 개념이다. 그런데 그것이 절대적이다? 인식의 역사도 인류의 역사만큼이나 오래되었다. 그런데 인식 그 자체가 존재한다? 그 어떤 것에도 영향을 받지 않는 인식 자체가 가능한 것일까? 참 말은 좋기만 하다. 밤하늘의 별이라도 따주겠다는 말처럼 들려서다.

하나만 보면 그 하나가 전부인 것처럼 보이는 실수를 범할 수 있다. 순수, 절대, 물자체 따위의 개념만을 고민하다 보면 이것이 실재처럼 보이기 시작할 수도 있다는 얘기다. 허구에 갇히면 빠져나오기 힘들다. 외부에서는 어떤 도움을 줄 수도 없다. 정신의 문제이기 때문이다. 스스로 금을 그어놓고 그 안에 갇히고 만 정신은 그 금을 지울 수 있는 용기가 생길 때까지 다른 아무것도 경험하지 못한다. 금 밖을 나가보지 못했기 때문이다. 금을 만들어내는 의지가 스스로를 굴복하게 한다. 금을 앞에 두고 무릎을 꿇게 한다. 의지의 힘은 이토록 위대하다.

순수, 절대, 물자체 등을 말하는 철학은 세상을 바라보는 '하나의 눈'을 요구한다. 그것은 자유정신의 입장에서는 "도저히 생각할 수 없는 하나의 눈"이다. 그것은 "전혀 어떤 방향도 가져서는 안 되는 하나의 눈"이다. 다른 어떤 방향도 보지 말라는 뜻이기도 하다. 니체는 이런 식의 눈에 저항하고자 한다. 하나에 갇힌 시선을 거부하기 때문이다. 그래서 허무주의식으로 사물을 바라본다는 것은 또 하나의 과제가 된다. 도대체 사물을 어떻게 바라보라는 것일까? 니체가 추구하는 대답을 찾기 위해 다시 순수, 절대, 물자체 등의 개념에 빠져 있는 눈을 먼저 이해해보자. "이러한 눈에서 본다면 본다는 것이 또한 어떤 무엇을 본다는 것이 되는 능동적이고 해석적인 힘은 저지되어야만 하고, 결여되어 있어야만 한다." 능동적이고 해석적인 힘은 빠져라! 그저 믿기만 하라! 이것이 순수, 절대,

물자체 따위의 개념이 만들어낸 논리의 결과물이다.

　단정, 규정, 선언 등이 없을 수는 없다. 생각은 그런 것을 기반으로 해서 발전해가기 때문이다. 하지만 그것은 과정이 되어야지 결과물이 되어서는 안 된다. 예를 들어 "책상은 책상이다"라고 말하는 것은 하나의 일면을 말하는 것일 뿐이다. 그것이 절대적이 되어서는 안 된다. 하나의 문장이 절대적이 되어야 한다면 그것은 편견이 아닐까? 다른 나라에서는 테이블table(영어), 티쉬Tisch(독일어) 등으로 말하기도 한다. 공간이 달라지면 언어도 달라진다. 언어가 달라지면 말도 달라진다는 얘기다. 다른 나라에 가서도 자기 언어만 고집하면 고립되고 말 것은 당연한 이치다.

　모든 사람에게는 생각의 차이라는 게 존재한다. 똑같은 생각은 있을 수 없다. 어디가 달라도 다른 게 사람의 생각이라는 것이다. 순수, 절대, 물자체 따위는 물론 있으면 좋겠지만 현실적으로 불가능한 것이다. 시간이 흐르면 무엇이든지 달라질 수 있다. 현상 속에서 영원한 것은 없다. 그래서 니체는 관점주의를 해결책으로 내놓는다. "오직 관점주의적으로 보는 것만이, 오직 관점주의적인 '인식'만이 존재한다." 니체는 세상을 바라볼 때 어떤 식으로 바라볼까? 니체의 눈에는 어떤 사물들이 어떻게 인식되고 있는 것일까? 관점주의적으로 세상을 바라본다는 건 어떤 것일까? 이에 대한 대답은 다음 문장 속에서 구해질 수 있다. "우리가 한 사태에 대해 좀 더 많은 정서로 하여금 말하게 하면 할수록, 우리가 그와 같은 사태에 대해 좀 더 많은 눈이나 다양한 눈을 맞추면 맞출수록, 이러한 사태에 대한 우리의 '개념'이나 '객관성'은 더욱 완벽해질 것이다." 이것을 원하는 것이다.

　니체의 허무주의 철학도 '개념'이나 '객관성'을 언급한다. 그것조차 거부하려는 것이 결코 아니다. 다만 절대적인 개념이나 영원한 객관성 따위를 운운하는 게 아니라는 사실만 염두에 두도록 하자. 니체는 여기서 점층법을 쓰고 있을 뿐이다. 좀 더 많은 정서로 말하게 하면 할수록, 또 좀 더 많은 눈으로 보면 볼수록 개념이나 객관성은 더욱 완벽해질 것이라는 얘기다. 완벽하다는 얘기가 아니라 완벽해질 것이라는 데 초점이 맞추어져 있다. "사람은 극복되어야 할 그 무엇이다."(차라, 16쪽 이후) 극복이란 개념은 과정을 의미할 뿐이다. 넘어서면 무엇이 있다는 것을 말하고자 하는 게 아니다. 밥을 먹어야 할 때면 밥을 먹으면 되는 것이다. 밥을 먹으면 어떤 존재가 될 것이라고 말하는 게 아니다. 삶은 살아야 한다. 살면 어떤 존재가 되는 것이라고 가르치고자 하는 게 아니다.

삶을 위해 눈을 떠야 한다. 모든 다양한 방향을 바라볼 수 있어야 한다. 관점에 따라 사물은 다르게 보인다. '내 입장이 되어 보라!'는 말이 있다. 상대방의 입장에서는 사물이 다르게 보인다는 뜻이다. 니체의 허무주의는 단 하나의 입장을 고수하는 금욕주의적 삶의 방식을 거부한다. 금욕을 가능하게 하는 그 생각에 반기를 든다. 물론 니체의 생각에도 금욕을 요구하는 단계가 있다. 예를 들어 낙타의 단계가 그런 상황이다. 하지만 그 또한 극복의 대상이 될 뿐이다.


## 금욕주의라는 병적인
## 자기모순의 위험한 가치


병에 대한 가치 인식은 니체 전집 곳곳에서 등장한다. 질병이 있어야 한다는 것을 삶의 전제조건처럼 말을 할 때가 많다. 더럽지 않고 더러움을 포용하기 위해서는 먼저 바다가 되라고 했던 것처럼 아프지 않고 모든 질병을 포용하기 위해서는 삶 속에 푹 빠져야 한다. 고통으로 가득 찬 파도가 삶의 현장을 웃음바다로 바꾸어놓을 것이다. "한없는 웃음의 파도" (즐거운, 68쪽)가 비극을 희극으로 바꾸어놓을 것이다. 고대 그리스 비극의 마지막에는 언제나 유쾌한 사티로스극satyr play이 배치되어 있었던 이유도 바로 여기에 있지 않았나 싶다.

금욕주의에도 사실 무작정 부정적인 측면만 있는 게 아니다. 허무주의적 시각으로 바라보면 모든 사물에 긍정적인 측면이 발견될 수밖에 없다. 니체의 생각은 이렇다. 우선 금욕주의자는 모순에 빠져 있다. 하지만 그 모순이 삶을 이어가게 하는 힘임을 발견하게 된다. 살기 싫어하면서도 살아간다. 세상이 싫다면서도 이 세상에 머물러 있다. 그 모순 속에서 니체는 인간의 생존본능을 읽어내고 있다. 니체는 금욕주의도 끌어안으려는 시도를 하고 있다. 자기모순도 인간적인 측면을 보여주고 있음을 가르치고자 하는 것이다. 다만 그 단계의 생각은 병이 들어 있을 뿐이라고 말하고 싶을 뿐이다.

> 내가 말하는 것을 이미 이해하고 있겠지만, 이 금욕주의적 성직자, 이 외견상 삶의 적대자, 이 부정하는 자—그는 바로 삶의 아주 거대한 보존하는 힘과 긍정하는 힘에 속하는 것이다… 저 병적인 것은 무엇에 연결되어 있는 것일까? 왜냐하면 인간은 다른 어떤 동물보다도 더 병적이고 불확실하고 변하기 쉽고 불확정적이기 때문이다. 이 점은 의심할 여지가 없다.—그는 병적인 동물이다: 이것은 어디에 기인하는 것일까? 확실히 인간은 또한 다른 동물들을 모두 묶어

생각한 것보다 더 대담하고 혁신적이고 반항적이며 운명에 대해 도전적이었다: 위대한 자기 실험자이며 최후의 지배를 위해 동물, 자연, 신들과 싸우는 만족할 줄 모르는 자이자 싫증을 모르는 자인 인간―언제까지나 정복되지 않는 자, 자기 자신의 충동력 때문에 결코 휴식을 모르는 영원히 미래적인 존재인 인간은, 그래서 그의 미래가 가차 없이 박차처럼 모든 현재의 살 속에 파고드는 인간:― 이처럼 용기 있고 풍요로운 동물이 어째서 또한 가장 위험하고, 모든 병든 동물 가운데 가장 오래 가장 깊이 병든 존재가 아닐 수 있겠는가?… 인간은 이것에 싫증이 났다. 종종 이러한 싫증이 전체로 번지는 유행병이 있다(―죽음의 무도 시대인 1348년경): 그러나 이러한 혐오, 이러한 피로, 이러한 자기 자신에 대한 불만까지도―이 모든 것은 인간에게 매우 강력하게 나타나기 때문에, 이것이 바로 다시 하나의 질곡이 된다. 인간이 삶에 대해 말하는 부정은 마치 마법에 의한 것처럼, 더욱 부드러운 긍정의 충만함을 드러낸다. 이러한 파괴나 자기 파괴의 거장인 인간이 스스로에게 상처를 준다 할지라도―훗날 이 상처 자체야 말로 인간으로 하여금 살 것을 강요하는 것이다… (485쪽 이후)

극복하려 하는 인간이 있다고 가정해보자. 그는 어떤 모습을 보이고 있을까? 아마도 자기 자신에 대한 혐오가 극에 달해 있지 않을까. 그렇지 않고서야 극복할 이유가 없기 때문이다. 이런 의미에서 보면 '혐오'뿐만 아니라 '피로' 내지 '불만'까지도 긍정적인 평가를 받을 수 있는 개념들이다. "인간이 삶에 대해 말하는 부정은 마치 마법에 의한 것처럼, 더욱 부드러운 긍정의 충만함을 드러낸다." 이런 경우를 이해할 수 있겠는가? 부정이 긍정의 표현이라는 경우를? 가끔 헬스장에서 운동을 하다 보면 욕을 하며 씩씩대는 젊은이들을 발견할 때가 있다. 더욱 강해지고 싶은 욕망으로 자기 몸을 학대하고 있는 상황이다. 쌍욕을 해가며 무거운 쇳덩어리를 들고 있다. 이 모순된 상황을 이해하겠는가?

싫으면 안 하면 된다. 하지만 싫지 않을 때가 문제다. 그것도 하고 싶어서 환장을 했다면 큰일이다. 하고 싶은데 안 될 때 우리는 도전의식을 고취한다. 전의를 불태우기도 한다. 스스로에게 욕을 해대기도 한다. '그것밖에 못하나!' 하고 윽박지르기도 한다. 어느 펜싱 선수처럼 자기 자신을 위해 '할 수 있다!'를 주문처럼 외우기도 한다. 그리고 실제로 인생역전의 신화를 만들어내는 주인공이 된다. 현실이 힘들다고 등을 돌릴 것인가? 아니면 맞설 것인가? 이 두 가지 질문이 염세주의냐 허무주의냐를 갈라놓는다.

금욕주의적 성직자라 함은 분명 자신의 욕망을 스스로 금지하는 데 일가견이 있는 자임에 틀림이 없다. 겉으로 보기에는 '삶의 적대자'이며 '삶을 부정하는 자'다. 하지만 그 금욕으로 삶을 끊지는 못한다. 욕망을 끊고자 하고 있을 뿐이다. 그리고 그런 생활방식이 자신을 더 큰 삶으로 연결해놓을 것이라는 희망으로 살아간다. 즉 "그는 바로 삶의 아주 거대한 보존하는 힘과 긍정하는 힘에 속하는 것이다." 살고 싶은 욕망이 없었다면 힘든 금욕의 길을 선택하지 않았을 것이다. 바로 이런 점에서 니체는 금욕주의에서 과도기적 증상을 발견하게 된다. 금욕주의는 '병적인 것'이라고.

니체에게 인간은 '병적인 동물'에 불과하다. 병은 인간의 조건이다. 질병으로부터 자유로운 인간은 한 명도 없다. 니체도 인정한다. 인간이 세상에서 가장 나약한 존재라는 사실을. "인간은 다른 어떤 동물보다도 더 병적이고 불확실하고 변하기 쉽고 불확정적이기 때문이다." 하지만 파스

칼이 인간을 '생각하는 갈대'라고 말했듯이 니체는 인간을 '극복하는 그 무엇'이라고 말한다. 인간은 극복할 수 있는 존재라는 얘기다. 인간은 쉽게 좌절하고 절망하지만 그것이 끝이 아니라 거기서 새로운 시작을 할 줄 아는 존재다. 허무의 파도가 오는 것을 막을 수는 없지만 인간은 그것을 견뎌낼 뿐만 아니라 딛고 일어설 줄도 안다.

극복하는 존재의 전제는 그러니까 병적인 것이다. 병의 실존이 극복의 필요성을 일깨울 뿐이다. 고통에 직면하면 인간은 돌변한다. "더 대담하고 혁신적이고 반항적이며 운명에 대해 도전적"이 된다. 고통이 없다면 이런 태도를 취할 이유가 없다. 가장 병적인 인간만이 가장 큰 변화를 꾀한다. 니체에게 인간이란 "위대한 자기 실험자이며 최후의 지배를 위해 동물, 자연, 신들과 싸우는 만족할 줄 모르는 자이자 싫증을 모르는 자"인 것이다. 싫증의 다른 말로는 권태나 피로 등이 있을 것이다. 하지만 그것은 삶을 결정하는 요소가 아니라 극복의 순간을 알려주는 신호에 불과할 뿐이다.

"이처럼 용기 있고 풍요로운 동물이 어째서 또한 가장 위험하고, 모든 병든 동물 가운데 가장 오래 가장 깊이 병든 존재가 아닐 수 있겠는가?" 수사학적으로 표현된 질문이다. 긍정을 강조하기 위한 의문문이라는 얘기다. 반어법으로 보아도 무방하다. 어쨌든 인간을 바라보는 니체의 시선은 이렇다. 가장 위대한 자는 가장 아픈 상처를 극복한 자라는 사실이다. 고대 델포이 신전에는 이런 문구도 쓰여 있었다고 한다. "상처받은 자가 치유하리라"고. 문제를 풀어본 자가 가르칠 수도 있는 법이다. 그래서 나이 든 자의 세월 속에서 얻은 지혜는 무시할 수가 없다.

병적인 상태가 인간에게 좀 더 정상적이 되면 될수록—우리는 이 정상이라는 성격을 부정할 수 없다—우리는 정신과 육체의 강인함이라는 보기 드문 경우를, 즉 인간의 행운의 사례를 더욱 높이 존중해야만 하며, 잘난 인간들을 가장 나쁜 공기, 병적인 공기에서 더욱 엄격하게 보호해야만 한다. 이것이 행해지고 있는가?… 병자는 건강한 자들에게 가장 큰 위험이다. 강자에게 닥치는 재앙은 가장 강한 자에게서 오는 것이 아니라, 가장 약한 자에게서 온다. 이것을 알고 있는가?… 대체로 생각해본다면, 인간에 대한 공포가 감소되기를 원해야 할 만한 것이 전혀 없지 않은가: 왜냐하면 이러한 공포는 강자를 어쩔 수 없이 강하게 해주며, 상황에 따라서는 무서운 자가 되게 하기 때문이다.—이것이 잘난 인간의 유형을 제대로 유지하는 것이다. 두려워해야 할 것, 다른 어떤 숙명보다도 숙명적으로 작용하는 것은 커다란 공포가 아니라, 인간에 대한 커다란 혐오다. 또한 마찬가지로 인간에 대한 커다란 동정이다. 만일 어느 날 이 두 가지가 교미를 한다면, 어찌할 방법 없이 바로 가장 섬뜩한 어떤 것이, 즉 인간의 '최후의 의지', 허무를 지향하는 그의 의지, 허무주의가 세상에 나타나게 될 것이다. (486쪽 이후)

니체의 마지막 생애를 담아놓은 사진들을 바라볼 때마다 던지는 질문이 있다. 그의 광기는 철학적으로 어떤 의미가 있는 것이 아닐까 하고. 혐오와 동정이 함께 밀려올 때 "인간의 '최후의 의지'"가 밀려온 게 아니었을까 하고. 인간이 혐오스럽다는 감정과 인간이 불쌍하다는 감정이 함께 밀려올 때! 인간이 감당할 수 있는 마지막 의지가 작동하기 시작한다. 마지막 의지가! 그것은 "허무를 지향하는 그의 의지, 허무주의가 세상에 나타나게" 하는 의지다. 허무주의가 세상에 나타나면 "바로 가장 섬뜩한

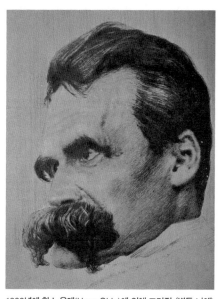

1899년에 한스 올데(Hans Olde)에 의해 그려진 〈병든 니체〉.
이 그림은 특히 니체 생애의 마지막 모습으로 간주되고 있다.

어떤 것"을 경험하게 되는 것이다. 지금까지 경험해보지 못한 그 무엇을 경험하게 된다는 얘기다.

하지만 최후의 의지가 인도한 경지, 즉 진정한 허무주의가 도래했을 때 니체의 정신은 어떤 상황에 처해 있었을까? 자신의 철학대로 삶을 살고자 했다면 분명히 그런 경지를 염원했을 것이 틀림없기에 던질 수밖에 없는 질문이다. 그림 속 니체의 표정은 우리가 일반적으로 알고 있는 미친 사람의 표정이 아니기에 더더욱 궁금하기만 하다. 깊고 깊은 시선! 부처의 눈빛처럼 어떤 외부의 사물에 무관심한 듯하면서도 그렇다고 보지 않고 있다고 말할 수도 없는 눈빛이다. 니체가 자신의 또 다른 자아 차라투스트라를 경험하게 되던 '할퀴오니쉐 타게Halkyonische Tage',[1] 즉 '정적의 날들' 내지 "평온한 경지"(347쪽)가 전하는 바가 바로 이런 눈빛이 아닐까.

철학자는 이제 선을 넘고 말았다. 정신 줄을 놓고 말았다. 혐오와 동정이라는 서로 다른 두 개의 감정을 동시에 받아들일 때 최고로 팽팽해진 줄을 놓고 말았다. 그리고 정신의 화살은 멀고 먼 나라로 가버렸다. 이성으로는 더 이상 갈 수 없는 나라다. 우리는 그가 남겨놓은 글들 속에서

만 답을 찾아야 한다. "그대 영원한 존재들이여, 이 세계를 영원히, 그리고 항상 사랑하라. 그리고 비애를 향해 '사라져라, 하지만 때가 되면 되돌아오라!'고 말하라. 모든 기쁨이 영원을 소망하기 때문이다!"(차라, 531쪽) "차라투스트라의 지혜의 뜻에 불쌍하게도 부당한 일을 하지 않으려면, 무엇보다도 그의 입에서 흘러나오는 그 평온한 음조를 제대로 들어야만 한다. '폭풍을 일으키는 것, 그것은 더없이 잔잔한 말들이다. 비둘기처럼 조용히 찾아오는 사상, 그것이 세계를 이끌어간다'—"(이 사람, 326쪽) 곳곳에 니체는 자신의 책을 어떻게 읽어야 하는지 알려주었다.

정적의 날들, 평온한 날들, 평정의 날들, 그런 날들 속에서 니체는 영원한 휴식을 경험한다. 생철학이 전하는 또 다른 이상향이 아닐 수 없다. 마음이 쉴 수 있는 곳, 그곳을 찾기 위해 그는 철학이라는 길을 선택했다. 그런데 이런 최고의 경험을 자신에게 허락하기 위해 또한 '병적인 상태'를 인정해야만 한다는 것이 허무주의적 해결책이다. 자신에게 병을 허락하라! 마치 '아고게Agoge'[2]라 불리는 스파르타식 방법론 같기도 하다. 교육상 젊은이들을 사지死地로 내모는 그런 방법론 말이다. 죽음의 위협을 느끼는 곳에서 인간은 삶에의 의지를 가장 강렬하게 키울 수 있기 때문이다.

강한 인간을 원한다면 강한 위기를 허용해야 한다. 가장 위험한 곳에서 가장 강한 의지가 태동한다. "잘난 인간들을 가장 나쁜 공기, 병적인 공기에서 더욱 엄격하게 보호해야만 한다." 이런 보호가 가능하려면 '나쁜 공기', 즉 '병적인 공기' 속에서도 살아남을 수 있는 존재로 만들어놓아야 한다. 이것이 나쁜 공기, 병적인 공기로부터 보호하는 해결책이다. 세상이 전쟁터라면 전사로 변하게 해야 한다. 도덕적인 인간으로 전쟁터

영화 〈300〉(2007)의 한 장면.

에 나갈 수는 없기 때문이다. 니체의 철학은 일종의 맞불작전이다. 더럽다면 스스로 더러워지라고 가르친다. 인생이 고통이라면 고통 자체가 되라고 가르친다.

니체가 가장 위험한 존재로 간주하는 것은 악한 자가 아니다. 선의 정반대 편에 서 있는 악이 아니라는 얘기다. 그의 대답은 이렇다. "병자는 건강한 자들에게 가장 큰 위험이다." 병든 자가 제일 위험하다. "인간의 가장 커다란 위험은 병자이다: 악인이나 '맹수'가 아니다. 처음부터 실패자, 패배자, 좌절한 자—가장 약한 자인 이들은 대부분 인간의 삶의 토대를 허물어버리고, 삶이나 인간이나 우리 자신에 대한 우리의 신뢰에 가장 위험하게 독을 타서 그것을 의심하게 만드는 자들이다."(487쪽) 병자들이 인간애와 운명애를 파괴하고 신에 대한 사랑을 부르짖게 한다. 이들이 나쁜 공기를 만들어낸다. 이들이 공기를 병들게 한다. 나쁜 공기로 충만한 곳의 예로 니체는 교회를 언급한다. "순수한 공기를 마시고자 한다면, 교회에 가서는 안 된다!"(선악, 59쪽) 교회에 병자가 들끓고 있다. 자유정신에는 해롭기만 한 나쁜 공기가 가득한 곳이다.

하지만 이 나쁜 공기에 대한 니체의 감정은 공포가 아니다. 공포는 오히려 "강자를 어쩔 수 없이 강하게 해"줄 뿐이다. "상황에 따라서는 무서운 자가 되게 하기"도 한다. 독 안에 든 쥐라고 함부로 덤비면 물릴 수도 있다. 그런데 이 나쁜 공기 앞에서 혐오가 느껴질 때 조심해야 한다. 정적의 날들로 들어갈 수도 있지만 니체가 원하는 길이 아닌 전혀 통제되지 않은, 즉 우리 모두가 말하는 광기의 세계로 들어갈 수도 있기 때문이다. 종이 한 장 차이다.

똥은 무서워서 피하는 게 아니다. 더러워서 피하는 것이다. 그런데 그런 혐오를 잘못 다루면 히스테리성 광기의 세계로 들어갈 수도 있다. 조심해야 한다. 하나의 사물이 똥처럼 보일 때 드는 감정이 혐오일 경우 조심하라는 얘기다. 이 감정을 조심해야 하는 이유는 여기에 덧붙여 동정이 가세를 하면 "가장 섬뜩한 어떤 것"을 경험하게 되기 때문이다. 대부분의 사람이 말하는 광기가 그때 오기 때문이다. 더 이상 말로는 설명이 안 되는 경지다. 그 누구도 도와줄 수 없는 질병이다. 가장 무서운 질병은 갈림길을 제공한다. 천국과 지옥으로 연결되는 두 개의 길이다. 구원과 타락, 행복과 불행, 정적의 날들과 혼돈의 날들로 연결되는 길들이다.

조심하지 않으면 큰코다친다. 차라투스트라가 태양처럼 몰락하겠다며 하산하여 광장에 도달했을 때 줄타기 묘기가 벌어졌다. 그리고 거기서 실수를 하여 추락 사고를 당한 광대를 업고 가다 차라투스트라는 그의 죽음까지 함께해준다. 왜 이런 장면을 니체는 자신의 대표작 전면에 자리 잡게 했을까? 이 장면을 통해 전달하려는 메시지는 무엇이었을까? 그것은 아마도 삶이라는 현장에서는 조심하지 않으면 큰일이 난다는 것이 아닐까. 준비되지 않은 자에게는 모든 것이 허무할 뿐이다. 때로는 이처럼 목숨을 담보로 잡아야 할 때도 있다. 나쁜 공기가 감당이 안 된다면 멀리 떨어지는 수밖에 없다. 면역력이 부족하다면 세균이 많은 곳을 꺼려야 하는 것과 마찬가지다.

> 그러므로 좋은 공기가 필요하다! 좋은 공기다! 어쨌든 문화의 모든 정신병원이나 병원의 근처에서 멀리 떨어지자! 그러므로 좋은 사교 모임, 우리의 사교 모임이 필요하다! 어쩔 수 없을 때에는 고독이 필요한 것이다! 그러나 어쨌든 안으로 향하는 부패와 은밀한 병자의 벌레 먹은 자리에서 나는 악취에서 멀리 떨어지자!⋯ 나의 친구들이여, 이것은 우리가 바로 우리 자신을 위해 간직해두었을 수도 있는 두 가지 가장 악질적인 전염병에 대해서 적어도 잠시라도 우리 자신을 지키기 위해서 하는 것이다.—즉 인간에 대한 커다란 혐오에 대해서! 인간에 대한 커다란 동정에 대해서!⋯ (491쪽)

좋은 공기가 필요한 때는 준비가 덜 되었을 때다. 좋은 선생이 필요할 때는 홀로서기가 안 될 때다. 하지만 아무리 좋은 선생이라 해도 언젠가는 그의 곁을 떠나야 한다. 이별의 고통은 한없이 크지만 그 고통을 피하려 선생 곁에 머물고자 한다면 그것은 삶에 대한 예의가 아니다. 오히려 삶에 대한 모독일 뿐이다. 좋은 공기도 이런 차원에서 이해해야 한다. 나쁜 공기를 멀리해야 할 때 필요한 것은 좋은 공기다. 교회의 나쁜 공기가 생명에 해를 끼칠 수 있는 시기에는 허무주의 철학으로 모이는 자리가 이로울 것이다. "그러므로 좋은 사교 모임, 우리의 사교 모임이 필요하다!" 준비도 안 되었는데 사교 모임도 찾을 수 없다면 고독 속에서 견디는 수밖에 없다. "어쩔 수 없을 때에는 고독이 필요한 것이다!" 이때 고독으로의 도피는 명령이 되기도 한다. "벗이여, 너의 고독 속으로 달아나라!"(차라, 84쪽) 그 고독 속에서 인간은 모든 소리를 다르게 듣게 된다. "고독 속에서는 모든 목소리가 다르게 들린다!"(즐거운, 227쪽) 익숙했던 해석을 벗어던질 수 있는 기회는 그때 주어진다.

물론 고독이 허무주의의 목적은 아니다. 고독은 "적어도 잠시라도 우리 자신을 지키기 위해서 하는 것"일 뿐이다. 항해를 떠나고 사막 여행을 견뎌내는 이유는 오아시스 같은 지극히 작은 곳에서도 행복을 만끽할 수 있기 위해서다. 대도시는 사막과 같다. 무리는 있지만 사랑의 기적을 알려주는 존재는 없다. 현대인은 장터에 모여 쇼핑을 하느라 여념이 없는 구매자의 모습을 하고 있다. "고독이 끝나는 곳, 그곳에 장이 열린다. 그리고 장이 열리는 곳에 거창한 배우들의 소란이 시작되며, 독파리들이 윙윙대기 시작한다."(차라, 84쪽) 이런 독파리들로부터 멀리 떨어지라는 것이다. '인간에 대한 혐오' 혹은 '인간에 대한 커다란 동정'이 이 독파리의 이름이다. 감당이 안 될 때는 그저 멀리 떨어지는 수밖에 없는 개념들이다. 몸이 허약할 때는 아무리 사소한 바이러스도 치명적일 수 있기 때문이다.

## 원한 감정으로 무장한 무리와
## 그들의 기교로 세워진 왕국

약자들의 도덕은 노예 도덕이다. 이들은 이들만의 가치체계를 가지고자 한다. 약자 중의 약자가 최고의 자리에 올라설 수 있다는 논리다. 예를 들어 〈게으름뱅이의 나라〉와 같은 동화 속 나라가 있다. 거기서는 "무엇보다도 일을 해서는 안 된다. 누군가 열심히 일하면 그 나라를 떠나야만 했다. 가장 게으른 자가 왕이 된다. 늦잠 자는 자가 상을 받고, 거짓말하는 자가 그 대가로 돈을 받는다."[3] 문제는 이런 나라가 어디 있는지 또 그 나라로 가는 길이 어디 있는지 아무도 모른다는 데 있다. 한마디로 유토피아에 지나지 않는다. 존재하지 않는 땅 말이다.

이제 니체는 병자들의 이야기를 꺼낸다. 이들의 희망사항은 다음과 같다. "내가 다른 어떤 존재였으면 좋았을 것을! 그러나 희망이 없다. 나는 나 자신인 것이다: 내가 어떻게 나 자신에게서 벗어날 수 있을 것인가? 어쨌든—나는 나 자신에 대해 진저리가 난다!"(487쪽)고. 약자 내지 병자는 다른 세상을 꿈꾼다. 지금과 여기는 감당이 안 되기 때문이다. 삶 자체가 진저리가 날 뿐이다. 죽고 싶다는 말을 입에 달고 산다. 서서히 그들의 정신 속에는 "고통받는 자의 음모가 거미줄을 치게 된다."(488쪽) "도덕으로 자위행위를 하는 인간"(489쪽)이 탄생하기 시작한다. 이들이 사는 목적은 그저 도덕으로 위로를 받으려는 것에 지나지 않는다.

> 병자를 간호하고, 병자를 건강하게 만드는 것이 어째서 전혀 건강한 사람의 임무가 될 수 없는지를 깊이 이해했다면—나는 사람들이 이 점을 실로 깊이 파악하고 이해할 것을 바란다—이로 말미암아 또한 어떤 필요성이 있다는 것도—그 스스로 병든 의사나 간호원이 필요하다는 것도 이해되는 것이다: 이제 우리는 금욕주의적 성직자의 의미를 분명히 파악한다. 금욕주의적 성직자는 우리에게 병든 무리의 예정된 구원자, 목자, 변호인으로 생각된다: 이것으로 우리는 그

의 거대한 역사적 사명을 이해하게 된다. 고통받는 자를 지배하는 것이 그의 왕국이며, 그의 본능은 그에게 이 지배를 지시하고, 이와 같이 지배하는 가운데 그는 자신의 가장 특이한 기교, 자신의 대가다운 실력, 자기 나름의 행복을 갖게 된다. 그들을 이해하기 위해서—그들과 더불어 이해하기 위해서, 그는 스스로 병들어야만 하며, 근본적으로 병자나 실패자와 밀접하게 관계해야만 한다. 그러나 그가 병자의 신뢰와 두려움을 얻을 수 있기 위해서는, 그들의 발판, 방어, 지주, 강압, 교사, 폭군, 신이 될 수 있기 위해서는, 그는 또한 강해야만 하며, 타인보다도 자기 자신을 더 지배하는 자가 되어야 하며, 특히 그의 힘에의 의지에 손상이 없어야만 한다. 그는 그들을, 즉 자신의 무리를 지켜야만 한다—누구에 대항해서인가? 건강한 사람들에 대항해서이며, 의심할 여지 없이 또한 건강한 사람들에 대한 질투에 대항해서도 그렇다. 그는 온갖 거칠고, 격렬하고, 억제할 수 없고, 냉혹하고, 포학하며 맹수 같은 건강과 강건함의 선천적인 적수이며 그것을 경멸하는 자가 되어야만 한다. (491쪽 이후)

약자도 권리를 주장한다. "고통받는 자를 지배하는 것이 그의 왕국"이다. 자신의 왕국에서 지배권을 쟁취하고자 한다. "그의 본능은 그에게 이 지배를 지시하고, 이와 같이 지배하는 가운데 그는 자신의 가장 특이한 기교, 자신의 대가다운 실력, 자기 나름의 행복을 갖게 된다." 약자의 기교는 대단하다. 속된 말로 하면 호가호위狐假虎威하는 잔머리라고나 할까. 그런 기교를 능력으로 간주하는 사회, 그런 것이 통하는 사회가 약자의 이상향이다.

천국이 있다면 그곳에는 누가 살까? 분명 신을 필요로 하는 자들이다. 천국에 들어갈 수 있는 자들은 모두가 의존적인 사람이라는 얘기다. 그래서 니체는 "금욕주의적 성직자는 우리에게 병든 무리의 예정된 구원자, 목자, 변호인으로 생각된다"고 단언한다. 무리 본능은 한결같다. "그들을 이해하기 위해서—그들과 더불어 이해하기 위해서, 그는 스스로 병들어야만 하며, 근본적으로 병자나 실패자와 밀접하게 관계해야만 한다." 이런 욕망은 더러움을 포용할 수 있기 위해 먼저 바다가 되려는 허무주의적 의지와는 정반대 방향으로 진행되는 의지로 인식하면 된다. 스스로 건강해지기 위해서가 아니라 병들기 위해서 관계를 맺기 때문이다.

약자나 병자의 왕국에도 법이 있다면 어떤 법이 있을까? 이런 왕국에서 성공하고자 한다면 어떻게 해야 할까? 물론 "그는 또한 강해야 하며, 타인보다도 자기 자신을 더 지배하는 자가 되어야 하며, 특히 그의 힘에의 의지에 손상이 없어야만 한다." 고통받는 자들의 왕국에서도 결국에는 힘 있는 자가 지배하게 된다. 그 힘은 앞에서도 언급했다시피 기교와 잔머리의 대가다운 실력에 근간을 두고 있을 뿐이다. 이 지배자의 "거대한 역사적 사명"은 "즉 자신의 무리를 지켜야만 한다"는 데 있다. 허약한 자들을 그대로 방치하고, 병든 자들을 병든 채로 머물게 하는 것이 상책이다. 그것이 그의 권력을 굳건하게 해줄 것이기 때문이다.

병든 자들의 왕국의 정책은 모두 "건강한 사람들에 대항해서" 이루어질 뿐이다. 잘 달리는 말에 재갈을 물리고, 일 잘하는 소에게 멍에를 짊어지게 하며, 밀림의 왕자 사자를 "너는 마땅히 해야 한다"(차라, 39쪽)라 불리는 도덕의 우리 안에 가두어놓는다. 이들의 왕국에서는 질투가 일상이다. "건강한 사람들에 대한 질투"는 당연한 것이다. 질투로 무장한 정신은 늘 타인의 시선을 의식하게 한다. 자신의 나약함을 가리기 위해 권위를 자랑하는 과장된 의상도 마다하지 않는다.

병자의 왕국에서 병자의 성공 비결은 간단명료하다. "그는 온갖 거칠고, 격렬하고, 억제할 수 없고, 냉혹하고, 포학하며 맹수 같은 건강과 강건함의 선천적인 적수이며 그것을 경멸하는 자가 되어야만 한다." 누가 적인지 가장 정확하게 지시할 수 있는 자가 권력을 쟁취할 수 있다. 주적 主敵이 분명해질수록 권력과 안정에 대한 필요성은 더욱 절실해진다. 기득권은 위기가 올 때마다 '우리에게는 적이 있다'는 것을 환기한다. 적이 잠들어 있다면 깨워서라도 위기를 조장한다. 그것이 권력 유지의 비책이기 때문이다.

> 이때 그는 자신이 할 수 있는 한, 이 땅 위에 고통과 분열과 자기모순의 씨를 뿌리고자 결심하며, 언제든지 고통받는 자를 지배하는 자신의 기교를 과신하는 것이다. 의심의 여지 없이 그는 연고와 향유를 가져온다: 그러나 그는 의사가 되기 위해, 먼저 상처를 줄 필요가 있다. 그때 그는 상처에서 오는 고통을 가라앉히면서, 동시에 상처에 독을 뿌린다. (493쪽)

병든 자의 왕국에서는 병이 있어야 체제가 유지된다. 없던 병도 만들어내야 한다. "의사가 되기 위해, 먼저 상처를 줄 필요가 있다"는 것을 잘 알고 있는 자가 성공을 거둔다. 그리고 "동시에 상처에 독을 뿌린다." 노예 도덕이라 불리는 독을 뿌리는 것이다. 그 독은 순식간에 전체로 퍼질 만큼 치명적이다. 고통받는 자를 지배하는 기교도 또한 힘에의 의지로 무장한 맹독 중의 맹독이다. 이제 병든 자의 마음속을 들여다보자. 니체의 시선을 좇아가 보자. 무엇이 보이는가? 나약한 자가 사는 방식은 어떤 것일까? 니체는 거기서 원한 감정을 발견하게 된다.

그는 원한이라고 하는 저 가장 위험한 폭발물을 끊임없이 저장하게 되는 무리 내부에서의 무정부 상태와 그 안에서 어느 때나 시작되는 자기 해체에 대해 교활하게, 엄격하게, 은밀하게 싸우는 것이다. 이러한 폭발물을 폭발시킬 때, 무리나 목자나 산산조각나지 않도록 하는 것, 이것이야말로 그들의 진정한 기교이며, 또한 그들의 최상의 효용성이다. 성직자적 실존의 가치를 가장 간결한 형식으로 파악하고자 한다면, 바로 이렇게 말할 수 있을 것이다: 성직자란 원한의 방향을 변경시킨 자다. 즉 모든 고통받는 자는 본능적으로 자신의 고통의 원인을 찾는다. (493쪽 이후)

원한 감정의 뿌리는 어딘가? 누가 원한을 품을까? 이길 수 없는 자가 품는다. 패배한 자가 품는다. 넘어설 수 없는 자가 품는다. 원통하고 억울하다는 감정이 그를 감싼다. 그의 내면에서는 고통의 싹이 고개를 든다. 원한 감정은 끊임없이 패배감을 부추긴다. 패배감이 커질수록 고통 또한 더 커진다. 이런 상황에서 패배자는 새로운 탈출구를 찾기 시작한다. 예를 들어 타인에게서 고통의 원인을 찾는다. 나약한 자는 남을 탓한다. '너 때문에 못 살겠다'는 것이다. '너 때문에 내가 힘들다'는 것이다. 달리기 시합에서도 1등한 자를 향한 질투의 시선은 숨길 수가 없다. '너 때문에 내가 1등을 못했다'는 감정이 모든 것을 지배한다.

니체는 이 원한 감정을 '가장 위험한 폭발물'이라고 말한다. 생각을 오염시키는 독으로 간주하는 것이다. 생각이 오염되면 존재 전체가 오염되고 만다. 이 감정이 정말 폭발하게 될 때 '진정한 기교'가 요구된다. 즉 "무리나 목자가 산산조각나지 않도록 하는 것"이다. 늘 무리나 목자만을 염두에 두고 산다. 선과 악으로, 우리 편과 나쁜 편으로 편 가르기를 하는 것이다. 즉 "성직자란 원한의 방향을 변경시킨 자다." '자기 해체'를 통한 구원의 길을 찾기 때문이다. 시간과 공간 그리고 인과율의 원리가 지배하는 현상계를 등짐으로써 초월적인 어떤 세계를 꿈꾸는 것이다. 이런 방식으로 원한의 방향은 악이라 규정한 곳을 향해 질주한다.

"내가 불쾌한 것은 그 누군가에게 틀림없이 책임이 있다"—이러한 방식으로 추론하는 것은 모든 병자의 특징이며, 실상 그들이 느끼는 불행함의 참된 원인, 즉 생리학적인 원인은 더욱 그들에게 감추어진 채 있게 된다[…]. 고통스러운 자는 모두 고통스러운 감정에 대한 구실을 꾸미는 데 놀라울 정도로 열중하며 독창적이다. 그들은 이미 의심을 즐기고 있으며, 좋지 않은 일이나 겉으로 드러나는 상해 사건을 파헤치는 일을 즐긴다. 그들은 제멋대로 괴로운 의혹에 빠지고 악의의 독특한 독에 취해 있는 어둡고 의심스러운 역사를 찾기 위해 과거와 현재의 내장을 샅샅이 뒤진다.—그들은 가장 오래된 상처를 찢고, 오래전에 치유된 상흔에서 피 흘린다. 그들은 친구와 아내와 아이들과 그밖에 그들의 주변에 가까이 있는 사람들을 악인으로 만든다. "나는 괴롭다: 그 누군가가 이것에 대해 틀림없이 책임이 있다"—병든 양은 이렇게 생각한다. 그러나 그 목자인 금욕주의적 성직자는 그에게 이렇게 말한다: "맞다. 나의 양이여! 그 누군가가 그것에 대해 틀림없이 책임이 있다: 그러나 너 자신이 이러한 그 누군가이며, 오로지 너 자신이야말로 이것에 대해 책임이 있다.—너 자신이 오로지 네 스스로에 대해 책임이 있다!"… 이것은 무척 뻔뻔스럽고 그릇된 말이다: 그러나 이것으로 적어도 한 가지는 이루어졌다. 이것으로, 이미 말했듯이, 원한의 방향이 변경되었다. (494쪽 이후)

기교가 판친다. 말이 말을 만들어낸다. 해석이 해석을 엮어낸다. 생각이 꼬리를 문다. 결국 얽히고설킨 논리의 미궁을 만들고 만다. 원한의 방향은 타인에게서 고통의 원인을 찾는 데서 시작했다. 원한의 방향이 외부로 향해 있다는 얘기다. 모든 고통은 '너 때문에'라는 말을 떠올리게 한다. 그런데 금욕주의적 성직자는 이런 무리에게 다음과 같이 설교한다. "맞다. 나의 양이여! 그 누군가가 그것에 대해 틀림없이 책임이 있다: 그러나 너 자신이 이러한 그 누군가이며, 오로지 너 자신이야말로 이것에 대해 책임이 있다.—너 자신이 오로지 네 스스로에 대해 책임이 있다!" 결국에는 '내 잘못이다.'

자기 잘못을 먼저 깨달아야 한다. 흥분하는 군중을 이겨냈던 예수의 비결도 "너희 중에 죄 없는 자가 먼저 돌로 치라"(요한복음 8:7)가 아니었던가. 죄를 고백하고 신에게 도움을 청해야 하는 상황으로 돌변하고 만다. 그러니까 무엇보다 내가 먼저 해체되어야 한다. 이것은 죄의식으로 충만하고 회개해야 한다는 의식의 결과물이다. 아우구스티누스 Augustinus(354~430)처럼 자신의 '죄를 고백하고', 신에 대한 '신앙을 고백하고', 또 그 신을 향해 '찬양가를 불러대야'[4] 한다. 그것만이 구원의 길이기 때문이다.

금욕주의적 성직자는 고통의 원인이 세상 원리에 젖어 있었기 때문이라고 말한다. 고통의 원인은 '네가 잘못해서 그런 거'라고 말한다. 이런 주장에 니체는 저항한다. "이것은 무척 뻔뻔스럽고 그릇된 말이다." 삶 자체가 잘못이라는 말과도 같기 때문이다. 칼데론의 말처럼 정말 '태어난 게 잘못'일까? 출생부터 문제 삼는 이런 '뻔뻔스럽고 그릇된 말'을 인정해야 할까? 이 대목에서 니체는 받아들일 수 없는 그 무엇을 발견하고 만다. '원한의 방향이 변경'되는 것 자체도 무척이나 위험하기 짝이 없다. '자기 해체'가 목적이기 때문이다. 니체에게 자기 해체는 결단코 허용될 수 없는 상황이다.

기교로 세워진 왕국은 견고함과는 거리가 멀다. 비현실적인 요소가 너무 많기 때문이다. 이 왕국은 고통의 탄식 소리로 들끓을 수밖에 없다. 여기저기서 통곡 소리가 울려 퍼지기도 한다. '살려달라'고 난리들이다. 이 세상에서는 살 수 없다고 외쳐대는 것이다. 제발 구원 좀 해달라고 두 손 벌린 모습이 안쓰럽기 짝이 없다. 그들의 입에서는 찬양가가 넘쳐난다. 하지만 세상을 그렇게 만든 것은 자기 자신이다. 신을 만들어낸 정신이 세상을 그렇게 만든 것이다. 니체는 '도덕의 계보'를 추궁하면서 세상이 이 지경에 빠진 이유를 보여주고자 할 뿐이다.

아프면 아픈 이유를 묻는 게 당연하다. 하지만 외상이 아니라 내상일 경우에 그 해석은 다양해질 수밖에 없다. 그런데 그 어떤 것도 유권해석이라는 명예를 얻지는 못한다. 수많은 종교적 해석이 들끓을 수밖에 없다. 누가 무슨 말을 해도 그게 아니라고 단정할 수도 없다. 거짓말이 창궐할 수 있는 여지가 있다는 얘기다. "고통스러운 자는 모두 고통스러운 감정에 대한 구실을 꾸미는 데 놀라울 정도로 열중하며 독창적이다." 아무 짓도 안 한 자를 무작정 두들겨 패며 '네 죄를 네가 알렸다!'고 윽박지르면 죄를 고백하게 되는 것이 인간이다. 죄의식을 고취하기는 쉽다. '털어먼지 안 나는 사람 없다'는 말이 있다. 무작정 털면 털리는 게 인간이라는 말이기도 하다.

고통스러운 자는 의심한다. 그는 쉽게 '괴로운 의혹'에 빠진다. 늘 자기가 아프다는 인식에서 세상을 바라본다. 자기 자신이 아픈 것을 밖에서 찾고자 하기 때문이다. "그들은 이미 의심을 즐기고 있으며, 좋지 않은 일이나 겉으로 드러나는 상해 사건을 파헤치는 일을 즐긴다." 외부에서 발견되는 수많은 이유를 발견하는 재미로 살아간다. '내가 아픈 이유는 그것 때문이었군!' 하면서 위로하는 것이다. 죄 없는 자가 고통을 당한다는 비극적 상황을 스스로 만들어내고 있는 것이다. 고통스러운 자는 주변의 모든 사람을 악인으로 만들고 만다. "나는 괴롭다: 그 누군가가 이것에 대해 틀림없이 책임이 있다"는 인식이 만들어낸 세계관이다. 그의 눈에는 모든 사람이 악인으로 보일 뿐이다. 그의 편은 오로지 신뿐이다. 신을 필요로 하는 자들의 왕국에서는 고통이 난무한다.

## 금욕주의적 성직자의
## 의사 본능과 위로의 한계

언제부턴가 위로의 철학이 대세를 이룬 듯하다. 위로를 잘하는 자가 학자나 지식인인 것처럼 여겨지기도 한다. 하지만 인생은 위로로 만족할 수가 없다. 인생은 그다음을 준비할 수 있어야 한다. 결국에는 삶의 현장으로 뛰어들 용기를 가져야만 한다. 삶은 건강을 요구한다. 건강만이 강함을 허용하기 때문이다. 강하지 않으면 안 된다. 삶은 강한 자의 것이다. 살고자 한다면 강해야 한다. 이보다 더 분명한 진리가 또 있을까? 허무주의 철학이 힘에의 의지를 지향하는 이유는 여기에 있다.

의사는 예로부터 치료의 의무를 지고 있다. 질병이 의사가 존재해야 할 이유인 것이다. 그런데 마음의 병은 누가 치료할 수 있을까? 영혼이 병들었다면 누가 도움이 될 수 있을까? 있지도 않은 병을 만들어내는 자가 의사를 자처할 수 있는 상황이 벌어질 수도 있다. 과연 누가 병든 자일까? 누가 건강한 자일까? 니체의 시각에서는 교회의 범주 안에 있는 자들이 모두 병든 것처럼 보일 뿐이다. "병자들의 집결이나 조직"이 교회라고, 또 "'교회'라는 말은 이것을 나타내는 가장 통속적인 명칭"(496쪽)이라고 단언한다.

> 나는 이 논문에서 내가 필요로 하는 독자들에 대해서는 논증할 필요 없는 전제에서 출발한다. 인간에 대한 '죄스러움'이란 사실이 아니라, 오히려 어떤 사실, 즉 생리적 장애에 대한 해석일 뿐이다.—생리적 장애란 우리에게 더 이상 구속력을 갖지 않는 도덕적·종교적 관점에서 본 것일 뿐이다.—그 누군가에게 '책임이 있다'든지, '죄가 있다'고 느끼는 것으로는, 그가 건강하다고 느끼기 때문에 그가 건강하다고는 할 수 없는 것처럼, 그가 그렇게 느끼는 것이 옳다는 것을 전혀 증명하지 못한다. 그럼 그 유명한 마녀재판을 상기해보라: 당시 가장 예리한 통찰력을 지녔고, 가장 인자한 재판관도 이 경우에 죄가 있다는 것을 의심치 않았다. '마녀들' 스스로도 그것을 의심치 않았다.—그럼에도 불구하고 어떤 죄도 없었다. (496쪽 이후)

죄가 죄를 만든다. "인간에 대한 '죄스러움'이란 사실이 아니라, 오히려 어떤 사실, 즉 생리적 장애에 대한 해석일 뿐이다." 누가 과연 죄인이란 말인가? 이런 주장에 대한 한 예로 니체는 '마녀사냥'을 든다. 누가 마녀란 말인가? 무슨 근거로 한 여자를 마녀로 몰고 갈 수 있단 말인가? 거꾸로 누가 과연 마녀가 아니란 말인가? "그 누군가에게 '책임이 있다'든지, '죄가 있다'고 느끼는 것으로는, 그가 건강하다고 느끼기 때문에 그가 건강하다고는 할 수 없는 것처럼, 그가 그렇게 느끼는 것이 옳다는 것을 전혀 증명하지 못한다." 이것이 문제다. '나는 술 취하지 않았다'고 말하는 것이 술 취하지 않은 것에 대한 증거는 될 수 없다. 건강을 주장하는 자가 건강한 것이 아닐 수 있는 것처럼, 병자를 지목하는 자가 병자가 아닐 수 없다는 법도 없다.

니체는 처음부터 기독교 교리와 맞서려 했다. "실제로, 이 책이 가르치는 바와 같은 순수하게 심미적인 세계 해석과 세계-정당화에 대해 기독교적 교리보다 더 커다란 대립도 없다."(비극, 17쪽) 마녀를 만들어냈던 기독교 교리에 맞서 니체는 인간과 세상의 정당성을 변호하려 한다. 신에 대해서는 허무함을 받아들이고, 인간에 대해서는 새로운 가치를 찾고자 애를 쓸 뿐이다. 애시당초 세상에는 "어떤 죄도 없었다"는 것을 주장하고 싶었을 뿐이다. "오, 죄를 고안해낸 저 종교에서부터 얼마나 많은 불필요한 잔혹과 동물 학대가 생겼던 것인지!"(아침, 66쪽) 니체는 이 말을 하고 싶어 철학의 길을 걷고 있는 것이다.

그러나 이 금욕주의적 성직자가 진정 의사란 말인가?—우리는 그가 아무리 스스로를 '구원자'로 느끼고, '구원자'로 존경받고자 한다 해도, 그를 의사라고 부르는 것이 어째서 허용되지 않는지를 이미 이해하고 있다. 그가 싸우는 것은 단지 고통 자체일 뿐이며, 고통받는 자의 불쾌일 뿐이지, 그 원인이나 진정한 병과 싸우는 것이 아니다.—이것은 성직자적인 치료에 대한 우리의 가장 근본적인 항의임이 틀림없다. 그러나 만일 우리가 성직자만이 알고 있고 가지고 있는 것과 같은 관점으로 들어가 본 적이 있다면, 그러한 관점 아래 보고 찾고 발견한 모든 것에 쉽지 않게 결국에는 경탄하지 않을 수 없는 것이다. 고통을 완화하는 것, 모든 종류의 '위로'—이것이야말로 그의 천재성 자체를 증명하는 것이다. 그는 자신의 위안자의 과제를 얼마나 창의적으로 수행할 수 있었던가, 그는 그 과제의 수단을 얼마나 거리낌 없이 대담하게 선택했던가! 특히 그리스도교는 영민한 위로 수단의 거대한 보물창고라 불릴 수 있다. 그 안에는 많은 청량제, 진정제, 마취제가 쌓여 있는 것이다. (497쪽 이후)

기독교는 위로의 대가들이 만들어낸 종교다. 현재의 삶은 이렇지만 미래의 삶은 전혀 다를 것이라는 믿음을 주는 데 주력한다. 교인의 관점은 환상적이다. "만일 우리가 성직자만이 알고 있고 가지고 있는 것과 같은 관점으로 들어가 본 적이 있다면, 그러한 관점 아래 보고 찾고 발견한 모든 것에 쉽지 않게 결국에는 경탄하지 않을 수 없는 것이다." 기독교의 관점은 경탄할 만한 것을 보여준다. 멋진 신세계를 보여주면서 고통을 완화해준다. "그 안에는 많은 청량제, 진정제, 마취제가 쌓여 있는 것이다." 마취제로 고통이 제거되는 것이 아니다. 고통을 못 느끼는 몸이 더 위험하다. 자기가 아픈 줄도 모르고 함부로 나댈 수 있게 하기 때문이다. 마취제만큼 삶을 위기로 몰고 가는 것은 또 없다. 현실감각을 떨어뜨리는 것이 마취제의 기능이기 때문이다.

위로는 독이다. 위로의 도덕은 "가면과 위선으로서" 혹은 "질병과 오해로서"(345쪽)만 존재할 뿐이다. 그런 도덕은 "치료제로서의, 자극제와 억제제로서의 독"(같은 곳)을 퍼뜨릴 뿐이다. 의사라고 자처하는 자가 이런 독을 퍼뜨리고 있을 뿐이다. 그리고 회개하고 믿기만 하면 된다고 말한다. 믿음의 상은 크다고 가르친다. 경탄하지 않을 수 없게 만든다. 결국

"생리적인 장애 감정이 광범위한 대중"(498쪽)을 만들어내고 만다. 감정 상태에 장애가 생긴 것이다. "그 결과는 심리학적으로 도덕적으로 표현 하자면, '탈아', '신성화', 생리학적으로 표현하자면, 최면이다."(500쪽) 모 두가 최면에 걸리고 말았다. 익숙한 것을 당연시하고 진리로 간주하기에 이른 것이다. 인간의 정신은 결국 "깊은 잠"(502쪽)에 빠지고 말았다.

이런 현실 인식에서 니체는 다음과 같은 말들을 쏟아냈다. "가장 위험 한 의사들—완전하게 속이는 기술을 가진 타고난 배우가 되어 타고난 의 사를 모방하는 사람들은 가장 위험한 의사들이다."(인간적 I, 290쪽) 의사 없이 살라고 역설했던 것이다. 또 "영혼을 치유하는 새로운 의사들은 어 디에 있는가?"(아침, 65쪽) 새로운 영혼의 의사를 기대하고 있다. 니체의 허 무주의 철학은 새로운 치료제를 제공하고자 한다. 스스로는 새로운 의사 이기를 자처하고 있는 것이다. 과거의 의사는 필요 없다는 것이다. "가능 하면 의사 없이 산다.—병자가 의사의 치료를 받는 것이 자신의 건강을 스스로 돌보는 것보다 더 경솔하다고 나는 생각한다."(아침, 291쪽) 의사의 진단이 병을 만들어낸다. 몸 안에 암덩어리가 발견되었다고 말하면 환자 에 대한 절대적인 구속력을 자랑하게 된다. 어떻게 해야 이런 의사의 견 해로부터 자유로워질 수 있을까? 이것이 니체의 고민이다. "나는 여전히 단어의 예외적인 의미에서 철학적인 의사를 고대하고 있다."(즐거운, 27쪽) 초인은 어떤 의미에서 '철학적인 의사'가 될 수도 있다.

321

# 현대인에게 형성된
# 무리 본능

본능도 만들어질 수 있다. 본능도 조작될 수 있다는 것이다. 이런 방식을 통해 모두가 똑같은 본능을 가질 수도 있게 되는 것이다. 이런 본능은 훈련에 의해 생겨날 수도 있다. 지속적으로 반복되는 행동이 그것을 만들어낸다. 정확한 시간에 깨고 정해진 시간에 특정 행동을 하고 또 정확한 시간에 잠자리에 든다. 거의 모든 종교 체험은 이렇게 진행된다. 바꾸어 말하면 이런 체험이 종교적 관념을 가지게 한다는 뜻이 되기도 한다. 반복되면 사실도 되고 진리도 된다. 생각하는 존재의 한계이기도 하다.

이미 비범한 힘이나 특히 용기, 생각에 대한 경멸, '지적 스토아주의'를 전제로 하고 있는 감수성이나 고통에 대한 감수성을 이렇게 최면을 걸어 총체적으로 약화시키는 것보다 더 빈번하게, 우울증 상태를 방지하기 위해 어쨌든 좀 더 수월한 다른 훈련이 시도된다: 기계적 활동이 그것이다. 이러한 활동으로 고통스러운 생존이 상당히 경감된다는 사실은 의심의 여지가 없다: 오늘날 사람들은 이 사실을, 좀 솔직하지는 못하지만, "노동의 축복"이라 부른다. 경감이란 고통받는 자의 관심이 근본적으로 고통에서 다른 곳으로 전환되고,—부단히 한 행위와 다시 반복되는 한 행위만이 의식에 들어오며, 결과적으로 그 속에는 고통이 들어설 여지가 거의 없게 되는 것이다. 왜냐하면 인간의 의식이라는 이 방은 협소하기 때문이다! 기계적 활동이나 그에 속하는 활동—절대적 규칙성, 아무 생각 없이 하는 정확한 복종, 단호한 생활 방식, 시간 이용, 어떤 허락, 즉 '비인격성'이나 자기 망각, '자기 무시'에 대한 훈련과 같은 것—: 금욕주의적 성직자

는 고통과 싸우며 이러한 것들을 얼마나 철저히, 얼마나 미묘하게 이용할 줄 알았던가? (503쪽 이후)

'습관의 힘'이라는 말이 있다. 어린 왕자도 자기 별을 바오밥나무로 망가뜨릴 수 있는 위험은 오로지 '습관의 문제'[5]일 뿐이라는 사실을 잘 알고 있었다. 바오밥나무는 '성당만큼 큰 나무'[6]로 자라난다. 교회만큼이라 번역해도 무방할 것이다. 어린 왕자가 사는 별에는 이 바오밥나무의 씨앗이 가득했다고 한다. 그래서 그 씨앗이 싹을 틔우지 못하도록 부지런히 일해야 한다는 것이다. "이 씨앗은 조금만 늦게 뽑아도 손을 쓸 수 없게 된다. 금세 자라 별 전체를 뒤덮고, 뿌리가 별 속으로 파고들어 구멍을 낸다. 그래서 아주 작은 별에 바오밥나무가 많으면 별은 산산조각이 나고 만다."[7] 이것이 어린 왕자의 걱정이었다. 지극히 인간적이고 생철학적인 걱정이 아닐 수 없다.

어린 왕자가 걱정했던 바오밥나무.

하지만 어떤 습관을 들게 할 것인가? 이것이 또 다른 문제로 대두될 뿐이다. 게으름이 습관으로 자리 잡게 되면 어떤 일들이 벌어지게 될까? 특히 현대인은 '노동의 축복' 아래 살고 있다. 대기업의 일원이 되는 것, 즉 회사원이 되는 것을 꿈으로 간주하고 살아가고 있다. 정확한 시간에 출근하고 퇴근하는 것을 최고의 삶으로 간주하고 살아가는 것이다. 니체의 눈에는 현대인이 그저 "제4신분, 즉 노예 신분이 일하듯이 가혹하게 일"(반시대 I, 236쪽)하고 있는 것처럼 보일 뿐이다. "단 일 분의 태만이라도 벌을 초래하리라는 초조에 빠졌다."(같은 곳) 늘 빨리빨리를 외쳐대며 업적을 쌓아간다. 조직의 일원이 되어 한평생을 살아간다. 생애 마지막에 느끼게 될 허무함을 예상도 하지 못한 채 그렇게 살아간다. 그때 무너져 내리는 가슴은 누구의 책임이 될까? 그때도 '너 때문에!'를 외치며 삶과 이별을 하게 된다면 이것이야말로 지옥행이 아닐까.

자본주의 이념에 물든 현대인은 고통의 원인을 자본, 즉 돈에 두는 훈련을 거듭해왔다. 돈이 부족하여 고통스럽다는 인식이 만연하게 만들어 놓은 것이다. 때로는 일을 하지 못해 고통스럽다는 생각을 가지게 해놓은 것이다. 그 결과 진정한 의미에서의 '고통에 대한 감수성'은 무뎌지고 말았다. 아니 아예 "고통이 들어설 여지가 거의 없게" 되어버렸다. 중세 때는 신에 대한 생각으로 중독되어 있었다면 현대에는 자본이 그 자리를 대체하고 있을 뿐이다. 자본의 노예가 되어 살아가고 있을 뿐이다. 구속의 자유가 따로 없다. 돈을 많이 번 자가 자유를 누릴 거라는 믿음으로 살아가고 있는 것이다. 이런 믿음이 강해질수록 기업윤리는 더욱 곤고해 질 뿐인 데도 말이다.

현대의 '금욕주의적 성직자'는 "고통과 싸우며 이러한 것들을 얼마나 철저히, 얼마나 미묘하게 이용할 줄 알았던가?" 현대 사회의 거의 모든 문제 뒤에는 기업이, 기업정신이 숨어 있다. 모든 교육도 취업을 위해서 이루어진다. 취업을 시켜주지 못하는 선생은 선생 자격도 없다고 말한다. 대학은 이미 취업공장처럼 작동하고 있을 뿐이다. 인류를 위한 이념을 만들어내는 상아탑 같은 것은 이제 관심거리도 못 된다. 돈을 벌어주지 않는 것은 학문도 아니다. 그런 것을 가르치는 학과는 구조조정의 대상이 되고 만다. 모두가 이런 생각으로 한 목소리를 낸다.

> 이와 같이 생겨난 '상호성을 지향하려는 의지', 무리를 형성하려는, '공동체'를 지향하는, '집회'를 하려는 의지 속에서, 가장 미미한 정도라 해도 그것에 의해 유발된 힘에의 의지가 하나의 새롭고 좀 더 완전한 형태로 발생할 때, 저 새로운 것은 이와 더불어 이제 다시 발생했음이 틀림없다: 무리를 이루는 것은 우울증과의 투쟁에서 중요한 진보이며 승리다. 공동체가 성장함에 따라, 개인에게서도 새로운 관심이 강화되는데, 이는 때때로 개인으로 하여금 그 자신의 불쾌의 가장 개인적인 요소나 자기 자신에 대한 혐오(횔링크스<sup>Geulincx</sup>의 '자기 경멸')를 넘어서게 한다. 모든 병자나 병약자는 숨 막힐 듯한 불쾌함이나 허약한 감정을 떨쳐버리려는 갈망에서 본능적으로 무리 조직을 추구한다: 금욕주의적 성직자는 이러한 본능을 간파하고 그것을 장려한다. 무리가 있는 곳에서, 무리를 이루고자 했던 것은 허약 본능이며, 그것을 조직했던 것은 성직자의 영리함이다. 왜냐하면 이것을 간과해서는 안 되는데, 즉 강자들은 서로 흩어지려 하고, 약자들은 서로 모이려 하기 때문이다. (505쪽 이후)

힘을 모으고자 하는 자들은 약자들의 본능이다. 교회라는 "집결이나 조직"(496쪽)을 필요로 하는 것도 병자들이다. 무리 본능이 이들의 본능이다. "'상호성을 지향하려는 의지', 무리를 형성하려는, '공동체'를 지향하는, '집회'를 하려는 의지"가 이들의 삶을 이끈다. 이들은 함께 모여 무리를 지으며 우울증을 극복해낸다. 함께 있을 때에만 진보와 승리에의 확신을 갖는다. 공동체의 강화와 개인에 대한 관심사는 정비례하며 진전을 보인다. 공동체 의식이 강해지면 강해질수록 "자신의 불쾌의 가장 개인적인 요소나 자기 자신에 대한 혐오" 내지 "자기 경멸"까지도 쉽게 넘어설 수 있게 된다.

무리 속에서 강해지는 것이 약자들의 전형적인 모습이다. 약자들은 "숨 막힐 듯한 불쾌함이나 허약한 감정을 떨쳐버리려는 갈망에서 본능적으로 무리 조직을 추구한다." 이런 약자들의 속성을 잘 알고 있는 금욕주의적 성직자는 그것을 지배의 원리로 지혜롭게 이용한다. 즉 "무리가 있는 곳에서, 무리를 이루고자 했던 것은 허약 본능이며, 그것을 조직했던 것은 성직자의 영리함이다." 말하자면 "고통받는 자를 지배하는 것"(492쪽)이 금욕주의적 성직자의 왕국이다.

유니폼을 입고서 당당해질 수 있는 자는 무리 본능으로 충만한 자임에 틀림이 없다. 유행을 좇으면서 행복해질 수 있는 자는 그 유행의 이념을 자신의 의지로 착각하며 살아가는 가련한 인생에 불과할 뿐이다. 아이돌의 조각 같은 얼굴을 바라보며 '자기 자신에 대한 혐오'나 '자기 경멸'을 극복해낸다. 하지만 이것이 진정한 극복인가는 다른 문제다. 환상이 깨지면 한없이 몰락할 것이 분명하기 때문이다. 기대가 충족되지 않으면 순식간에 증오로 폭발할 감정이기 때문이다. 그러나 영리한 성직자는 그 폭발의 방향을 제 마음대로 조종할 줄 안다. 어느 영화 속 대사처

영화 〈내부자들〉(2015)에서 대중들을
개돼지로 보는 이강희 기자 역을 맡은 배우 백윤식.

하인리히 뵐의 동명소설을 영화화한
〈카타리나 블룸의 잃어버린 명예〉(1975).

럼 그의 눈에는 그저 "대중들은 개돼지"로 보일 뿐이다.

현대 언론은 여론을 먹고 산다. 이슈를 만들어내고 뉴스에 귀를 기울이게 한다. 개돼지에 비교될 수 있는 무리 본능은 이리 몰리고 저리 치인다. 결국 뭐가 진실인지도 모른 채 언론사가 쏟아놓는 말에 놀아난다. 춤을 추기도 하고 전사로 돌변하기도 한다. 박수를 치기도 하고 돌을 던지기도 한다. 여럿이 모인 자리에서 약자들은 그 어떤 과격한 행동도 마다하지 않는다. 그것이 무리의 습성이다. 이런 무리를 조종하는 자는 지면에 드러난 말 뒤에 숨어 있을 뿐이다. 1972년에 노벨문학상을 수상했던 하인리히 뵐Heinrich Böll은 2년 후 소설《카타리나 블룸의 잃어버린 명예》(1974)를 내놓으면서 언론사의 폭력에 저항하기도 했다. 여론몰이에 희생

327

당한 자의 명예는 누가 회복시켜줄 것인가? 이것이 문제였다. 현대 사회의 마녀사냥을 폭로한 것이다.

니체는 현상보다는 본질에 주목을 한다. 결과보다는 원인에 의혹의 시선을 던진다. 금욕주의적 성직자의 수단에 집중한다. 대중을 요리해내는 그 영리한 기교에 대해 묻는다. 대중을 개돼지로 만들어내는 그 수단이야말로 자유정신이 경계해야 할 최고의 적이 아닐까. 싸우려면 적을 알아야 한다. 현대를 끝장내기 위해 또 현대 이후를 준비하기 위해 니체는 철학이란 영역에서 전쟁을 시작했던 것이다. 그는 우리에게 목숨을 걸고 싸울 적을 갖고 있는지를 물었다. "자신이 '두려워하는 것'이 무엇인지를 배우고자 하는 적은 있는가?"(비극, 10쪽) 하고. 그리고 훗날 인생을 되돌아보면서 과거 《아침놀》을 집필했을 때 "이 책으로 도덕에 대한 나의 전투가 시작"(이 사람, 413쪽)되었다는 사실을 인식하게 된다. 전쟁은 끝나지 않았다. 아니 끝날 수도 없는 전쟁이다. 이성은 끊임없이 새로운 이상을 만들어내고, 허무주의 철학은 끊임없이 새로운 전쟁을 준비할 뿐이다. 이 전쟁을 위해 니체는 "'형이상학적 욕구'의 뿌리"(같은 책, 412쪽)를 찾고자 한다. 그 뿌리에 도끼질을 하고 싶은 것이다.

> 지금까지 우리가 알아왔던 금욕주의적 성직자의 수단—생명감의 총체적 약화, 기계적 활동, 작은 즐거움, 특히 이웃 사랑의 즐거움, 무리 조직, 공동체 힘의 느낌에 대한 자각, 이러한 결과로 개개인의 자기 자신에 대한 불만은 공동체의 번영에 대한 쾌감으로 인해 느끼지 못하게 된다—이것은 현대적 척도로 잰다면, 불쾌와 싸울 때 그의 순진한 수단이다: 이제 우리는 좀 더 흥미로운, '죄 있는' 수단으로 방향을 돌려보자. 이것들 모두에서 문제가 되는 것은 하나인데, 이는

어떤 감정의 무절제함에 관한 것이다.—이것은 무감각하며 마비되고 오래된 고통스러움에 대해 가장 실효성 있는 마취제로 사용되었다. 그 때문에 "무엇에 의해 감정의 무절제가 이루어지는가?"라는 하나의 질문을 생각해내는 데 성직자의 창의성은 끝이 없었다… 이것은 가혹하게 들리겠지만, 만일 내가 "금욕주의적 성직자는 언제나 모든 강렬한 감정 속에 있는 열광을 이용했다"고 말한다면, 그것은 분명 좀 더 기분 좋게 울리며 아마 좀 더 귀에 잘 들어오게 될 것이다. 그러나 무엇 때문에 우리 현대의 유약한 자들의 나약한 귀를 쓰다듬어주어야 하는가? 무엇 때문에 우리의 입장에서 그들 말의 위선에 또 한 걸음을 양보해야 하는가? 우리 심리학자에게는 그것이 구토를 일으키게 한다는 사실은 도외시하더라도, 그것에는 이미 행위의 위선이 있다. 즉 심리학자가 오늘날 어떤 점에서 좋은 취미를 가지고 있다면(다른 사람들은 이것을 그의 성실함이라고 말할지도 모른다), 그 안에는 이것은 인간이나 사물에 관한 모든 현대적 판단이 차츰차츰 끈적거리게 했던 수치스러울 정도로 도덕화된 말투에 대한 저항이 있는 것이다. 그러므로 우리는 이 점에 속아서는 안 될 것이다: 현대의 영혼이나 현대 서적들의 가장 고유한 특징은 거짓이 아니라, 도덕적 기만에서 습관이 되어버린 순진함이다. 이러한 '순진함'을 곳곳에서 다시 발견해야만 한다는 것—이것은 오늘날 심리학자가 수행해야만 하는, 그 자체로 우려할 수밖에 없는 모든 일 가운데서 아마도 가장 싫은 일일 것이다. 그것은 우리의 커다란 위험 가운데 일부다. 그것은 아마도 곧바로 우리를 격렬한 구토로 인도하는 길이다… (506쪽 이후)

니체는 인간 본연의 감각을 무디게 만드는 모든 도덕적 발언에 저항하고자 한다. 양보할 마음이 전혀 없다는 것이다. 오히려 그는 "수치스러울 정도로 도덕화된 말투에 대한 저항"을 요구한다. 이런 저항은 '좋은 취미'이며 '성실함'이라 불러도 좋다. 니체는 삶을 이런 좋은 취미와 성실함으로 옹호하기 위해 "도덕적 기만에서 습관이 되어버린 순진함"을 폭로하고자 한다. 이런 순진함에 '구토'를 느끼는 것은 당연하다는 것, 즉 그 순진함이 "아마도 곧바로 우리를 격렬한 구토로 인도하는 길"과 같다는 것을 가르쳐주고자 한다.

역겨움을 금치 못하는 것은 습관화되어버린 순진함이다. 그것은 의도된 거짓말과는 전혀 다른 성질의 것이다. 순진하게 아무것도 모른 채 거짓말을 하는 것과 같기 때문이다. 여론에 휩쓸리는 개돼지가 이런 모습이다. 무리는 '감정의 무절제함'에 내몰려 '열광'적으로 움직인다. "금욕주의적 성직자는 언제나 모든 강렬한 감정 속에 있는 열광을 이용"할 줄 아는 감정의 대가다. 이런 그의 수단을 니체는 "'죄 있는' 수단"이라 칭한다. 왜냐하면 "이것은 무감각하며 마비되고 오래된 고통스러움에 대해 가장 실효성 있는 마취제로 사용"되었기 때문이다. 일종의 '도덕화된 말투'가 감각뿐만 아니라 정신까지도 마비시키고 말았다. 대중은 무리를 이루며 꼭두각시처럼 살아가고 있을 뿐이다. 니체는 이런 인생을 살아가고 있는 인간을 구원하고자 하는 것이다.


## 허무주의적
## 수단으로서의 거짓말

습관적으로 도덕화된 말투를 사용하는 도덕주의자들의 순진함은 구토를 유발한다. 역겨움을 느낄 수 있다면 그나마 건강하다는 징표다. 허무의 파도가 밀려와도 그것을 감당할 수 있다는 증거다. 니체는 특히 현대의 서적들에 대해 혐오감을 금치 못한다. 그는 언젠가 이 모든 것이 구토제로 활용될 날이 올 것이라 확신하고 있다. 지금은 모두 환영하고 있는 이 책들이 부정되고 거부될 날이 올 것이라는 얘기다.

또 도덕적 순진함에서 구토를 느끼게 될 후세대는 새로운 거짓말을 해야 할 것이라고 예언한다. 현재의 진리와는 전혀 다른 진리를 이야기해야 할 것이기 때문이다. 그것이 현대인의 시각에서는 거짓말이라 불리는 운명을 피할 수 없게 한다. 한마디로 속일 줄 아는 것도 능력이다. "속일 줄 모르는 자는 진리가 무엇인지 알지 못한다."(차라, 476쪽) 거짓말할 줄 안다는 것은 진실이 무엇인지도 안다는 얘기나 다름이 없다.

나는 무슨 목적으로 오직 현대 서적만이(이것이 영속성을 지닌다면, 그리고 마찬가지로 언젠가는 좀 더 엄격하고 강인하며 보다 건강한 취미를 가진 후세대가 존재한다고 한다면, 물론 두려워할 만한 것은 아니지만)―무슨 목적으로 현대적인 모든 것이 대체로 이 후세대에 소용되며, 소용될 수 있는지를 의심치 않는다: 이것은 구토제로 소용된다.―이것은 도덕적 감미로움과 허위에, 스스로 '이상주의'라고 부르길 좋아하고 어쨌든 이상주의를 믿는 그의 가장 내면적인 여성주의에서 기인한다. 오늘날 우리 교양 있는 사람들, 우리 '선량한 사람들'은 거짓말을 하지 않는다.―이것은 정말이다. 그러나 이것이 그들에게 명예가 되는 것은 아니다! 진정한 거짓말, 참으로 단호한 '진실된' 거짓말(그 가치에 대해서는 플라톤에게서 듣는 것이 좋을 것이다)은 그들에게는 전적으로 너무 엄격하고 너무 강렬할 것이다. 이것은 그들에게 요구해서는 안 되는 것, 즉 그들이 자기 자신에 대해 눈 뜨고, '참'과 '거짓'을 스스로 구별할 줄 아는 것을 요구하는 것이 될 것이다. 그들에게 어울리는 것은 오직 부정직한 거짓뿐이다. 오늘날 스스로를 '선량한 인간'으로 느끼는 모든 사람은 부정직한 거짓말을 하고, 근거 없는 거짓말을 하는 것 외에 다른 일을 할 수 없지만, 그러나 순진무구하게 거 짓말을 하고, 천진난만하게 거짓말을 하고, 푸른 눈으로 순진하게 거짓말을 하 고, 유덕하게 거짓말을 하는 것이다. 이러한 '선량한 인간들'—그들은 모두 철 저히 도덕화되어, 정직에 관해 오점을 남기게 되고 영원히 망가뜨리게 된다: 그 들 가운데 그 누가 또한 '인간에 관한' 진실을 견뎌냈던가! (507쪽 이후)

부정직한 거짓말과 진정한 거짓말의 차이는 무엇일까? 전자는 구토를 유발하고, 후자는 가면을 쓰게 한다. 특히 후자는 참과 거짓을 구별할 줄 아는 능력을 요구한다. 거짓이 난무하는 곳에서 살아남기 위해 삶을 위 한 거짓이 필요하다는 인식이 요구된다는 것이다. 모든 병은 회복될 수 있는 시간을 요구한다. 그 회복 기간 동안 조심해야 한다. "삶은 기만을 원한다. 삶은 기만을 통해 유지된다… 그렇지 않은가?"(인간적 I, 11쪽) 살 아남기 위해 "우리는 속이는 사람이 되어야만 하지 않을까?"(같은 책, 14쪽) 거짓말은 허무주의의 생철학적 도덕이다. "우리 안에 있는 야수는 기만 당하기를 원한다; 도덕은 우리가 그 야수에게 물려 찢기지 않기 위한 필 연적인 거짓말이다."(인간적 I, 71쪽) 어릿광대처럼 울고는 있지만 실제로 는 웃고 있는 것이다. 무릎을 꿇고는 있지만 실제로는 춤을 추고 있는 것 이다.

생철학적 입장에서 보면 갈릴레이 Galileo Galilei(1564~1642)도 사실 그리 큰 잘못을 저지른 것이 아니다. 하늘이 돈다는 거짓말이 판을 치고 있다 면 그렇게 말함으로써 살아남을 수밖에 없다. 살고자 한다면 "타멘지 모베투어 Tamensi movetur!",[8] 즉 "그래도 지구는 돈다"는 말은 입 밖에 내서는 안 되는 것이다. 갈릴레이는 기만당하기를 바랐던 것이다. 아직은 때가 아니라고 판단했기 때문이다. "모든 것에는 때가 있다."(아침, 21쪽) 삶의 현장이 현상의 원리, 즉 시간과 공간의 원리에 지배받고 있다는 것은 지극히 당연한 것이다. 실존주의자 카뮈는 그의 행동을 다음과 같은 말로 변호하기도 했다. "갈릴레이는 중요한 과학적 진리를 알아냈지만, 그것 때문에 자기 목숨이 위태롭게 되자 아주 쉽게 그 진리를 포기해버렸다. 어떤 의미에서 보면 잘한 일이었다."[9]

"'인간에 관한' 진실"을 위해서라면 거짓말도 허용된다. 철학을 공부하는 이유도 죽기 위한 것이 아니다. 삶을 위한 것이다. 《즐거운 학문》에 남겨놓은 말도 한번 들어보자. "결론적으로 '진리에의 의지'는 '나는 기만당하고 싶지 않다'가 아니라,─다른 선택의 여지가 없다─'나는 기만하고 싶지 않다. 나 자신까지도'를 의미하는 것이다:─그리고 바로 이런 점에서 우리는 도덕의 토대 위에 서 있는 것이다."(즐거운, 322쪽) 진리에의 의지는 자기 자신까지도 속이지 않겠다는 의지다. 이런 의미에서 허무주의 철학도 새로운 도덕 위에 서 있는 것이다. 니체는 오로지 '인간에 관한 진실'만을 이야기하고자 하는 것이다.

하지만 현재 사정은 진실을 말하기 어려운 상황이다. 그렇다고 거짓말하지 않는 것으로 만족한다면, 그것은 결코 "명예가 되는 것은 아니다!" 그것은 부정직한 거짓말로 기득권에 굴복하는 것이나 다름이 없기 때문이다. 습관적으로 도덕화된 선량한 인간들은 "정직에 관해 오점을 남기게 되고 영원히 망가뜨리게 된다: 그들 가운데 그 누가 또한 '인간에 관한' 진실을 견뎌냈던가!" 도덕주의자는 인간적인 진실을 듣고 싶어 하지 않는다. 칸트와 같은 "늙은"(406쪽) 도덕주의자는 "자신의 '도덕적 왕국'을 위한 공간을 마련하기 위해, 자신이 증명할 수 없는 세계, 즉 논리적 '피안彼岸'을 상정할 수밖에 없다는 사실을 깨달았다."(아침, 13쪽) 금욕주의적 성직자는 자신의 왕국을 지배하기 위해 "고통받는 자"(492쪽)를 길러 낼 필요가 있었던 것이다.

8장

---

# 건강과 자유정신

## 죄 있는 수단으로서의
## 감정의 무절제함

허무주의 철학은 자유정신을 추구한다. 니체는 정신이 자유롭기 위해 전제되어야 할 것은 구속된 마음이라고 했다. "구속된 마음, 자유로운 정신—만일 사람들이 자신의 마음을 엄격하게 묶어 잡아두면, 자신의 정신에 많은 자유를 줄 수 있다: 나는 이것을 이미 한 번 말했다. 그러나 사람들은 이것을 알지 못했는지 내 말을 믿지 않는다."(선악, 112쪽) 우리의 언어 습관으로는 '마음을 풀어놓는다'는 표현이 있다. 사뭇 대립된 어감으로 들릴 수도 있다. 하지만 의도하는 바를 알게 되면 쉽게 이해할 수도 있다. 마음을 풀어놓기 위해 우리는 우선 마음을 챙겨야 하기도 한다. 무엇인가 하고 싶은 것을 제대로 하기 위해서는 '마음을 다잡는다'라는 표현을 쓰기도 한다.

우리는 '마음을 풀어놓는다'라는 말도, 또 '마음을 다잡는다'는 말도 모두 긍정적인 표현으로 사용한다. 둘 다 좋은 말이라는 얘기다. 모순이 아니라 상황에 따라 다르게 표현된 말이라고 이해하면 된다. 정신이 자유롭기 위해서는 마음을 다잡아야 하는 것이다. 니체의 말로 표현하자면 마음을 구속하는 것이 관건이다. 통제를 벗어난 마음이 문제인 것이다. 자기 자신이 아닌 그 어떤 것에 얽매인 마음이 문제인 것이다. 그런 마음은 풀어놓아야 한다. 집착하는 마음이 사람을 피곤하게 만든다. 밖으로 향한 마음을 다잡아 안으로 향하게 해야 한다. 마음이 자기가 있어야 할 곳을 알고 그곳에 있어 줄 때 마침내 진정되는 것이다.

이제 감정을 관찰해보자. 인간은 분명 이성적 동물이지만 동시에 감정의 동물이기도 하다. 감정이 없는 사람은 없기 때문이다. 이성의 가장 대표적인 도구가 말, 즉 언어라 했다. 그런데 언어에도 감정이 실리게 마련이다. 어감語感이라는 말이 이런 경우다. 논리적이지 않은 말 혹은 진실이 아닌 말을 하지 않도록 조심해야 하는 것처럼 상대방의 감정을 상하게 하는 말도 조심해야 한다. 인간의 관계는 말에 의해 형성되기 때문이다. 말을 할 때는 늘 감정을 살펴야 하는 이유가 여기에 있다. 하이데거Martin Heidegger(1889~1976)는 "언어는 존재의 집"[1]이라 했다. 남의 집에 갈 때는 감정이 상하지 않게 조심해야 한다. 손님이 되어 남의 집을 방문할 때는 조심해야 한다는 것이다. 책을 읽을 때 손님의 입장에서 그 역할을 제대로 해내는 것도 숙제다. 남의 집에서 함부로 움직여 감정을 상하게 하는 일은 없어야 하기 때문이다.

이성이든 감정이든 혼란에 빠지면 안 된다. 어느 하나라도 망가지면 전체가 무너지기 때문이다. 인간은 이성과 감정이라는 두 기둥 위에 세워진 집과 같다. 이성을 훈련해야 하기도 하지만 감정도 훈련을 거듭해야 할 대상이다. 르네상스 이후 인문학이 각광을 받으며 지속적으로 이성을 훈련해온 것은 다행스러운 일이다. 그러나 그동안 관심을 받지 못했던 감정은 여전히 낯설기만 한 오지奧地 같다. 오히려 이성적인 것은 좋고 감정적인 것은 나쁘다는 이분법으로 생각해오기도 했다. 많은 것이 수정되어야 할 시점이 되었다.

감정의 무절제함을 야기하는 데 기여하는 금욕주의적 이상:—앞의 논문을 기억하는 사람이라면, 이제부터 기술해야만 하는 것을 이 몇 단어로 압축한 내용을 본질적으로 이미 미리 알 수 있을 것이다. 인간의 영혼을 엉망으로 만들고, 그것이 마치 번개의 섬광에 의한 것처럼 불쾌함, 답답함, 언짢음이라는 온갖 사소함과 편협함에서 벗어나는 방식으로 그것을 공포, 한기, 작열, 환희 속으로 잠기게 하는 것: 이러한 목적에 이르기 위해 어떤 방도들이 있겠는가? 그것들 가운데 어느 방도가 가장 확실한가?… 근본적으로 모든 중요한 감정, 즉 분노, 두려움, 음욕, 복수, 희망, 승리, 절망, 잔인성이라는 이 감정들이 갑자기 폭발한다고 전제할 때, 그러한 목적을 달성할 수 있는 능력이 있다. 그리고 실제로 금욕주의적 성직자는 주저 없이 인간 안에 있는 들개 무리 전체를 자신에게 봉사하도록 해왔고, 때로는 이 개를, 또 때로는 저 개를 풀어놓으면서, 완만한 슬픔으로부터 인간을 불러일으키고, 적어도 잠시만이라도 그의 숨 막힐 듯한 고통이나 머뭇거리는 비참함을 쫓아버리는 동일한 목적에 언제나 이르렀으며, 또한 언제나 종교적 해석이나 '정당화' 아래 이를 행했다. 그와 같은 모든 감정의 무절제함은 후에 대가를 치르게 된다는 것, 이것은 명백한 일이다—이것은 병자를 더 병들게 만든다—: 따라서 이러한 방식의 고통의 치료법은, 현대의 척도로 잰다면, '죄 있는' 방식이다. (510쪽 이후)

이미 앞서 금욕주의적 성직자가 사용하는 수단은 "'죄 있는' 수단"(506쪽)이라 했다. 왜냐하면 그 수단 때문에 "생명감의 총체적 약화, 기계적 활동, 작은 즐거움, 특히 이웃 사랑의 즐거움, 무리 조직, 공동체 힘의 느낌에 대한 자각, 이러한 결과로 개개인의 자기 자신에 대한 불만은 공동체의 번영에 대한 쾌감으로 인해 느끼지 못하게"(같은 곳) 되었기 때문이다. 니체는 이런 생각을 계속 이어간다. 우선 현대인 모두를 지난 과거 문화의 희생자로 인식한다. "아마도 우리 역시 여전히 이러한 도덕화된 시대 취향의 희생물이며, 먹이이며, 병자들일 것이다."(510쪽) 이제 "자기 자신에 대한 불만"(506쪽) 내지 '불신'을 해야 할 때가 된 것이다. 허무주의 철학은 우리 자신에게 "약간의 엄격성을 요구"(510쪽)한다. 허무주의적 방식은 너그러움을 허용하지 않는다. 자기 자신과 관련해서는 그 어떤 타협도 용납하지 않는다. "아마도 우리 역시 여전히 우리의 작업에 대해 '너무 너그럽다'"(같은 곳)는 것이 문제다.

허무주의의 반대편에 금욕주의가 있다. 이상을 무너뜨리는 정신의 반대편에 이상을 세우고 옹호하는 정신이 있는 것이다. 금욕주의자는 "도덕으로 자위행위를 하는 인간"(489쪽)이다. 그의 영혼은 '감정의 무절제함'으로 충만해 있다. 그의 영혼은 한마디로 엉망진창이다. 온갖 감정의 폭발로 인해 다른 소리는 전혀 듣지 못하고 있다. 흥분 상태에서 세상을 바라본다. "그리고 실제로 금욕주의적 성직자는 주저 없이 인간 안에 있는 들개 무리 전체를 자신에게 봉사하도록" 했다. 그 성직자 앞에서는 감정의 폭발조차 정당했다. 하지만 감정을 풀어놓음으로써 오히려 감정의 노예가 되었다고나 할까. "언제나 종교적 해석이나 '정당화' 아래 이를 행했다"는 것이 문제다.

이제 니체는 경고한다. 감정의 들개들을 풀어놓은 것에 대한 대가를 치르게 될 것이라고. "그와 같은 모든 감정의 무절제함은 후에 대가를 치르게 된다는 것, 이것은 명백한 일"이라고. 세상에서 행해진 모든 생각과 행동은 대가를 치르게 된다. 어떤 생각을 한 것에 대해서도 대가를 치르게 된다는 것에 귀를 기울이자. 어떤 대가를 치르게 될까? 니체 스스로 대답을 내놓는다. "이것은 병자를 더 병들게 만든다"고. 금욕주의적 방식으로는 병이 낫기는커녕 오히려 악화될 뿐이라고 말하는 것이다. "이 치료법이 의도했던 바는 병을 치료하는 것에 있는 것이 아니라, 우울증의 불쾌와 싸우고, 그것을 완화하고, 마비시키는 것에 있었던 것이다."(511쪽) 마르크스Karl Marx(1818~1883)도 종교를 '아편'[2]이라고 규정하며 경계했다. 감정을 마비시킨다는 점에서는 니체와 같은 입장이다.

감정의 폭발은 삶에 해롭다. 인간의 영혼이 "마치 번개의 섬광에 의한 것처럼 불쾌함, 답답함, 언짢음이라는 온갖 사소함과 편협함에서 벗어나는 방식으로 그것을 공포, 한기, 작열, 환희 속으로 잠기게 하는 것"은 잘못된 방식이다. 물론 니체의 허무주의 철학도 감정 상태를 바꾸어놓는 것을 목적한다. 모든 가치의 전도가 이런 감정 상태를 통해 이루어진다. 하지만 금욕주의적 방식은 삶을 긍정하기보다는 부정하는 쪽으로 나아간다. 삶을 부정하는 그 이상이 혐오스러운 것이다. 삶의 현장은 이상이 아니라 현실이기 때문이다. 이상을 바라보며 흥분하면 할수록 현실은 냉정하게 외면당하고 있다는 사실을 깨달아야 한다. 허무주의는 이런 이상으로부터 해방을 부르짖고 있는 것이다. '고통의 치료법'이라는 금욕주의적 방식은 그저 '죄 있는 방식'이라는 말을 하고 싶은 것이다.

화려한 말로 위로해준다고 현재의 삶에서 달라지는 것은 없다. 도대체 누가 누구를 위로할 수 있을까? 누가 누구를 동정한다는 말인가? 동정을 해야 한다고 생각하는 그 생각이 노예 도덕을 부추기는 것은 아닐까. 동정을 바라는 그 마음 자체가 이미 노예 도덕으로 물들어 있는 것이 아닐까. 노예 도덕으로는 해결책이 안 보인다. 병을 더 악화시키고 있을 뿐이다. 삶의 현장은 전혀 다른 도덕을 요구하고 있다. 실존은 전혀 다른 정신을 요구하고 있다. 좀 더 엄격하고 자기 자신조차 불신할 수 있는 그런 정신을.

## 양심의 가책이라는
## 종교적 해석에 갇힌 병든 영혼

니체의 생철학적 해석은 종교적 해석과 맞선다. 금욕주의자들이 금욕을 선언할 수 있는 근거는 자신의 생각에 대한 믿음과 확신 때문이다. 생각이 몸을 통제한다. 생각이 욕망을 제어한다. 그것이 금욕의 본질이다. 생각하는 존재의 힘이다. 인간은 생각 하나로 삶을 좌지우지할 수 있는 존재다. 동물에게서는 찾아볼 수 없는 능력이다. 하지만 니체는 이런 능력이 빠질 수 있는 위험한 순간을 알려주고자 한다. 즉 이상을 바라보게 하고 그것에 감정을 폭발시키는 그러한 치료법이 바로 금욕주의적 방식임을 밝히고자 한다.

성스러운 일을 수행한다는 성직자에게 "그러한 치료법은 선량한 양심으로 사용되었던 것"(511쪽)이다. 그래서 그에게는 양심에 거리낄 만한 일이 없는 것이다. 그런 양심 때문에 상대방에게 동정을 베풀기도 하고 위로의 말을 하기도 한다. 좋은 뜻으로 행해지는 행동들이다. 하지만 "금욕주의적 성직자가 사용한 주된 조작법은—모든 사람이 알고 있는 바이지만—, 죄책감을 이용함으로써 이루어진 것이었다."(512쪽) 신의 등장은 '회개'를 강요하는 일을 전제한다. "회개하라 천국이 가까이 왔느니라"(마태복음 3:2)는 명령이 먼저다. 세상에 대해서는 죄책감을, 천국에 대해서는 양심, 즉 좋은 마음을 형성하게 하는 말이다.

우리는 거기에서 말하자면 다듬어지지 않은 상태의 죄책감을 접했다. 죄책감에 대한 이러한 고유한 예술가인 성직자의 손안에서 비로소 그 형태를 얻었다—오, 어떤 형태란 말인가! '죄'는—이것은 동물적인 '양심의 가책'(거꾸로 향하는 잔인성)에 대한 성직자적인 재해석을 의미하는 것이기 때문에—지금까지 병든 영혼의 역사에서 가장 커다란 사건이었다: 우리는 이 영혼의 역사에서 종교적 해석을 할 수 있는 가장 위험하고 가장 숙명적인 재주를 지니고 있다. 어떤 방식으로든 자기 자신에 대해 괴로워하며, 어쨌든 생리적으로는 우리 안에 갇혀 있는 동물처럼, 왜, 무엇 때문에를 잘 알지 못한 채 인간은 절실히 그 이유를 찾기를 바라며—이유는 고통을 경감해준다—, 또한 절실하게 치료제나 마취제를 갈구하고, 마침내는 비밀을 알고 있는 한 사람에게 조언을 구한다—보라! 그는 어떤 암시를 받는다. 그는 자신의 마법사인 금욕주의적 성직자에게서 자신의 고통의 '원인'에 대한 최초의 암시를 받는다. 그는 그 원인을 자기 자신 안에서, 죄책 안에서, 과거의 한 단편에서 구해야만 한다. 그는 자신의 고통 자체를 벌의 상태로 이해해야만 한다… 불행한 자인 그는 이것을 들었고, 이해했다: 이제 그는 그 주변에 줄이 그어진 암탉처럼 된다. 그는 줄로 그어진 이러한 원에서 다시 나오지 못한다: 병자는 '죄인'이 되어버렸다… 이제 우리는 이러한 새로운 병자인 '죄인'의 모습을 보고 수천 년간 벗어나지 못하게 된 것이다.—
언젠가는 이 죄인에게서 벗어나게 될 것인가? (512쪽 이후)

인생이 불법인가? 인간으로 산다는 것이 죄인으로 산다는 것인가? 왜
이렇게 인생을 괴롭히는가? 왜 굳이 삶 이후의 삶을 이야기하며 삶에 집
중하지 못하게 하는가? 왜 구원을 받아야 한다는 생각을 강요하는가? 죄
책감은 죄인이 느끼는 감정이다. 죄인이 구원을 받는다는 것은 자신의
죄책감으로부터의 해방을 의미하기도 한다. 죄의식 없이 살 수 있는 곳,
즉 양심의 가책 없이 살 수 있는 곳, 그곳이 구원받아 얻게 될 천국이다.
말로는 무슨 말을 못하랴. 그 누구라도 하늘에 떠 있는 별이라도 따준다
는 말이 그토록 아름답게 들렸던 때도 있었으리라.

성직자는 "죄책감에 대한 이러한 고유한 예술가"이다. 그는 죄를 다루
는 달인이다. 죄의식으로 사람을 조종하는 최고의 장인이다. 죄의식을 고
취함으로써 칼날을 외부가 아닌 자기 자신에게로 향하게 하는 꼼수를 쓰
는 자다. '양심의 가책'은 "거꾸로 향하는 잔인성"이다. 양심의 가책이라
는 칼날은 자기 자신을 향하기에 가장 잔인할 수 있다. 자기 자신의 약점
을 가장 잘 아는 자가 바로 자기 자신이기 때문이다. 자기 자신에게 행하
는 복수는 가장 잔인하게 이루어진다. 어떻게 복수를 해아 가장 고통을
느끼는지도 잘 알기 때문이다. 양심의 가책 때문에 자기 목숨까지 바치
는 자가 세상에서 가장 잔인한 자다. 죽으려고 달려드는 자만큼 무서운
게 또 없기 때문이다.

'종교적 해석' 안에 갇힌 정신이 금욕주의적 정신이다. 믿음이라는 기
반 위에 서 있는 이 정신은 "우리 안에 갇혀 있는 동물"의 주인이 된다.

그 우리조차 그저 자기 주변에 스스로 그어놓은 선에 불과할 뿐이어도 말이다. "이제 그는 그 주변에 줄이 그어진 암탉처럼 된다. 그는 줄로 그어진 이러한 원에서 다시 나오지 못한다: 병자는 '죄인'이 되어버렸다…" 스스로 죄인이 되어버린 인간! 말줄임표가 전하는 안타까움은 너무도 크다. '어쩌다 이 지경까지 갔을까' 하고 한숨이 들려오기도 한다.

선 안에 갇힌 육체는 이념에 얽매인 삶에 대한 비유다. 자기 주변에 선을 긋고 사는 자는 "개구리의 관점"(선악, 17쪽)으로 세상을 바라볼 수밖에 없다. 게다가 양심의 가책으로 일관하는 이런 삶을 사는 자는 병자를 넘어 죄인이기를 자처하게 된다. 죄인이 되어버린 병자, 그가 바로 죄책감을 예술적으로 다룰 줄 아는 성직자의 손아귀에 놀아난 자다. 그의 꼭두각시가 되어버린 자다. 그가 말하는 죄는 그저 '성직자적인 재해석'에 불과할 뿐인데, 그것에서 양심의 가책을 이끌어낸다.

양심의 가책은 이성적 존재가 스스로 만들어낸 죄의식이다. 이것은 "지금까지 병든 영혼의 역사에서 가장 커다란 사건이었다: 우리는 이 영혼의 역사에서 종교적 해석을 할 수 있는 가장 위험하고 가장 숙명적인 재주를 지니고 있다." 자기 인생을 갖고 노는 재주다. 가장 위험한 재주인 동시에 가장 숙명적인 재주를 타고 태어난 게 인간이라는 얘기다. 이성적 존재에게는 이성이 그것이고, 생각하는 존재에게는 생각이 그것이다. 이성이 되었든 생각이 되었든 모두가 가장 위험한 재주라는 얘기다. 하지만 니체는 이 재주를 잘 사용해주기를 바란다. "우리는 생각하는 개구리가 아니다. 차가운 내장을 지니고서 객관화하고 기록하는 기계가 아니다."(즐거운, 28쪽) 허무주의 철학은 개구리의 단계를 극복하라고 가르친다.

우리는 세상과의 소통을 거부하고 불통의 이미지를 고집하며 사는 동화 같은 어느 공주의 이야기를 잘 알고 있다. 그는 자신이 믿는 "한 사람에게 조언을 구한다—보라! 그는 어떤 암시를 받는다. 그는 자신의 마법사인 금욕주의적 성직자에게서 자신의 고통의 '원인'에 대한 최초의 암시를 받는다." 그의 정신은 마법사의 말 속에 갇혀 있다. 그는 "어떤 방식으로든 자기 자신에 대해 괴로워하며, 어쨌든 생리적으로 우리 안에 갇혀 있는 동물처럼, 왜, 무엇 때문에를 잘 알지 못한 채" 막연하게 이해를 구한다. 마법사가 잘못이라는 질타가 쏟아지자 그 유일한 인연마저 끊겠다고 선언한다. 평생 주홍 글씨를 달고 살겠다는 다짐이다. 그는 "새로운 병자인 '죄인'의 모습을 보고 수천 년간 벗어나지 못하게 된" 병든 영혼의 역사에 동참하고 있을 뿐이다.

허무주의가 가르치고자 하는 고독은 세상과 인연을 끊는 것으로 완성되는 게 결코 아니다. 만남이 불쾌와 짜증의 원인이 되고 있다면 자신의 생각에 무언가가 문제가 있다는 사실을 깨달아야 한다. "때로는 심각한 문제도 조금만 생각을 달리하면 아무것도 아닌 것이 되고 만다."³ 만남은 축제의 현장이 되어야 한다. 그러기 위해서는 우선 마법사가 제공해 준 '치료제'나 '마취제'로 길들여진 귀와 정신에 허무를 받아들이고 무너지고 몰락하는 고통을 겪어야 한다.

어느 곳을 바라보든지, 곳곳에 언제나 한 방향(유일한 고통의 원인으로서, '죄책'의 방향)으로만 움직이는 최면에 걸린 죄인의 눈길이 있다. 곳곳에 루터가 말하는 이 '소름 끼치는 동물'인 양심의 가책이 있다. 곳곳에서 과거가 반추되고 행위가 왜곡되며, 모든 행동에는 '푸른 눈'이 있다. 곳곳에서 고통을 오해하려는 의욕이 삶의 내용을 이루고 있고, 고통을 죄책감, 공포감, 벌의 감정으로 재해석한다. 곳곳에 채찍질이, 털 셔츠가, 굶주린 몸이, 회환이 있다. 곳곳에 불안하고 병적으로 음탕한 양심의 잔인한 톱니바퀴에 걸린 죄인의 자기 환형鐶刑의 처벌이 있다. 곳곳에 소리 없는 고민, 극도의 공포, 고문당하는 마음이 겪는 죽음의 고통, 알지 못하는 행복의 경련, '구원'을 바라는 외침이 있다. (513쪽)

"모든 인생은 고통이다." 이 말은 쇼펜하우어의 염세주의 철학에만 적용되는 것이 아니다. 니체의 현실 인식도 고통으로 이어진다. 인생은 고해苦海다. 고통의 바다, 눈물의 바다다. 이 바다 위에서 우리는 무엇을 할 수 있단 말인가? 하늘을 바라보며 무無의 세계로 넘어가야 할까? 은하수조차 무임을 인식하는 그 경지로 나아가야 할까? 이런 해결책은 니체를 만족하게 할 수 없다. 그는 좀 더 현실적인 해결책을 요구한다. 결국 그는 항해를 결정한다. "마침내 우리의 배가 다시 출항할 수 있게, 모든 위험을 향해 출항할 수 있게 된 것이다. 인식의 모든 모험이 다시 허락되었다. 바다가, 우리의 바다가 다리 열렸다. 그러한 '열린 바다'는 아마도 일찍이 한 번도 존재한 적이 없었을 것이다."(즐거운, 320쪽) 이런 항해의 전제는 고통스러운 현실에 대한 인식이다. 새로운 출발을 할 수 있기 위한 불가피한 인식이다.

니체가 보여주는 허무주의적 인식을 따라가 보자. 어느 정도까지 허무를 감당해야 하는지 스스로 체험해보자. 그동안 갖고 살아왔을지도 모를 눈길로 주변을 한번 살펴보자. 도대체 무엇이 보이는가? 일곱 번이나 반복하는 '곳곳에'를 이정표 삼아 니체의 시선을 따라가 보자. 그가 발견해내는 것이 무엇인지 일일이 나열해보자. 그러면서 스스로 검증해보자. 자기 자신에게도 그런 것이 보이는지.

첫째 니체는 "어느 곳을 바라보든지, 곳곳에 언제나 한 방향(유일한 고통의 원인으로서, '죄책'의 방향)으로만 움직이는 최면에 걸린 죄인의 눈길이 있다"고 한다. 하나의 방향만이 있다. 답답하기 짝이 없다. 양심의 가책은 "거꾸로 향하는 잔인성"(512쪽)이라 했다. 스스로를 죄인으로 만들어놓고야 마는 잔인한 눈길이 이 세상 도처에서 발견되고 있다는 얘기다. 왜 한 번뿐인 인생을 그런 식으로 살아야 할까.

둘째 "곳곳에 루터가 말하는 이 '소름 끼치는 동물'인 양심의 가책이 있다." 양심의 가책을 바라보는 순간 니체가 느끼는 감정은 그저 소름이 끼칠 정도로 섬뜩하다는 것이다. 양심의 가책은 삶에 전혀 도움이 안 될 뿐만 아니라 오히려 병들게 하기 때문이다. "양심의 가책을 느끼는 것은 개가 돌을 무는 것과 같이 어리석은 짓이다"(인간적Ⅱ, 257쪽)라고 했다. 씹을 수 없는 존재다. 양심의 가책을 느끼는 한 결코 죄의식으로부터 자유로워질 수 없다. 한마디로 쓸데없는 생각에 지나지 않는다.

셋째 "곳곳에서 과거가 반추되고 행위가 왜곡되며, 모든 행동에는 '푸른 눈'이 있다." 푸른색은 '낭만주의를 상징'[4]하는 색이다. 과거를 동경하고 현재의 모든 행위를 왜곡시키는 경향을 나타내는 색이란 뜻이다. 더 직설적으로 말하면 현재는 싫고 과거가 좋다는 주장이 깔려 있는 정신이다. 지금과 여기를 떠나고 싶은 심정을 일컫는 말이다. 지금을 부정하고 그때를 긍정하는, 또 여기를 부정하고 저기를 긍정하는 흑백논리는 허무주의 이념과는 거리가 멀 뿐이다.

넷째 "곳곳에서 고통을 오해하려는 의욕이 삶의 내용을 이루고 있고, 고통을 죄책감, 공포감, 벌의 감정으로 재해석한다." 종교적 해석이다. 양심의 가책이라는 한쪽 방향으로만 진행되는 해석이다. 틀을 만들어놓고 거기서 벗어나려 하지 않는 고집이 담긴 해석이다. 고통이 없을 수는 없다. 하지만 고통이 느껴질 때마다 스스로 양심의 가책을 받으며 자기 자신을 향한 잔인한 복수를 꿈꾼다. 오해가 삶의 내용을 형성한다. 사소한 감기에 걸려도 하나님의 뜻을 운운하며 자기를 질책한다.

다섯째 "곳곳에 채찍질이, 털 셔츠가, 굶주린 몸이, 회환이 있다." 후회한다고 상황이 바뀔까? 죄를 고백한다고 상황이 호전될까? 계절에 맞지 않은 옷을 입고 굶주린 자기 몸에 스스로 채찍질을 해대는 자의 모습을 상상이나 한번 해보자. 그리고 그가 바로 자기 자신이라고 가정해보자. 어떤 느낌이 드는가? 거지가 따로 없다. 상황 인식을 제대로 하지도 못하고 그저 자기가 잘못했다는 죄의식으로 삶을 연명할 뿐이다.

여섯째 "곳곳에 불안하고 병적으로 음탕한 양심의 잔인한 톱니바퀴에 걸린 죄인의 자기 환형의 처벌이 있다." 바퀴가 돌고 돈다. 그런데 그 바퀴에 자기 자신이 묶여 있다. 스스로 그렇게 묶여 있는 것이다. 영원한 환형의 형벌을 받고 있는 것이다. 신의 눈치를 보며 알아서 자신에게 벌을 주고자 하는 양심이야말로 노예 도덕을 형성하는 단초가 된다. 삶이 형벌을 위한 조건이 되고 있을 뿐이다. 진정한 휴식은 있을 수 없다.

일곱째 "곳곳에 소리 없는 고민, 극도의 공포, 고문당하는 마음이 겪는 죽음의 고통, 알지 못하는 행복의 경련, '구원'을 바라는 외침이 있다." 사방에서 살려 달라 외쳐댄다. 살고 싶은데 살 수가 없어서 그런 것이다. 구원이 필요한 자들에게 삶은 견딜 수 없는 것일 뿐이다. 그렇지 않다면 구원에 대한 필요성조차 느끼지 않을 것이다. 끝날 것 같지 않은 이 세상으로부터 해방을 꿈꾼다. 숨 막히는 이 삶으로부터 벗어날 궁리만 생각한다. "나의 왕국은 이 세계의 것이 아니다"(514쪽)를 외쳐댈 뿐이다. 천국을 꿈꾸는 이상주의자의 말이다.

물론 금욕주의자들은 자신들이 사용하는 이런 치료법이 일종의 "효험"(514쪽)을 보았다고 주장하기도 한다. 그들은 "분명히 가장 신성한 이름 아래, 또한 그의 목적이 신성하다는 생각에 사로잡혀서"(같은 곳) 이런 주장을 펼치고 있는 것이다. 하지만 그들이 '인간을 향상시켰다'고 말하는 진정한 의미는 과연 무엇일까? 니체는 스스로 대답을 내놓는다. "'길들여진', '약화된', '용기를 잃은', '섬세해진', '연약해진', '거세된' 등의 (즉 그 의미는 거의 손상되었다는 것과 같다…) 의미와 똑같다는 것이다."(같은 곳) 그들이 말하는 '향상'은 삶의 반대 방향으로 나아가고 있을 뿐이다. 한마디로 삶에의 의지를 꺾어놓고 있기에 죄 있는 치료 방식으로 간주하지 않을 수 없는 것이다.

즉 금욕주의적 치료 방식에 따라 인간이 향상되면 될수록 병은 더욱 악화될 뿐이다. "모든 상황에서 병자를 더 병들게 만든 것이다."(515쪽) 삶의 현장을 있는 그대로 보지도 못하고 환상과 망상에 휩싸여 있을 뿐이기 때문이다. 그런 식으로 향상된 인간의 눈에는 신도 보이고 악마도 보인다. 감정은 무절제 상태에 빠진다. "금욕주의적 성직자가 이렇게 병을 치료했던 곳에서는 어디서나, 매번 이 병은 놀라울 정도로 빠르게 깊고 넓게 확산되어있다. 그 '결과'는 언제나 무엇이었던가? 그렇지 않아도 이미 병든 것에 덧붙여, 신경 체계를 파괴한 것이었다."(같은 곳) 신경 체계까지 파괴되는 상황! 그것이 금욕주의적 치료 방식의 결과다. '간질병', '무서운 마비증과 만성우울증', '몽유병과 유사한 마녀 히스테리', '집단 정신착란증', '종교적 노이로제'(같은 곳) 등이 치료의 결과물이라는 얘기다.

니체의 현실 인식은 정말 생지옥에 가깝다. 로댕<sup>Auguste Rodin</sup>(1840~1917)

이 생애 마지막으로 만들어놓은 〈지옥의 문〉(1880~1917) 앞에 서 있는 듯하다. 하지만 피하지 말아야 한다. 피한다고 피해질 수 있는 성질의 것도 아니다. 그래서 세기전환기를 보내며 위기의식을 느꼈던 예술가는 〈지옥의 문〉 위에 〈생각하는 사람〉을 앉혀놓았는지도 모른다. 삶 자체가 고통이라면 제발 좀 그 고통을 생각하며 살라고. 삶은 살아져야 한다. 사람은 삶을 통해서만 의미를 구현할 수 있을 뿐이다. 인생의 문제는 사는 것이지 죽는 게 아니다. 사는 것 자체가 고통이다. 맞는 말이다. 틀린 말이 아니다. 고통은 사막과 같다. 고통은 바다와 같다. 모험 여행을 떠나야 한다. 허무주의 철학은 주저앉지 말고 떠날 것을 요구한다. 떠나며 새로운 삶을 창조하듯이 예술적으로 살라 한다. 주어진 삶을 여행하듯이 살라한다. 주어진 육체를 춤이라는 멋진 움직임에 맡기라 한다. 춤추듯이 행복하게 살라 한다. 허무주의에서 웃음의 비결을 배우라 한다.


## 고대의 건강과 취미를 무너뜨리며
## 등장하는 중세의 교부들


건강이 최고다. "최소한 행복의 9할은 건강에서 나온다."[5] 건강에 대한 가치 인식은 쇼펜하우어나 니체나 동일하다. 염세주의도 허무주의도 건강을 최고로 간주한다는 것에 인식을 같이한다. 다만 차이가 있다면 염세주의는 삶에의 의지를 부정함으로써 생명력을 되찾고자 하는 반면에, 허무주의는 삶에의 의지를 긍정함으로써 그 효과를 보고자 할 뿐이다. 전자는 소극적인 반면에, 후자는 적극적이다. 예를 들어 쇼펜하우어는 아리스토텔레스<sup>Aristoteles</sup>(B.C.384~B.C.322)의 주장, 즉 "현자는 쾌락을 원하지 않고 고통이 없는 상태를 원한다"[6]는 주장을 찬성한 반면, 니체는 결코 고통을 외면하려 들지 않는다. 이에 맞서는 지극히 니체적인 주장이라면 "나를 죽이지 않는 것은 나를 더욱 강하게 만든다"(우상, 77쪽)는 것이다.

삶은 거저 주어지지 않는다. 모든 인생은 목숨을 건 투쟁의 결과물일 뿐이다. 죽지 못해 사는 인생이 아니라 즐겁게 사는 인생이 값진 것이다. 그런 인생만이 투쟁의 의미를 제대로 인식하게 해준다. 그런 인생만이 삶의 의미를 깨닫게 해준다. 그런 인생만이 승리감으로 충만한 행복이 무엇인지를 알게 해준다. 그래서 니체는 쇼펜하우어의 독자이면서 동시에 적대자가 될 수밖에 없었던 것이다. "강함의 염세주의"(비극, 10쪽)를 물으면서! 이제 이런 형식적인 문제에서 벗어나 보자. 건강 자체를 관찰해보자. 이것이 가져다주는 힘에 집중해보자. 모든 생명을 가능하게 하는 건강의 의미를 되새겨보자는 것이다. 아니 그 의미를 제대로 인식하기 위해 그것을 방해하는 요소인 '죄 있는 치료법'에 더 집중해보자. 빛의 존재를 인식하기 위해 어둠 속으로 발길을 돌리듯이. 그것이 바로 허무주의적 방식이니.

고대의 황금시대를 무너뜨리는 이념은 무엇이었을까? 고대의 찬란하고 건강했던 문화를 쇠약하게 만들었던 질병은 무엇이었을까? 고대를 이어받은 세대가 중세라는 것을 주목하면 답은 쉽게 찾아질 수 있다. 중세인들은 고대인들과는 전혀 다른 세계관으로 등장한 신세대다. 그들은 신중심 사상, 즉 유일신 사상으로 세상을 바꾸어놓았다. 형이상학적 존재인 신만이 빛의 존재였다. 신 외에는 모든 것이 어둠 속에 가려 있었다. 그래서 근대인들, 즉 중세를 극복하고자 했던 세대는 중세를 일컬어 '아에타스 옵스쿠라aetas oscura',[7] 즉 '암흑기'라고 불렸던 것이다. 중세를 이끌었던 세대가 '독토레스 에클레시아에doctores ecclesiae',[8] 즉 교회의 아버지 내지 선생이라 불렸던 교부教父들이다. 이들을 바라보는 니체의 시선은 곱지 않다.

금욕주의적 성직자는 자신이 지배했던 곳에서 영혼의 건강을 망가뜨려놓았다. 결과적으로 그는 또한 예술과 문학의 취미도 망가뜨려놓았다.―그는 지금도 여전히 그것을 망가뜨리고 있다. '결과적으로'?―이 결과적으로라는 말이 내게 간단히 허용되기를 바란다. 적어도 나는 우선 그것을 증명하기를 원하지는 않는다. 한 가지만 암시한다면, 그것은 그리스도교의 문헌, 진정한 원전, 그 '책 자체'에 관계하는 것이다. 또한 책의 황금시대였던 그리스-로마의 황금시대에서조차, 아직은 쇠약해지거나 무너져내리지 않는 고대 저작 세계를 면전에 두고, 즉 그것들을 소유하기 위해서는 오늘날 문헌들의 반 정도도 바꿀 수도 있는 몇 가지 책을 아직 읽을 수 있었던 시대에, 그리스도교적 선동가들은―그들은 교부라 불린다―그 단순함과 허영심으로 이미 다음과 같이 선언하고자 한다: "우리 역시 우리의 고전 문헌을 가지고 있다. 우리에게는 그리스인들의 고전 문헌이 필요하지 않다."―이렇게 말하면서 그들은 성도전聖徒傳이나, 사도 편지나 호교용 소책자를 제시했다. 이는 오늘날 영국의 '구세군'이 유사한 문헌으로 셰익스피어나 다른 '이교도'와 싸우는 것과 같다. 이미 짐작하고 있겠지만, 나는 《신약성서》를 좋아하지 않는다. 가장 중시되고 지나치게 중시되고 있는 이 책에 대한 나의 취미가 이처럼 고립적이라는 것이 거의 나를 불안하게 할 지경이다(2천 년간의 취미가 나에게 반대하고 있다): 그러나 어쩔 도리가 없다! "나는 여기에 서 있다. 나는 달리 어쩔 수가 없다."―나는 내 악취미를 지킬 용기가

있다. (516쪽 이후)

"나는 여기에 서 있다. 나는 달리 어쩔 수가 없다."[9] 사실 이 말은 루터
가 한 말이다. 재판을 받으면서도 당당했던 영웅의 말이다. 저항파라 불
리는 '프로테스탄티즘Protestantismus',[10] 즉 루터파 교회를 탄생시킨 발언이
다. 그런데 이 말을 니체는 자신의 입장을 대변하는 의미로 사용하고 있
다. 그는 이제 기독교의 정반대 편에서 생철학적 입장을 변호하고자 한
다. 신神이 아니라 인간人間을 위한 변호를 하고, 신학神學이 아니라 인문학
人文學의 가치를 부르짖고, 천국이 아니라 대지의 가치를 전하고, 하나님의
뜻이 아니라 대지의 뜻을 가르치고자 한다. 니체가 말하는 '여기'는 생명
이 진행되고 있는 바로 이 대지의 뜻과 연결될 뿐이다.

"보라, 나는 너희에게 위버멘쉬를 가르치노라! / 위버멘쉬가 이 대지
의 뜻이다. 너희 의지로 하여금 말하도록 하라. 위버멘쉬가 대지의 뜻이
되어야 한다고!"(차라, 17쪽 이후) "지난날에는 신에 대한 불경이 가장 큰 불
경이었다. 그러나 신은 죽었고 그와 더불어 신에게 불경을 저지른 자들
도 모두 죽어 없다. 이 대지에 불경을 저지르고 저 알 길이 없는 것의 배
속을 이 대지의 뜻보다 더 높게 평가하는 것, 이제는 그것이 가장 두려워
해야 할 일이다!"(같은 책, 18쪽) "건강한 신체, 완전하며 반듯한 신체가 더
욱더 정직하며 순수하게 말을 하니. 이 대지의 뜻을 말해주는 것도 그런
신체다."(같은 책, 50쪽) "형제들이여, 너희의 덕의 힘을 기울여 이 대지에
충실하라! 너희의 베푸는 사랑과 너희의 깨침으로 하여금 이 대지의 뜻
에 이바지하도록 하라! 나, 이렇게 너희에게 당부하며 간청하노라."(같은
책, 127쪽) 또 무슨 말을 인용해야 니체의 음성이 제대로 들릴까.

354

하지만 금욕주의적 성직자는 대지의 뜻에 거스르는 이념으로 자신의
왕국을 건설했다. 천 년 이상 지속되었던 중세라는 왕국을 만들었던 것
이다. 니체는 이런 성직자가 "지배했던 곳에서 영혼의 건강을 망가뜨려
놓았다"고 고발하고 있다. 더 나아가 "결과적으로 그는 또한 예술과 문학
의 취미도 망가뜨려놓았다.—그는 지금도 여전히 그것을 망가뜨리고 있
다"고 안타까워하고 있다. 세기말을 살아가고 있는 니체였지만 여전히
중세의 기운을 느끼고 있다. "우리는 지금도 중세의 빙하 속에서 살고 있
다."(반시대Ⅲ, 427쪽) "우리의 세기는 기독교적인 안전, 향락, 휴양, 가치 평
가라는 옛 습관들을 여전히 끌고 다니고 있다!"(아침, 69쪽) 아니 솔직히 말
해서 현대를 살아가고 있는 우리조차 중세의 빙하에서 완전히 벗어나지
못하고 있기도 하다. 여전히 신이라는 말 앞에서 주눅이 들어 있기 때문
이다.

교부들은 고대의 취미를 망가뜨리고 새로운 취미를 내세웠다. "우리
에게는 그리스인들의 고전 문헌이 필요하지 않다"는 말을 하며 그들은
고대의 고전을 거부하고 "성도전이나, 사도 편지나 호교용 소책자를 제
시했다." 인간적인 것을 거부하고 신적인 것을 전면에 내세운 것이다. 이
는 마치 "영국의 '구세군'이 유사한 문헌으로 셰익스피어나 다른 '이교
도'와 싸우는 것과 거의 같다." 구세군의 목소리는 근대 르네상스의 함성
을 약화시키는 데 한몫을 한 것이다.

고대 고전의 시대는 저물고 《신약성서》의 시대가 열렸다. 중세인들이
열광했던 책이다. 성경 번역이 이루어지기 전까지는 대부분 스스로 읽어
보지도 않고 그냥 전해 들은 이야기로 환상만을 만들어갔을 뿐이다. 그
런 환상이 만들어내는 신세계는 그 어떤 것으로도 대체할 수가 없었다.

그 권력은 거의 천 년이 넘도록 이 세상을 군림하게 될 정도로 강력했다. 하지만 니체는 《신약성서》에 대해 반감을 금치 못한다. "이미 짐작하고 있겠지만, 나는 《신약성서》를 좋아하지 않는다." 성스러운 책이라 불리는 이 책에 대한 심경 표현은 용기 없이는 불가능한 일이리라.

니체도 잘 알고 있다. 《신약성서》야말로 "가장 중시되고" 있다는 사실을. 게다가 이 책에 대한 취미는 "2천 년간의" 역사를 가지고 있다는 사실을. 그런데 니체가 이 취미에 반대 의사를 표하고자 한다. 고독하고 불가능한 싸움처럼 보인다. "이 책에 대한 나의 취미가 이처럼 고립적이라는 것이 거의 나를 불안하게 할 지경이다." 그래도 물러설 마음은 없다. 바로 이때 기억난 문구가 종교개혁을 이끌었던 루터의 말이었던 것이다. "나는 여기에 서 있다. 나는 달리 어쩔 수가 없다." 그는 다른 곳이 아닌 바로 이 대지 위에 서 있다. 바로 이곳이야말로 인간이 서 있어야 할 곳이라는 얘기다.

성스러운 책과의 싸움이 끝날 수 있을까? 중세의 기운으로부터 벗어날 수 있을까? 신과의 싸움에서 완전한 승리를 바란다는 것은 오만함의 징표일 수 있다. 이성을 가지고 살아야 하는 존재에게 신이나 종교는 필수적인 것이기도 하기 때문이다. 계산할 수 있는 능력을 가지고 태어난 존재는 늘 극단을 상상한다. 백 더하기 백은? 천 더하기 천은? 만 더하기 만은? 억 더하기 억은? 억억억 더하기 억억억은? 끊임없는 더하기의 끝에는 과연 무엇이 있을까? 반대로 빼기도 같은 방식으로 극단으로 치닫는다. 이런 이성의 활동이 신도 악마도 만들어내는 것이다. 천국도 지옥도 만들어내는 것이다. 행복도 불행도 모두 인간의 문제가 되는 이유가 여기에 있다.

좋음의 극단에 대한 다른 말은 이상이다. 이런 이상에 대한 생각이 삶의 현장을 허무하게 만들고 만다. 이상에 얽매이는 한 삶은 보잘것없는 존재가 되고 만다. 신을 바라보는 한 인생은 아무것도 아닌 것이 되고 만다. 순수한 천국을 바라보는 한 대지는 더러운 곳이 되고 만다. 영생을 꿈꾸는 한 죽어야 할 존재는 형벌로 느껴지게 마련이다. 니체는 자신의 철학으로 이러한 이상의 영향을 가르치고자 한 것이 결코 아니다.

> 금욕주의적 이상은 건강과 취미만을 망가뜨렸던 것은 아니다. 그것은 여전히 제3의 것, 제4의 것, 제5의 것, 제6의 것을 망가뜨렸다.—나는 이 모든 것을 말하는 것을 피하려고 한다(내가 언제 끝에 이르겠는가!) 내가 여기에서 밝히고자 했던 것은 이러한 이상이 어떤 영향을 끼쳤는가가 아니다. 오히려 오직 그 이상이 의미하는 것은 무엇인가, 그것이 알게 하는 것은 무엇인가, 그 이상의 배후에, 그 아래에, 그 속에 숨어 있는 것은 무엇인가, 그것은 무엇 때문에 의문부호와 오해를 지나치게 담고 있으면서, 예비적이며 모호한 표현을 하고 있는 것일까 등이다. (519쪽 이후)

이상은 끝이 없다. 이상이 하나로 결정될 수 있다면 싸움도 쉽게 끝날 수 있다. 하지만 이상에 대한 정의는 늘 "예비적이며 모호한 표현"으로 일관할 뿐이다. 제일 아름답다! 제일 강하다! 이런 말의 함정은 그 극단에 대한 정의가 모호하다는 얘기다. 신은 전지전능하다! 하지만 어디까지를 전지한 경지로 또 전능한 경지로 볼 것인가? 그것은 사람마다 다르고 상황마다 다를 수 있다. 아니 생각할 수 있는 데까지 다를 수 있다. 생각이 도달하지 못할 곳은 없다. 생각은 자유라고 했다. 그 자유로운 생각으로 지향하는 신에 대한 이미지는 한도 끝도 없다.

허무주의 철학은 이 이상과의 한판 승부를 펼치려 한다. 그것이 허무하다는 사실을 밝히고 싶은 것이다. 니체의 과제는 분명하다. "오직 그 이상이 의미하는 것은 무엇인가, 그것이 알게 하는 것은 무엇인가, 그 이상의 배후에, 그 아래에, 그 속에 숨어 있는 것은 무엇인가, 그것은 무엇 때문에 의문부호와 오해를 지나치게 담고 있으면서, 예비적이며 모호한 표현을 하고 있는 것일까 등이다." 신은 모호하기 짝이 없다. 그 이유를 가르쳐주고자 하는 것이 허무주의 철학의 이념이다.

## 현대라는
## 과학의 시대와 그 한계

신은 폐쇄된 논리만을 요구한다. 신은 자기 자신 외에는 모든 것이 그저 허무할 뿐이라는 사실을 가르치고자 한다. 니체의 허무주의 철학은 바로 이런 폐쇄된 논리에 맞서고자 한다. 자유정신을 핵심 이념으로 삼고자 한다. 오히려 인간만이 진리임을 알리고자 한다. 신이 있던 자리까지 인간을 올려놓고자 한다. 허무로 판명된 것을 가치 있는 것으로, 또 가치 있는 것으로 판명된 것을 허무로 바꾸어놓고자 한다. 그것이 바로 '모든 가치의 전도'인 것이다. 이에 대한 고민은 이미《인간적인 너무나 인간적인》에서부터 나타난다. "모든 가치를 뒤집을 수는 없을까?"(인간적 I, 14쪽) 허무주의가 직면한 진정한 고민이다.

니체는《도덕의 계보》후반부에 이르러 과학에 대해 많은 생각을 한다. 현대인들은 과학에 대한 가치를 부르짖는다. 그런데 그 가치에 문제가 없는가? 과거 금욕주의적 이상에 맞설 만한가? 새로운 희망을 실어나를 만한가? 과학이 그런 역할을 해내고 있는가? 자유정신의 활동을 위한 자리를 마련해주고 있는가? 분명 현대는 과학의 시대다. 과학에 거는 기대가 그만큼 크다는 얘기다.

> 이와 같은 의지, 목표, 해석의 폐쇄된 체계에 반대되는 것은 어디에 있는가? 왜 반대되는 것이 없는가?… 또 다른 '유일한 목표'는 어디에 있단 말인가?… 그러나 사람들은 나에게 다음과 같이 말한다. 즉 그것은 없는 것이 아니다. 그것은 저 이상과 길고도 성공적으로 싸웠을 뿐만 아니라, 오히려 모든 중요한 일에서 이미 저 이상을 지배하고 있었다: 우리의 현대 과학 전체가 그 증거다.—이러한 현대 과학, 이것이야말로 진정한 현실 철학이며, 분명히 오직 자기 자신만을 믿고, 분명히 자기 자신에 대한 용기나 자기 자신에 대한 의지를 가지고 있으며, 지금까지 신이나, 저편 세계나, 부정의 덕목 없이도 잘 헤쳐나갔다. 하지만 이러한 소음 같은 소리나 선동가의 잡설은 나를 설득시키지 못한다: 이러한 현실적 나팔수들은 보잘것없는 음악가들이며, 그들의 소리는 심층에서 나오는 것으로 들리지 않는다. 그들의 입에서 나오는 말은 과학적 양심이라는 심연의 소리가 아니다.—왜냐하면 오늘날 과학적 양심은 하나의 심연이기 때문이다.—이러한 나팔수의 입에 오르내리는 '과학'이라는 용어는 단지 음란함, 남용, 뻔뻔스러움이다. 진리란 여기에서 주장되고 있는 것과는 정반대되는 것이다. (521쪽)

현대 과학이 쏟아내고 있는 소리는 현대인들을 안정시켜주지 못하고 있다. 그것이 과학의 한계다. 과학자들의 소리는 그저 "소음 같은 소리나

359

선동가의 잡설" 정도에 지나지 않는다. 보잘것없는 음악가들이 들려주는 소리, 그런 나팔수의 소리처럼 시끄럽기만 하다. 니체뿐만 아니라 그 어떤 사람도 이런 하찮은 소리에 설득당하지는 못한다. 기교에만 의존하는 소리로는 아무것도 할 수가 없다. 감동을 원한다면 전혀 다른 소리를 낼 줄 알아야 한다. 귀에 거슬리지 않는 소리를 낼 줄 알아야 한다.

과학이 과거 금욕주의적 이상과 싸워 이겨냄으로써 새로운 시대를 연 것은 사실이다. 그만큼 그것에 종사하는 사람들의 목소리는 긍지에 차 있기도 하다. 하지만 니체는 금욕주의적 이상을 대체할 만한 '또 다른 유일한 목표'가 보이지 않는다는 비판의 목소리를 높인다. 니체의 귀에 들려온 그들의 항변 소리를 한번 들어보자. "사람들은 나에게 다음과 같이 말한다. 즉 그것은 없는 것이 아니다. 그것은 저 이상과 길고도 성공적으로 싸웠을 뿐만 아니라, 오히려 모든 중요한 일에서 이미 저 이상을 지배하고 있었다." 과학이 금욕주의적 이상과 잘 싸워왔을 뿐만 아니라 그 이상을 지배까지 하고 있다고 자랑스럽게 말하고 있다.

또 과학은 이런 소리도 내놓는다. "우리의 현대 과학 전체가 그 증거다.—이러한 현대 과학, 이것이야말로 진정한 현실 철학이며, 분명히 오직 자기 자신만을 믿고, 분명히 자기 자신에 대한 용기나 자기 자신에 대한 의지를 가지고 있으며, 지금까지 신이나, 저편 세계나, 부정의 덕목 없이도 잘 헤쳐나갔다." 자기 자신만을 믿는다! 자기 자신에 대한 용기나 자기 자신에 대한 의지를 가지고 있다! 이는 분명 니체가 원하는 소리일 것이다. 하지만 그것이 진심에서 우러나온 소리일까? 니체는 의구심을 금치 못한다.

니체는 '심층에서 나오는' 소리를 원하고 있다. 깊은 동굴 속 울림 같은 소리를 원하고 있다. 내면의 소리를 듣고 싶은 것이다. '과학적 양심이라는 심연의 소리'를 기대하고 있는 것이다. 하지만 과학의 소리는 아직 그런 양심의 소리가 되지 못하고 있다는 데서 한계를 느낄 수밖에 없다. 과학이 들려주는 소리는 귀에 거슬리기만 한다. '입바른 소리'란 말만 해댄다. 진심이 섞여 있지 않은 소리로만 들릴 뿐이다. 말로만 자기 자신을 외쳐댈 뿐 실제로 자기 자신을 위한 생각이나 행동은 보여주지 못하고 있는 실정이다.

> 과학은 오늘날 자기 자신에 대한 이상은 말할 것도 없고, 자기 자신에 대한 믿음을 전혀 가지고 있지 못하다. 그리고 과학이 요컨대 정열, 사랑, 격정, 고통인 경우에도, 이것은 저 금욕주의적 이상의 반대가 아니라, 오히려 그것의 가장 최근의 가장 고귀한 형식 자체다. 그대들에게는 이것이 낯설게 들리는가?… 오늘날의 학자들 가운데서도 자신들의 조그마한 구석 공간에 만족해하는 용기 있고 겸손한 노동자 무리가 있다. 그들이 거기에 만족하기 때문에, 이 무리는 잠시 동안 약간은 불손하게 다음과 같은 요구를 하며 떠들게 된다. 그러니까 우리는 어쨌든 오늘날 만족해야만 한다. 특히 과학에 만족해야만 한다는 것이다.— 거기에는 실로 유익한 것이 많이 있을 것이다. 나는 이것을 반대하지는 않는다. (521쪽 이후)

현대 과학에 대한 니체의 비판은 단 두 가지 면으로 일축된다. 첫째 자기 자신에 대한 이상이 없다. 둘째 자기 자신에 대한 믿음이 없다. 자기 자신에 대한 이상과 믿음, 이것이 바로 금욕주의적 이상에 정반대되는 진리다. 니체가 진리로 간주하는 것은 인간 자신이다. 이것을 진리로 세우고, 이에 대한 믿음을 고취하는 것이 그가 평생 헌신하고 있는 허무주의 철학의 이념이다. 그런데 현대 과학은 아직 이런 이상과 믿음에는 미치지 못하고 있다는 것에 안타까움을 표하고 있는 것이다.

게다가 니체는 현대 과학이 과거의 금욕주의적 성향을 띤 고귀한 형식을 더욱 발전시키고 있다며 비판의 소리에 날을 세운다. "그리고 과학이 요컨대 정열, 사랑, 격정, 고통인 경우에도, 이것은 저 금욕주의적 이상의 반대가 아니라, 오히려 그것의 가장 최근의 가장 고귀한 형식 자체다." 과학에 종사하는 자들은 겨우 "자신들의 조그마한 구석 공간에 만족해하는 용기 있고 겸손한 노동자 무리"일 뿐이다. 한마디로 현대 과학자들은 무리 본능을 보이고 있을 뿐이라는 얘기다. 니체가 지속적으로 부정적 입장을 보여왔던 개념이다. '무리 동물'은 양심이 병들어 있는 존재라고 했다. "양심에서 불안을 느끼고 있는 이 모든 답답한 무리 동물"(선악, 214쪽)은 금욕주의적 이상을 바라보며 자위나 일삼고 있는 존재다. 한마디로 "도덕으로 자위행위를 하는 인간"(489쪽)이라는 얘기다.

과학이 도덕과 동거를 하고 있다. 이것을 과연 용기 있는 행동이라고 말해야 할까? 니체의 생철학적 입장에서 보면 해서는 안 될 행동일 뿐이다. 용납이 안 되는 동거생활이다. 자유정신을 도덕 앞에 무릎 꿇게 하다니! 있을 수 없는 일이 되고 만 것이다. 금욕에 욕망을 팔아먹는 행위는 허무주의가 가장 치를 떠는 것에 해당한다. "정열, 사랑, 격정, 고통"을 얘기하는 자리에서조차 금욕주의적 이상으로 도배를 해놓은 소리! 니체는 자신의 귀를 의심한다. 정말 이런 소리가 과학자들이 쏟아낸 소리인가 하고. 이런 소리가 보편화되어 있는 사실 앞에서 니체는 할 말을 잊고 만다. "그대들에게는 이것이 낯설게 들리는가?…" 말을 잇지 못하는 니체의 심경을 이해하겠는가? 참으로 많은 시간이 요구되는 부분이다. 낯설게 들리지 않도록 많은 시간을 여기서 보내야만 한다.

물론 니체도 과학에는 동조한다. 과학 자체를 비판하는 것은 아니다. "거기에는 실로, 유익한 것이 많이 있을 것이다. 나는 이것을 반대하지는 않는다." 과학은 반대할 것이 아니다. 오히려 그것을 더욱 발전시켜 나가야 할 것이다. 하지만 "과학적 사고가 생겨나기 위해서는 많은 것이 함께 힘을 합쳐야 하며, 이 모든 필요한 힘이 각각 개별적으로 창안되고 훈련받고 보살펴져야 한다!"(즐거운, 191쪽) 건강한 개인들이 모여야 진정한 축제의 현장이 실현될 수 있듯이, 과학이 진정한 승전가를 부를 수 있게 되는 상황은 개별 학문이 스스로 창안되고 훈련받고 보살펴져야 한다. 한마디로 모두가 개별적으로 건강해야만 가능한 일이다.

개별적으로 건강해야 한다. 그래서 혼자가 되는 것도 고귀한 것으로 인정받아져야 한다. "오늘날 고귀하다는 것, 독자적인 존재가 되고자 한다는 것, 달리 존재할 수 있다는 것, 홀로 선다는 것, 자신의 힘으로 살아야만 한다는 것이 '위대함'의 개념에 속한다."(선악, 191쪽) 그런데 과학이 여기까지 따라와주었는가? 시대는 변했는데 과학은 그만큼 변하지 못한 것이 문제다. 과학은 여전히 도덕으로부터 완전한 독립을 선언하지 못한 상태다. 과학자들조차 '노동자 무리'가 되어 움직이고 있을 뿐이다. 그들의 입에서는 여전히 도덕성이라 불리는 "개인들 속의 무리 본능"(즐거운, 192쪽 이후)의 냄새가 풍기고 있을 뿐이다.

과학은 오늘날 모든 종류의 불만, 불신, 설치류 벌레, 자기 멸시, 양심의 가책 등이 숨는 은신처다.—과학은 이상 상실 자체의 불안이며, 위대한 사랑의 곁에서 오는 고통이며, 본의 아닌 만족 상태에 대한 불만이다. 오, 오늘날 과학은 모든 것을 숨기고 있는 것이 아닐까! 과학은 적어도 얼마나 많은 것을 숨겨야만 하는가! 우리의 가장 훌륭한 학자들의 재능, 정신없이 노력하는 그들의 근면, 밤낮없이 일하는 그들의 두뇌, 그들의 일에 대한 장인 정신 그 자체─이 모든 것은 그 자체로 무엇인가를 볼 수 없게 만든다는 점에서, 얼마나 종종 진정한 의미를 가지고 있단 말인가! 자기 마비의 수단으로서의 과학: 그대들은 이것을 알고 있는가?… 학자들은─학자들과 교제하는 사람이라면 누구나 경험하는 바이지만─때때로 악의 없는 말 한마디로 뼛속까지 상처를 입는다. 그들에게 경의를 표하려고 마음먹는 순간, 우리의 박학한 친구들은 자신에게 화를 낸다. 본래 그것이 누구와 관련되어 있는 것인지, 자기 자신의 존재를 스스로 인정하고자 하지 않는 고통받는 자와 관련이 있는 것인지, 제정신으로 돌아간다는 단 한 가지만을 두려워하는 마취에 걸린 자나 정신을 잃어버린 자와 관련되어 있는 것인지를 추측하기에는 우리가 너무나 조야하기 때문에, 우리는 그들을 어쩔 줄 모르게 만든다… (522쪽 이후)

현대의 과학자들이라 불리는 학자들은 "때때로 악의 없는 말 한마디로 뼛속까지 상처를 입는다." 그만큼 현실적으로 너무도 나약한 존재가 아닐 수 없다. 말 한마디에 무너져내리는 현대 학자들의 나약성을 이해하겠는가? 그들은 소위 너무도 잘나서, 그리고 우리는 너무도 조야해서 "그들을 어쩔 줄 모르게 만든다"는 말을 이해하겠는가? 니체는 우리의 답변을 듣고 싶은 것이다. 말줄임표에 실려 있는 압박감은 실로 대단하다.

"그들에게 경의를 표하려고 마음먹는 순간, 우리의 박학한 친구들은 자신에게 화를 낸다." 잠시도 견뎌내지 못하고 화를 내는 이유는 무엇일까? '악의 없는 말 한마디'에도 화를 내야 하는 이유는 무엇일까? 그 이유가 "누구와 관련되어 있는 것인지, 자기 자신의 존재를 스스로 인정하고자 하지 않는 고통받는 자와 관련이 있는 것인지, 제정신으로 돌아간다는 단 한 가지만을 두려워하는 마취에 걸린 자나 정신을 잃어버린 자와 관련되어 있는 것인지" 도대체 화가 난 이유가 무엇이란 말인가?

화를 내는 존재에게 화를 내도 된다는 생각이 전제되어 있다는 것은 분명하다. 자기 자신이 화가 나 있다는 것을 증명하고 싶어서 목소리를 키우기도 한다. 자기가 상처를 받았다는 것을 보여주기 위해서 얼굴을 붉히기도 한다. 상대방의 말은 듣고 싶지 않을 정도로 깊은 상처를 받았다는 의미로 남들과 어울리지 못하고 혼자만의 길을 걸어간다. 그것은 허무주의적인 고독과는 거리가 멀다.

니체의 눈에 비친 학자들의 모습은 가관이다. 그들은 스스로 "고통받는 자"들이다. 그들은 "제정신으로 돌아간다는 단 한 자기만을 두려워하는 마취에 걸린 자나 정신을 잃어버린 자"들이다. 그들은 "정신없이 노력하는 그들의 근면, 밤낮없이 일하는 그들의 두뇌, 그들의 일에 대한 장인 정신 그 자체"에 지나지 않는다. 일은 하고 있으면서도 일을 하는 주체 의식은 결여되어 있다. 전쟁에 나가 싸우고 있으면서도 왜 싸우는지에 대한 의식이 없다. 노력 자체가 문제되는 것은 아니다. 정신없이 노력하는 것이 문제일 뿐이다.

결국 과학에 대한 니체의 비판의 목소리는 날카롭게 터질 수밖에 없다. "과학은 오늘날 모든 종류의 불만, 불신, 설치류 벌레, 자기 멸시, 양심의 가책 등이 숨는 은신처다.―과학은 이상 상실 자체의 불안이며, 위대한 사랑의 곁에서 오는 고통이며, 본의 아닌 만족 상태에 대한 불만이다." 이보다 더 가혹한 비판이 또 있을까. 이런 비판을 듣고도 그 의미를 파악하지 못한다면 쓸데없는 소리, 즉 '악의 없는 말 한마디'에 흥분을 감추지 못하는 존재가 되고 만다. 스스로 고통받고 있으면서도 그것을 절대로 인정하려 들지 않는 고집불통의 가련한 존재가 되고 만 것이다. 이때 대화는 단절되고 만다.

## 자유정신의 증언,
## '진리란 없다. 모든 것이 허용된다.'

불신은 허무주의적인 태도다. 그 어떤 것도 불신의 덫에서 벗어나지 못한다. 정의도 진리도 사랑도 하물며 신까지도 불신의 대상이 될 수 있다. 아니 그래야 마땅하다. 그때 신앙의 주체가 더욱 또렷하게 드러나게 된다. 주변이 어둠 속에 있어도 그 어둠 속에서 눈을 뜨고 있는 자기 자신에 대한 인식은 밤하늘의 별처럼 빛을 발하게 될 것이다. 자기 주변을 사막으로 인식하는 정신이지만 절대 굴복하려 들지 않는 의지로 발걸음을 재촉한다. 그것이 낙타의 이름으로 불리는 허무주의의 정신이다.

금욕주의적 이상에 얽매인 정신은 불신을 가장 큰 죄악으로 간주한다. 이상 속에 갇힌 정신은 오로지 감격과 감동만을 요구한다. '믿기만 하라', 이것이 지상명령일 뿐이다. "의인은 그의 믿음으로 말미암아 살리라."(하박국 2:4) 살고 싶으면 믿으라는 것이다. 믿음만이 의인의 징표라고 간주한다. 하지만 그 믿음은 죽음 이후의 삶만을 책임지고 있을 뿐이다. 현재의 삶, 즉 지금과 여기를 책임지지는 못한다. 지금 살아야 할 이 삶에 대한 이념은 도대체 어디서 구해야 할까? 이것이 문제인 것이다.

우리, '인식하는 자들'은 온갖 종류의 신자를 차츰 불신한다. 우리의 불신은 점
차 우리에게 사람들이 그전에 했던 추론과는 반대로 추론하도록 가르친다: 즉
신앙의 강함이 매우 강조되는 곳에서는 어디서든, 믿고 있는 것을 증명하는 것
이란 어쩐지 취약하고, 진실과 부합하지 않는다는 것을 추론하게 한다. 우리 역시
신앙이 사람들을 '축복하게 한다'는 사실을 부정하는 것은 아니다: 바로 그렇기
때문에 우리는 신앙이 그 어떤 것을 증명한다는 것을 부정한다. (523쪽 이후)

믿음이 증명하리라? 믿음이 어떤 것을 증명하리라? 믿음이 천국을 보
여주리라? 천국은 의인의 것이기에 묻지 않을 수가 없다. 그리고 회의에
빠진다. 니체는 여기서 새로운 길을 선택한다. "내가 아무것도 희망할 수
없는 곳, 모든 것이 너무나 명백하게 종말을 가리키는 곳에서 희망을 걸
었다."(비극, 20쪽) 이것이 허무주의 정신이다. 절대 포기를 모른다. 희망의
불씨가 다시 불붙는다. 희망이 없는 곳에서 삶에의 의지를 불태운다! 신
앙이 있는 곳은 "어쩐지 취약하고, 진실과 부합하지 않는다는 것을 추론하
게 한다." 노예 도덕이 만들어낸 이상은 진실과 부합하지 않는다는 것을 양
심의 가책 없이 부르짖게 한다.

물론 인간은 신앙을 버릴 수 없다. "우리는 모든 사물을 인간의 두뇌
를 통해 관찰하는 것이므로 이 머리를 잘라버릴 수는 없다."(인간적 I, 30쪽)
머리를 가장 높은 곳에 두고 살아야 하는 것이 생각하는 존재의 운명이
다. 생각은 늘 두 발을 딛고 서야 하는 이 대지의 뜻에서 가장 멀리 떨어
져 있을 수밖에 없다. 늘 뜬구름 잡는 이야기를 더 가깝게 느끼며 살아야

한다. 발아래 돌부리를 경계하기보다는 먼 곳에서 모습을 드러내는 환상에 더 큰 기대를 걸고 살 수밖에 없는 존재라는 얘기다.

니체도 신앙을 원한다. 그 역시 신앙의 힘을 인정한다. 니체의 허무주의 철학을 제대로 이해하고 싶으면 "우리 역시 신앙이 사람들을 '축복하게 한다'는 사실을 부정하는 것은 아니다"는 말이 전하는 의미를 제대로 파악해야 한다. 신앙을 가지면 축복된 삶이 실현되는 것은 사실이다. 무엇인가 믿으면 그것이 가져다주는 행복감은 폭죽이 터지듯 황홀한 하늘을 감상하게 해줄 것이다. 하지만 허무주의는 여기서 멈추는 것이 아니다. 이어지는 문장은 해탈의 경지를 목표로 하는 염세주의 철학을 뛰어넘는 경지를 보여주고 있다. "바로 그렇기 때문에 우리는 신앙이 그 어떤 것을 증명한다는 것을 부정한다." 예를 들어 "인식이 생기자마자 욕망은 사라져버렸다"[11]는 해탈의 경지는 그 어떤 것도 증명할 수 없다는 얘기다. 그 어떤 말로도 설명이 될 수 없기 때문이다. 이는 훗날 더 멋진 말로 형성된다. "'신앙'이란 무엇이 참인지를 알고자—하지—않는다는 것을 의미한다."(안티, 293쪽) 이것이 니체가 들려주고자 하는 허무주의적 인식이다.

허무주의 철학은 자유정신을 근간으로 한다. 허무주의의 시작은 자유정신에서만 가능하다는 얘기다. 자유롭지 않은 정신은 그래서 니체의 저서들을 읽으면서도 도대체 무슨 말을 하고 있는지조차 감을 잡지 못한다. '어렵다'는 말만을 쏟아내며 불편한 심경을 토로할 뿐이다. 하지만 니체는 분명하게 말했다. "어느 누군가가 책을 이해하지 못한다는 것이 그 책에 문제가 있다는 것을 의미하지는 않는다"(즐거운, 389쪽)고. 잠언으로 된 짧은 글들을 읽으면서도 이해가 되지 않는다면 도대체 누구에게 문제가 있는지 반성을 해야 할 것이다. 다른 방법이 없지 않은가.

아직까지 오랫동안 자유정신이란 없었다: 왜냐하면 그들은 아직 진리를 믿고 있기 때문이다. [···] "진리란 없다. 모든 것이 허용된다"··· 이제 이것은 정신의 자유였다. 그것에 의해 신앙은 진리 그 자체에도 파산 선고를 내렸다··· 유럽의, 그리스도교적 자유정신은 이미 이러한 명제와 그 미로 같은 결과 속으로 들어가 길을 잃은 적이 있었던가? 이 자유정신은 동굴 속의 미노타우로스를 경험으로 알고 있단 말인가?··· 나는 그것을 의심한다. 그뿐만이 아니라, 나는 그것이 다르다는 것을 알고 있다:—한 가지 일에만 무조건 매달리는 이러한 자들, 이른바 이러한 '자유정신'에게는 저러한 의미에서의 자유와 해방처럼 낯선 것도 없다. 그들은 어떤 관점에서도 그렇게 굳게 구속되어 있지는 않지만, 바로 진리에 대한 믿음에서는 다른 누구에게서도 볼 수 없을 만큼 굳게 무조건적으로 구속되어 있다. (525쪽)

자유도 자유 나름이다. 기독교 교인들도 자유를 운운한다. 하늘나라에서 마침내 자유를 얻으리라 믿는 것이다. 신에게 구속됨으로써 자유를 쟁취하게 되리라는 것이다. 그래서 하나님의 제자가 되는 것이 급선무라고 말들을 하고 있는 것이다. 하지만 이러한 구속의 자유는 말장난에 불과하다. 이런 자유정신은 아직 세상이 무엇인지조차 제대로 알고 있지 못하다. 모르면서 자유를 운운하는 것 자체가 우스울 뿐이다. 이러한 정신은 그저 웃음으로 죽일 수밖에 없다. "노여움이 아니라 웃음으로써 살해를 한다"(차라, 65쪽)는 이 경우를 두고 한 말이다. 즉 니체는 전혀 다른 자유정신을 추구하고 있을 뿐이다.

우리는 아직 자유가 무엇인지 정확하게 알지 못한다. 왜냐하면 우리는 자유로운 것을 아직 맛보지 못했기 때문이다. "아직까지 오랫동안 자유 정신이란 없었다." 자유는 늘 미래의 것이다. 현재의 이념에서 벗어나야만 주어지는 미래의 것이다. 초인도 이런 의미에서 이해되어야 한다. "위버멘쉬가 존재한 적은 아직 없다."(차라, 153쪽) 아직 단 한 번도 없었던 것을 만들어내야 한다. 그래서 어린아이로 상징되는 창조 정신이 요구되는 것이다. 창조는 상실을 전제한다. "그렇다. 형제들이여, 창조의 놀이를 위해서는 거룩한 긍정이 필요하다. 정신은 이제 자기 자신의 의지를 의욕하며, 세계를 상실하는 자는 자신의 세계를 획득한다."(같은 책, 41쪽) 초인을 바라는가? 그렇다면 먼저 허무를 받아들이라! 상실의 감정 속으로 몸을 던져라!

"진리란 없다. 모든 것이 허용된다." 이것만이 허무주의의 이념이다. 허무주의적인 생각이다. 이런 생각을 할 수만 있다면 이미 허무주의 속에 푹 빠져 있는 것이나 다름이 없다. 진리 대신 신으로 대체해놓고서 훈련을 해보자. '신은 없다! 내가 신이다!'라고 말할 수 있을 때까지 허무주의라는 철학으로 훈련을 거듭해보자. "그런 행위를 할 자격이 있으려면 우리 스스로가 신이 되어야 하는 것이 아닐까?"(즐거운, 201쪽) 하고 확신에 찬 질문을 던져보자. 질문조차 혼란스럽다면 단정으로 명령어를 만들어보자. '스스로 신이 되라!'고. 이것이 허무주의를 삶 속에서 실천하는 방식이라고.

# 이상을 창조하지 못하는
## 부패한 예술

니체는 지금까지 진리로 간주되어 왔던 진리를 뒤집어놓고 싶어 한다. 그
것만이 창조의 이름으로 불릴 수 있기 때문이다. 창조적인 삶만을 진정한
삶으로 부르고 싶다. 그것만이 행복의 이름으로 불릴 수 있기 때문이다.
그래서 그는 과감하게 이런 말을 한다. "진리 자체를 뒤집어놓을 필요가
있다"(526쪽)고. 이런 필요성에 대한 인식은 먼저 진리에 대한 의구심부터
허락해야 한다. 불신을 전제하지 않은 신앙으로는 절대로 들어갈 수 없는
왕국이다. 거짓말을 할 수 없는 자들은 맛볼 수 없는 진리의 나라다. "속
일 줄 모르는 자는 진리가 무엇인지 알지 못"(차라, 476쪽)하기 때문이다.

  허무주의 철학은 허무를 받아들일 수 있는 대상부터 분명하게 인식해
야 한다. 그런 인식 없이 허무주의는 이해될 수가 없다. '아무것도 아니
다!'라는 말을 할 수 없는 정신은 받아볼 수 없는 밥상이다. 니체는 독자
를 이 밥상 앞으로 초대하고자 한다. "미식가들이여, 내 음식을 맛보시
라! / 내일이면 그 맛이 조금 낫게 느껴질 것이고 / 모레면 맛있다고 느
껴질 것이다! / 그대들이 내 음식을 더 원한다면,—/ 내 일곱 가지 오래
된 것들이 / 내게 일곱 가지 새로운 용기를 주리라."(즐거운, 37쪽) 이 허무
주의의 밥상에서 음식을 먹기 위해 필요한 것이 있다면 그저 "튼튼한 이
와 튼튼한 위장"(같은 책, 56쪽)뿐이다. 이 밥상에서 씹어 삼키며 먹어야 할
대상은 금욕주의적 이상 내지 형이상학적 신앙이라 불리는 단단한 음식
이기 때문이다.

우리의 과학에 대한 신앙이 근거로 하고 있는 것은 여전히 형이상학적 신앙이
다.—오늘날 우리 인식하는 자들, 우리 무신론자들이며 반反형이상학자들, 우리
역시 천 년간이나 낡은 신앙이 불붙여왔던 저 불길에서, 신은 진리이며, 진리는
신적인 것이라는 저 그리스도교의 신앙—이것은 플라톤의 믿음이기도 하다—
에서 또한 우리의 불을 얻는다… (527쪽)

허무주의 철학이 시작하는 곳은 형이상학이다. 신을 부정하는 목소
리는 신이 있어야 할 곳에서부터 울려 퍼질 수밖에 없다. 형이상학을 극
복하기 위해 형이상학을 연구해야 한다. 창조하기 위해 파괴해야 할 것
을 먼저 공부해야 한다는 얘기다. 무신론자들은 신앙을 가진 자들을 먼
저 알아야 한다. 진정한 반형이상학자가 되기 위해서는 형이상학을 먼저
알아야 한다. 허무주의의 불씨는 형이상학에서 발견되어야 한다. 낡은 신
앙에서 지금까지 존재하지 않았던 새로운 신앙을 발견해내야 한다. 그때
"내 일곱 가지 오래된 것들이 / 내게 일곱 가지 새로운 용기를 주리라"는
말을 마침내 이해하게 될 것이다.

과학에 희망을 걸어보았지만 현대 과학은 허무주의적 희망을 감당하
기에는 부족한 점이 너무도 많았다. 금욕주의적 이상에 대적할 만한 방
법으로써 과학은 아직 모자란 것이 너무도 많았던 것이다. 그렇다고 실
망으로 소중한 시간을 보낼 수는 없는 일이다. 과학에서 만족하지 못한
니체는 다시 눈길을 돌린다. 금욕주의적 이상에 맞설 수 있는 또 다른 방
법을 찾고 있는 것이다.

그렇지 않다! 내가 금욕주의적 이상의 천성적 적대자를 찾을 때, 내가 "그 이상

과 반대되는 이상을 표현하고 있는 반대 의지는 어디에 있는가?"라고 물을 때, 과학은 나에게 적합하지 않다. 그렇게 되기에는 과학이란 아직 충분히 자립적이지 못한다. 과학이란 모든 관점에서 먼저 하나의 가치 이상, 하나의 가치 창조의 힘을 필요로 한다. 이러한 것에 봉사함으로써 과학은 그 자신을 믿을 수 있게 된다.―과학 자체는 결코 가치 창조적인 것이 아니다. 금욕주의적 이상과 과학의 관계는 그 자체로는 아직 적대적인 것이 아니다. 오히려 과학은 대체로 금욕주의적 이상의 내적 형성의 추진력을 나타내고 있다. (528쪽)

현대 시대에 과학은 아직 여물지 못한 과일 같다. 금욕주의적 이상과 맞서 싸울 '천성적 적대자'를 찾고자 할 때 과학은 아직 그 이상에 대한 적수가 되지 못함을 인식하게 된 것이다. 왜냐하면 그것은 이상에 봉사함으로써만 자신을 믿을 수 있을 정도로 의존적이기 때문이다. "과학 자체는 결코 가치 창조적인 것이 아니다." 이것이 과학으로 만족할 수 없는 이유다. 과학으로는 가치를 창조할 수가 없다. 기껏해야 증명 정도가 전부일 뿐이다. 그러면서 니체는 예술로 시선을 돌려본다.

예술.―나는 언젠가 이 문제에 대해 좀 더 길게 다시 언급하려 하기 때문에, 미리 말하자면,―바로 거짓이 신성시되고, 기만하려는 의지가 한쪽에서 선한 의지를 갖는 이 예술이란 과학보다도 훨씬 더 근본적으로 금욕주의적 이상에 대립되어 있다: 유럽이 지금까지 낳은 이러한 최대 예술의 적인 플라톤의 본능은 이것을 감지했다. 플라톤 대 호메로스: 이것이야말로 완전하고 진정한 적대관계다―전자는 최선의 의지를 지닌 '저편 세계의 인간'이자 삶의 위대한 비방자이고, 후자는 의도하지 않은 삶의 숭배자이자 황금의 자연이다. 그러므로 금욕주의적 이상에 봉사하고 있는 예술가의 헌신이란 있을 수 있는 예술가의 부패 중에서도 가장 본래적인 부패이며, 유감스럽게도 가장 통례적인 부패 가운데 하나다: 왜냐하면 예술가처럼 부패하기 쉬운 존재도 없기 때문이다. (529쪽)

과학은 창조적이지 못하다. 그렇다고 예술은? 니체의 눈에 밟히는 것은 권력에 아부하는 부패한 예술이다. 정해놓은 틀 안에서 움직이는 정신은 결코 자유정신이라 불릴 수가 없다. 해서는 안 되는 금기사항을 제시해놓고 만들어내는 모든 예술작품은 권력의 나팔수라는 이미지를 벗어던질 수가 없다. 자기 주변에 선을 그어놓고 스스로 갇혀 있는, 즉 병자에서 죄인이 되어버린 "암탉"(512쪽)의 소리일 뿐이다. 그가 들려주는 소리는 설득력이 결여되어 있는, 그저 듣기 싫은 잔소리, "소음 같은 소리나 선동가의 잡설"(521쪽)에 지나지 않는다.

감동이 없는 소리로 예술을 한다는 것은 부패를 의미한다. 썩어빠진 정신의 산물이기 때문이다. 이념으로 무장한 소리는 상처를 주는 데 달인이 되어 있을 뿐이다. 더 나아가 니체는 과학자들보다 더 쉽게 부패할 수 있는 존재가 예술가라고 단정한다. "금욕주의적 이상에 봉사하고 있는 예술가의 헌신이란 있을 수 있는 예술가의 부패 중에서도 가장 본래적인 부패이며, 유감스럽게도 가장 통례적인 부패 가운데 하나다." 이런 부패는 너무도 일반적이어서 가끔은 제대로 된 인식을 하지 못할 때도 있다. 잘못된 선입견과 편견으로 바라보고 있으면서도 그것이 잘못되었다는 것을 인식도 못하는 것이다.

니체가 원하는 예술은 분명하다. 그것은 "바로 거짓이 신성시되고, 기만하려는 의지가 한쪽에서 선한 의지를 갖는" 예술이다. 그것만이 금욕주의적 이상에 대한 적수가 될 수 있다고 믿고 있는 것이다. 니체는 고대에서 플라톤과 호메로스의 대립을 발견한다. 그리고 이것이 가장 근원적인 대립임을 인식한다. "플라톤 대 호메로스: 이것이야말로 완전하고 진정한 적대관계다—전자는 최선의 의지를 지닌 '저편 세계의 인간'이자 삶의 위대한 비방자이고, 후자는 의도하지 않은 삶의 숭배자이자 황금의 자연이다." 이것이 니체의 시각이다.

광기의 세계로 들어가기 직전에 완성하게 되는 책 제목은《니체 대 바그너》였다.《이 사람을 보라》의 마지막 문장도 읽어보자. "나를 이해했는가?—디오니소스 대 십자가에 못 박힌 자…"(이 사람, 468쪽) 금욕주의적 이상, 형이상학적 진리 등은 니체의 철학, 허무주의라는 불꽃을 일으키는 단초가 되면서 동시에 끝까지 끌고 가는 대립관계가 된다. 바그너가 없었으면 니체도 없다. 십자가에 못 박힌 자가 없었으면 디오니소스도 불필요한 것이 되고 만다. 형이상학이 없었으면 허무주의도 의미가 없다.

대립 감정 속에서 정신은 갈 길을 잃고 만 것이다. 그 어느 것도 버릴 수 없는 딜레마 속에서 정신 줄을 놓고 만 것이다. 하지만 그것은 남겨진 우리의 해석일 뿐이다. 니체가 도달한 경지는 아무도 뭐라 말할 수 없는 경지일 수도 있다. 아트만과 브라만이 합쳐진 경지, 혹은 모든 것을 포용하는 바다가 된 경지, 그것이 니체의 허무주의가 도달한 경지일지도 모른다. 사막 속에서도 춤을 추는 야자수 나무처럼 흥겨운 존재가 그의 정신 속에 스며 있는지도 모를 일이다.

대립은 우리가 익숙히 알고 있는 대립이 아닐 수도 있다. '플라톤 대 호메로스'! 영원 대 죽음, 필연 대 우연, 이상 대 현실, 신 대 인간, 이보다 더 분명한 대립은 없을 것이다. 그런데 그 대립이 가장 인간적인 것을 인식하게 한다. 플라톤은 "최선의 의지를 지닌 '저편 세계의 인간'이자 삶의 위대한 비방자"이다. 감각으로 인식할 수 있는 이 세계에 대한 적대 감정은 내세를 바라보게 했다. 그의 철학은 삶의 현장을 비방하는 달인의 것이었다. 반면에 호메로스는 "의도하지 않은 삶의 숭배자이자 황금의 자연"이다. 비극은 결코 의도한 것이 아니지만 모든 의도의 결과물로 다가온다. 그렇다고 그 비극을 부정하지 않는다. 호메로스의 위대함은 삶의 숭배자라는 데 있다. 우연에 의한 비극적인 경로를 밟으면서도 결코 포기를 모른다는 데 있는 것이다. 그가 남겨 놓은 모든 이야기의 끝은 "화해의 서약을 맺게"¹² 하는 것으로 집중하고 있을 뿐이다. 삶의 비방자와 삶의 숭배자가 화해하기를 진심으로 바랐던 것이다.

## 힘에의 의지에 의한 도덕의 몰락,
## 그 희망에 대하여

니체의 허무주의 철학은 희망의 철학이다. 스스로 희망을 가질 수 없는 상황으로 몰고 가면서도 새로운 희망의 힘으로 그 상황을 벗어나고자 한다. 또 허무주의는 극복의 철학이다. 그 어떤 상황 속에서도 굴복하려 들지 않는다. 진리에 맞서는 모든 거짓말은 신성하다. 고해苦海, 눈물로 채워진 고통의 바다에 직면하여 '닻을 올려라! 항해를 시작하라!'고 외쳐댄다. 눈물은 그만 흘리고 이제는 정말 떠날 때라고. 아프다고 말한다고 그 아픔이 사라질 수만 있다면 그 누가 울지 않으랴. 하지만 삶은 눈물로, 울음으로 해결할 수는 없는 그 무엇이다.

허무주의에 있어 세계는 지극히 이상적이다. "우리는 전 세계를 '이상화'할 만한 근거를 가지고 있는 것이다!…"(536쪽) 신의 뜻을 대변하는 금욕주의적 이상 대신 대지의 뜻에 걸맞은 이상을 찾고자 한다. "나는 살고 있다, 고로 나는 존재한다."(반시대Ⅱ, 383쪽) 존재의 의미는 살아 있음으로써만 충족될 수 있다. 삶에서 양심의 가책을 제거하는 작업은 끊임없이 되풀이되어야 한다. 고통의 바다에서 파도가 없을 수는 없다. 삶의 현장 속에서 비극으로 치닫는 우연의 조건이 없을 수는 없다. 하지만 그 우연조차 품을 수 있는 무한한 바다가 되면 아무 문제없다.

> 충분하다! 충분하다! 그렇게 우스꽝스럽기도 하고 불쾌하기도 한 가장 현대적인 정신의 이 기묘하고 복잡한 문제에 대해 언급하지 말기로 하자: 바로 우리의 문제, 즉 금욕주의적 이상의 의미에 관한 문제는 이러한 문제들을 포기할 수 있다.—이러한 문제가 어제나 오늘과 무슨 관계가 있단 말인가! 저 문제에 대해서 나는 다른 연관성에서 좀 더 근본적이고 더 엄격하게 다룰 것이다('유럽 허무주의의 역사에 관하여'라는 제목으로 말이다. 이것에 대해서는 내가 준비 중인《힘에의 의지, 모든 가치의 가치전도의 시도 Der Wille zur Macht, Versuch einer Umwertung aller Werthe》라는 저서를 볼 것을 권한다). (537쪽)

《힘에의 의지》, 아쉽게도 니체는 이 책을 완성하지 못하고 세상과 작별했다. 니체는 새로운 영역으로 확장되는 '우리의 문제'를 인식하지만 이제 그만하고자 한다. '도덕의 계보'라는 이념 아래서는 이것으로도 '충분하다'는 것이다. 니체가 남겨놓은 원고는 여동생 엘리자베트 Elizabeth Förster-Nietzsche 와 제자 페터 가스트 Peter Gast 의 손에 의해 편집 과정을 거치면서 세상에 나오게 되지만 그 진의성에 대해서는 오늘날까지도 말들이 많다. 그래도 읽어보라 권했으니 언젠가는 읽어내야 할 책이다. 이 문제는 우리도 여기서 더 이상 다루지 않기로 하자. 몇 장 남지 않는 글들에만 집중해보자.

모든 위대한 것은 그 스스로에 의해, 자기 지양의 작용에 의해 몰락해간다: 생명의 법칙이, 생명의 본질 속에 있는 필연적인 '자기 극복'의 법칙이 이러한 것을 원하는 것이다. "그대 스스로 제정한 법에 복종하라"라는 외침은 언제나 마지막으로는 입법자 자신을 향하게 된다. 그와 같은 교의로서의 그리스도교는 자기 자신의 도덕에 의해 몰락했다. 그와 같이 이제 도덕으로서의 그리스도교도 몰락할 수밖에 없다.—우리는 이러한 사건의 경계선에 서 있다. 그리스도교적인 성실성은 하나하나 결론을 이끌어낸 다음, 결국 자신의 가장 강력한 결론을, 자기 자신에 반하는 결론을 이끌어내게 된다. 그러나 이러한 사건이 일어나는 것은 이 성실성이 "모든 진리를 향한 의지란 무엇을 의미하는가?"라는 물음을 던질 때일 것이다… 여기에서 나는 다시 내가 제기한 문제를, 우리의 문제를 언급하는 것이다. 내가 알지 못하는 친구들이여(—나는 아직 한 사람의 친구도 모르니까 말이다): 우리 안에서 저 진리에의 의지 자체가 문제로 의식되는 것이 의미가 없다면, 우리의 존재 전체는 어떤 의미를 갖게 되는 것일까?… 진리를 향한 의지가 이와 같이 스스로를 의식하게 될 때, 이제부터—이것은 의심의 여지가 없다—도덕은 몰락하게 된다: 이것은 유럽의 다음 2세기를 위해 아껴 남겨둔 100막幕의 저 위대한 연극이며, 모든 연극 가운데 가장 무서운, 가장 의심스러운, 아마 가장 희망에 차 있기도 한 연극일 것이다… (538쪽 이후)

니체는 친구가 없다. 그는 단 "한 사람의 친구도" 모르고 살았다. 그는 자신이 "알지 못하는 친구들", 즉 미래의 친구들을 위해 집필에 매진했다. 1872년 처녀작이 나오게 되고 1889년 1월에 광기에 접어드니까 집필에 소용된 시간은 햇수로 따지면 겨우 17년에 불과하다. 정말 쉬지 않고 달려온 시간이다. 일과 휴식의 반복 속에서 니체는 끊임없이 자신의 생각을 남겨놓고자 애를 썼다. 마치 르네상스의 천재들이 기독교의 권력 속에서 수수께끼 같은 예술작품을 남겨놓았듯이, 니체 또한 그 '수수께끼'에 못지않은 작품을 남겨놓았다.

허무주의 철학은 몰락의 철학이다. 몰락은 성스러운 것이다. 《차라투스트라는 이렇게 말했다》의 첫 대목 또한 '태양처럼 몰락'하는 이야기부터 시작했다. 빛 없는 하계에 빛을 주기 위해 몰락하는 것은 지극히 성스러운 일이 아닐 수 없다. 광기로 넘어가는 정신의 몰락은 어떤 의미를 지닌 것일까? 아직 함부로 대답하지 말자. '넌 미쳤다!'고 함부로 평가하지 말자. 그의 광기는 그 자신이 평생 몸담았던 허무주의라는 철학의 산물일지도, 또 그가 그토록 열망했던 '정적의 날들'에 들어간 상태인지도 모르니까.

몰락에의 의지는 '자기 지양의 작용'을 전제한다. 모든 위대한 것은 이런 작용의 결과물이다. 자기 극복의 법칙은 모든 생명의 법칙이며, 생철학은 이 법칙을 설명하고자 한다. 허무주의 철학은 지극히 당연한 소리로 그저 인간적인 것만을 추구한다. 다만 거기서 신적인 것이 홀대받았다는 데서 심기가 불편해질 뿐이다. 이성에게는 신적인 것이 없을 수 없기 때문에 더욱 그러하다. '신이 죽었다고? 그런 막말을!' 하고 대들게 되는 것이 바로 이런 이유다.

하지만 허무주의는 신의 존재조차 아랑곳하지 않고 오로지 인간만을 주목하고자 한다. 천국보다는 대지의 의미에 집중하고, 신의 뜻보다는 대지의 뜻에 귀를 기울이고자 한다. "그대 스스로 제정한 법에 복종하라." 자유정신도 복종을 요구한다. 오로지 자신의 법에만 복종하라! 〈나를 따르는 것-너 자신을 따르는 것〉이란 시도 이런 복종을 노래하고 있다. "나의 방식과 말에 유혹되어 / 나를 따르고 추종하려 하는가? / 오직 너 자신만을 충실히 추종하라— / 그것이 나를 따르는 것이다—여유롭게! 여유롭게!"(즐거운, 39쪽) 니체는 오로지 자기 자신을 위한 길을 보여주고자 했고, 그 이외의 길에 대해서는 허무함을 느끼고자 했다.

진정한 몰락은 도덕이 몰락할 때다. 그때 진리의 태양은 솟아오르리라! 도덕이 몰락할 때는 무엇보다도 "'모든 진리를 향한 의지란 무엇을 의미하는가?'라는 물음을 던질 때"이며, 동시에 "진리를 향한 의지가 이와 같이 스스로를 의식하게 될 때"이다. 진리 대신 자기 자신을 의식하게 될 때! 그때는 바로 사랑할 때이기도 하다. 아모르 파티, 즉 운명을 사랑해야 할 때다. 운명이 보일 때, 한계가 느껴질 때 사랑을 실천하면 된다. 더 이상 극복할 수 없는 도덕이 인식될 때 그 인식은 주인 도덕이 무엇인지를 깨닫게 해줄 것이다.

> 그래서 내가 처음에 말했던 것을 결론적으로 다시 한번 말한다면, 인간은 아무것도 의욕하지 않는 것보다는 오히려 허무를 의욕하고자 한다… (541쪽)

《도덕의 계보》 마지막 문장이다. 니체가 자신의 철학적 여정을 통해 도달한 인식이다. 허무에의 의지, 염세주의에서조차 이런 의지가 발견되었다고 했다. "즉 우리는 성욕을 사실상 개인적인 적으로 취급했던 (그 도구인 여성, 이러한 '악마의 도구'를 포함하여) 쇼펜하우어가 좋은 상태를 유지하기 위해 적이 필요했다는 것, 노기를 띤 담즙의 검푸른 언어를 좋아했다는 것, 격정에 넘쳐 화를 내기 위해 화를 냈다는 것, 자신의 적이 없었더라면, 헤겔이 없었더라면, 여성이나 관능이나 생존하고 거주하고자 하는 완전한 의지가 없었더라면, 그는 병이 들었을 것이고, 염세주의자가 되어버렸을 것이라는 사실을(─왜냐하면 아무리 그가 그렇게 되기를 원했다 해도, 그는 그러한 존재가 아니었기 때문이다) 경시하지 말도록 하자."(463쪽 이후) 니체의 시각으로 보면 쇼펜하우어도 진정한 염세주의자는 아니었던 것이다.

니체는 쇼펜하우어를 자기 나름대로 해석해냈다. 저항하기도 하고 받아들이기도 했다. 하지만 여전히 바그너와의 관계에 대해서는 많은 부분이 해결되지 않은 채로 남아 있다. 무언가 할 말이 남아 있는 듯한 찜찜함이 느껴진다. 그래도 "충분하다! 충분하다!"(536쪽) '도덕의 계보'라는 이념하에서는 이것만으로 충분하다고 본 것이다. 그것이 넘지 못할 벽이라면, 그것이 존재가 직면한 한계라면, 이제 사랑하는 일밖에 남은 것이 없다. '메멘토 비베레Memento vivere'(반시대Ⅱ, 354쪽), 삶을 기억하라, 그리고 '아모르 파티', 운명을 사랑하라!

# 당당하라 삶이여, 너는 살 권리가 있다

삶을 위한 도덕을 찾고자 할 때 니체의 허무주의 철학은 친근한 손을 내민다. 허무주의 철학은 생철학이다. 인생을 위한 것이 아닌 모든 것에 대해서는 허무함을 받아들이고자 한다. 살고자 하는 데는 이유가 필요 없다. 다만 인간답게 사는 게 문제일 뿐이다. 삶을 선택하면서도 아무런 양심의 가책을 느끼지 않을 수 있는가? 살고 싶다는 말 한마디에 정의를 개입시키지 않을 수 있는가? 생철학은 이런 질문에 대답을 내놓아야 한다. 아니 오히려 당당하게 살 수 있는 마음의 자세를 요구한다. 삶이 있고 도덕이 있는 것이지 도덕이 있고 삶이 있는 것은 아니다. 도덕은 삶을 위한 무대가 되어야지 삶을 틀에 가두어놓으려는 잣대가 되어서는 안 된다.

도덕 위에서 춤을 출 수 있을 때까지 삶은 수많은 훈련을 요구한다. 그 요구는 스스로 삶의 달인이 될 때까지 멈추지 않고 진행된다. 춤추지 않은 날은 잃어버린 날이라 했다. 모든 춤은 구속을 벗어나 있으면서도 구속된 형식을 취하고 있어야 한다. 진정한 춤은 자유정신에 의해서만 구현된다. 자유롭지 않으면 춤을 출 수가 없다. 정신이 자유롭기 위해 수많은 것을 구속해야 한다. 니체는 진정으로 자유의 경지에 들어서기 위해 마음을 다잡아야 한다는 사실도 알려주었다.

니체 철학의 시작 지점에는 비극에 대한 호기심이 발동했었다. '비극의 탄생'이 어떻게 가능했던가를 물었던 것이다. 인류 역사상 가장 찬란한 문화를 자랑하는 고대는 비극 문화와 연결되고 있다는 사실에 궁금증이 폭발했던 것이다. 이런 시각을 갖게 해준 것은 쇼펜하우어의 염세주의 사상이었다. "모든 인생은 고통이다." 아프지 않은 인생은 없다는 얘기다. 인간은 무엇 때문에 상처받게 되는 것일까? 인간은 무엇 때문에 쓰러지게 되는 것일까? 이성적 존재는 내면의 문제를 무시할 수 없다.

인생은 이성을 거부하면서도 이성을 되찾으려 한다. 이성과 비이성의 반복을 자유자재로 할 수만 있다면 그가 곧 초인이다. 도덕 위에서 멋진 춤을 출 수 있는 존재다. 모든 변화는 비이성으로부터 시작하여 이성으로 인정받게 된다. 모든 발전은 이성을 거부하고 비이성을 받아들일 때 시작된다. 그리고 그 비이성이 이성으로 자리 잡게 될 때 완성된다. 떠남의 아픔을 견딘 자만이 만남의 기쁨을 선사받을 수 있다. 비극, 그것은 춤을 추기 위한 과정이다. 비극은 눈물을 흘리게 하지만 마지막에는 카타르시스를 느끼게 해준다. 슬픔은 기쁨을 위한 준비과정일 뿐이다. 모든 질병은 건강을 인식하게 하는 전제가 될 뿐이다.

죽으나 사나 이성을 갖고 살아야 하는 인간이라면 이성의 달인이 되어야 한다. 기억과 망각을 오가는 정신이야말로 자유로운 정신이다. 적당한 때에 기억해내고 적당한 때에 망각할 수만 있다면 인생은 거칠 게 없다. 떠날 때 얽매이지 않고 만날 때 열정을 다할 수 있다면 모든 순간이 축제로 변해줄 것이다. 이런 자유를 위해 니체는 백 개의 각운을 외워두라고도 권한다. 지금 당장 백 개의 각운이 머릿속에 있다면 어떤 풍파가 닥쳐도 쓰러지지 않고 버틸 수 있다는 것이다. 그래서 니체는 자신의 글이 읽히는 것에 만족하지 않고 급기야 외워지기를 간절히 바랐던 것이다.

　말로 기초를 닦고 말로 성을 쌓아야 한다. 말로 사랑의 흔적을 남기고 말로 기념비를 세워야 한다. 생각하는 존재에게 독서와 글쓰기는 필연적인 숙제가 된다. 모든 숙제는 그 자체가 목적일 수는 없다. 숙제를 정성껏 해낼 때 인간적인 삶이 선물로 주어질 것이다. 모든 인생은 자기 자신에게로 가는 길이라 했다. 니체의 생철학이 준비해둔 모든 훈련은 그 길을 끝까지 갈 수 있는 용기와 힘을 키워줄 것이다.

## 1장 | 자기 자신을 돌아보는 용기

1   Goethe, 《Faust. Erster und zweiter Teil》, München 13/1992, 17쪽; "Habe nun, ach! Philosophie, / Juristerei und Medizin / Und leider auch Theologie / Durchaus studiert, mit heißem Bemühn. / Da steh ich nun, ich armer Tor, / Und bin so klug als wie zuvor!"

2   쇼펜하우어, 《쇼펜하우어 인생론》(개정판), 김재혁 옮김, 육문사 2012, 27쪽.

3   재인용; 이동용, 《쇼펜하우어, 돌이 별이 되는 철학》(2쇄), 동녘 2015, 68쪽; "Was er lehrte, ist abgetan, / was er lebte, wird bleiben stahn: / seht ihn nur an— / Niemandem war er untertan!"

4   참고; Platon, 《Das Gastmahl》, Stuttgart 2008 54쪽 이후; 소크라테스가 디오티마를 찾아온 것은 선생이 필요하다는 것을 느꼈기 때문이라고 고백한다. "그러나 바로 그 때문에 디오티마여, 내가 당신에게 온 것입니다. 왜냐하면 내가 선생이 필요하다는 것을 인식했기 때문입니다(Aber genau deshalb, Diotima, bin ich doch, wie ich eben erst sagte, zu dir gekommen, weil ich erkannt habe, dass ich Lehrer brauche)."

5   Rüdiger Safranski, 《Nietzsche. Biographie seines Denkens》, Frankfurt am Main 5/2010, 257쪽.

6   같은 책, 259쪽; "Nietzsche hat sich nicht dazu geäußert und Lou nur spärlich; zu einem Freund sagte sie später: 'Ob ich Nietzsche auf dem Monte Sacro geküsst habe—ich weiß es nicht mehr.'"

7   참고; https://de.wikiquote.org/wiki/Romantik; "고전주의적인 것을 나는 건강한 것이라고 그리고 낭만주의적인 것을 병든 것이라고 말한다(Das Klassische nenne ich das Gesunde und das Romantische das Kranke)."

8   이동용, 《쇼펜하우어, 돌이 별이 되는 철학》, 위의 책, 324쪽.

9   한용운, 《님의 침묵》(3쇄), 시인생각 2014, 14쪽.

10  Brecht, 《Geschichten vom Herrn Keuner》, in: Gesammelte Werke Band 12: Prosa 2, Frankfurt am Main 1982, 395쪽; "dass es das Größte und Schönste sei, wenn ein Fischlein sich freudig aufopfert."

11  같은 곳; "dass die Fischlein erst im Bauch der Haifische richtig zu leben begännen."

12  Brecht, 《Aus einem Lesebuch für Städtebewohner》, in: Gesammelte Werke Band 8: Gedichte 1, Frankfurt am Main 1982, 271쪽; "Ich bin ein Dreck. Von mir / Kann ich nichts verlangen als / Schwäche, Verrat und Verkommenheit."

13  Brecht, 《Der Radwechsel》, in: Gesammelte Werke Band 10: Gedichte 3, Frankfurt am Main 1982, 1009쪽; "Ich bin nicht gern, wo ich herkomme. / Ich bin nicht gern, wo ich hinfahre."

14  https://de.wikipedia.org/wiki/Ouroboros; "Allem Zukünftigen beißt das Vergangene in den Schwanz."

15  재인용; 이동용, 《쇼펜하우어, 돌이 별이 되는 철학》, 위의 책, 403쪽.

## 2장 | 좋음과 나쁨이라는 대립의 기원

1  '신은 죽었다'는 선언은 다양한 곳에서 언급되었다. 예를 들어 즐거운, 183, 200, 319쪽; 차라, 16, 18, 131, 388, 470쪽 등이 그것이다. 굳이 이런 증거를 밝히는 이유는 때로 어떤 이는 '니체는 신은 죽었다는 말을 하지 않았다' 혹은 그런 말을 '직접적으로 하지 않았다'고 헛된 주장을 하는 사람들이 있기도 하기 때문이다.

2  칼 포퍼, 《열린사회와 그 적들 1 – 플라톤과 유토피아》, 이한구 옮김, 민음사 1982, 13쪽; 포퍼는 닫힌사회에서 열린사회로의 이행을 원했다.

3  1989년에 제작된 영화 제목이기도 하다.

4  이동용, 〈종소리〉, in: 《내 안에 코끼리》, 이파르 2016, 182쪽.

5  https://de.wikipedia.org/wiki/Ludwig_XIV.

6  https://de.wikipedia.org/wiki/Barock

7  https://de.wikipedia.org/wiki/Arier

8  https://de.wikipedia.org/wiki/Zölibat

## 3장 | 삶의 긍정과 인간에 대한 믿음

1  카뮈, 《이방인/페스트/시지프 신화》(4쇄), 이혜윤 옮김, 동서문화사 2014, 369쪽.

2  Goethe, 《Faust. Erster und zeiter Teil》, München 13/1992; "Es irrt der Mensch, solang er strebt."

3  재인용; 이동용, 《나르시스, 그리고 나르시시즘》, 책읽는사람들 2001, 328쪽.

4  카프카, 《변신/시골의사》(56쇄), 민음사 2012, 9쪽.

5  이동용, 《내 안에 코끼리》, 이파르 2016, 35쪽.

6  https://de.wikipedia.org/wiki/Immanuel; 'Immanuel'은 히브리어로 '신은 우리 곁에 있다' 혹은 '신은 우리와 함께한다'는 뜻이다.

7  쇼펜하우어, 《의지와 표상으로서의 세계》(개정증보판), 홍성광 옮김, 을유문화사 2015, 514쪽.

8  일반적으로 모세가 썼다고 간주되는 《창세기》, 《출애굽기》, 《레위기》, 《민수기》, 《신명기》를 일컫는다.

9  이동용, 《나르시스, 그리고 나르시시즘》, 위의 책, 125쪽 이후.

10  포이어바흐, 《기독교의 본질》, 강대석 옮김, 한길사 2008, 30쪽.

11  같은 책, 267쪽.

12  https://de.wikipedia.org/wiki/Code_civil; 나폴레옹이 1804년 3월 21일에 발효시킨 시민법으로 근대의 가장 중요한 법전으로 간주되고 있다.

## 4장 | 능동적인 망각의 힘

1  참고; 이동용, 《망각 교실》, 이파르 2016, 4쪽.

2  이동용, 《쇼펜하우어, 돌이 별이 되는 철학》, 위의 책, 129쪽.

3  같은 책, 123쪽.

4  쇼펜하우어, 《의지와 표상으로서의 세계》, 위의 책, 291쪽.

5  같은 책, 25쪽.

6  https://de.wikipedia.org/wiki/Ratio

7  한스 요아힘 노이바우어, 《염세 철학자의 유쾌한 삶 – 쇼펜하우어에게서 배우는 삶의 여유》, 박규호 옮김, 문학의문학 2012, 61쪽.

8  https://de.wikipedia.org/wiki/Nirwana; 참고; 이동용, 《쇼펜하우어, 돌이 별이 되는 철학》, 위의 책, 96쪽.

9  쇼펜하우어, 《의지와 표상으로서의 세계》, 위의 책, 651쪽.

10  참고; 이동용, 〈종소리〉, in 《내 안에 코끼리》, 위의 책, 182쪽.

11  참고; 시 〈질스마리아〉; "그때 갑자기, 나의 여인이여, 하나가 둘이 되었다—"(즐거운, 415쪽).

12  쇼펜하우어, 《의지와 표상으로서의 세계》, 위의 책, 253쪽 이후.

13  참고; 이동용, 《쇼펜하우어, 돌이 별이 되는 철학》, 위의 책, 34쪽; "이성적인 것에 더해 오성적으로도 보완이 된 그런 깨달음은 하지만 그 자체로 완전하다." 쇼펜하우어는 선배세대의 업적, 특히 관념론이 주목했던 이성의 힘에 회의를 느끼고 그동안 주목받지 못했던 오성의 힘을 부각하는 데 주력했다. 그는 오성의 직관력이 진정한 인식으로 이끈다고 보았던 것이다.

14  Schopenhauer, 《Die Welt als Wille und Vorstellung》, Band 1, Stuttgart 1990, 439쪽; "alles Leben Leiden ist."

15  쇼펜하우어, 《의지와 표상으로서의 세계》, 위의 책, 418쪽, 566쪽.

16  https://de.wikipedia.org/wiki/Kategorischer_Imperativ; 칸트의 윤리적 판단에 근거한 철학적 명제, "너의 의지의 준칙이 항상 그리고 동시에 보편적 입법의 원리가 될 수 있도록 행위하라(Handle nur nach derjenigen Maxime, durch die du zugleich wollen kannst, dass sie ein allgemeines Gesetz werde)."

17  너새니얼 호손, 《주홍 글자》(26쇄), 김욱동 옮김, 민음사 2015, 17쪽.

18  같은 책, 14쪽.

19  같은 책, 19쪽.

20  참고; https://de.wikipedia.org/wiki/Milgram – Experiment

21  https://de.wikiquote.org/wiki/Blaise_Pascal; "Der Mensch ist nur ein Schilfrohr, das schwächste der Natur;

aber er ist ein denkendes Schilfrohr."

**22** https://de.wikipedia.org/wiki/Mittelalter

**23** 이동용, 《내 안에 코끼리》, 위의 책, 198쪽.


## 5장 | 힘에의 의지와 양심의 가책

**1** 에코(Umberto Eco)의 소설 《장미의 이름(Il nome della rosa)》(1980)에 등장하는 인물; 참고, 움베르토 에코,: 《장미의 이름》(개역판 22쇄), 이윤기 옮김, 열린책들 1995, 745쪽; "나는 이 서책을 아느니… 네가 못 보는 것도 능히 볼 수 있는 눈으로 이 견고 무비하게 쓰인 서책을 본 듯이 아느니라."

**2** 같은 곳.

**3** 우석훈 외, 〈경쾌하게 읽는 20대의 우울함과 희망(남재희)〉, in: 《88만원세대 – 절망의 시대에 쓰는 희망의 경제학》(13쇄), 레디앙미디어 2008, 10쪽.

**4** 참고, https://de.wikipedia.org/wiki/Weltreligion; 대표적인 세계종교를 교인 숫자로 본 순위는 다음과 같다. 1. 기독교, 2. 이슬람교, 3. 힌두교, 4. 불교, 5. 유대교.

**5** https://de.wikipedia.org/wiki/Ekstase; "das Außersichgeraten"

**6** 릴케, 《젊은 시인에게 보내는 편지》, 태동출판사 2014, 156쪽 이후.

**7** 재인용; 이동용, 《지극히 인간적인 삶에 대하여》, 위의 책, 77쪽 이후.


## 6장 | 금욕주의적 이상과 건강한 관능

**1** https://de.wikipedia.org/wiki/Minnesang

**2** 1205년경에 집필된 볼프람 폰 에셴바흐(Wolfram von Eschenbach)(1160/80?~1220?)의 작품 〈파르치발(Parzival)〉을 모범으로 했던 바그너는 주인공 이름을 파르지팔(Parsifal)로 바꾼다. 그는 이 이름이 아랍어로 팔(fal)은 '순수한'을, 그리고 파르지(parsi)는 '바보'를, 즉 의미를 조합하면 '순수한 바보(reinen Toren)'(Richard Wagner, 〈Parsifal〉, Stuttgart 2002, 41쪽)란 뜻임을 밝혔다.

**3** 이동용, 《내 안에 코끼리》, 위의 책, 23쪽.

**4** 이동용, 《바그너의 혁명과 사랑》(개정증보판), 이파르 2012, 82쪽.

**5** 참고; https://de.wikipedia.org/wiki/Das_Kunstwerk_der_Zukunft

**6** 참고; 이동용, 《바그너의 혁명과 사랑》, 위의 책, 176쪽 이후.

**7** https://de.wikipedia.org/wiki/Tat_Tvam_Asi

**8** Ivo Frenzel, 《Friedrich Nietzsche》, Reinbek bei Hamburg, 32/2002, 44쪽.

**9** 참고; Wilhelm Weischedel, 《Die philosophische Hintertreppe. Dir großen Philosophen in Alltag und Denken》, München 38/2009, 221쪽; "In seinem Schlafzimmer hält er immer eine Waffe bereit, und er versteckt seine Besitztümmer in den verborgensten Winkeln der Wohnung."

## 7장 | 자기 자신을 위한 거짓말

1 https://de.wikipedia.org/wiki/Halkyonische_Tage; 니체는 이 개념으로 '영적인 완전함(seelisch vollkommen)'을 말하려 했다. '정적(Stille)', '평온(Ruhe)' 혹은 '평정(Gelassenheit)' 등이 이와 연결되는 말들이다. 이는 곧 허무주의 철학이 지향하는 최고의 경지에 해당한다. 이에 대한 좀 더 자세한 논의는 다음을 참고; 이동용, 《쇼펜하우어, 돌이 별이 되는 철학》, 위의 책, 403쪽 이후.

2 https://de.wikipedia.org/wiki/Agoge

3 Rosemarie Griesbach, 《Deutsche Märchen und Sagen》, München 5/1968, 37쪽 이후.

4 https://de.wikipedia.org/wiki/Confessiones; 아우구스티누스는 자신의 대표작 《고백록》(397~401)에서 다음의 세 가지를 고백하고 있다. 첫째 '콘페씨오 페카티(Confessio peccati)', 즉 죄 고백, 둘째 '콘페씨오 피데이(Confessio fidei)', 즉 신앙 고백, 셋째 '콘페씨오 라우디스(Confessio laudis)', 찬양 고백이 그것이다.

5 생텍쥐페리, 《어린 왕자》, 더클래식 2012, 35쪽.

6 같은 책, 31쪽.

7 같은 책, 34쪽 이후.

8 https://de.wikiquote.org/wiki/Galileo_Galilei

9 카뮈, 《이방인/페스트/시지프 신화》, 위의 책, 371쪽.

## 8장 | 건강과 자유정신

1 https://de.w6ikiquote.org/wiki/Martin_Heidegger; "Die Sprache ist das Haus des Seins."

2 https://de.wikiquote.org/wiki/Karl_Marx; "종교는 압박감에 시달리고 있는 창조자의 한숨이며, 심장이 없는 세계의 정서이며, 정신이 없는 상태의 정신이다. 그것은 민중의 아편이다(Die Religion ist der Seufzer der bedrängten Kreatur, das Gemüt einer herzlosen Welt, wie sie der Geist geistloser Zustände ist. Sie ist das Opium des Volkes)."

3 이동용, 《내 안에 코끼리》, 위의 책, 161쪽.

4 https://de.wikipedia.org/wiki/Blaue_Blume; "Die blaue Blume ist ein zentrales Symbol der Romantik."

5 한스 요아힘 노이바우어, 《염세 철학자의 유쾌한 삶─쇼펜하우어에게 배우는 삶의 여유》, 위의 책, 188쪽.

6 재인용; 쇼펜하우어, 《쇼펜하우어 인생론》, 위의 책, 334쪽.

7 https://de.wikipedia.org/wiki/Mittelalter

8 https://de.wikipedia.org/wiki/Kirchenlehrer

9 https://de.wikipedia.org/wiki/Martin_Luther; "Hier stehe ich, ich kann nicht anders, Gott helfe mir, Amen."

10 https://de.wikipedia.org/wiki/Protestantismus

11 쇼펜하우어, 《의지와 표상으로서의 세계》, 위의 책, 440쪽.

12 호메로스, 《일리아스/오디세이아》(2판8쇄), 동서문화사 2013, 911쪽.

# 색인